厦门大学南强丛书
【第六辑】

国家社会科学基金年度项目"社会转型、抗击外侮与近代化建设
——晚清台湾历史映像（1840—1895）"（项目批准号：11BZS088）

社会转型、抗击外侮与近代化建设
——晚清台湾历史映像(1840—1895)

李祖基　陈忠纯◎著

厦门大学出版社　国家一级出版社
XIAMEN UNIVERSITY PRESS　全国百佳图书出版单位

图书在版编目(CIP)数据

社会转型、抗击外侮与近代化建设：晚清台湾历史映像：1840～1895/李祖基,陈忠纯著. —厦门：厦门大学出版社,2016.3
(厦门大学南强丛书.第6辑)
ISBN 978-7-5615-6000-6

Ⅰ.①社… Ⅱ.①李…②陈… Ⅲ.①台湾省-地方史-1840～1895 Ⅳ.①K295.8

中国版本图书馆 CIP 数据核字(2016)第 061172 号

出 版 人　蒋东明
责任编辑　高　健
装帧设计　李夏凌
责任印制　许克华

出版发行　厦门大学出版社
社　　址　厦门市软件园二期望海路39号
邮政编码　361008
总 编 办　0592-2182177　0592-2181253(传真)
营销中心　0592-2184458　0592-2181365
网　　址　http://www.xmupress.com
邮　　箱　xmupress@126.com
印　　刷　厦门集大印刷厂印刷

开本　720mm×1000mm　1/16
印张　24.75
插页　4
字数　410千字
版次　2016年3月第1版
印次　2016年3月第1次印刷
定价　65.00元

厦门大学出版社
微信二维码

厦门大学出版社
微博二维码

作者简介

作者简介

李祖基，1952 年生，福建莆田人，退休前在厦门大学台湾研究院任教。著有《近代台湾对外贸易研究》、《战后台湾四十年》、《台湾历史研究》，主编《台湾研究 25 年精粹》（历史篇）、《台湾研究新跨越·历史研究》，参与编撰《中国农民负担史》、《台湾历史纲要》、《福建移民史》等，发掘整理出版了《台湾志略》、《巡台录》、《蓉洲诗文稿选辑》、《东宁政事集》及《二·二八事件报刊资料汇编》等台湾历史文献资料，并在海峡两岸学术刊物上发表台湾史的研究论文数十篇。

陈忠纯，1980 年生，福建南安人，现为两岸关系和平发展协同创新中心成员，厦门大学台湾研究院历史研究所副所长，副教授。1997—2007 年在北京师范大学历史系（学院）学习，先后师从史革新教授与郑师渠教授攻读硕士、博士学位。主要研究方向为中国近现代文化史、台湾史。曾在《台湾研究集刊》、《福建论坛》、《北京师范大学学报》、《厦门大学学报》等刊物上发表学术论文十余篇，部分论文被人大复印资料《历史学》、《明清史》、《中国近代史》及《新华文摘》、《高等学校文科学术文摘》等刊物全文或论点转载。

总　序

厦　门　大　学　校　长
"厦门大学南强丛书"编委会主任

厦门大学是由著名爱国华侨领袖陈嘉庚先生于 1921 年创办的,有着厚重的文化底蕴和光荣的传统,是中国近代教育史上第一所由华侨出资创办的高等学府。陈嘉庚先生所处的年代,是中国社会最贫穷、最落后、饱受外侮和欺凌的年代。陈嘉庚先生非常想改变这种状况,他明确提出:中国要变化,关键要提高国人素质,要提高国人素质,关键是要办好教育。基于教育救国的理念,陈嘉庚先生毅然个人倾资创办厦门大学,并明确提出要把厦大建成"南方之强"。陈嘉庚先生以此作为厦大的奋斗目标,蕴涵着他对厦门大学的殷切期望,代表着一代又一代厦门大学师生的志向。

1991 年,在厦门大学建校 70 周年之际,厦门大学出版社出版了首辑"厦门大学南强丛书",共 15 部优秀的学术专著,影响极佳,广受赞誉,为 70 周年校庆献上了一份厚礼。此后,逢五逢十校庆,"厦门大学南强丛书"又相继出版数辑,使得"厦门大学南强丛书"成为厦大的一个学术品牌。值此建校 95 周年之际,我们再次遴选一批优秀著作出版,这正是全校师生的愿望。入选这批"厦门大学南强丛书"的著作多为本校优势学科、特色学科的前沿研究成果。作者中有院士、资深教授,有全国重点学科的学术带头人,有新近在学界崭露头角的新秀,他们都在各自的学术领域中受到瞩目。这批学术著作的出版,为厦门大学 95 周年校庆增添了浓郁的学术风采。

至此,"厦门大学南强丛书"已出版了六辑。可以说,每一辑都从一个侧面反映了厦大学人奋斗的足迹和努力的成果,丛书的每一部著作都是厦大发展与进步的一个见证,都是厦大人探索未知、追求真理、为民谋利、为国争光精神的一种体现。我想这样的一种精神一定会一辑又一辑地传承下去。

　　大学出版社对大学的教学科研可以起到很重要的推动作用,可以促进它所在大学的整体学术水平的提升。在95年前,厦门大学就把"研究高深学术,养成专门人才,阐扬世界文化"作为自己的三大任务。厦门大学出版社作为厦门大学的有机组成部分,它的目标与大学的发展目标是相一致的。学校一直把出版社作为教学科研的一个重要的支撑条件,在努力提高它的学术出版水平和影响力的过程中,真正使出版社成为厦门大学的一个窗口。"厦门大学南强丛书"的出版汇聚了著作者及厦门大学出版社全体同仁的心血与汗水,为实现厦门大学"两个百年"的奋斗目标做出了一份特有的贡献,我要借此机会表示我由衷的感谢。我不仅期望"厦门大学南强丛书"在国内学术界产生反响,而且更希望其影响被及海外,在世界各地都能看到它的身影。这是我,也是全校师生的共同心愿。

2016 年 3 月

目　　录

导　言

　　台湾是中国领土神圣不可分割的一部分,台湾历史也是中国历史的重要组成部分。1840 年中英鸦片战争的爆发揭开了晚清中国半封建半殖民地的历史。继英国之后,其他西方列强也纷至沓来,向中国伸出了侵略之爪。台湾由于其丰富的资源和特殊的战略地位成为列强觊觎的目标。第二次鸦片战争以后,淡水、打狗等口岸被迫开放,对外通商,外国商业资本开始进入岛内,控制了台湾的对外贸易。对外贸易的发展对台湾社会经济产生了很大影响,加深了半殖民地化的程度。

　　清代前期,台湾是典型的移民社会,此一移民社会经历了 100 多年风风雨雨的矛盾、冲突与重新组合,到 19 世纪五六十年代开始出现质变,人口结构趋于正常,祖籍分类意识渐渐消除,移民对现居地的认同感进一步增强,尤其是超祖籍、跨地域的祭祀圈的出现,血缘宗族的产生以及政经文教制度日臻完善,这一切标志着台湾已由原来的移民社会转变为定居社会。

　　继第一次鸦片战争时英国舰队进攻台湾之后,晚清又发生了多起列强侵扰的事件,特别是同治末年日本侵台的"牡丹社"事件,对清廷朝野震动极大,治台政策转趋积极。沈葆桢、丁日昌等以此为契机,进行一系列改革,奠定了台湾近代化建设的基础。

　　1884 年,中法战争爆发,法军进攻台湾。在刘铭传的领导下,台湾军民同仇敌忾,英勇抗击,挫败了法国人"据地为质"的图谋。中法战争结束后,清政府在台湾设立行省。首任巡抚刘铭传不失时机地推行一系列近代化建设,短短数年之内,台湾面貌为之一新,成为当时中国最先进的省份之一。然而,1894 年甲午战争,中国战败,签订《马关条约》,日本强迫清政府割让台湾。台湾军民为反对日本的占领,展开了可歌可泣的反割台武装斗争。

　　第一章"第一次鸦片战争中台湾军民的抗英斗争"。道光二十年(1840),英国以林则徐禁烟为借口,发动了侵华战争。战争期间,英军派出舰队侵扰台湾。台湾军民在姚莹、达洪阿等地方官员的指挥下,团结一致,给予英军沉重打击,并俘获英兵多名。但因大陆战场中国军队屡战屡败,最后不得不与英国签订了《南京条约》。后因英俘被杀,中英之间又起风波,导致姚莹、达洪阿等官员被解职查办。

　　第二章"通商口岸的开放与对外贸易的发展"。第二次鸦片战争之后,台湾淡水、鸡笼和打狗、安平等口岸被迫开放,对外通商。台湾地方的进出口贸易有了迅速的发展。台湾出口的大宗商品主要为糖、茶叶、樟脑,进口的主要商品是鸦片、纺织品和杂货。近代台湾对外贸易对地方的社会经济产生了深刻的影响。

　　第三章"移民社会的转型"。自1683年清朝平定台湾之后,大陆沿海尤其是闽粤两省的农民便纷纷渡海赴台,开垦拓殖,形成了继郑成功复台之后的一波又一波的移民热潮。清代前期的台湾是一个典型的移民社会,其社会特征与大陆的母体社会相比,存在许多明显的差异。然而,随着土地的开发,人口的繁衍,经济的发展以及文化教育的兴盛,台湾的移民社会也渐渐发生了变化。到清代后期,即19世纪五六十年代,台湾的人口结构、社会组织以及政经制度和文教水平与大陆的内地基本上趋于一致,民众对现居地的认同感也进一步加强,台湾已由移民社会转变为定居社会。

　　第四章"西方列强对台湾的觊觎与侵扰"。清代前期政府对台湾的开发基本上持消极之态度,如限制大陆移民渡台及禁止汉人进入内山"番"界,实行汉"番"隔离等等,结果造成偷渡盛行以及政府对内山行政管辖的缺失。第二次鸦片战争后,台湾口岸开放,对外通商,列强势力节节入侵。清政府消极的治台政策以及台湾地方官员种种落伍、颟顸的观念给列强的侵扰提供了种种借口和可乘之机。自同治六年(1867)起,台湾先后发生了"罗发号"事件、樟脑战争、英法商人占垦大南澳等事件,中国的领土主权受到各种不同程度的侵害。

　　第五章"'牡丹社'事件"。1868年明治维新之后,日本国力渐强,开始对外扩张。同治十三年(1874),日本以琉球船民被杀为借口,悍然派兵在台湾南部琅峤登陆,攻打牡丹社和高士佛社,并企图在台久踞,中国海疆出现了重大危机。清政府一面任命沈葆桢为钦差大臣渡海赴台,加强防卫,一面在外交上展开对日交涉。经过艰难的折冲樽俎,中日双方于当年九月在北京签订了《中日北京专约》,中国以抚恤金等名义付给日本银50万两,日本承认台湾为中国领土并撤出军队,"牡丹社"事件终于落下帷幕。此次日本侵台虽然耗费巨额军费,人员也损失不少,所得不偿所失,但清政府国防的空虚和外交上的懦弱暴露无遗,大大地助长了日本的侵略野心,为20年后发动甲午战争埋下伏笔。

第六章"清廷治台政策的转变与台湾近代化建设的开始"。同治末年日军侵台事件对清廷上下造成极大的震动,事件平息之后,清廷内部展开了一场关于海防问题的大讨论,就加强海防建设达成了共识,同时对台湾的战略地位也有了一个全新的认识,治台政策转趋积极。钦差大臣沈葆桢以办理日兵侵台善后事宜为契机,多方筹划,奏请废除旧禁,招徕移民,实行开山抚"番",增设台北府和恒春县,建议福建巡抚移驻台湾,创办基隆官煤厂,修筑炮台,整饬军队,巩固海防,开创了台湾近代化建设的新局面。福建巡抚丁日昌则承先启后,继之而起,进一步绘制了台湾近代化的蓝图,为台湾的近代化建设奠定了坚实的基础。

第七章"外贸对晚清台湾社会经济之影响"。第二次鸦片战争以后,淡水、打狗等口岸被迫开放,对外通商,外国商业资本开始进入,台湾的对外贸易迅速发展。外商凭借其雄厚的资本以及种种特权,不仅垄断了台湾的糖、茶叶、樟脑和鸦片等主要商品的进出口贸易,还控制了台湾和大陆之间的沿岸贸易(又称转口贸易),夺走了原来由郊商经营的大部分生意,使郊商的活动备受压制和打击,日趋没落。洋货的大量倾销和土货输出的快速增长,使台湾逐渐沦为资本主义列强廉价工业品的倾销地和原料农产品的掠夺市场。台湾与大陆之间原来商品交换的互补关系遭到破坏,清代前期由台湾接济大陆米食、大陆向台湾提供日用手工业品的传统的经济联系被打断了。台湾的进出口贸易由开港前的完全依赖大陆市场转变为基本上依赖国外市场。晚清台湾对外贸易中,鸦片的进口值占全部洋货进口总值的2/3强,鸦片的大量倾销不仅毒害了广大劳动人民的身心健康,还掠走了巨额财富。农产品商品化程度的提高,导致商业高利贷猖獗。外贸带来的财富以商业利润和高利贷利息的形式落入外商洋行和高利贷者的腰包,广大劳动者不仅难以从外贸中获得相应的好处,反而身受西方商业资本和高利贷的双重剥削,生活贫困不堪,台湾社会经济半殖民地化的程度加深了。晚清台湾外贸的发展和工矿产业的兴起引起台湾社会阶级关系的变化，主要是买办阶层的出现和产业无产阶级队伍的产生。此外，对外贸易的发展还引起台湾市镇结构的变化与岛上经济重心之北移。

第八章"中法战争之台湾保卫战"。光绪九年（1883），法国强迫越南签订了《顺化条约》，将越南变成其保护国，十一月，法军向中国军队发动进攻，挑起中法战争。法国采取"据地为质"的策略，将战争扩大到闽台地区，准备占领台湾，作为与中国谈判的筹码。清廷派淮军名将刘铭传以巡抚衔赴台督办防务。1884年8月，法国舰队发动突然袭击重创福建水师之后，又转向台湾，进攻基隆。刘铭传采取"撤基援沪"的策略，转移主力，在沪尾大败法军，粉碎了法军占夺台湾的计划。法军虽然占领基隆，但无法继续前进，而宣布对台湾实行封锁，后又占领了澎湖。大陆各方采取各种措施，突破法军的海上封锁，有力地支援了台湾军民的抗法斗争。1885年3月，中国军队先后在镇南关、谅山等地大败法军，茹费理内阁因此倒台。4月双方签订停战条议，法军最后退出澎湖、基隆。

第九章"台湾建省与刘铭传的近代化建设"。乾隆二年，礼部侍郎吴金曾提出台湾建省的主张，这是最早的台湾建省之议。"牡丹社"事件之后，沈葆桢提出仿江苏巡抚分驻苏州之例，移福建巡抚驻台。朝廷经权衡之后做出福建巡抚"冬春驻台，夏秋驻省，两地兼顾"的规定。丁日昌上任后发现省台远隔难以兼顾，建议专派重臣，督办数年，待有成效之后，再议督、抚分驻办法。为了解决省台难以兼顾这一问题，刑部左侍郎袁保恒又上疏主张改福建巡抚为台湾巡抚，但为朝廷所驳回。中法战争之后，清廷采纳了左宗棠的建议，于光绪十一年九月初五日（1885年10月12日）正式宣布台湾建省。经过闽浙总督杨昌浚与台湾巡抚刘铭传的认真筹备，光绪十四年（1888）年初正式实现闽台分治。首任台湾巡抚刘铭传以加强国防为中心，全力推动地方近代化建设，修铁路，设电报，清理田赋，增加财政收入，整顿军备，改立邮政，开办西式学堂，培养人才。短短几年，成效卓著，台湾由原先落后的边陲之地变成中国最先进的省份之一。

第十章"反对日本占领台湾的斗争"。1894年，日本利用东学党起义出兵朝鲜，并对中国军队发动突然袭击，挑起蓄谋已久的对华战争，史称甲午战争。清政府仓促应战，在海陆战场上连遭败绩，北洋水师全军覆没。1895年4月，日本强迫中国签订了《马关条约》，除了巨额赔款等等之外，还强行割让台湾、澎湖及辽东半岛。割地条款引起中国人民的强烈愤慨，全国朝野上下掀起了声势浩大的反割台斗争。《马关条约》批准互换之后，以丘逢甲为首的台湾士绅决定自主保台，于5月25日成立"台湾民主国"，推巡抚唐景崧为"总统"，并致电清廷表示"台湾绅民，义不臣倭，愿为岛国，永戴圣清"。5月29日，日军在台湾东北的澳底登陆，6月4日，唐景崧逃往沪尾，匆匆内渡，"台湾民主国"溃亡。日军占领台北后继续南下，台湾军民在新竹、苗栗、彰化、嘉义、台南等地展开了殊死的武装抗日斗争，给日军以很大打击。最后虽因力量悬殊而失败，但台湾军民用自己的鲜血和生命显示了中国人民保卫国家领土和主权完整的坚强意志和浩然正气，在中国历史上写下了光辉的一页。

第一章　第一次鸦片战争中台湾军民的抗英斗争

道光二十年(1840),英国以林则徐禁烟为借口,发动了侵华战争。战争期间,英军派出舰队侵扰台湾。台湾军民在姚莹、达洪阿等地方官员的指挥下,团结一致,给予英军沉重打击,并俘获英兵多名。但因大陆战场中国军队屡战屡败,最后不得不与英国签订了《南京条约》。后因英俘被杀,中英之间又起风波,导致姚莹、达洪阿等官员被解职查办。

第一节　鸦片战争的爆发

鸦片战争的爆发肇因于英、美等西方列强对华的非法鸦片贸易。英国商人向中国输入鸦片始自18世纪初,每年约200箱(每箱鸦片重100斤或120斤)。1757年英国占领了印度的鸦片产地孟加拉后便大力发展对华鸦片贸易,10年以后,英国输入中国的鸦片增加到每年1000箱。到19世纪初,英国烟贩无视中国政府的禁令,大肆进行非法的鸦片走私贸易,走私范围逐渐从珠江口扩大到东南沿海乃至北方海岸,输入鸦片的数量也不断增加。据不完全统计,1800年至1804年间,鸦片输华数量年平均3500箱,1820年至1824年间,增至平均每年7800箱。到30年代,鸦片的贸易又来了一个大跃进,1838年至1839年度,竟达35500箱。①

鸦片贸易给英国带来巨大的利益,却给中国造成了巨大的灾难。首先,鸦片贸易导致中国白银大量外流,使中国国际收支逆转。在19世纪的

---

① 李伯祥,蔡永贵,鲍正廷.关于十九世纪三十年代鸦片进口和白银外流的数量[J].历史研究,1980(5):81.

最初 10 年,中国的国际收支结算大约盈余 2600 万元,但从 1828 年到 1836 年,从中国流出 3800 万元。[①] 白银外流造成银贵钱贱,原来 1000 文铜钱兑换 1 两白银,到 19 世纪 30 年代后期,需一千六七百文铜钱才兑换 1 两白银。[②] 按照规定,完粮纳税须用白银,所以,人民实际要多交 60% 的赋税,而政府的收入则丝毫未增加。其次,官吏、兵丁吸食鸦片和从鸦片走私中收受贿赂,使清政府的吏治更加腐败,军队丧失战斗力。再次,鸦片是麻醉品,一旦吸食成瘾,难以断绝,会对人的生理和心理造成极大的危害。魏源曾经指出:鸦片"今则蔓延中国,横被海内,槁人形骸,蛊人心志,丧人身家,实生民以来未有之大患,其祸烈于洪水猛兽"。[③]

面对烟毒泛滥造成的严重社会问题,道光皇帝采纳了鸿胪寺卿黄爵滋等禁烟派的主张,于 1838 年 10 月下令各省严禁鸦片,"务期净尽根株","毋以虚饰图功,毋以苟且贻患"。[④] 并于 12 月 31 日任命湖广总督林则徐为钦差大臣前往广州查禁鸦片。饱受烟毒之害的广大群众支持政府的禁烟措施。林则徐抵达广州后与两广总督邓廷桢、广东水师提督关天培等人合作,一面整顿海防,防备外国入侵,一面严拿烟贩,惩办不法官吏,严禁国人贩卖、吸食鸦片。并于 1839 年 3 月 6 日晓谕外国烟贩,限期呈缴所有鸦片,并出具甘结,保证以后来船永不敢夹带鸦片,如有带来,一经查出,货尽没官,人即正法,情甘服罪。在中国禁烟的威力下,4 月中旬至 5 月下旬,英、美烟贩被迫缴出鸦片 19187 箱又 2119 麻袋,共计重 230 万余斤,由林则徐亲自主持将所缴获的鸦片在虎门全部当众销毁。[⑤]

林则徐在广东收缴和销毁鸦片的消息传到英国,英国资产阶级和鸦片贸易集团立刻发出一片战争叫嚣。英国政府决定利用中国禁烟作为发动侵华战争的借口。1840 年 2 月,英国政府任命乔治·懿律和查理·义律作为同清政府交涉的正、副全权代表,并任命懿律为侵华英军总司令。1840 年 6 月,乔治·懿律率领由兵船 16 艘、武装汽船 4 艘、运输船 28 艘、

---

① 费正清.剑桥中国晚清史:上卷[M].北京:中国社会科学出版社,1993:187.

② 费正清.剑桥中国晚清史:上卷[M].北京:中国社会科学出版社,1993:194.

③ 魏源.魏源集:上册[M].中华书局,1976:168.

④ 齐思和,等.筹办夷务始末(道光朝)　卷 5[M].北京:中华书局,1964:13,16.

⑤ 蔡美彪,等.中国通史:第 11 册[M].北京:人民出版社,2007:46-47.

士兵 4000 余人、大炮 540 门组成的"东方远征军"陆续到达广东海面,[①]第一次鸦片战争正式开始。

第二节　台湾军民的抗英斗争

侵华英军到达广东海面后,对广州进行封锁,但由于广东军民早有防备,侵略者无隙可乘,遂转而向北窥伺。道光二十年(1840)六月初,英国侵略军进犯厦门,被击退后又北驶浙江,攻占防御薄弱的定海。面对闽浙沿海警讯频传的紧张局面,闽浙总督邓廷桢意识到台湾防务的重要性,他在上清廷的奏章中指出:"闽洋紧要之区,以厦门、台湾为最,而台湾尤为该夷歆羡之地,不可不大为之防。"[②]并饬令台湾镇、道及澎湖协营等准备周防,严守口岸。道光皇帝也认为"台湾孤悬海外,防堵事宜尤应准备",对邓廷桢的意见表示赞同,并下旨指派对情况"最为熟悉"的在籍原浙江提督王得禄与台湾镇总兵达洪阿、台湾兵备道姚莹等人共同商酌,"同心协力,以资保卫"。[③]

道光二十年六月十八日,一艘双桅英舰出现在鹿耳门外,在马鬃洋深水外洋游弋。达洪阿、姚莹与台湾知府熊一本接获禀报后即出示封港,一面派水师左营千总李瑞麟、中营把总杨得器、外委沈春晖等坐驾渔船,督带兵役,分赴鹿耳门南北巡查防守,一面飞饬北路厅、县、营一律防堵。十九日,虽然英舰未与台湾守军接战即自行向西南方向驶去,但已揭开了英军侵扰台湾的序幕。七月二十日,达洪阿、姚莹联名向福建督、抚报告,提出加强台湾防备的七项紧急措施:(1)募壮勇以贴兵防;(2)派兵勇以卫炮台;(3)练水勇以凿夷船;(4)习火器以焚贼艘;(5)造大舰以备攻战;(6)雇快船

---

①　蔡美彪,等.中国通史:第 11 册[M].北京:人民出版社,2007:54.

②　佚名.筹办夷务始末选辑[M].台湾文献丛刊第 203 种.台北:台湾大通书局,1987:15.

③　佚名.筹办夷务始末选辑[M].台湾文献丛刊第 203 种.台北:台湾大通书局,1987:16.

以通文报;(7)添委员以资防守。^① 在全台 17 处海口分别最要、次要,配备兵力,共用防夷弁兵、屯丁 3966 名,乡勇 3350 名,水勇 520 名。"或配商船、战船堵防内港;或在炮台、炮墩日夕登脾。"^②同时在无炮台的口岸临时建造炮墩,其办法是先以竹篓盛沙作墩,上堆沙袋为垛。墩外围以粗大竹筒,筒长一丈,埋地五尺,其上五尺竹节打通贮水,编连排插。并多备牛皮、网纱、棉被以避枪炮。还在炮台、炮墩要隘之处挖掘壕沟,配以钉筒钉板、钩连枪、铁蒺藜、竹签等,以防英夷登岸。为了弥补台湾口岸众多,水陆兵弁不敷分拨,又传令绅耆及各庄总董、头人团练壮丁,自一二百名至七八百名不等,通计全台二厅四县团练壮勇 1.3 万余人。预备一旦有警,半以守庄,半出听候调用。^③ 在设防备战方面,做到妥密无误。

　　英军在攻陷定海之后继续北上,于 8 月抵达天津白河口,通过直隶总督琦善投递巴麦尊给清政府的照会,提出赔款、割地、通商等无理要求。定海失陷清廷大为震动,道光皇帝动摇了当初的禁烟和抵抗政策,任命琦善为钦差大臣赶赴广州办理中英交涉;同时,以"办理不善"的罪名将林则徐和邓廷桢革职查办。琦善抵达广州后与英国全权代表义律进行谈判,因琦善不敢接受义律提出的割让香港等条款,最终没有达成协议。中英双方对此次谈判均不满意,道光皇帝对琦善与英方的谈判表现极为不满,痛斥"甘受逆夷欺侮戏弄",将其革职拿办;而贪得无厌的英国却认为义律勒索的侵略权益太少,且违反政府指示撤出舟山,决定撤换义律,改派璞鼎查为全权公使,进一步扩大侵华战争。^④

　　8 月,璞鼎查到达香港,随即率英舰再次北犯,于 8 月 27 日攻占厦门。厦门是台湾与大陆联系的最主要通道,厦门失守,使台湾的形势愈觉孤危。英军在攻占厦门之后,其舰队主力继续北上,相继攻陷了定海、镇海与宁波。同时还派出一支舰队至台湾海面,以图牵制台湾的守军。9 月中旬,

　　① 姚莹.上督抚言防夷急务状(庚子七月二十日镇府会衔)[M]//姚莹.中复堂选集.台湾文献丛刊第 83 种.台北:台湾大通书局,1984:66-72.
　　② 姚莹.台湾十七口设防图说状(庚子九月镇道会禀)[M]//姚莹.中复堂选集.台湾文献丛刊第 83 种.台北:台湾大通书局,1984:74-75.
　　③ 佚名.筹办夷务始末选辑[M].台湾文献丛刊第 203 种.台北:台湾大通书局,1987:26.
　　④ 刘存宽.英国强占香港岛与所谓"穿鼻条约"[J].世界历史,1997(2):2-8.

台湾南北路各口洋面均发现有英舰窥伺游弋,台湾保卫战一触即发。9月29日(八月十五日),英军双桅运输船"纳尔不达"号在鸡笼洋面游弋,30日,该舰突然驶进口门,对二沙湾炮台加以轰击,打坏兵房一间。艋舺营参将邱镇功、淡水同知曹谨督同军民发炮还击。邱镇功并手放一炮,击中"纳尔不达"号。该船桅折索断,即随水退出口外,海浪骤起,冲礁击碎,英兵纷纷落水,弃船逃命。邱镇功及曹谨等率兵驾船分头追赶截杀。根据达洪阿、姚莹的奏折,此次战斗文武义首人等"前后共计斩馘白夷五人、红夷五人,黑夷二十二人,生擒黑夷一百三十三人,同捞获夷炮十门、搜获夷书图册多件"。①

自开战以来,中方连遭失利,在台湾战场上击碎英舰、虏获英兵使中国官员大受鼓舞。道光皇帝览奏之下,嘉悦之至,在奏折上朱批:"可称一快,甚属可嘉!"②一面下旨从优议叙有功官兵,台湾镇总兵达洪阿着赏换双眼花翎,台湾道姚莹着赏戴花翎;一面饬令福建督、抚拨银30万两,迅速解赴台湾,补充经费。并允准已革候补同知前台湾县知县托克通阿、丁忧候补同知前署澎湖通判徐邦柱、休致通判衔前福清知县卢继祖留于台湾以补海外军务紧急,差委乏人之虞。为了防止英军受创之后前来报复,道光皇帝还谕令达洪阿等严饬在事文武添派兵勇,严密防范,不可因获有胜仗,稍存大意。并命令原驻扎在澎湖的前任提督王得禄移驻台湾,协同守卫。

果然不出所料,时隔20天,英军再次来到。九月初五日,有三桅英船一艘驶抵鸡笼口,并放下杉板船进口窥探,声言要索还前被俘英兵,每名愿出洋银百元。港口居民均受官府约束,不予理会。艋舺营参将邱镇功、淡水同知曹谨等迅速加强鸡笼、沪尾周围的防卫,在各要隘暗设炮位,埋伏把守;同时实行坚壁清野,将港口内居民向内陆疏散迁避。英舰见无动静,于十三日突进口门,直扑二沙湾炮台,发炮轰击,并派小股英军强行登陆。守军发炮还击,击毙两人,登陆英兵始退出。双方炮击持续至次日中午,此时总理姜秀銮亦率领壮勇到场助战。英军见人众山险,不敢仰攻,于十四日

---

① 佚名.筹办夷务始末选辑[M].台湾文献丛刊第203种.台北:台湾大通书局,1987:47-48.

② 佚名.筹办夷务始末选辑[M].台湾文献丛刊第203种.台北:台湾大通书局,1987:48.

午刻驶逃出口,向北窜去。在此次战斗中,中方炮台石壁被英军攻破,二沙湾及三沙湾两处兵房亦被炮火摧毁,并损失"波"字哨船一只,兵勇亦有数人受伤。而英军被击退则被中国官员视为一大胜利。道光皇帝在接获达洪阿的奏报后认为"两月之内连获胜仗,甚属可嘉",对达洪阿、姚莹、熊一本及在事出力各员弁兵勇义首人等再次予以嘉奖。① 对于台湾官员"挑取民勇作为新兵,分配各营支领归伍"的做法予以肯定。道光皇帝还认为英军"犬羊成性,未必不仍图报复。设或大帮匪船再行豕突前来,不可不先期防范。……断不可稍存轻敌之见,致涉大意"。② 特别是从奕山等奏折中得知英人有"遣人回国添调兵船,于明春滋扰台湾"的消息后,道光皇帝对台湾抗英的形势更加关注。对"万一该逆大队复来,该处驻守弁兵及招募义勇是否足资抵御?其如何定谋决策、层层布置可操必胜之权?"等问题一面命达洪阿、姚莹与王得禄悉心定议,会衔具奏,一面令闽浙总督怡良等确探情形,据实奏闻。

英军虽然接连两次受挫,但并未放弃对台湾的军事侵扰。道光二十二年(1842)正月二十四日,又有三桅英舰三艘在淡水与鹿港二厅交界的五叉港外洋出现。鉴于夷情诡诈,达洪阿、姚莹遵照"不与海上争锋"的上谕,准备"以计诱其搁浅,设伏奸捡",并雇募渔船,假做汉奸,在北路一带港口侦探。三十日,一艘三桅英舰随带四只舢板欲进入淡、彰交界的大安港,后见港口兵勇众多,攻扑不进,退出外洋。后来猫雾捒及大甲巡检雇渔船,扮做汉奸与英舰接触,诱其从土地公港驶入,结果该船为暗礁所搁,歪侧入水。守军乘机施放火炮,奋力攻击,其船遂破,英兵纷纷落水。守军兵勇合力围击,"杀毙白夷一人、红黑夷数十人,生捡白夷十八人、红夷一人、黑夷三十人、广东汉奸五人,夺获夷炮十门,又铁炮一门、鸟枪五杆、腰刀十把,均系镇海营中之物"。③

---

① 佚名.筹办夷务始末选辑[M].台湾文献丛刊第203种.台北:台湾大通书局,1987:64.

② 佚名.筹办夷务始末选辑[M].台湾文献丛刊第203种.台北:台湾大通书局,1987:64-65.

③ 佚名.筹办夷务始末选辑[M].台湾文献丛刊第203种.台北:台湾大通书局,1987:69.所谓"红夷",即其毛发微黄,故称红夷。据后来达洪阿、姚莹在另一奏折中所作的更正,"生捡白夷十八人内"有七人系为"红夷"。

当道光皇帝接到达、姚获胜的奏折时，"嘉悦之怀，笔难罄述"，嘉勉其"智勇兼施，为国宣威"。除了照例对所有在事出力文武员弁及义首、义勇人等予以褒奖外，还"赏达洪阿加太子太保衔并赏加阿克达春巴图鲁名号，姚莹著赏加二品顶戴"，二人均交部从优议叙。①

经过两次重创之后，英军再也不敢轻易犯台，但却利用汉奸及勾结一部分沿海"草乌匪船"在淡水、鹿港、彰化、嘉义、打狗及琅峤等各处窥伺骚扰。由于守军防范严密，多次击沉草乌匪船，并生擒汉奸多名，英军见无隙可乘而退去。

自中英开战两年多来，大陆处处损兵折将，丧师失地，而台湾的抗英斗争却能连战皆捷，这其中原因除了侵台英军非其主力之外，主要还与台湾军民团结一致、奋勇杀敌及地方官员严密防范、指挥得当有关。台湾兵备道姚莹在致福建巡抚刘鸿翱书中曾指出："鸡笼之夷，虽以冲礁，大安之夷，虽云搁浅；然台湾擐甲之士，不懈于登陴，好义之民，咸奋于杀敌。乘危取乱，未失机宜。夷船前后五犯台洋，草乌匪船勾结于外，逆匪巨盗乘机数乱于内，卒得保守岩疆，危而获安，未烦内地一兵一矢者，皆赖文武士民之力也。"②

第三节　英俘处置问题引起的风波

在道光二十一年八月十六日的鸡笼之战中，台湾守军共俘获英军黑夷133人。当时，福建巡抚曾令将俘虏解回内地，以换回被英军占领的厦门。而姚莹等人则认为此事仅是我方一厢情愿的想法，英方并无此意。"设夷挟其狡诈之威，阳许还我厦门，及因人既得，仍逗留不去，或巧易他词，复夺厦门，又将何以处之？"而且，大陆与台湾对渡的三个口岸，其中厦门已陷入英军之手。另外二口，即泉州的蚶江和福州的五虎门，也有英船停泊，"台

---

①　佚名.筹办夷务始末选辑[M].台湾文献丛刊第203种.台北：台湾大通书局，1987：70.

②　姚莹.奉逮入都别刘中丞书（癸卯四月）[M]//姚莹.中复堂选集.台湾文献丛刊第83种.台北：台湾大通书局，1984：147.

湾起解夷囚人至百余,事难秘密,必有奸民往告,夷囚及口,徒为所劫",①故不同意将所获英俘解回内地,而准备将英俘解郡讯明后,"恭请王命正法,以彰国威,而壮士气"。② 其后,云南道监察御史福珠隆阿奏请"暂留罪夷以便究讯",道光皇帝遂于十月十五日下谕:"现在该犯等如果尚未正法,即着刘鸿翱饬令达洪阿等按照该御史折内所陈各款……逐层究诘,明白晓谕,务得实情,密筹办理,冀有裨于攻剿机宜。"③道光二十二年正月二十五日,姚莹等将遵旨严讯夷供的详细情形向道光皇帝报告,并对英俘的处置问题再次作了请示:"该逆夷等因天朝不准贩卖鸦片烟土,辄听英夷调派,分至各省滋扰,实属罪大恶极。若如该御史所奏解省讯办,非惟现乏文武官兵配船护解过海,且此项黑夷俱系各岛乌合愚蠢之人,问以秘要夷情,不能明晰,设或洋面夷船闻而截夺,更属不成事体。应否仍照臣等原议,即行在台正法,以彰国宪而快人心。抑如该御史所奏暂缓正法之处,臣等未敢擅便……俟命下日钦遵办理。"④道光皇帝对姚莹等台湾官员奏折中所称"该逆等罪大恶极,若解省讯办,洋面恐有疏虞,仍请在台正法"的意见表示完全赞同,着即照议办理。⑤

及至道光二十二年正月三十日大安港攻剿搁浅英船,又擒获英兵数十名及汉奸五名。道光皇帝在四月初五日的上谕中命令将英俘隔别严鞫,讯取确实供词上奏。其讯问之要点为:

1. 逆夷屡次前来台湾,系何人指使,意欲何为?

2. 所获白夷十八人,有无得受伪职之头目在内?

3. 此次滋扰台湾船只由何处驶来?

4. 现在广东、福建、浙江各洋面口岸夷船共有若干只,各处船只分领头

① 姚莹.复泉州守书(辛丑十月)[M]//姚莹.中复堂选集.台湾文献丛刊第83种.台北:台湾大通书局,1984:138.

② 姚莹.鸡笼破获夷舟奏[M]//姚莹.东溟奏稿.台湾文献丛刊第49种.台北:台湾大通书局,1984:32-35.

③ 佚名.筹办夷务始末选辑[M].台湾文献丛刊第203种.台北:台湾大通书局,1987:54.

④ 姚莹.遵旨严讯夷供覆奏[M]//姚莹.东溟奏稿.台湾文献丛刊第49种.台北:台湾大通书局,1984:66-67.

⑤ 佚名.筹办夷务始末选辑[M].台湾文献丛刊第203种.台北:台湾大通书局,1987:75.

目几人?

5.汉奸内最为该逆信服者几人?

同时,还下谕取供之后,"除将夷目暂行禁锢,候旨办理外,其余各逆夷与上年所获一百三十余名,均着即行正法,以抒积忿而快人心"。[①] 为了对夷情有更多的了解,道光皇帝在次日的另一道上谕中命达洪阿对所俘洋人中洞悉英情之人逐层密讯,弄清"究竟该国(指英国)地方周围几许? 所属国共有若干? 其最为强大、不受该国统属者共有若干? 英吉利至回疆各部有无旱路可通,平素有无往来? 俄罗斯是否接壤,有无贸易相通? 此次遣来各伪官,除璞鼎查系该国王所授,此外各伪职是否授自国王,抑即由带兵之人派调?"并译取明确供词,据实具奏。[②]

四月二十六日,道光皇帝给达洪阿、姚莹的上谕中再次重申:"前获洋人一百六十余名,业已谕知即在台湾正法,计此时当已接奉,着即遵旨办理。"[③]五月间,台湾镇、道遵照道光皇帝的谕旨,除将颠林等九人及汉奸黄舟、郑阿二暂行禁锢外,其余英俘全部在台正法。

尽管台湾军民同仇敌忾,接连挫败来犯英军,但在大陆战场上,中国军队却连遭败绩。在攻占厦门之后,英军继续北上攻陷定海、镇海、宁波。道光二十二年四月英军攻陷乍浦,侵入长江。江南提督陈化成坚守吴淞炮台,英勇战死。接着上海陷落,镇江失守,英军兵临南京城下。道光皇帝不得已命耆英、伊里布赶赴南京议和。1842 年 8 月 29 日,耆英、伊里布与璞鼎查在南京下关江面的英国军舰"皋华丽"号上签订了近代中国历史上第一个不平等条约——《南京条约》。主要内容为:(1)中国向英国赔款两千一百万银圆;(2)割让香港;(3)开放广州、福州、厦门、宁波、上海等五处为通商口岸;(4)中国抽收进出口货的税率,由中英双方共同议定,不得随意变更。

---

① 佚名.筹办夷务始末选辑[M].台湾文献丛刊第 203 种.台北:台湾大通书局,1987:71.

② 台湾银行经济研究室.清宣宗实录选辑[M].台湾文献丛刊第 188 种.台北:台湾大通书局,1964:408-409.

③ 台湾银行经济研究室.清宣宗实录选辑[M].台湾文献丛刊第 188 种.台北:台湾大通书局,1964:424.

根据《南京条约》规定,战事结束后,英国战俘应予释回。九月一日,达洪阿、姚莹接奉闽省督、抚会札,命令将台湾地方前经俘获各夷及内地人民与英夷交涉被拿监禁者,查明现存若干,遴委文武妥员解送厦门,以凭转送。达、姚即将留存监禁的红夷头目颠林等九人当堂提禁,告以准释回国的消息。同时并饬台湾府县妥为安顿,添置衣履,"一面雇配大号商船,遴委奉旨留闽补用之通判衔前福清县知县卢继祖、题补水师右营守备梁鸿宝在船用心照料,内渡至厦门,交厦防同知报明督、抚办理"。① 在办理之间,九月八日,为索还战俘,武官尼非率领三桅英舰一艘抵达安平,欲向台湾镇总兵达洪阿投递文书。台湾知府熊一本告以所获现存头目九名,已奉谕旨准予释放,即日委员护送内渡。尼非闻讯即离台返回。九月十六日,一艘英国夹板船在台湾北部淡水厅金包里洋面遭风击碎,当时中英已达成和议,台湾地方官员即对救起生还白夷二十五人,妥为照顾,并将事情通知有关当局。而由卢继祖、梁鸿宝护送释回英俘颠林等的船只于九月二十三日放洋(后因风不顺,收入澎湖,又值风暴连旬直至十月十九日方息,到十月二十一日该船才抵达厦门)。而在九月三十日,尼非再次率舰来台,称投递闽浙总督怡良文书并欲接回英国战俘及最近海难生还船员。台湾兵备道姚莹出面接待,告之台湾存留夷目九人,已接奉总督来文,委员送厦交还夷官。尼非问道:"二次共获一百八九十人,何以只存九人?"姚莹答称:"病毙数十人,余皆正法。"尼非问:"何为正法?"姚莹答曰:"尔国犯顺,彼此正当交战,焉有不杀之理? 因天朝以德怀远,不轻杀戮。自上年八月及本年正月俘获夷人,皆羁留久之。及尔国在浙江江南屡次伤我官员,害我百姓,是以大皇帝震怒,台湾军民人人愤恨,五月后方遵旨正法,仍留头目九人,已属格外施恩。"②尼非无言以对,转而问起英船遭风遇难之事。姚莹告知遭风溺海船员已被地方官救起二十五人,"现因尔国受抚,已饬令妥为抚恤,

---

① 姚莹.夷官来台投书及遵释夷囚奏[M]//姚莹.东溟奏稿.台湾文献丛刊第49种.台北:台湾大通书局,1984:145-148.

② 姚莹.夷船两次来台释还遭风夷人奏[M]//姚莹.东溟奏稿.台湾文献丛刊第49种.台北:台湾大通书局,1984:164-169.

即日委员解郡，禀报督抚，奏明大皇帝，然后遣官送厦交还"。① 尼非认为若待禀奏有需时日，要求将失事船员随船领回，姚莹同意予以通融办理。尼非遂邀请姚莹登舰参观，以表谢意。十月初六日，尼非带着二十五名英国海难生还船员驶回厦门。

不料，当璞鼎查于十月十九日抵达厦门得知英俘已被台湾地方官员处死后，"忿忿不平"，立即要求会见闽浙总督怡良，称"台湾所戮之俘均系难夷"，欲求申冤；同时，还发布一份中英文对照的布告，称"上年八月间，有我英国民船纳尔不达名号一只，在于台湾鸡笼海面遭风破碎，其人暂幸逃生者一百有余。又本年正月间，再有我国民船阿纳名号一只，亦在该府淡水海面遭风击破。其人同得逃生，已有数十。其先后二次上岸者，俱被拿获监禁。今于本公使到厦之日，忽闻此等遭风难民将及二百之多，经被台湾总兵等官凶心歼杀。闻信如雷聒耳，不胜骇然。……此等难人，原系水手小民及随营担夫等类，无资护己，无械伤人。既经遭风摧苦，即按大清律例，应得保护恩待。奈在台难民，掳之将近一年，而竟起意凶杀。呜呼哀哉！思念及此，本公使怨恨憎恶，百喙难言。中华之辱，莫甚于此矣。……此乃该总兵达洪阿等凶犯不顾廉耻，贪婪功劳，捏词以纳尔不达及阿纳等船屡次攻犯台湾，谎诞假奏，瞒骗皇帝御聪，以致王命误降，而我人被杀矣。"②璞鼎查在布告中除要求"将此凶暴情由，据实陈明，转请钦差大臣等奏请皇帝圣鉴"外，还要求将达洪阿等台湾地方相关官员"刻即去官正法，将其家财入官，照数若干，全交英官分济无辜枉死之家属"。并威胁道："若非如此办理，本公使惟虑将情奏明我国君主之时，非惟致伤二国和好之气，诚恐难保无致干戈复起。"③

事实上，"纳尔不达"号在鸡笼曾炮轰击毁清军炮台石壁，烧毁哨船；而

① 姚莹.夷船两次来台释还遭风夷人奏［M］//姚莹.东溟奏稿.台湾文献丛刊第49种.台北：台湾大通书局，1984：164-169.

② 姚莹.夷酋强贴伪示请旨查办奏［M］//姚莹.东溟奏稿.台湾文献丛刊第49种.台北：台湾大通书局，1984：178-180.

③ 姚莹.夷酋强贴伪示请旨查办奏［M］//姚莹.东溟奏稿.台湾文献丛刊第49种.台北：台湾大通书局，1984：178-180.

从"阿纳"号船上则起获炮械、号衣、旗帜及印文等件，"均系浙江各营之物"。① 璞鼎查称被杀英俘"系遭风难民"，显系有违事实的一面之词，不难查明。然而，闽浙总督怡良及负责对英谈判的两江总督耆英等人却对璞鼎查的威胁恫吓心存畏惧。怡良最先在得悉处决俘获夷囚一事后就奏称："该夷酋等均不知有正法一则，日望其人之归，兹所存止十一人，送到后似不能帖然顺受，与抚议殊有关系。"② 耆英在给道光皇帝的奏折中也说："今该夷来文称系遭风难夷，并未接仗；虽属一面之词，而事涉外夷，有关体制。如果实系冒功妄杀，则该镇咨亦难辞。"提出应将台湾镇总兵达洪阿解部讯办，以期水落石出。③ 对此道光皇帝则有自己的看法，他认为"前此所获英人，彼时未定抚议，是以依法办理；即如两军临阵，互有杀伤，事后复责令偿还，断无是理"。④ 而对耆英奏请将达洪阿解部讯办一事，道光皇帝更明确表示："此断不可。该夷诡诈百出，勿堕其术中也。即使实有其事，亦当另有处置"；"若因达洪阿守御有功转加重罪，试思彼国出力大将岂能因我国一言遽令废弃乎？倘达洪阿实有贪功妄报情事，将来一经查访明确，当自以中国之例处之，该夷不必过问。至该夷船坚炮利，屡获胜仗，我国伤亡将士甚多，又岂能于事定之后，向该夷一一取偿耶？"⑤ 并一再谕令伊里布、耆英等将"夷俘正法，乃议抚以前之事。一经和好，即将夷俘九人全行释放；且台湾于九月间救护遭风白夷二十五人，经该道姚莹给还"等向璞鼎查"按照前后情势剀切晓谕，务令释然无疑，俾抚议不至掣肘为要"。⑥

然而，当后来耆英将浙江提督李廷钰及闽籍候补京堂苏廷玉等从往来

① 台湾银行经济研究室.清宣宗实录选辑[M].台湾文献丛刊第 188 种.台北：台湾大通书局,1964：497.

② 佚名.筹办夷务始末选辑[M].台湾文献丛刊第 203 种.台北：台湾大通书局, 1987：92.

③ 佚名.筹办夷务始末选辑[M].台湾文献丛刊第 203 种.台北：台湾大通书局, 1987：104.

④ 台湾银行经济研究室.清宣宗实录选辑[M].台湾文献丛刊第 188 种.台北：台湾大通书局,1964：492.

⑤ 佚名.筹办夷务始末选辑[M].台湾文献丛刊第 203 种.台北：台湾大通书局, 1987：104-107.

⑥ 佚名.筹办夷务始末选辑[M].台湾文献丛刊第 203 种.台北：台湾大通书局, 1987：113-115.

行商处得来的传闻"有夷船遭风漂至台湾为海滨居民攫取货物,将难夷关闭村中;该镇、道查知,并令交出"上奏之后,道光皇帝便改变了态度。于十二月命闽浙总督怡良渡海赴台,将台湾镇、道是否冒功妄杀之处查明上奏。怡良本来就对达、姚二人奏事不经自己,而自为之,"久有啧言",又因姚莹等拒绝服从其命令将英军俘虏解回内地,认为台湾镇、道欲专其功,而怀恨在心。道光二十三年(1843)正月二十五日,怡良抵台,二十六日,传旨将达、姚二人逮问查办。尽管台湾军民愤愤不平,"一时郡兵不服,其势汹汹。……而全台士民远近奔赴,佥呈为镇、道申理者甚众"①,怡良竟置之不理,一面宣示清廷不愿破坏和局的圣意,一面又根据参将武攀凤、候补知县史密等之证词,多方恐吓。达、姚二人为了顾全大局,不得不承认此前铺张入奏,咎无可辞。怡良遂将查办结果上奏,称:"渡台后,沿途察访两次洋船之破,一因遭风击碎,一因遭风沉搁,并无与之接仗及计诱等事。达洪阿、姚莹一意铺张,致为洋人藉口,殊属辜恩溺职,请从重治罪。"②同年三月十二日,道光皇帝下旨将达洪阿、姚莹二人革职,并解京交刑部会同军机大臣审讯,所有给予鸡笼、大安两役出力文武员弁的奖赏也一律撤销,喧闹一时的英俘处置风波最后就此落幕。

《南京条约》签订之后开放五口通商,其中福州、厦门两口岸皆与台湾关系密切,从而引起英人对台湾的窥伺。道光二十三年,台湾道熊一本在奏报中称:"该夷于受抚之后,屡次驾驶三桅大船在淡水外洋游奕[弋];并乘坐杉板小船上岸登山,相度地势、绘画地形,该处兵民人等颇生疑惧。"③道光三十年,英国驻华公使兼香港总督文翰(Samuel George Bonham)致函两广总督徐广缙采买台湾鸡笼山煤炭,徐广缙以台湾非其管辖范围而拒

---

① 姚莹.奉逮入都别中丞[M]//姚莹.中复堂选集.台湾文献丛刊第 83 种.台北:台湾大通书局,1984:147.

② 台湾银行经济研究室.清宣宗实录选辑[M].台湾文献丛刊第 188 种.台北:台湾大通书局,1964:499.

③ 熊一本.拟剿夷疏[M]//丁曰健.治台必告录.台湾文献丛刊第 17 种.台北:台湾大通书局,1984:238-241.

与讨论此事。[①] 文翰接着又向闽浙总督刘韵珂提出同样的要求。刘韵珂以"台湾非通商之地,该国船只不应违约擅到"为由加以拒绝。[②] 刘韵珂认为英人并不会就此善罢甘休,一面向朝廷奏报,一面飞咨台湾镇、道、府会督淡水厅"固结民心,坚为防拒,使之无可觊觎"。[③] 果然,不久又从广州方面传来"文翰在港,连日招请商人,言福建港口不好,亏折甚多;因思另换台湾地方,作为港口"的消息。[④] 道光皇帝认为"台湾为悬海要区,民番杂处,平时尚易生事;岂容奸夷到彼,借贸易为窥伺!"下谕着刘韵珂密令台湾镇、道督率文武密严防备,加意布置,勿存畏怯,亦毋事张皇。如该夷目有求换港口文书,即答以成约内通商五口本无台湾地方,予以拒绝。[⑤]

为了反对英人非法入境贸易,道光二十八年,台湾道徐宗幹倡导订立了《全台绅民公约》,义正词严地宣布:

> 曩者,英夷犯顺,我成皇帝不忍百姓流离,罢兵议抚,准其通商。而不通商口岸,该夷官自行照会,不准夷人登岸。违者,送其领事官治罪。此人人所共知者。

> 台湾非该夷应到之地,我百姓知朝廷宽大,许其和约;每有夷人前来,不与抗拒。非畏夷人也,彼既俯首恭顺,我百姓岂敢生事?如该夷藐视我们,挑衅酿祸,地方长官不便过于争较,我百姓固未尝与之立约也。且所谓和者,但见之不杀耳,非听彼之使命也!彼先侮我,我岂能让彼?我百姓堂堂天朝子民,此地既未准设立码头,岂容任其杂处?

———————————

① 刘韵珂奏[M]//"中央研究院"近代史研究所.四国新档:英国档(上).台北:"中央研究院"近代史研究所,1986:61;徐广缙、叶名琛奏[M]//"中央研究院"近代史研究所.四国新档:英国档(上),1986:95.

② 道光三十年(一八五〇)七月二十五日(乙卯),闽浙总督刘韵珂、福建巡抚徐继畬奏[M]//佚名.筹办夷务始末选辑.台湾文献丛刊第 203 种.台北:台湾大通书局,1987:151-153.

③ 道光三十年(一八五〇)七月二十五日(乙卯),闽浙总督刘韵珂、福建巡抚徐继畬奏[M]//佚名.筹办夷务始末选辑.台湾文献丛刊第 203 种.台北:台湾大通书局,1987:151-153.

④ 二十六日(丙辰),钦差大臣两广总督徐广缙、广东巡抚叶名琛奏[M]//佚名.筹办夷务始末选辑.台湾文献丛刊第 203 种.台北:台湾大通书局,1987:154-155.

⑤ 谕军机大臣等[M]//佚名.筹办夷务始末选辑.台湾文献丛刊第 203 种.台北:台湾大通书局,1987:156.

如我百姓为夷人所用，是逆犯也，是犬羊之奴也，饿死亦不肯为！我百姓不为所用，不但无罪，而且有功；粤人不许其进城，共受皇恩，可为明证。大众同心仗义，人人武艺高强，何必畏怯走避？我百姓自为义民报国，即在地文武官弁亦不得而牵制之！……①

这份公约反映了台湾人民不畏强暴、不怕牺牲、坚决反对外来侵略的决心和勇气。

---

① 全台绅民公约[M]//丁曰健.治台必告录.台湾文献丛刊第 17 种.台北:台湾大通书局,1984:413.

第二章 通商口岸的开放与对外贸易的发展

第二次鸦片战争之后,台湾淡水、鸡笼和打狗、安平等口岸被迫开放,对外通商。台湾地方的进出口贸易有了迅速的发展。台湾出口的大宗商品主要为糖、茶叶和樟脑,进口的主要商品是鸦片、纺织品和杂货。近代台湾对外贸易对地方的社会经济产生了深刻的影响。

第一节 外商在台湾的非法活动及台湾口岸正式开放

众所周知,台湾是在第二次鸦片战争后才开放口岸、对外通商的,但是早在道光年间就有外商私下潜入台湾,购买樟脑、煤炭,进行贸易活动了。至咸丰初年,外商在台湾的贸易已经相当之普遍。

外商早期对台贸易活动主要由英国商人和美国商人进行,而后者比前者显得更为积极,活动规模也比较大。1854 年冬,广州美商琼记洋行(Augustine Heard & Co.)在福州开设分行以后,其行主奥古斯丁·赫德(Augustine Heard Jr.)立即拟订了一项对台贸易计划,并于次年 5 月派遣熟悉台湾情况的"罗西塔"号(Rosita)快船船长哈丁(C. F. Harding)携带大批现款和鸦片赴台执行其贸易计划。琼记洋行的企图主要在于经营鸡笼煤务,包括开采煤矿的专利特权和购买煤炭的包买权。虽然这一目的未能达到,但哈丁船长却在淡水与当地的樟脑专卖行行主金和合订立了合同,开始在淡水、鸡笼、中港及梧栖等北部港口从事樟脑贸易。[①]

---

① 黄嘉谟.美国与台湾——一七八四至一八九五[M].台北:"中央研究院"近代史研究所,1979:80-113.

如同台湾北部出产的煤炭和樟脑一样,台湾南部盛产的米、糖也引起了美国商人的注意。与琼记洋行差不多同时,1855年香港美商威廉士洋行(Anthon Williams & Co.)、罗宾纳特洋行(William Robinet & Co.)和奈氏兄弟洋行(Nye Brothers & Co.)联合组成了一家贸易公司,并购置了三桅武装帆船"科学号"(Science)专营对台贸易。该公司以行贿的手段从台湾地方官员那里取得了在打狗设立机构、建造码头货栈和进行贸易的特权,从台湾南部输出大量糖、米及樟脑。①

五口通商开放之后,根据《中英五口通商附粘善后条款》(即《中英虎门条约》)规定,英商贸易处所只准在广州、厦门、福州、宁波及上海五个港口,"不准赴他处港口,亦不许华民在他处港口串同私相贸易",英商如背约或不服禁令"擅往他处港口游奕[弋]贩卖,任凭中国员弁连船连货一并抄取入官,英官不得争论"。②《中美五口贸易章程》(即《中美望厦条约》)也规定:合众国民人除通商五港口外,"不得有一船驶入别港,擅自游弋,又不得与沿海奸民,私相交易;如有违犯此条禁令者,应按现定条例,将船只、货物俱归中国入官";"合众国民人有擅自向别处不开关之港口私行贸易及走私漏税,或携带鸦片及别项违禁货物至中国者,听中国地方官自行办理治罪,合众国官民均不得稍有袒护"。③《中法黄埔条约》中亦有类似规定。④ 当时台湾口岸尚未开放,故外商自知私下潜往台湾贸易,是一种违反条约规定的非法行为,便难免做贼心虚。为了最大限度地扩大对华贸易的范围,同时也为了把用非法手段获取的利益变成"合法"的条约权利,列强各国不

---

① 黄嘉谟.美国与台湾——一七八四至一八九五[M].台北:"中央研究院"近代史研究所,1979:113-126;泰勒·丹涅特.美国人在东亚[M].姚曾廙,译.北京:商务印书馆,1959:246.

② 中英五口通商附粘善后条款[M]//王铁崖.中外旧约章汇编.北京:生活·读书·新知三联书店,1957:35.

③ 中美五口贸易章程[M]//王铁崖.中外旧约章汇编.北京:生活·读书·新知三联书店,1957:51-57.

④ 《中法五口贸易章程》(即《中法黄埔条约》)第二款规定:"所有法兰西船,在五口停泊、贸易往来,均听其便。惟明禁不得进中国别口贸易,亦不得在沿海各岸私买、私卖。如有犯此款者,除于第三十款内载明外,其船内货物听凭入官。"王铁崖.中外旧约章汇编[M].北京:生活·读书·新知三联书店,1957:58.

约而同地借着修订条约的机会,要求把富有贸易潜力的台湾列入增加开放的通商口岸之中。

1858 年,俄、美、英三国分别与清政府订立了《天津条约》,其中规定台湾为新增辟的对外开放的口岸之一,如《中英天津条约》第十一款云:

> 广州、福州、厦门、宁波、上海五处已有《江宁条约》旧准通商外,即在牛庄、登州、台湾、潮州、琼州等府城口,嗣后皆准英商亦可任意与无论何人买卖,船货随时往来。至于听便居住、赁房、买屋、租地起造礼拜堂、医院、坟茔等事,并另有取益防损等节,悉照已通商五口无异。[①]

《中法天津条约》关于新开口岸的规定,在岛上除台湾府城之外又增加了淡水一口。[②] 根据"一体均沾"的片面最惠国待遇的原则,淡水口岸当然也毫无例外地对所有条约国家开放了。实际上,台湾和淡水两口岸的开放对于列强来说,只不过是迫使清朝政府对于既成事实予以承认而已。

1858 年 8 月,美国公使华若翰(John Eliott Ward)来华,在北塘与中国代表互换条约文本之后,即南赴上海,照会两江总督何桂清,要求在广东之潮州、福建之台湾先行开市贸易,并"拟派领事前往新开二港"。何桂清则以各国通商应一律办理,美国所请应"俟英、法两国条约议定后,再照新章举行"为由,对美国先行开市的要求予以驳复。华若翰则认为中国与美国的和约与英、法两国无涉,而且"和约已经互换,决当遵行",坚持公布《天津条约》,潮州、台湾二口先行开港以及按新则征收船钞三项应先施行。[③] 双方照会往返,相持不下。后来,清廷鉴于"潮州、台湾两处各国私自买卖已越三年,税饷全无","若不允所请,则该酋等早在潮、台两处贸易之船,亦必不肯撤回,是该酋等转得自行其便,久将漫无限制。若准其先开……似大权仍自我操,不致有踰范围",乃寄谕何桂清准照所请办理,"潮州、台湾两口,准咪[美]国先行开市并照章完纳船只吨钞"。[④] 福建省地方官员于是

---

① 王铁崖.中外旧约章汇编[M].北京:生活·读书·新知三联书店,1957:97-98.

② 王铁崖.中外旧约章汇编[M].北京:生活·读书·新知三联书店,1957:105.

③ 咸丰九年八月二十二日两江总督何桂清奏附折[M]//筹办夷务始末选辑补编.台湾文献丛刊第 236 种.台北:台湾大通书局,1987:47-51.

④ 佚名.筹办夷务始末选辑[M].台湾文献丛刊第 203 种.台北:台湾大通书局,1987:241.

遵谕筹办台湾开港事宜，初步择定沪尾作为通商口岸，拟在附近设立海关，并派福建候补道区天民驰赴该处，俟美国领事抵台，会议禀办，但美国领事却因物色不到合适的人选而迟迟无法派出。此时恰逢美国南北战争爆发，美国政府更无暇考虑这些问题。1860年年底华若翰匆匆辞职回国，美国公使一职且告虚悬，所谓派遣驻台领事一事更无从谈起，台湾开港只好暂时搁置。

延至咸丰十一年六月（1861年7月），英国第一任驻台湾副领事郇和（Robert Swinhoe）才到达台湾。同年年底，郇和移往台湾北部原定的开放口岸沪尾。次年，淡水口岸设关的工作准备就绪，以沪尾守备旧署作税关，于六月二十二日（1862年7月18日）正式开关征税，首任副税务司为英国人豪威尔（Howell）。①

据《天津条约》的规定，台湾所开放口岸原仅台湾府城及淡水二口，次年闽海关税务司美里登（Baron de Méritens）以多收洋药税款为由，禀总理衙门，"请以鸡笼口作为淡水子口，打狗港作为台湾府子口"，结果部议准行。② 同治二年八月十九日（1863年10月11日）鸡笼港开放。南部原定打狗港作为子口，安平港作为正口，但实际上却以打狗为正口，于1864年5月6日开办，由马克斯韦尔（William Maxwell）任首任税务司。安平分关则迟至1865年1月1日才开设，属打狗关管辖，毕麒麟（W. A. Pickering）为检查员。③ 至此淡水、打狗的设关工作完成，台湾南北四个口岸全部开放。

随着台湾各口岸的开放，外国商人纷纷来台，设行开业，进行贸易活

---

① 同治元年六月二十七日（戊寅）闽浙总督庆端奏［M］//佚名.筹办夷务始末选辑.台湾文献丛刊第203种.台北：台湾大通书局，1987：274；陈培桂.淡水厅志［M］.台湾文献丛刊第172种.台北：台湾大通书局，1963：109-110. James W. Davidson 在其所著的 The Island of "Formosa", Past and Present（Japan Gazette Press，Yokohama，1903）一书中将淡水海关设立时间误为1863年。

② 同治二年八月二十五日福州将军耆龄、闽浙总督左宗棠、福建巡抚徐宗幹奏，同治三年正月十七日闽浙总督左宗棠、福建巡抚徐宗幹奏［M］//佚名.筹办夷务始末选辑.台湾文献丛刊第203种.台北：台湾大通书局，1987：279-283.

③ Commercial Reports from Her Majesty's Consuls in China，Tamsuy［R］. 1863：3；Commercial Reports from Her Majesty's Consuls in China，Takow［R］. 1864：226.

动。最早在台湾开设的洋行为英国的怡和洋行(Jardine，Matheson & Co.)和邓特洋行(Dent & Co.)。以后外商逐渐增多，至 1866 年，在台开设的洋行除了上述两家之外还有马克亥尔洋行(Macphail & Co.)、勒士拉洋行(Lessler & Co.)、柯尔曼·亚力基洋行(Kelman Alisch & Co.)、德记洋行(Tait & Co.)、和记洋行(Boyd & Co.)、美利士洋行(Milisch & Co.)和宝顺洋行(Dodd & Co.)等。其中英商洋行最多，德商次之。随着外国商业势力大肆侵入，台湾地方的对外贸易开始进入一个新的时期。

第二节　台湾开港后对外贸易的发展——出口

　　台湾口岸正式开放对外通商后，对外贸易的发展甚为迅速。根据海关贸易统计资料，1865 年台湾的进出口贸易总值为 2327121 海关两，到日本占领以前的 1894 年达到 12694495 海关两，年平均增长率为 6.02%，而同期中国全国对外贸易总值年平均增长率仅为 3.28%。[①] 近代台湾对外贸易的出口产品以糖、茶、樟脑及煤等为大宗，进口货则主要有鸦片、棉毛织物及各种杂货等。兹将主要进出口商品的贸易状况分述如下。

一、糖

　　台糖的贸易具有相当长的历史，自荷兰占领时代就有台糖输往海外。清平定台湾之后，台糖开始大量输往大陆。郊行兴起后，这项贸易遂为其所垄断。台糖主要产于台湾南部，以打狗和安平附近所出为最多，品种有两种：一为红糖，一为白糖，红糖占总产量的绝大部分。[②] 19 世纪中期，台

---

　　① 根据姚贤镐的《中国近代对外贸易史资料(1840—1895)》第三册附录四"各通商口岸对外贸易的消长"表三"各埠洋货进口、土货进口、土货出口值：1865—1894 年"相关统计数字计算。原表 1865 年的进出口值的单位为两，现按 1 海关两等于 1.114 上海两折算。1865 年及 1894 年全国对外贸易总值为该年各埠洋货进口、土货进口、土货出口值之和。(姚贤镐. 中国近代对外贸易史资料(1840—1895)：第三册[M]. 北京：中华书局，1962：1618-1636.)

　　② 台糖不论产量还是出口量均以红糖为主，白糖数量不多，故本书的论述也以红糖为限。

湾每年输往华北一带的红糖即达 16 万担之谱。[①] 1856 年罗宾纳特洋行自台湾输出米、糖到香港可算是近代台糖外销的滥觞。开港后对外的贸易往来刺激了台糖出口的发展。1867 年 7500 担红糖首次直接运销日本(见表2-1),这标志着台糖开始大量进入国际市场。

表 2-1　1867—1894 年台湾(安平和打狗)红糖外销统计表

单位:担

年份	日本	澳洲	英国	美国	其他国家	香港	外销总数(A)	输出总数(B)	A/B(%)
1867	7500						7500	221695	3.4
1868							1750	255927	0.68
1869	13756					3456	17212	257683	6.7
1870	157952	43726				15694	217372	552799	39
1871	179932	25730				23336	228998	557310	41
1872	162355	59919	46865	28935		5000	303074	611007	50
1873	148077	61237		29755		2358	241427	490324	49
1874	218577	88797		43261		23127	373762	672677	56
1875	223946	72323		19500		8658	324427	481944	67
1876	275685	5831	142374		14294	51318	489502	851488	57
1877	242421	79264	18500	73007		10219	423411	567582	75
1878	165967	49409	11676			5786	232838	391584	59
1879	284663	139799				6807	431269	701684	61
1880	331894	46079	152220	130431		92006	752630	997625	75
1881	283998	45484	69929			61440	460851	718585	64
1882	198696	158850		19744	18500	18202	413992	573145	72
1883	245550	107226	92075	55166	19402	12582	532001	734653	72
1884	422424		14000	37050	103956	50816	628246	897110	70
1885	267312					11565	278877	500876	56
1886	138160			49829	26300	9048	223337	362825	62

[①]　James W. Davidson. The Island of "Formosa", Past and Present[M]. Yokohama: Japan Gazette Press, 1903:445.

年份	日本	澳洲	英国	美国	其他国家	香港	外销总数(A)	输出总数(B)	A/B(%)
1887	257122					10518	267640	522942	51
1888	332391					20406	352797	615830	57
1889	309525					5627	315152	544244	58
1890	344945					2340	347285	676773	51
1891	273378					7146	280524	545347	51
1892							295500	558633	53
1893							182000	480527	38
1894							309000	671969	46

资料来源：Statistics of Trade at the Port of Takow[R]. 1863—1872；Commercial Reports from Her Masjesty's Consuls in China, Taiwan[R]. 1878, 1885；Diplomatic and Consular Reports on Trade and Finance, China, Tainan[R]. 1892—1894；P. H. S. Montgomery. 1882—1891 年台湾台南海关报告书[J]. 台湾银行季刊，1957，9(1). 其中1892 年、1893 年和 1894 三年输出总数中包括白糖在内，外销部分绝大多数是输往日本。

台湾之所以有大量红糖出口，是因为台湾土壤肥沃，高温多雨，非常适合甘蔗生长（最初甚至不用施肥即可获得好收成），比起种水稻，花费既省，获利又多。[①] 此时江南地区米价暴跌也从另一方面促进了台湾甘蔗的种植。植蔗面积的扩大，为台糖出口的增加提供了保证。而台糖的质量，经许多精于此项贸易的外商评定，认为一点也不比马尼拉糖逊色，在国际市场上颇受欢迎。[②] 1870 年台糖的输出除了运往日本和香港外，还首次远销澳大利亚。1872 年台糖更打入欧美市场，直接销往加利福尼亚和伦敦。国际市场的扩大使台糖的外销额在台糖输出总额中所占的比例迅速增加：1869 年台糖的外销额仅有 17212 担，占输出总额的 6.7%；1872 年台糖的外销额即达到 303074 担，相当于输出总额的一半。1873 年尽管台糖的总

[①] Reports on trade at the Treaty Ports in China, Published by order of the general of Customs, Takow[R]. 1868：77.

[②] Reports on trade at the Treaty Ports in China, Published by order of the general of Customs, Takow[R]. 1868：78.

产量降低，但外销额的比例仍然保持着同上年一样的水平（参见表2-1）。

这段时期台糖输出的特点是从无到有，逐渐增加，年出口量稳定上升，台糖外销的国际市场基本形成。

1874—1884 年为台糖出口的全盛时期。1874 年台糖的外销额第一次超过了输往大陆国内市场的数量。以后，随着国际市场需求量增加，外销的红糖在台糖输出总额中所占的比例也越来越大，由 1874 年的 56％增加到 1877 年的 75％。在其后的两年内虽然略有下降，但到 1880 年又恢复到这一水平。从 1874 年到 1884 年的 11 年间，外销的红糖占台湾岛上红糖输出总额的比例年平均为 66％。在这一时期台糖生产的潜力充分发挥出来，红糖的输出总额和外销额屡次刷新历史纪录，其中尤以 1874 年、1876 年及 1880 年最引人注目。

1874 年甘蔗获得丰收，台糖的输出大增，销往日本的数量比上一年增加 70500 担。此时澳大利亚的墨尔本新建了一座炼糖厂，与悉尼原来的炼糖厂竞争，双方为了控制原料来源，争相进口原糖，因而销往澳大利亚的台糖比上年增加 27560 担；[①]销往美国旧金山的红糖也比前两年增加了近一半。国际市场销路畅旺，使台湾红糖的外销额第一次超过了内销。

1876 年台糖的总输出量为 851488 担，相当于 1865 年的 7 倍多。单是直接销往国外的数量就相当于上一年输往国内外的红糖数量的总和，创开港以来台糖输出的最高纪录。国际市场上，虽然对澳大利亚和美国的销量减少，但对日本的销量增加。英国市场在停顿了三年之后又恢复了进口，大量红糖运往伦敦。特别值得一提的是，还有一船台糖远销到智利的瓦尔帕莱索港。

1880 年台糖的输出达到最高峰，比 1876 年的纪录还多 146137 担。国际市场上，除了日本的进口量增加之外，输往纽约和伦敦的数量也特别多，外销的红糖数量达 752630 担。

1884 年，台糖输出仅次于最高峰的 1880 年，达到 897110 担。其中外销额占总额的 70％，单单输往日本的就达 42 万担以上，接近输出总额的一半。其他的主要是销往加拿大和新西兰。

---

① Reports on trade at the Treaty Ports in China，Published by order of the general of Customs，Takow[R]．1874：141．

这一时期台糖在国际市场上销量大幅度增加的原因可以归结为以下几点：

第一，种蔗面积扩大，糖产量增加。如上所述，由于大陆谷价低廉及种蔗获利较大，在价值规律的作用下，许多农民放弃了种稻而改植甘蔗。据1880年海关贸易报告中台湾产糖区示意图的数字，打狗和"台湾府"（指今台南市周边地区）这两个产糖区的蔗田面积分别达到11170英亩和7260英亩，在正常年景下可产糖94万担。

第二，国际市场糖货短缺。1876年和1880年毛里求斯、西印度群岛的甘蔗及法国的甜菜歉收，国际市场糖货供应减少，而这时日本、英国等对糖的需求恰好又大量增加，世界市场食糖供不应求。台湾的甘蔗却连连获得丰收，外商趁此良机把台湾产的大量红糖运售欧美各地，大获其利。

第三，甘蔗丰收使台糖价格降低。这段时期内，除1877年干旱外，其他年景天气适宜，甘蔗生长良好，连获丰收，糖的成本相应降低，这样蔗农即使以比较低的价格售出红糖也能获利。海关贸易报告和英国领事商务报告对此均有提到。如1876年的报告指出台糖价格很便宜；[①]1880年每担红糖的平均价格为2.15海关两；[②]1884年由于甘蔗大丰收，台糖价格每担"由2.80元跌至1.80元，在安平甚至跌到1.65元"。[③]

第四，白银汇率的降低。1875年1海关两相当于英镑6先令8便士，而1876年跌为6先令，1878年又跌为5先令10便士，在1880至1884年间又跌到5先令9便士。[④] 白银对比英镑汇率下降，使得原来已经比较便宜的台糖在国际市场上的价格显得更为低廉。这对拓展台糖销路、提高台糖在国际市场上的竞争力，无疑起了相当大的作用。

中法战争之后，台糖的外销便一蹶不振，开始走下坡路，国际市场渐渐

---

① Reports on trade at the Treaty Ports in China, Published by order of the general of Customs, Takow[R]. 1876:100.

② Commercial Reports from Her Majesty's Consuls in China, Taiwan[R]. 1880:122. 当年红糖总出口量为752629.51担，总价值为1618067海关两。

③ P. H. S. Montgomery. 1882—1891年台湾台南海关报告书[J]. 台湾银行季刊, 1957,9(1).

④ Commercial Reports from Her Majesty's Consuls in China, Taiwan[R]. 1875, 1876,1878,1880.

丧失。1883 年以后已经停止输往澳大利亚市场;1885 年前后直接输往英国、美国和加拿大的也分别停止。1887 年以后,台湾红糖的欧、美、澳市场全部丧失,除了少量输到香港之外,仅剩日本一隅(1890 年外销的红糖中99%是销往日本的)。随着台糖国际市场的缩小,台糖外销的数量及其在全部输出总额中所占的比例也明显地降低了。自 1885 年至 1894 年每年外销的台糖平均仅有 286000 担之谱,占全部输出额的一半左右。日本的消费者比较喜爱打狗糖区所出之糖,而大陆华北各地却欢迎台南府糖区所出之糖,据海关报告,打狗所出之糖多系前往日本,而台南府之糖全系运往内地通商口岸。① 这种市场结构一直保持到台湾被日本占领为止。

关于 1885 年之后台糖外销衰落的原因可归结为如下两点:

第一,国际市场上糖货产量增加,供过于求,竞争激烈。自 1880 年代初期开始,世界上糖料作物种植增加,糖的产量激增,1884 年已经出现供过于求的现象,国际市场上糖货价格大幅度下落,台糖运往欧美已是无利可图。1886 年澳大利亚糖开始出口,结果不仅使台糖失去了一个重要的市场,而且澳糖还打入了台糖的其他市场。日本原是台糖最稳固的市场,但因其他产糖地的竞争,台糖也失去了原来垄断的局面。如 1886 年,由于爪哇糖和马尼拉糖的大量倾销,运到日本的 5200 吨台湾红糖竟无法卖出,最后不得不以每吨近 3 镑的亏累降价求售。②

第二,台糖生产成本高,价格昂贵。面对其他产糖地的竞争,台糖本应降低成本价格,以提高竞争能力;然而,这个时期台糖的价格不仅未能降低,反而大大地上升了。台湾植蔗的全都是贫苦农民,个体的经营方式使他们没有改良土壤和品种的余力。甘蔗种植日久,地力衰退,产量下降,而且压蔗制糖全在小糖廊里进行,方法落后,浪费严重,费用极高。100 磅的甘蔗在西方国家用铁磨压榨一次就可以获得 68 磅糖汁,而在台湾,同样重量的甘蔗用石磨压三次仅能获得 50 磅糖汁。也就是说,以台湾这种落后的方法,大量糖被白白浪费掉。若以打狗地区每年生产的 357232 英担红

---

① 光绪十六年打狗口华洋贸易情形论略[G]//《中国旧海关史料》编辑委员会.中国旧海关史料(1859—1948):第 16 册.北京:京华出版社,2001:178.所谓打狗产糖区系指当时的凤山县及其以南一带,台南府产糖区系指台南附近至嘉义一带。

② Diplomatic and Consular Reports on Trade and Finance,China,Taiwan[R].1886:3.

糖计算,每年浪费的糖就达128751英担之多。[1] 在这种粗放的耕作技术和落后的加工方法之下生产出来的台糖的价格必然大大地高于那些在政府的补贴之下用先进的方法生产出来的洋糖的价格。此外,高利贷及中间商人的重利盘剥,道路难行、运输不便、运费极贵,再加上自1886年起首任巡抚刘铭传对台糖每担征课0.40元的出口厘金等等,均增加了台糖成本。此外,1886年、1888年和1892年,台湾风雨灾害迭见,甘蔗的生产大受影响,各种因素交互作用,使得这一时期内台糖的价格一直维持在一个很高的水平上。1886年台湾红糖每担价为3.50元;[2]1893年"打狗糖价最高者每担售银四元,低者三元三角;安平糖价高者每担四元一角五尖,低者二元九角五尖";[3]1894年"打狗糖市始于正月,其时每担售价三元一角……嗣后糖价腾贵,每担估值三元六角至三元八角五尖之多"。[4] 总之,这一时期的糖价比前一阶段高出不少,使得那些将台糖输到海外进行精炼的外商望而却步。尽管白银汇价继续下跌,仍无济于事。

应当指出,除了增课厘金、自然灾害之外,台糖的生产及外销等方面的不利因素在此之前就一直存在着,只不过前一个时期被国际市场上的一些有利因素所掩盖罢了。现在这些有利因素一经消失,台糖生产和外销中原来所存在的所有不利因素都一一暴露出来,导致了1885年以后台糖输出的衰落,直到日据之前,台糖的输出也未能恢复到1884年的水平。

二、茶叶

台湾茶叶主要生产于北部的后垅至艋舺间的沿山一带,为近代台湾对外贸易中最主要的出口商品。其外销的历史虽然远不如台糖悠久,但在开

---

① Diplomatic and Consular Reports on Trade and Finance,China,Tainan[R].1890:13-25,Appendix:Report by Dr. W. W. Myers on the cultivation and manufacture of raw sugar in South "Formosa",and on foreign relations with the trade therein(中文译文请参见. W. W. Myers.清末南部台湾的蔗糖业[J].林满红,译.台湾文献,1977,28(2):137-142.)

② Commercial Reports from Her Majesty's Consuls in China,Taiwan[R].1886:1.

③ 光绪十九年台南口华洋贸易情形论略[G]//《中国旧海关史料》编辑委员会.中国旧海关史料(1859—1948):第21册.北京:京华出版社,2001:179.

④ 光绪二十年台南口华洋贸易情形论略[G]//《中国旧海关史料》编辑委员会.中国旧海关史料(1859—1948):第22册.北京:京华出版社,2001:175.

港之前台湾已有茶叶输出,唯量少质差,而且俱系输往大陆。《台阳见闻录》记:"台北淡水地方出产茶叶,由来已久。咸丰年间由商船运往福州销售,俱系未拣毛茶,就南台大桥卡完厘,系在省城茶叶包办四卡口之内,每年不过数百石或数千石,为数无多。"①《淡水厅志》亦云:"淡北石碇、拳山二堡,居民多以植茶为业。道光年间,各商运茶,往福州售卖。每茶一担,收入口税银二元,方准投行售卖。"②

台湾开港对台茶的出口给予很大推动。1861年英国首任驻台湾副领事郇和来台之后,见到福州和厦门的商人颇多输入台茶,用以同质量较高的茶叶混掺,就在当年的领事商务报告中对台茶作了介绍,并将台茶样品寄给评茶行家鉴定,台茶遂开始为外人所认识。③ 1862年英国商船首次从台湾输出茶叶3165担,1864年又输出61担。④ 此时英国宝顺洋行的约翰·多德(John Dodd)亦来台湾北部调查商业状况,发现其地宜于植茶,遂着手进行改善台茶品质和扩大台茶产量的工作。先是从福建安溪运来茶苗,分发给淡水附近的农民,并给予贷款,鼓励种植;接着又购买茶叶运往澳门等地出售,获利甚丰。1868年多德又从福建安溪聘请茶师,在大稻埕设厂焙制茶叶,台湾茶叶的输出量开始迅速增加。1869年多德又以帆船二艘运载茶叶2139担直航美国纽约,以"台湾茶"的招牌出售,博得了声誉。台茶属乌龙茶,具有浓郁而独特的芳香,在美国大受欢迎。⑤ 虽然此后台茶均先运往厦门再转销国外,但这是第一次也是唯一的一次台茶直接运销美国,对于开拓台茶在美国的市场有着十分重大的意义。

继多德售茶获利之后,其他外商亦来台湾北部设立洋行,经营茶业,至

① 唐赞衮.台阳见闻录[M].台湾文献丛刊第30种.台北:台湾大通书局,1958:71-72.

② 陈培桂.淡水厅志[M].台湾文献丛刊第172种.台北:台湾大通书局,1963:114.

③ James W. Davidson. The Island of "Formosa", Past and Present [M]. Yokohama:Japan Gazette Press,1903:373.

④ Reports on trade at the Treaty Ports in China,Published by order of the general of Customs,Tamsui[R].1867:78;李仙得.台湾番事物产与商务[M].台湾文献丛刊第46种.台北:台湾大通书局,1987:109.

⑤ Reports on trade at the Treaty Ports in China,Published by order of the general of Customs,Tamsui[R].1869-1872:159.

1872 年秋季,台北已有五家专营茶业的洋行。此时华商也逐渐认识到台茶的出口价值,不仅许多本地的小资本家投资茶园,而且厦门和安溪的部分民众也搬迁来台以茶为生,与此同时,一些华商也开始在台北设立茶行。[1] 台茶的出口步上了迅速发展的道路。1866 年至 1878 年是台茶出口增长最为快速的时期:1866 年台湾茶输出仅 1356 担,1878 年增长到 80261 担,12 年间增加了 58 倍,平均每年递增 40.5%。随着茶叶出口量的迅速增加,茶叶出口值在台湾北部出口总值中所占的比例也急剧上升。1866 年淡水口岸的出口总值为 85000 英镑,台茶出口值为 4420 英镑,仅占 5.2%;[2]1869 年台茶的出口值增加到 35060 英镑,超过了樟脑,在淡水口岸出口商品中居于首位,占出口总值的 38%;[3]1874 年台茶在淡水口岸出口总值中的比例又增至 77%;[4]迄至 1878 年,台茶出口值更达 438250 英镑,占淡水口岸出口总值的 90%[5]。至此,台茶已确立了其在台湾出口贸易中的地位。

1879 年以后为台茶出口的第二个发展时期。从表 2-2 中可以看出,这一时期台茶出口的增长速度较之以前明显放慢。以出口量最多的 1893 年而言,尚未增至 1879 年的 2 倍,年平均增长率仅为 4.8%,而且出口量在某些年份中还有波动。虽则如此,在北部出口贸易商品结构中,台茶的比重与前一阶段相比仍有进一步的提高。1879 年淡水口岸出口总值中,茶叶占 93%,樟脑和煤炭分别为 3.5% 和 2.5%。[6] 在 1882—1891 年十年的淡水口岸出口贸易总值中,茶叶占 96%,樟脑占 1.5%,煤炭占 2%。[7] 1891

① Reports on trade at the Treaty Ports in China,Published by order of the general of Customs,Tamsui[R]. 1869-1872:159.

② Commercial Reports from Her Majesty's Consuls in China,Tamsuy[R]. 1866:273.

③ Commercial Reports from Her Majesty's Consuls in China,Tamsuy[R]. 1869:87.

④ Commercial Reports from Her Majesty's Consuls in China,Tamsuy[R]. 1874:87.

⑤ Reports on trade at the Treaty Ports in China,Published by order of the general of Customs,Tamsui[R]. 1879:172.

⑥ Reports on trade at the Treaty Ports in China,Published by order of the general of Customs,Tamsui[R]. 1879:172.

⑦ H. B. Morse. 1882—1891 年台湾淡水海关报告书[J].台湾银行季刊,1957,9(1).

年以后因樟脑出口值骤增,茶叶的比例才略有下降。

表 2-2　1862—1894 年台湾茶叶输出统计表

单位:担

年份	数量	年份	数量
1862	3165	1879	85033
1863	—	1880	90476
1864	61	1881	96446
1865	—	1882	90303
1866	1356	1883	99050
1867	2031	1884	98674
1868	3962	1885	122730
1869	5469	1886	121287
1870	10504	1887	126442
1871	14868	1888	135741
1872	19531	1889	130708
1873	15609	1890	128629
1874	24610	1891	135753
1875	41573	1892	137059
1876	58905	1893	163952
1877	69231	1894	154425
1878	80261		

资料来源:Statistics of Trade at the Port of Tamsui［R］. 1863—1872；Commercial Reports from Her Masjesty's Consuls in China, Tamsuy and Kelung［R］. 1873—1885；Diplomatic and Consular Reports on Trade and Finance,China,Tamsui［R］. 1886—1894.

如上文所提到的,台湾所产茶叶原来基本都是乌龙茶,几乎全部销往美国。1881 年福建同安县茶商吴福佬到台湾制作包种茶(即袋装花茶,一般利用次等茶叶,用花熏制加工而成)。包种茶销路甚广,每年出口值达 40 万~50 万元,约占台茶输出总量的 12%,价值的 6%。大部分包种茶经由香港和厦门销往南洋一带。[①]

近代台湾茶叶的出口之所以能迅速发展,在短短的十几年内成为台湾地方最大宗的出口商品,首先乃因为国际市场,主要是美国市场对台茶需求量的稳定增长。自 1869 年台茶第一次销到美国后即以其独特的芳香而博得广大美国消费者的喜爱,在美国保有一个近乎垄断的市场。台茶在美国市场上的竞争对手主要是日本茶。表 2-3 为 1871—1896 年台茶、日茶输往美国数量的比较。

表 2-3　1871—1896 年台茶、日茶输美数量比较表

单位:磅

年份	台湾茶	日本茶
1871	1502100	17258000
1876	6487800	17608000
1881	11978600	22460400
1886	13798000	26502000
1891	15029500	32770500
1896	19327500	52748500

资料来源:James W. Davidson. The Island of "Formosa", Past and Present[M]. Yokohama:Japan Gazette Press 1903:372.

从表 2-3 中可以看到,在 1871—1896 年的 26 年间,日茶输往美国的数量虽比台茶多,但台茶的增长比较快,在这期间销到美国的数量增加了 12 倍,而日茶仅增加 2 倍,这反映了台茶在美国销路的畅旺,在与日茶的市场竞争中占有一定的优势。

台茶出口迅速增长的另一个主要原因,是茶叶出口所带来的较为丰厚的利润大大地刺激了农民种茶的积极性,业茶的人数不断增多,茶园面积自 19 世纪 60 年代中期起就一直在扩大。同治十一年(1872)五月十九日的《申报》报道:

淡水地方向多种植靛树,参天黛色,一望如染。……兹者该境人

---

① 　James W. Davidson. The Island of "Formosa", Past and Present[M]. Yokohama: Japan Gazette Press,1903:387;连横. 台湾通史[M]. 北京:商务印书馆,1983:461.

心慕业茶之利，而又审厥风土甚宜于茶，乃改植茶树，凡高垅平壤多艺此焉。今该境生理渐广于前，实由此巨宗所致也。[①]

1878 年淡水海关贸易报告中说：

在大稻埕附近目力所及的山上，大约十五年之前连一株茶树的样子也难见到，而现在几乎每一片山坡都盖满了茶树的绿叶，甚至远达番界边缘的内山，在新垦的土地上也可见到小小的一块块的茶园。[②]

1880 年英国领事商务报告云：

自从上次种茶成功后，即锐意经营，至今随处都可以看到茶树的成长。……在过去几年间，中国人在茶的种植方面表现了如此的勤奋，即在 1865 年出口的总数还只有 180824 磅，现在达到了每年 1200 万磅以上，并且这一数字很有被超过的可能。[③]

蒋师辙《台游日记》对晚清台北地区植茶制茶的盛况也有记载：

今台北近山种莳几满，其最佳者名乌龙茶，泰西人酷嗜之，自四月至八月，轮艘日至，叠筐累篚，贩载而去，利与糖埒。其盛盖自同治间始矣（茶贾皆集大稻埕。每至夏月，开场列肆，柬别精恶，受佣妇女，千百成群，俗几与上海类。……）[④]

由于台湾为新兴的茶区，茶树既植于未垦之地，气候又属适宜，栽植之初，即称旺盛，比起老茶区来，所产茶叶不仅量多，而且质佳。因此，"同是乌龙茶也，产自大陆者因品质退化，海外销路即失，而产自台湾者则为美国人士所欢迎"。[⑤] 因而在 19 世纪 80 年代后期，在祖国大陆华茶受到印度、锡兰及日本茶叶的竞争而输出日渐减少的情况下，台湾茶叶的出口却能保

---

① 佚名.清季申报台湾纪事[M].台湾文献丛刊第 247 种.台北：台湾大通书局，1987：8-9.

② Reports on trade at the Treaty Ports in China，Published by order of the general of Customs，Tamsui[R].1878：211.

③ Commercial Reports from Her Majesty's Consuls in China，Tamsuy[R].1880：199.

④ 蒋师辙.台游日记[M].台湾文献丛刊第 6 种.台北：台湾大通书局，1987：64.

⑤ 班思德.最近百年中国对外贸易史[M].海关总税务司统计科，1931：194-195.

持稳定的增长,对于维持华茶在国际市场上的地位起了相当大的作用。但是,台湾地方狭小,内山为"番"界所阻,南部地区经试验又不宜种茶,[①]这些客观条件限制了茶业的进一步发展,所以 1885 年以后台茶出口的增幅不大。

因为当时台湾北部缺乏较大的良港,所以台茶运销的路线一般都是先从淡水运到厦门,然后在厦门改装上远洋大船再运销美国等地。故海关在贸易报告和贸易统计中都将台茶出口列入沿岸贸易项下,而不是将其列入直接对外贸易项下。

三、樟脑

台湾是世界上最主要的樟脑产地。[②] 在开港之前,樟脑是台湾北部最大宗的出口货,几乎全部输往香港,然后再转售欧美各地。[③] 其后,樟脑的地位虽为茶叶所取代,但其丰厚诱人的商业利润,使得这项贸易经常成为台湾地方政府、华商和外商争夺的对象:1863 年台湾道台第一次实行樟脑专卖,1868 年因遭到外商反对而废除;1885 年台湾建省后,首任台湾巡抚刘铭传又宣布恢复樟脑专卖,至 1891 年再次被取消。以下根据这几个不同时期樟脑输出的不同特点分次述之。

(一)1863—1868 年第一次专卖时期的樟脑输出

台湾内山"番"界盛产樟木,居民入山伐樟熬脑由来已久。康熙时曾严禁民人私越"番"界,然私熬之事仍时有发生。雍正三年(1725),台湾南北二路设立军工料馆,派匠采木以供造船之用。因北路料多工繁,特准匠首利用料余根梢熬制樟脑销售,补贴工资。道光五年(1825)又在艋舺设立军工料馆,兼办脑务,所有民户熬制樟脑尽归该馆收购销售,嗣是北路匠首乃

① James W. Davidson. The Island of "Formosa", Past and Present[M]. Yokohama: Japan Gazette Press, 1903:380;徐方幹. 台湾茶史掇要[J]. 大陆杂志,1954,8(3).

② 据日本学者山下氏之估计,世界樟脑产量以日本及台湾为最丰,约占世界总产量的 60%。台湾银行经济研究室. 台湾之樟脑[M]. 台湾特产丛刊第 10 种. 台北:台湾银行, 1952:3.

③ Commercial Reports from Her Majesty's Consuls in China, Tamsuy[R]. 1866: 269.

获得樟脑专卖的特权。① 台湾的樟脑亦是最早引起外国人注意的物产之一,1825 年英国商人就曾私运鸦片到鸡笼交换樟脑。② 1855 年前后,美国的琼记洋行和罗宾纳特洋行在台湾南北进行非法贸易活动时,也都曾从台湾输出大量樟脑。

19 世纪 60 年代初台湾开港后,樟脑贸易即为资本最为雄厚的英商怡和及邓特两家洋行所独占。这两家洋行委派本地的华人买办驻在沿岸各主要港口,随时雇用帆船前往收集樟脑。吴子光《台湾纪事》云:"初,台地所产樟脑,皆私贩于夷人。"③外商的这项贸易"最初进行得极为顺利,而他们的订货又是如此之多,致使所出的樟脑悉数为其购去"。④ 每年数量在七八千担,在台湾每担的收购价格为 8 元,运到香港可售 16 元,获利甚厚。⑤

台湾南北两地海关设立以后,规定沿岸各地并非全部对外开放,外商贸易仅限于淡水、打狗等通商口岸进行。1863 年台湾道陈懋烈宣布将军工料馆改为脑馆,同时实行樟脑专卖,规定岛内所产樟脑尽归脑馆收购,外商输出时须向脑馆转买。于是,外商不得不从各地撤回人员、船只,樟脑贸易基本上为地方政府所控制。最初樟脑专卖的业务采取承包形式,由承包的华商向台湾地方政府缴纳一定的费用。据说这种承包商一天的收入可达 200 元,其中须交给地方政府 125 元。⑥ 不久,樟脑专卖又取消承包制,改由地方政府直接经营。1864 年香港市场上樟脑价格每担 15 元左右,而台湾脑馆的售价为 12.5~14 元,⑦如果扣除运费及水分的损耗,樟脑贸易已是无利可图。

对于樟脑专卖一事,外商十分不满。先是由英国领事郇和出面向台湾

---

① 陈培桂.淡水厅志[M].台湾文献丛刊第 172 种.台北:台湾大通书局,1963:114;连横.台湾通史[M].北京:商务印书馆,1983:355.

② 陈碧笙.台湾地方史[M].北京:中国社会科学出版社,1982:127.

③ 吴子光.台湾纪事[M].台湾文献丛刊第 36 种.台北:台湾银行,1959:14.

④ Reports on trade at the Treaty Ports in China,Published by order of the general of Customs,Tamsui[R].1867:77.

⑤ 陈碧笙.台湾地方史[M].北京:中国社会科学出版社,1982:127.

⑥ Commercial Reports from Her Majesty's Consuls in China,Tamsuy[R].1863:7.

⑦ 台湾银行经济研究室.台湾之樟脑[M].台湾特产丛刊第 10 种.台北:台湾银行,1952:6.

道台提出交涉,要求废除樟脑专卖政策,但未能如愿。1868年初,美国对樟脑的需求量增加,国际市场上樟脑价格陡涨,外商见有利可图,遂不顾专卖禁令,纷纷潜入樟脑产地,向民间私购。英国怡记洋行职员毕麒麟竟在台湾中部的梧栖擅自设栈,收购樟脑。同年六月间,该行私购的价值6000元之樟脑在准备驳运出洋之际,被鹿港同知截获扣留,后来遭风漂没。英国领事吉必勋为此向台湾道梁元桂提出抗议和索赔,不遂。此时恰好台湾南部基督教徒与民众发生冲突,激起公愤,并引发了民众拆毁教堂的反洋教事件。英国领事吉必勋以保护英侨为借口,请求派英国军舰到台。闽浙总督英桂见形势紧张,即委派兴泉永道曾宪德赴台办理诸案。英领事吉必勋为了趁机扩大侵略权益,决定进行战争讹诈。他一面与曾宪德谈判,一面暗中调派兵船于十月十二日(11月25日)炮击安平炮台,英海军少校戈登还带兵夜袭安平镇,杀死杀伤中国士兵多名(副将江国珍亦因仓促应变,受伤自杀)。接着,英兵又焚毁军火库,强索赔款4万银圆。此即为震动一时的樟脑战争。中国方面担心事态扩大,被迫答应赔偿基督教教会之财产及怡记公司损失之脑价,撤换台湾原来有关地方官员,最后还与英国专门订立了《樟脑条约》,规定:裁撤台湾樟脑官厂,废除樟脑专卖制度,任从华洋商民自行买卖;外商凭三联单并照章完纳子口税后即可赴台属内山向民人采买。[①] 就这样,在炮舰政策的威胁之下,第一次樟脑专卖被迫废除了。

(二)1868—1885年专卖制度废除之后的樟脑输出

第一次樟脑专卖废除之后,外商凭借《樟脑条约》中规定的特权,挟其雄厚之资本,或亲自或委派买办深入内山,设铺建栈采买樟脑,甚至贷款给脑丁,指挥制脑。按条约规定,持有三联单的外商自内地运出樟脑时每担需交纳0.55元的子口税。然而,外商往往违反规定,拒纳子口税。同治九年(1870)台湾道黎兆棠"查洋商入山采买樟脑,并未按照章程,先完子口税,札饬委员候补府胡斌会同淡水同知,设卡抽厘。每樟脑百斤,抽厘五角五点,与半税同"。[②]

在樟脑专卖制度废除之前,外商出口樟脑时必须按每担12~16元的

① 台湾省文献委员会.台湾省通志:卷3 政事志·外事篇[M].台北:台湾省文献委员会,1971:77.

② 陈培桂.淡水厅志[M].台湾文献丛刊第172种.台北:台湾大通书局,1963:114.

规定价格向脑厂购买。专卖制度废除之后，外商直接向制脑者购买，每担价仅9元，最低的仅7.8元。① 所以，"樟脑专卖的废除，意味着台湾地方政府每年将失去6万元的收入"，②而外商的利润则大大增加。由于外商可以自由采买，专卖制度废除之后台湾樟脑的输出量骤增：1865—1867年平均每年输出7012担，1868—1870年平均每年输出达14240担。当时樟脑除了少量供制造烟火和香料外，主要供医药和防腐之用，消费量不多。台湾樟脑出口量大增使得世界市场脑货充斥，供过于求，从而导致樟脑价格大幅下降。以1869年欧洲市场的樟脑价格为例，即比专卖制度废除之前的一般价格下跌了30%～40%之多。③ 由于出口利润的降低，樟脑的输出量自1871年起明显减少。自同治十三年台湾"开山抚番"开始，民"番"冲突时有发生，"番"民"出草"渐见频繁，④脑丁被杀，脑灶荒废，1875年樟脑的出口量降为7139担。1877年香港市场脑价的上涨曾经一度引起出口量的增加，但1881年起出口量又直线下降。其后由于中法战争的影响，1885年全年的樟脑出口仅有3.14担。这一时期樟脑出口的减少除了因为外贸获利不多外，汉"番"冲突的加剧亦是重要原因。

（三）1885年台湾建省后的樟脑输出

1885年中法战争结束后，台湾正式建省，其时百废待举，费用浩繁，财政支绌。首任台湾巡抚刘铭传乃采纳林维源、林朝栋等人的建议，于1886年奏请将台湾所产樟脑、硫黄两项，"归官收买出售，发给执照出口"，以所得盈利，补贴"抚番"经费。⑤ 获准之后，乃设立全台脑黄总局，隶巡抚；于

---

① Reports on trade at the Treaty Ports in China，Published by order of the general of Customs，Tamsui[R]．1868：160．

② Commercial Reports from Her Majesty's Consuls in China，Taiwan[R]．1869：76．

③ Reports on trade at the Treaty Ports in China，Published by order of the general of Customs，Tamsui[R]．1869：169．

④ 当时台湾部分"原住民"仍保留着原始社会的猎首之风，"番"民外出狩首称为"出草"。

⑤ 刘铭传．请开禁出硫黄片[M]//刘铭传抚台前后档案．台湾文献丛刊第276种．台北：台湾银行，1969：263．又据Commercial Reports from Her Majesty's Consuls in China，Taiwan[R]．1886：5．刘铭传宣布恢复樟脑专卖制度的时间为1886年5月。连横《台湾通史》（商务印书馆，1983年）、梅汝璈《台湾对外贸易研究》（台北市世界书局，1964年）以及台湾银行经济研究室所编《台湾之樟脑》等书均误为1887年。

北路大料崁、中路彰化分设脑务总局,并于属下各地设立分局,各处所产樟脑尽归官局定价收买,不准走漏。刘铭传时期的专卖采取承包制,在1890年5月之前,由德商公泰洋行缴纳保证金3000元包买官脑局全部樟脑,贩运香港销售。此时利用樟脑制造无烟火药及赛璐珞的试验获得成功,樟脑遂成为一种重要的工业原料,销量激增,国际市场供不应求,欧洲的樟脑价格极其昂贵。香港的价格亦随之上涨,1890年1月每担的价格达40元,随后又涨到60元。① 包买樟脑的外商大获暴利。是年5月,粤商蔡南生的恒丰公司以缴纳保证金3.6万元的条件取代公泰洋行,获得台北樟脑的包买权;中部则由林朝栋承购(由公泰洋行的布德拉提供资金4.5万元,在彰化脑务局辖区内收购)。政府还提高价格,规定承包者每担樟脑缴官价30元(包括厘金、防费在内),其中12元归脑户收入,余下18元归省库。② 外商因樟脑出口利润丰厚,乃潜入内地,以资金贷放制脑者,大量收购。政府虽屡申禁令,但均置若罔闻。1890年英商怡和洋行在集集收购樟脑4万余斤运至鹿港,企图输出,被巡察官吏缉获充公。同年9月又缉获私货3.2万余公斤。③ 英国驻台领事照会巡抚索还,不允,乃由英国驻京公使出面与总理衙门交涉。其他列强也对樟脑专卖不满,趁机群起反对。在列强的压力下,刘铭传被迫取消樟脑专卖。"自光绪十七年正月起,所有台湾樟脑由脑户自行觅售,价值高低,出数多寡,地方官概不过问,惟设局弹压稽查,按灶抽收防费。倘有奸民盗伐樟树私熬,抗纳防费或拖欠不缴,地方官应随时查封惩办,洋商不得干预包揽。"④于是,外商又挟资进入内地,贷款予脑户,大量收购樟脑,樟脑的出口量遂成倍激增。1891—1893年的三年间每年平均输出23232担,1894年一年输出即达39547担,由于国际市场脑

---

① 光绪十六年淡水口华洋贸易情形论略[G]//《中国旧海关史料》编辑委员会. 中国旧海关史料(1859—1948):第16册. 北京:京华出版社,2001:170.

② 光绪十六年淡水口华洋贸易情形论略[G]//《中国旧海关史料》编辑委员会. 中国旧海关史料(1859—1948):第16册. 北京:京华出版社,2001:170-171;H. B. Morse. 1882—1891年台湾淡水海关报告书[J].台湾银行季刊,1957,9(1).

③ 台湾银行经济研究室.台湾之樟脑[M].台湾特产丛刊第10种.台北:台湾银行,1952:7.

④ 台南府行知所有台湾樟脑自十七年正月起由脑户自行觅售按灶抽收防费[M]//刘铭传抚台前后档案.台湾文献丛刊第276种.台北:台湾银行,1969:210-211.

价猛涨,外商从中获利之多可想而知。

表 2-4　1863—1894 年台湾樟脑输出统计表

单位:担

年份	淡水	打狗	合计
1863	13670		13670
1864	8899		8899
1865	7784		7784
1866	8448		8448
1867	5071		5071
1868	14441	813	15254
1869	13797	1508	15305
1870	14481	2363	16844
1871	9692		9692
1872	10281	81	10362
1873	10755		10755
1874	12079		12079
1875	7139		7139
1876	8795		8795
1877	13177		13177
1878	13503	312	13815
1879	11048	99	11147
1880	12335		12335
1881	9317	277	9594
1882	4934		4934
1883	3086		3086
1884	443	19	462
1885	3.14		3.14
1886	964	311	1275
1887	2520	236	2756

南强丛书

社会转型、抗击外侮与近代化建设——晚清台湾历史映像(1840—1895)

年份	淡水	打狗	合计
1888	2873	963	3836
1889	3580	599	4179
1890	6482	759	7241
1891	16716	2121	18837
1892	12970	4571	17541
1893	26993	6325	33318
1894	27811	11736	39547

资料来源：Commercial Reports from Her Masjesty's Consuls in China, Taiwan, Tamsuy[R]. 1863—1885；Diplomatic and Consular Reports on Trade and Finance, China, Taiwan(Tainan), Tamsui [R]. 1886—1894.

第三节　台湾开港后对外贸易的发展——进口

台湾开港后进口货物主要有鸦片、棉毛织物及各种杂货等，兹将主要进口商品的贸易状况分述如下。

一、鸦片

鸦片输入台湾的历史可以追溯到荷兰殖民统治时期。连横《台湾通史》载："台湾之有阿片，始于荷兰之时。荷人贸易以此为巨，销售闽、粤两省，渐乃及于内地。"[1]雍正初年，蓝鼎元在《与吴观察论治台湾事宜书》中亦有关于台湾人民吸食鸦片的记载：

> 鸦片烟不知始自何来。煮以铜锅，烟筒如短棍。无赖恶少，群聚夜饮，遂成风俗。饮时以蜜糖诸品及鲜果十数碟佐之。诱后来者，初赴饮不用钱，久则不能自已，倾家赴之矣。能通宵不寐，助淫欲。始以

---

[1]　连横. 台湾通史[M]. 北京：商务印书馆，1983：358-359.

为乐,后遂不可复救。一日辍饮,则面皮顿缩,唇齿龀露,脱神欲毙。复饮乃愈。然三年之后,无不死矣。闻此为狡黠岛夷,诳倾唐人财命者(南洋诸番称中国为"唐",犹言"汉"云。今台湾人称内地亦曰"唐山"),愚夫不悟。传入中国已十余年,厦门多有,而台湾特甚,殊可哀也![1]

迄至 19 世纪,英、美等西方列强为了打开中国的大门,大肆进行鸦片走私,鸦片输入中国的数量急剧增加,台湾和全国各地一样亦饱受烟毒之害。道光十八年(1838),台湾兵备道姚莹曾奉旨禁止,"初犯者刑,再犯死"[2],鸦片进口一时稍戢。

《南京条约》订立之后,鸦片走私不但继续不辍,而且日益兴盛。走私者"不但把贸易扩展到各个通商口岸,而且扩展到沿海每一处可以找到有鸦片需求的地方"。当时厦门以北 50 海里的金门湾就是一个臭名昭著的鸦片走私中心,而厦门以及附近的泉州、崛屿和金门的趸站是全国鸦片储存最多的地方。[3] 这种贸易还受到列强政府的暗中保护,"自从英国领事到厦门后,鸦片趸船已移至港外停泊,中国走私贩可以大胆前往交易"。[4] 台湾与厦门毗邻,交通便利,首当其冲,输入的鸦片自不在少数,原来的烟土之禁不弛而弛。道咸年间任兵备道的徐宗幹对当时台湾烟毒泛滥的情形有具体的描述:"银何以日少?洋烟愈甚也。……以每人每日约计之,须银二钱。就台地贵贱、贫富、良莠、男女约略吸烟者不下数十万人,以五十万计之,每日即耗银十万两矣。"[5]如前所述,台湾开港之前,私入岛上进行非法贸易活动的美商琼记洋行和罗宾纳特洋行都经常从香港输入大量的鸦片。[6]

---

① 蓝鼎元.平台纪略[M].台湾文献丛刊第 14 种.台北:台湾银行,1958:50.
② 连横.台湾通史[M].北京:商务印书馆,1983:359.
③ 莱特.中国关税沿革史[M].姚曾廙,译.北京:生活·读书·新知三联书店,1958:58.
④ 姚贤镐.中国近代对外贸易史资料(1840—1895):第一册[M].中华书局,1962:585.
⑤ 徐宗幹.斯未信斋文编[M].台湾文献丛刊第 87 种.台北:台湾银行,1960:66-68.
⑥ 黄嘉谟.美国与台湾——一七八四至一八九五[M].台北:"中央研究院"近代史研究所,1979:80-126.

1858 年随着《天津条约》及《中英通商章程善后条约》的签订,在台湾通商口岸开放的同时,鸦片也被冠上"洋药"的美名,规定每百斤完纳 30 两银的税款之后就准许进口。所以,从台湾对外贸易开始的第一天起,鸦片便以合法进口货的面目堂而皇之地出现在海关贸易统计表上。1864 年打狗口岸洋货进口总值为 558908 元,其中鸦片为 512388 元,占 91.68%;① 淡水口岸的洋货(foreign product)进口总值 212330 英镑中,鸦片为 199768 英镑,占 94%。② 就全台而言,是年鸦片进口值占洋货进口总值的 93%。其后,随着贸易的发展,鸦片的年进口量也逐年增加,1873 年已达 3593 担,为 1864 年的 1.5 倍多。自 1874 年起台湾鸦片的进口量更是大幅度增长,该年打狗口岸的鸦片进口量比上一年增加了 28%,就全台而言,进口量增加了 576 担。1881 年是鸦片贸易最兴旺的一年,鸦片净进口额达 5881 担,相当于 1864 年的 2.5 倍。1874 年以后鸦片的进口量大幅度增加乃是由于"牡丹社"事件发生后大批清军由大陆移驻台湾,以及此后渡台禁令废止,许多大陆人民至台而造成的。

1882 年起台湾鸦片的进口量开始骤降,当年的输入量比 1881 年减少了 22%,1883 年又比上年下降 13%,这种情况在此后持续两年,到 1886 年又开始增加,恢复到 1882 年的水平,到 1891 年鸦片的净进口额又回升到与 1881 年完全相等的水平。对于 1882 年以后台湾鸦片进口一度减少的原因,海关贸易报告的解释是"因国产鸦片增加所造成的"。③ 其实就台湾南部而言,国产鸦片并不受欢迎,一向极少进口和使用。④ 而且,打狗口岸外国鸦片的进口量自 1882 年起开始减少,并在以后的几年中和淡水口岸以相同的幅度继续减少。台湾北部虽然在此之前就经常有民船从浙江输入国产鸦片,但据英国领事商务报告称,其对外国鸦片的销售一直未产生

---

① Commercial Reports from Her Majesty's Consuls in China, Taiwan[R]. 1865:272-274. 洋货指从国外直接进口的货物和从中国其他口岸进口的外国商品。

② Commercial Reports from Her Majesty's Consuls in China, Tamsuy[R]. 1865:283-284.

③ H. B. Morse. 1882—1891 年台湾淡水海关报告书[J]. 台湾银行季刊,1957,9(1).

④ Commercial Reports from Her Majesty's Consuls in China, Taiwan[R]. 1880,1883.

过任何重大影响。① 可见海关贸易报告的解释不仅不能说明台湾南部鸦片进口减少的原因,更无法解释台湾北部鸦片进口减少的原因,当然更无法说明 1886 年以后台湾全岛鸦片的进口量又重新回升的原因。其实,这个时期台湾鸦片进口数量的增减主要是由鸦片厘金税率的变化引起的。鸦片是台湾进口洋货中唯一需要征课厘金的货物。原来在台南波斯、土耳其鸦片每担征课厘金 32～40 元,在淡水为 65 元;印度的贝拿勒斯(Bunares)和帕特拿(Patna)鸦片在台南每箱所纳厘金为 80 元,在淡水为 75 元。② 台湾南部打狗等口岸对波斯和土耳其产鸦片征收的厘金比北部淡水等口岸低,所以这类鸦片有时自南部进口后又从陆路运到北部去,这是海关贸易统计上淡水口的鸦片进口额比打狗少的原因之一。自 1881 年底开始,台湾鸦片厘金的税率大大提高,贝拿勒斯鸦片每箱为 96 两,比原来增加了 41.6 两,波斯鸦片每箱为 80 两,比原来增加了 52.8 两。③ 厘金的提高使鸦片的售价也相应增加,销路当然大受影响,进口量自然也就下降了。1886 年《烟台条约》正式施行,鸦片税厘并征,每百斤统一定为 80 两,比原来的 96 两略有降低,所以鸦片的进口量又开始回升,其变动的方向和时间与厘金税率的增减完全一致。1891 年台湾鸦片的进口恢复到最高水平后,1892 年有所减少,但仍有 5139 担之多。1893 年和 1894 年因黄金汇价的骤涨及波斯、印度两地鸦片歉收,供货不足,进口量下降,但因鸦

---

① Commercial Reports from Her Majesty's Consuls in China, Tamsuy and Kelung [R]. 1878:159.

② Commercial Reports from Her Majesty's Consuls in China, Taiwan[R]. 1877:135; Commercial Reports from Her Majesty's Consuls in China, Taiwan[R]. 1878:131.

③ Commercial Reports from Her Majesty's Consuls in China, Taiwan[R]. 1881:103. 波斯鸦片 1 箱＝1 担,1 元＝0.68 两,其增加额系指对台南地区而言。

片价格高昂,故就进口的价值而言,反而比前两年有所增加。[①]

输入台湾的鸦片主要有印度鸦片(包括贝拿勒斯和帕特拿两种)及波斯鸦片,后者包括土耳其鸦片(因为土耳其鸦片实际上就是波斯货)。表2-5为1862—1894年印度和波斯鸦片年平均输入的数量。

表 2-5　1862—1894 年台湾平均每年输入印度、波斯鸦片数量表

单位:担

年份	时期	数量/百分比	印度鸦片	波斯鸦片	合计
1862 | 1871	最初三年	数量	771	2	773
		百分比(%)	99.7	0.3	100
	全期	数量	1809	140	1949
		百分比(%)	92.8	7.2	100
	最后三年	数量	2514	381	2895
		百分比(%)	86.8	13.2	100
1872 | 1881	最初三年	数量	3267	553	3820
		百分比(%)	85.5	14.5	100
	全期	数量	3359	1427	4786
		百分比(%)	70.2	29.8	100
	最后三年	数量	3596	2214	5810
		百分比(%)	61.9	38.1	100

①　Diplomatic and Consular Reports on Trade and Finance,China,Tainan[R]. 1893,1894;光绪十九年淡水华洋贸易情形论略[G]//《中国旧海关史料》编辑委员会. 中国旧海关史料(1859—1948):第 21 册. 北京:京华出版社,2001:171;光绪十九台南华洋贸易情形论略[G]//《中国旧海关史料》编辑委员会. 中国旧海关史料(1859-1948):第 21 册. 北京:京华出版社,2001:181-182;光绪二十年淡水华洋贸易情形论略[G]//《中国旧海关史料》编辑委员会. 中国旧海关史料(1859—1948):第 21 册. 北京:京华出版社,2001:170-171;光绪二十台南华洋贸易情形论略[G]//《中国旧海关史料》编辑委员会. 中国旧海关史料(1859—1948):第 21 册. 北京:京华出版社,2001:177-178.

续表

年份	时期	数量/百分比	印度鸦片	波斯鸦片	合计
1882 — 1891	最初三年	数量	1536	2691	4227
		百分比(%)	36.3	63.7	100
	全期	数量	1162	3413	4575
		百分比(%)	25.4	74.6	100
	最后三年	数量	833	4500	5333
		百分比(%)	15.6	84.4	100
1892 — 1894	全期	数量	331	4291	4622
		百分比(%)	7.2	92.8	100

资料来源:Commercial Reports from Her Masjesty's Consuls in China, Taiwan, Tamsuy[R].1862—1885;Diplomatic and Consular Reports on Trade and Finance,China,Tainan,Tamsui[R].1886—1894;H. B. Morse.1882—1891年台湾淡水海关报告书[J].台湾银行季刊,1957,9(1);P. H. S. Montgomery.1882—1891年台湾台南海关报告书[J].台湾银行季刊,1957,9(1).

从表2-5可以看到,开港初期,输入台湾的鸦片几乎全部都是印度货,波斯货可以说是微乎其微,但随着贸易的发展,波斯货的进口不断增加,印度货相对减少,到后来两者的比例完全颠倒过来,在所有鸦片进口总额中,波斯货占了92.8%,印度货仅剩下7.2%。就全国来看,仅福州、台湾及厦门等地有波斯鸦片输入,而以台湾的输入量最多,可以说台湾是波斯鸦片在中国的主要市场。① 波斯鸦片在台湾之所以会如此畅销以致取代了原来的印度鸦片,其原因有以下几点:

其一,在销售方面,波斯鸦片厘金较低。如前所述,在台湾南部波斯鸦片每箱的厘金比起印度鸦片要低40~50元,在淡水至少也要低10元;而且波斯鸦片比印度鸦片更容易掺假,故商人愿意卖它。

---

① P. H. S. Montgomery.1882—1891年台湾台南海关报告书[J].台湾银行季刊,1957,9(1).

表 2-6　1862—1894 年台湾鸦片净进口量统计表

单位:担

年份	打狗	淡水	合计
1864*	997	1347	2344
1865	1305	983	2288
1866	1431	1111	2542
1867	1531	1055	2586
1868	1102	931	2033
1869	1532	1039	2571
1870	1731	1163	2894
1871	1974	1306	3280
1872	1941	1400	3341
1873	1952	1641	3593
1874	2503	1666	4169
1875	2600	1559	4159
1876	2659	1859	4518
1877	3168	1669	4837
1878	2853	1848	4701
1879	3387	2165	5552
1880	3647	2149	5796
1881	3739	2142	5881
1882	3012	1584	4596
1883	2752	1265	4017
1884	2308	1270	3578
1885	2339	1436	3775
1886	2913	1633	4546
1887	2626	1622	4248
1888	2672	1974	4646
1889	2752	1983	4735

年份	打狗	淡水	合计
1890	3076	1967	5043
1891	3401	2181	5582
1892	3036	2103	5139
1893	2608	2079	4687
1894	2130	1779	3909

*以上海关统计中缺 1864 年淡水口岸的鸦片进口数字,据英国驻淡水领事商务报告统计(Commercial Reports from Her Masjesty's Consuls in China Tamsuy[R]. 1864:283-284),该年淡水口岸鸦片净进口额为 1604 英担,按 1cwt. =112 磅,1 担=133.3 磅换算,1604 英担约等于 1347 担。

资料来源:《中国旧海关史料》编辑委员会. 中国旧海关史料(1859—1948):第 4 册[M]. 北京:京华出版社,2001:13;《中国旧海关史料》编辑委员会. 中国旧海关史料(1859—1948):第 7 册[M]. 北京:京华出版社,2001:13;《中国旧海关史料》编辑委员会. 中国旧海关史料(1859—1948):第 11 册[M]. 北京:京华出版社,2001:19;《中国旧海关史料》编辑委员会. 中国旧海关史料(1859—1948):第 22 册[M]. 北京:京华出版社,2001:17.

其二,在购买方面,波斯鸦片的价格比印度鸦片要便宜得多,两者之间每担的差价为 100 元左右。[1] 印度鸦片制成大圆饼,非一般贫穷的消费者一次所能买得起;波斯鸦片则制成小圆球,对购买者来说既方便又不太费钱。另外,波斯鸦片虽然味道较劣,但其纯鸦片含量高达 83%,而印度的贝拿勒斯鸦片仅为 55%。波斯鸦片的烟灰若掺入少量的新鸦片可以再吸食四至五次,而贝拿勒斯鸦片最多只能吸两次。[2] 台湾吸食鸦片者主要是下层劳动群众,许多是买不起好鸦片的贫穷者,所以这种价格低廉、比较耐吸的波斯鸦片较受欢迎,逐渐取代了印度鸦片,表现在海关统计表上就是

[1] P. H. S. Montgomery. 1882—1891 年台湾台南海关报告书[J]. 台湾银行季刊,1957,9(1). Commercial Reports from Her Majesty's Consuls in China, Tamsuy and Kelung[R]. 1877:142.

[2] Diplomatic and Consular Reports on Trade and Finance, China, Tainan[R]. 1894:3; P. H. S. Montgomery. 1882—1891 年台湾台南海关报告书[J]. 台湾银行季刊,1957,9(1).

前者进口量的增加和后者的减少。

二、纺织品

输入台湾的纺织品包括棉织品和毛织品两大类,在 1880 年之前几乎全部是英国货。进口的毛织品主要有羽纱(camlets)、苏格兰毛绒布(long ells)、厚斜纹布(lastings)以及西班牙条纹布(Spanish stripes)等几种。其中以英国制造的绛红色羽纱为最多。台湾气候炎热,冬季短暂,毛织品不太适用,销路有限,所进口者主要为富家妇女装饰穿着及部分"番"民使用。"番"民习惯于将各种颜色的毛料剪成小块,然后混合拼缝起来,制成一种色彩艳丽的服装。1865 年台湾输入毛织品的数量为 15621 匹,1894 年为 15522 匹,其间虽然也有波动起落,但数量变化不大。自 1864 年至 1894 年毛织品的输入总额仅占纺织品输入总额的 8.3%,所以输入台湾的纺织品主要是棉织品。

棉织品主要有灰衬衫布(grey shirtings)、白衬衫布(white shirtings)、T 字布(T-cloths)及土耳其红布(Turkey reds)等几种,其中输入数量最多的是灰衬衫布。以淡水口岸为例,从 1865 年至 1868 年进口的 77136 匹棉织物中,灰衬衫布有 56721 匹,占 74%。[①] 在外国纺织品输入之前,台湾所消费的织物主要有来自大陆的南京布,还有本地产的凤梨布及"番"民所织的"番"布。[②] 比起外国货来,土布不但价格便宜,而且结实耐穿,对于下层劳动者尤为适用,故洋布进口之初自然地受到土布的抵制和竞争。尽管如此,洋布输入量的增长还是相当迅速。1864 年各种外国棉织物的进口量为 8744 匹,1871 年即达到 107719 匹,7 年之中增长了 11 倍有余。1868 年樟脑专卖制度废除之后,外商常常携带布匹深入内山,与脑丁直接交换樟脑。此举不但拓展了洋布的销路,也使内地汉人对外国工业织品有了进一步的认识,这对于洋布的输入亦是一种推动。1872—1873 年洋布的进口量虽然略有下降,但 1874 年又开始回升,1879 年的进口数量多达 16 万多

---

① Reports on trade at the Treaty Ports in China,Published by order of the general of Customs,Tamsui[R].1868:161.

② Reports on trade at the Treaty Ports in China,Published by order of the general of Customs,Takow[R].1876:98-99.南京布是大陆的土产棉布,其纱线原产于南京,故名。

匹。19世纪80年代输入量最多的是1885年,南北各口共计有237314匹;1894年则是开港后输入量最多的一年,台湾岛内共进口洋布29万匹。表2-7为1864年至1894年台湾进口外国织物的数量统计。

表2-7 1864—1894年台湾进口外国纺织品数量统计表

单位:匹

年份	打狗口岸		淡水口岸		合 计	
	棉织物	毛织品	棉织物	毛织品	棉织物	毛织品
1864	3950	3683	4794	1375	8744	5058
1865	22780	14102	11576	1519	34356	15621
1866	14539	2421	13233	1575	27772	3996
1867	23024	5122	22297	3664	45321	8786
1868	21595	4621	30030	2051	51625	6672
1869	22110	4202	39149	3065	61259	7267
1870	36453	9826	37621	1900	74074	11726
1871	61179	6441	46540	2832	107719	9273
1872	23079	2884	24972	3785	48051	6669
1873	29954	3061	51961	3550	81915	6611
1874	43219	1961	60172	4716	103391	6677
1875	65280	4694	90224	6768	155504	11462
1876	35825	2957	88782	7505	124607	10462
1877	62847	4602	97595	8935	160442	13537
1878	36596	4445	84876	8033	121472	12478
1879	55363	6350	108046	9872	163409	16222
1880	61866	8505	99159	8451	161025	16956
1881	43035	8351	105771	8761	148806	17112
1882	42065	6481	79695	6518	121760	12999

续表

年份	打狗口岸		淡水口岸		合　计	
	棉织物	毛织品	棉织物	毛织品	棉织物	毛织品
1883	64735	8482	108478	6622	173213	15104
1884	57000	4400	96388	4998	153388	9398
1885	73307	7134	164007	10723	237314	17857
1886	36483	7238	146525	12835	183008	20073
1887	43775	3110	97444	2976	141219	6086
1888	37297	3537	92599	3100	129896	6637
1889	42038	8594	129186	7940	171224	16534
1890	44417	10057	133061	6717	177478	16774
1891	42535	9389	152560	5538	195095	14927
1892	34175	9353	158230	5681	192405	15043
1893	31396	7784	157376	5411	188772	13195
1894	37921	8048	252086	7474	290007	15522

资料来源：Statistics of Trade at the Port of Tamsui[R]. 1863—1872；Statistics of Trade at the Port of Takow[R]. 1863—1872；Commercial Reports from Her Masjesty's Consuls in China Tamsuy，Taiwan[R]. 1873—1885；Diplomatic and Consular Reports on Trade and Finance，China，Tainan，Tamsui[R]. 1886—1894.

　　从表 2-7 可以看到台湾洋布的进口往往呈波浪式的增减，即第一年输入量增加后，第二年便减少，第三年又开始增加。此乃因为台湾地方狭小，市场消费有限，而商品输入的正式口岸南北两地一共却有四处之多，当进口商发现市场上洋布需求量有增加的迹象时，就大批进货，结果一时销售不了，很快造成供过于求积压的现象，随之而来的便是翌年进口量锐减。待到存货销售到一定程度时，进口量便又开始上升。表 2-8 为各个时期的洋布的年平均输入量，从中可以更明显地看出洋布进口增加的趋势。

表 2-8　1864—1894 年各个时期洋布年平均输入数量表

单位：匹

时期	1864—1869	1870—1879	1880—1889	1890—1894
年平均输入量	38168	114095	162085	208752

资料来源：Statistics of Trade at the Port of Tamsui［R］. 1863—1872；Statistics of Trade at the Port of Takow［R］. 1863—1872；Commercial Reports from Her Masjesty's Consuls in China Tamsuy, Taiwan［R］. 1873—1885；Diplomatic and Consular Reports on Trade and Finance, China, Tainan, Tamsui［R］. 1886—1894.

　　洋布随着进口数量的增加，在台湾的销售价格亦有所下降。表 2-9 为灰衬衫布和白衬衫布这两种主要进口洋布各年价格变动的情况。

表 2-9　1865—1894 年灰、白衬衫布进口价格变动表

单位：元/匹

	灰衬衫布	白衬衫布
1865	5.77	
1866	5.4	
1867	4.08	
1868	3.53	3.8
1869	3.29	3.96
1870	3.38	
1874	2.65～2.90	3.00～3.25
1878	2.25	3.75
1881	2.55	3.20
1888	2.55	3.25
1893	3.02	3.74
1894	3.30	4.39

　　资料来源：1865—1870 年之资料取自黄富三：《清代台湾外商之研究——美利士洋行》（下）（载《台湾风物》第三十三卷第一期）之表 2"美利士洋行工业制品销售表"，该表根据 Jardine, Matheson & Co's Archives（《怡和洋行档案》）编制而成。表中价格为笔者根据该年各笔批发价计算的平均值。1874—1894 年之资料取自 Reports on Trade at the Treaty Ports in China, Published by order of the general of Customs, Takow, Tamsui［R］. 1874—1894.

从表2-9可以看到,开港初期洋布的价格一般都比较高,以后逐渐下降而且灰衬衫布价格降低的幅度比白衬衫布大,最后两年价格上涨乃是因为白银汇价跌落。对于洋布价格的下降,英国领事商务报告认为是竞争的结果,即早先台湾仅有两家洋行,输入的洋布数量有限,故易于控制市场,保持较高的价格;而后来新的洋行相继开设,它们之间的相互竞争导致了价格下降。① 其实,洋布价格的下降除了洋行之间的相互竞争之外,主要还由于土布的竞争。因为曼彻斯特产品的质量一直难以改善,面对质优价廉的土布,洋布唯一的出路就是降价以售,以提高其竞争力。正是在这样的竞争中洋布才逐渐地拓展其市场,此亦洋布销量年有增加的原因。

在台湾洋布的进口过程中,其品种的结构有两个重大的变化。第一个重大变化即在台湾北部棉织品进口总额中,灰衬衫布比重的减少和白衬衫布比重的相对增加。如前所述,1860年代灰衬衫布在进口棉织品中占绝大部分,在以后的年份中这种织物的进口数量虽无减少,且略有增加,但在棉织品进口总额中占的比例有所减少,而白衬衫布的比例却渐有增加。表2-10为这两种织物在淡水口岸棉织品进口总额中所占的比例变化的情况。

表 2-10   淡水口岸灰、白衬衫布进口数量变化表

	灰衬衫布		白衬衫布	
	数量(匹)	百分比(%)	数量(匹)	百分比(%)
1868	24025	80	2558	8.5
1876	43632	49	26961	30
1882	31315	37.2	32312	38
1885	48940	28.8	58158	34.3
1888	40139	30.4	52460	39.9
1891	38173	26	65345	44.7

资料来源:Commercial Reports from Her Masjesty's Consuls in China,Tamsui[R].1868,1876;H. B. Morse. 1882—1891年台湾淡水海关报告书[J].台湾银行季刊,1957,9(1).

---

① Commercial Reports from Her Majesty's Consuls in China,Tamsuy and Kelung [R].1873:111.

灰衬衫布比例减少和白衬衫布比例增加的主要原因与台湾北部的洋布加染业有密切关系。原来台湾进口的灰、白衬衫布主要用于加染,早期一般都染成黑色或者蓝黑色。1879年台湾北部开设的几个新染坊采用欧洲大陆的染法。白衬衫布质地细密,比灰衬衫布更易于加染,不仅可以染成黑色,还可以染成绿色及红色,特别是染成红色后,色彩鲜艳,可以与土耳其红布相媲美。① 这是灰衬衫布所无法做到的,也正是台湾北部白衬衫布进口逐渐增多并超过灰衬衫布的原因。台湾南部没有加染业,故灰、白衬衫布进口比例的变化不如北部明显。

洋布进口品种结构的另一个变化是日本织物的输入。截至1880年,除了为数甚微的美国货外,台湾进口的棉织品全部都是英国曼彻斯特的产品。1882年日本棉布首次输到台湾,以后进口的数量不断增加,很快地就在输入台湾的洋布中占据重要的地位。表2-11为1882—1894年淡水口岸日本棉布输入的数量及其在进口洋布的总额中所占的比例。

表2-11　1882—1894年淡水口岸日本棉布输入的数量及所占比例

年份	数量(匹)	百分比(%)
1882	540	0.3
1885	23874	7.1
1888	26852	10.1
1891	34159	11.7
1892	62444	39
1893	74520	47
1894	125592	49.8

资料来源:H. B. Morse. 1882—1891年台湾淡水海关报告书[J].台湾银行季刊,1957,9(1);Diplomatic and Consular Reports on Trade and Finance, China, Tamsui[R]. 1892—1894。

---

① Reports on Trade at the Treaty Ports in China,Published by order of the general of Customs,Tamsui[R]. 1879:176; Reports on Trade at the Treaty Ports in China, Published by order of the general of Customs,Tamsui[R]. 1880:183.

输入台湾的日本织物中,有洋红市布(Japanese Turkey red shirtings)、绉布(cotton crape)、棉法绒(cotton flannel)、棉布(cotton cloth)和面巾布(cotton towel)等。上述品种中输入量最多的是棉布,1894 年进口额为60624 匹,其次是绉布,同年的进口额为 33280 匹。东洋棉织品的输台数量之所以会如表 2-11 所示那样迅速增加,是因为日本棉布不是那种"充满着白粉和胶质,带有一种光泽的表面,其幅码不适于使用者需要的",使人一望而知其为外国货。它是一种质地粗糙、未经漂白,幅码也与其用途及使用者的习惯相适合的完全模仿土布的棉布。这种布每匹长 12 码,宽 18英寸,在淡水的价格为关平 0.25 两。日本产的绉布也很适合那些要买较细布匹者之需要,这种布每匹长 13.5 码,宽 20 英寸,在淡水的价格为关平0.8~0.9 两。[①] 总之,因为日本布价格低廉而且兼有土布耐穿的优点,能迎合消费者的需要,所以深受台湾民众的喜爱,[②]使其不仅在与曼彻斯特产品的竞争中占上风,还在日渐取代国产土布的地位。[③] 不仅台湾北部如此,在台湾南部"日本产的便宜而漂亮的印花布及纶呢愈来愈受欢迎",在那里它们有"自己的市场,而且进口量稳定上升"。[④] 1880 年以后台湾洋布进口数量的迅速增加主要是由于日本棉布大量输入。

三、金属和杂货

在近代台湾对外贸易中,进口的洋货除了鸦片和纺织品两大宗外,余下的尚有金属和各种杂货。由于当时台湾几乎没有什么近代工业,输入的金属材料十分有限。在 1867 年之前,外商很少输入过金属货物,本地使用的为数不多的一些金属材料皆由民船运进。1868 年以后输入台湾的外国金属品才开始稍有增加,主要品种有铁(包括废铁和钉棒铁)、锡、铜、水银及铅等几种。其中数量最多、唯一值得一提的是铅的进口。这种金属几乎

---

① H. B. Morse. 1882—1891 年台湾淡水海关报告书[J]. 台湾银行季刊,1957,9(1).

② Reports on Trade at the Treaty Ports in China,Published by order of the general of Customs,Tamsui[R]. 1889:308.

③ H. B. Morse. 1882—1891 年台湾淡水海关报告书[J]. 台湾银行季刊,1957,9(1).

④ Diplomatic and Consular Reports on Trade and Finance,China,Tainan[R]. 1890:3；1893:3.

全部供外国洋行制作茶叶箱子的衬里之用，所以一般都从淡水口岸输入，其输入量视台湾制茶业的需求而定。表 2-12 为历年铅的平均输入量。

表 2-12　1870—1894 年台湾每年铅平均输入数量表

单位：担

年份	每年平均输入量
1870—1874	2247
1875—1879	7037
1880—1884	8430
1885—1889	11019
1890—1894	15004

资料来源：Commercial Reports from Her Masjesty's Consuls in China，Tamsuy[R]. 1870—1885；Diplomatic and Consular Reports on Trade and Finance，China，Tamsui[R]. 1886—1894.

　　至于杂货，可以说是除了上述几种货物之外的所有进口洋货之总称。开港之初，输入台湾的杂货种类寥寥无几。随着贸易的发展，到后期，进口的杂货品种渐见繁多。以淡水口岸而言，1891 年度海关贸易统计项下列举出来的就有 72 种。[①] 输入台湾的杂货大致可以分成以下几类：(1)粮食类，包括面粉、小麦及大米等；(2)高级食品类，包括墨鱼、干贝、海参、燕窝、罐头、虾干、饼干、洋酒等；(3)药材类，包括丁香、肉桂、美国参及西药等；(4)日杂用品类，包括火柴、煤油、肥皂、伞、纸张、时钟、灯、衣针、染料等；(5)建材类，包括水泥、窗户玻璃、木料等。其中以煤油、面粉、火柴等价值最多，占杂货进口总值的大部分。

　　煤油在 19 世纪 70 年代后期开始输入台湾，其进口的数量逐年增加。表 2-13 为近代台湾进口煤油的数量统计。

---

　　① 　H. B. Morse. 1882—1891 年台湾淡水海关报告书[J]. 台湾银行季刊，1957，9(1).

表 2-13　1881—1894 年台湾各口岸煤油进口统计表

单位:加仑

年份	淡水	打狗	合计
1881	3490	81102	84592
1882	8000	104600	112600
1883	6008		6008
1884	34900	78460	113360
1885	131430	149605	281035
1886	250750	131880	382630
1887	323740	81016	404756
1888	344170	150802	494972
1889	598690	295870	894560
1890	864045	304460	1168505
1891	884420	145400	1029820
1892	1406038	402040	1808078
1893	872900	189020	1061920
1894	1376765	667210	2043975

资料来源:Commercial Reports from Her Masjesty's Consuls in China,Tamsuy[R].
1881;Taiwan,1881—1885;H. B. Morse. 1882—1891 年台湾淡水海关报告书[J]. 台湾银行
季刊,1957,9(1) Diplomatic and Consular Reports on Trade and Finance,China, Tamsui
[R].1892—1894 Diplomatic and Consular Reports on Trade and Finance,China, Tainan
[R].1886—1894。

　　从表 2-13 可以看出,1881 年输入台湾的煤油共计仅 84592 加仑,至
1894 年达到 2043975 加仑,14 年间增长了 23 倍。煤油输入量的增长如此
之快,是它不仅比中国人原来用以照明的各种植物油料价钱便宜,而且发
出的火焰更为明亮,故"台地到处喜用煤油";即使远在汉"番"交界处的内
山,廉价的油灯与煤油也有其销路,并且销售量在逐年增加。[①] 西·甫·

---

　　① 光绪十六年打狗口华洋贸易情形论略[G]//《中国旧海关史料》编辑委员会. 中国
旧海关史料(1859—1948):第 16 册. 北京:京华出版社,2001:177-178;Commercial Reports
from Her Majesty's Consuls in China,Tamsui[R].1890:2.

里默(C. F. Remer)在其《中国对外贸易》一书中认为,煤油被中国人所接受并成为全国通用的一种物品是 1885 年至 1898 年之间的事。① 就这一发展的进程来看,台湾与全国其他地方乃是完全一致的。截至 1888 年,输入台湾的煤油全部都是美国货,到 1889 年俄国煤油才首次出现在海关贸易统计表上,最后还有苏门答腊煤油输入。1894 年输入台湾的美国、俄国及苏门答腊三种煤油的数量分别为 1503710、519625 及 21000 加仑。②

伴随着煤油进口的还有洋火(即火柴)。1876 年首次进口 1179 罗③,价值 121 英镑,且大部分是斯堪的那维亚制造的“安全火柴”,由于便宜和利捷而深受台湾民众的喜爱。④ 后来,日本火柴也开始跻身台湾市场,多的时候一年有 500 种不同牌号的东洋火柴输入台湾,其质量可靠,价格低廉,零售时一盒最多为 1/4 便士。“在这种情况下,欧洲的制造商实在没有插足和日本商人竞争的余地。”⑤结果与日本火柴独占中国大陆的市场一样,其他国家出产的火柴很快地被日本火柴从台湾的市场上排挤出去。1894 年台湾共输入火柴 223500 罗,价值 7360 英镑。⑥

自 19 世纪 70 年代后期起,台湾海关贸易统计表上外国粮食的输入渐渐增多,尤其以小麦和面粉两项更为常见。小麦主要从日本进口,而面粉则是来自美国的加利福尼亚州,输入的面粉主要供糕饼店使用。1894 年台湾输入的外国面粉共计 17947 英担,价值 8268 英镑。⑦

---

① 西·甫·里默.中国对外贸易[M].卿汝楫,译.北京:生活·读书·新知三联书店,1958:72.

② Diplomatic and Consular Reports on Trade and Finance,China,Tainan,Tamsui[R].1894.

③ “罗”即“gross”,等于 12 打或 144 个。

④ Commercial Reports from Her Majesty's Consuls in China,Taiwan[R].1876:82.

⑤ Diplomatic and Consular Reports on Trade and Finance,China,Tamsui[R].1890:2;1891:3.

⑥ Diplomatic and Consular Reports on Trade and Finance,China,Tainan[R].1894:9;Diplomatic and Consular Reports on Trade and Finance,China,Tamsui[R].1894:11.

⑦ Diplomatic and Consular Reports on Trade and Finance,China,Tainan[R].1894:9;Diplomatic and Consular Reports on Trade and Finance,China,Tamsui[R].1894:11.

第三章　移民社会的转型

自 1683 年清朝统一台湾之后,大陆沿海,尤其是闽粤两省的农民便纷纷渡海赴台,开垦拓殖,形成了继郑成功复台之后一波又一波的移民热潮。清代前期的台湾是一个典型的移民社会,其社会特征与大陆的母体社会相比,存在许多明显的差异。然而,随着土地的开发,人口的繁衍,经济的发展以及文化教育的兴盛,台湾的移民社会也渐渐地发生了变化。到清代后期,即 19 世纪五六十年代,台湾的人口结构、社会组织以及政经文教制度与大陆内地基本上趋于一致,民众对现居地的认同感也进一步加强,台湾已由一个移民社会转变为定居社会。

第一节　人口结构与职业结构的变化

清代前期台湾的居民以移民为主,人口的增长主要以移入增长为主。社会转型之后,新移民在社会人口中所占的比例不大,人口结构以移民的后裔为主,人口的增长也转变为以自然增长为主。这首先可以从前后两个时期不同的人口增长率中得到说明。

清统一之初台湾的人口,据蒋毓英《台湾府志》记载,有男子 16274 人,妇女 13955 人,总计实在民口 30229 人。[①] 早先,清政府虽然对移民渡台实行一定的限制,如规定移民渡台须先申领照单,再通过厦门与台湾文武口的查验,严禁无照偷渡以及不许携眷渡台等等。但由于"漳、泉内地无籍之民无田可耕、无工可雇、无食可觅,一到台地,上之可以致富,下之可以温

---

①　蒋毓英.台湾府志[M].陈碧笙校注.厦门:厦门大学出版社,1985:71.这里所说的是汉人在台人口,不包括史料中所称的"番"民人数,下同。

第三章　移民社会的转型

061

饱,一切农工商贾以及百艺之末,计工授直,比内地率皆倍蓰"。[①] 人多地少造成的沉重生活压力,迫使大陆闽、粤二省沿海的人民利用各种方式大量偷渡来台。如雍正年间台湾知府沈起元所说:"沿海内地,在在可以登舟;台地沙澳,处处可以登岸","民之渡台,如水之趋下,群流奔注,而欲以轻法止之,是以只手而障崩堤,必不能矣"。[②] 故这一时期台湾人口的增长极为迅速。到乾隆三年(1738)时,台湾的男女人数已达到454872丁口;[③]乾隆四十七年,台湾的人口已达912920人,[④]96年之中,增加了80多万人,年增长率为126‰。嘉庆十六年(1811)时台湾的人口已增至1944373人,[⑤]这一阶段台湾人口的增长率为26.40‰。由于移民的大量涌入,人口的增长和土地开辟的速度都达到了高峰。此后,大陆来台的移民数量减少,台湾人口增长的速度趋缓,到1893年,台湾人口数为2545731人[⑥],80余年仅增加了60万余人,年平均增长率为3.29‰,此时人口的增长主要是自然的增长。同治末年,日军侵台的事件发生后,清政府实行"开山抚番"政策,取消了对大陆移民渡台的一切限制,并在汕头、厦门及香港等地设招垦局,提供路费,贷予资金,招徕大陆移民垦辟卑南、恒春及埔里等地旷土,但应募者寥寥,成效不著,盖因此时闽、粤移民的方向已开始转向南洋等地。

　　人口结构的另一变化是性别比例和年龄结构渐渐趋于正常。移民偷渡来台是一项高度冒险的活动,且因清廷曾禁止移民携眷渡台,所以前期来台的移民大多为青壮年的单身男子,妇女、老人和儿童极少。康熙五十六年(1717)成书的《诸罗县志》记载:"今流民大半潮之饶平、大埔、程乡、镇

　　① 沈起元.条陈台湾事宜状[M]//诸家.清经世文编选录.台湾文献丛刊第229种.台北:台湾银行,1966:2-6.

　　② 沈起元.条陈台湾事宜状[M]//诸家.清经世文编选录.台湾文献丛刊第229种.台北:台湾银行,1966:2-6.

　　③ 尹士俍.台湾志略[M].李祖基,点校.北京:九州出版社,2003:43-49.

　　④ 福建巡抚雅德奏报[M]//明清史料.戊编.北京:中华书局,1987:128.

　　⑤ 福建通志台湾府[M].台湾文献丛刊第84种.台北:台湾大通书局,1984:149-152.

　　⑥ 台湾省文献委员会.台湾省通志:卷2　人民志·人口篇[M].台北:台湾省文献委员会,1972:55.

平、惠之海丰,皆千百无赖而为,一庄有室家者百不得一";①"各庄佣丁,山客十居七八,靡有室家;漳、泉人称之曰'客仔'";②"男多于女,有村庄数百人而无一眷口者。盖内地各津渡妇女之禁既严,娶一妇动费百金;故庄客佃丁稍有赢余,复其邦族矣。或无家可归,乃于此置室,大半皆再醮、遣妾、出婢也"。③

康熙六十年,台湾爆发了朱一贵起义。追随南澳总兵蓝廷珍入台镇压起义的蓝鼎元记载了当时台湾人口性比例及年龄结构严重失调的情形。如诸罗县十八重溪的大埔庄,有"居民七十九家,计二百五十七人,多潮籍,无土著,或有漳、泉人杂其间,犹未及十分之一也。中有女眷者一人,年六十以上者六人,十六以下者无一人,皆丁壮力农,无妻室,无老耆幼稚"。④雍正五年(1727),蓝氏在《经理台湾》奏疏中又说:"粤民全无妻室,佃耕行佣,谓之'客子'。每村落聚居千人百人,谓之'客庄'。……统计台湾一府,惟中路台邑所属,有夫妻子母之人民。自北路诸罗、彰化以上,淡水、鸡笼山后千有余里,通共妇女不及数百人;南路凤山、新园、瑯峤以下四五百里,妇女亦不及数百人。"⑤雍正十年,蓝鼎元在《粤中风闻台湾事论》中再次指出:"广东潮、惠人民,在台种地佣工,谓之'客子',所居庄曰'客庄',人众不下数十万,皆无妻孥,时闻强悍。"⑥

性别比例的严重失调和年龄组合的异常是清代前期台湾移民社会人口结构的特征。人口结构的失衡带来了严重的社会问题,也是清代台湾社会动乱频仍的主因之一。有鉴于此,在闽、粤两省地方官员及巡台御史的奏请之下,清廷先后于雍正十年至乾隆五年、乾隆十一年至十三年以及乾隆二十五年至二十六年三次调整移民政策,准许"在台有田产生业,平日安

① 周钟瑄.诸罗县志[M].台湾文献丛刊第 141 种.台北:台湾银行,1968:121.

② 周钟瑄.诸罗县志[M].台湾文献丛刊第 141 种.台北:台湾银行,1968:148.

③ 周钟瑄.诸罗县志[M].台湾文献丛刊第 141 种.台北:台湾银行,1968:292.

④ 蓝鼎元.纪十八重溪示诸将弁[M]//蓝鼎元.鹿洲全集.蒋炳钊,王钿,点校.厦门:厦门大学出版社,1995:588-589.

⑤ 蓝鼎元.经理台湾[M]//蓝鼎元.鹿洲全集.蒋炳钊,王钿,点校.厦门:厦门大学出版社,1995:804-807.

⑥ 蓝鼎元.粤中风闻台湾事论[M]//蓝鼎元.鹿洲全集.蒋炳钊,王钿,点校.厦门:厦门大学出版社,1995:235-236.

分循良之人"或"在台年久,置有产业者",回原籍搬取家眷,赴台团聚。经过历次弛禁之后,台湾的人口结构有了明显的改善。① 乾隆三年,台湾道尹士俍记道:"台地袤延千余里,居民骈集,田园宽广,但细稽籍口,多来自闽之兴、泉、汀、漳,粤之潮、惠,为五方杂处之区。前此既非土著,又无室家,如浮萍断梗,流转不常,故易于作奸犯科。自奉旨搬眷,郡城内外,居民多有父母妻子之乐。凤、诸两邑颇拟郡治。即彰化、淡水僻在北壤,亦差异于昔。且遵旨开垦,田土日辟,民尽得周于利,渐皆安土重迁,为守分编户之氓矣。"②乾隆五十二年,赴台镇压林爽文起义的福康安在奏折中也称"臣经过各处村庄,民人等俱有眷属。而查点投出难民,妇女、幼孩尤多"。③

乾隆五十三年(1788),林爽文起义被镇压之后,福康安又提出"内地生齿日繁,闽、粤民人皆渡海耕种谋食,居住日久,置有田产,自不肯将其父母、妻子仍置原籍,搬取同来,亦属人情之常。若一概严行禁绝,转易启私渡情弊",奏请"嗣后安分良民,情愿携眷来台湾者,由该地方官查实给照,准其渡海。一面移咨台湾地方官,将眷口编入民籍。其只身民人,亦由地方官一体查明给照,移咨入籍。如此则既可便民,而内外稽查,匪徒亦无从冒混"④。此奏很快得到朝廷的批准。至此,禁止大陆移民携眷渡台的相关规定彻底废除,这对于台湾人口结构的进一步改善无疑有重大的影响。

根据嘉庆十六年(1811)人口统计的资料,台湾各县、厅的人口数字分别为:台湾县(包括澎湖厅)男妇大小总共 341624 名口,其中幼丁男女共123731 名口,所占的比例为 36.2%;凤山县男妇大小共 184551 名口,其中幼丁男女共 75649 名口,占 41%;嘉义县男妇大小共 818659 名口,其中幼丁男女共 403682 名口,占 49.3%;彰化县男妇大小共 342166 名口,其中幼丁男女共 101789 名口,占 29.7%;淡水厅男妇大小共 214833 名口,其中幼

---

① 李祖基.论清代移民台湾之政策——兼评《中国移民史》之"台湾的移民垦殖"[J].历史研究,2001(3):156-163.

② 尹士俍.台湾志略[M].李祖基,点校.北京:九州出版社,2003:43.

③ 中国人民大学清史研究所、中国第一历史档案馆.天地会(四)[M].北京:中国人民大学出版社,1983:264.

④ 大学士公阿桂等奏折[M]//台案汇录庚集.台湾文献丛刊第 200 种.台北:台湾大通书局,1987:157-158.

丁男女共 98608 名口,占 45.9%。[1] 又据日本占领台湾之后于 1896 年进行的人口调查统计,台湾人口的性比例为(女)100∶(男)119。[2] 可见,在清代后期,台湾人口的结构不论是性别比例还是年龄分布,基本上均已趋于正常。

清代前期,由于移民的大量涌入,许多人到台后找不到工作,沦为无业游民,俗称"罗汉脚"。他们单身游食四方,随处结党,且衬裤不全,赤脚终生,"嫖赌、摸窃、械斗、树旗,靡所不为。大市村不下数百人,小市村不下数十人"。[3]

实际上,台湾社会中的无业游民在康熙年间即已存在,不过随着雍正、乾隆年间的移民渡台的高潮,其在台湾人口中占有的比例也相应有所增加,成为一个社会问题。乾隆中叶闽浙总督苏昌奏称:"偷渡过台之游民日众,昔年人少之时,依亲傍戚者无不收留安顿,近有人满之患,不能概为收留,此辈衣食无依,流而为匪,非鼠窃狗偷,即作奸走险,无所不为"。[4] 嘉庆二十三年,台湾总兵武隆阿奏称:"台地无业游民甚多,每三五成群,肆行抢劫,为害闾阎。"[5] 道光年间兵备道姚莹也指出:"台湾地方生齿日繁,人多无业,又有内地客民偷渡,始听人言以为乐土,及乎到地乃知不若所闻,流荡无归,因相聚而为匪"。[6] 无业游民的人数,据陈孔立估算,乾隆、嘉庆年间占台湾人口总数的 20%～30%。[7] 人数众多的无业游民的存在,是清代前期台湾移民社会动荡不安的重要原因,所以台湾素有"三年一小反,五年一大反"之说。姚莹曾指出:"台湾大患有三。一曰盗贼,二曰械斗,三曰

① 福建通志台湾府[M].台湾文献丛刊第 84 种.台北:台湾大通书局,1984:149-152;台湾省文献委员会.台湾省通志:卷 2 人民志·人口篇[M].台北:台湾省文献委员会,1972:54.

② 台湾省文献委员会.台湾省通志:卷 2 人民志·人口篇[M].台北:台湾省文献委员会,1972:60.

③ 问俗录·蠡测汇钞[M].北京:书目文献出版社,1983:137.

④ 台北"故宫博物院".宫中档乾隆朝奏折:第 22 辑[M].台北:"故宫博物院",1982:630.

⑤ 陈孔立.清代台湾移民社会研究[M].北京:九州出版社,2003:204.

⑥ 姚莹.谕嘉、彰二县总理董事[M]//姚莹.中复堂选集.台湾文献丛刊第 83 种.台北:台湾大通书局,1984:187-189.

⑦ 陈孔立.清代台湾移民社会研究[M].北京:九州出版社,2003:207.

谋逆。三者,其事不同而为乱之人则皆无业之游民也。生齿日繁,无业可以资生,游荡无所归束,其不为匪者鲜矣。"①如康熙六十年(1721)朱一贵起义,参加者中"半属游民,半系衙蠹"。② 乾隆五十一年(1786),林爽文起义时,"游手棍徒名为'罗汉脚',从贼抢掠,所以猝至数万"。③ 道光十三年(1833),张丙起义时,"台地游民及盗贼闻风响应"。④ 乾隆四十七年,漳、泉械斗时,大里杙的林慊率众出庄械斗,"四乡罗汉脚从而附和"。⑤ 咸丰三年(1853)台湾北部漳泉、械斗,"其时彰化无籍游民,多相率至淡水受雇"。⑥ 由于道光以后,姚莹等地方官实行"收募游民,化莠为良"的政策以及开港后对外贸易的发展带动了经济的繁荣,制糖、制茶、制樟脑等产业兴起,吸收了大量的劳动力,原来四处飘荡的无业游民在人口中所占的比例大大地减少了。

在清代前期的移民社会中,移民到台之后主要进行开荒拓垦,居民的阶级结构和职业结构比较简单,除了业主、富户之外,其他居民则多是佃农、工匠。到了清代后期,随着开发进程的深入、经济的发展以及商业贸易的繁荣,居民的职业结构也渐趋复杂和完备。日据时期撰写的记述清末情况的《安平县杂记》一书中所开列的职业就有士、农、工、商四大类以及吏书、兵役、肩挑背负、巫、医、道、山、命、卜、相、娼、优、隶卒、媒人等类,其中各种工匠如铜匠、铁匠、裁缝、绣补、瓦窑、铸犁头、银店、牛磨、染房、修理玉器、织番绵、马鞍店、做头盔、草花店、钉称、做藤、塑佛、煮洋药(鸦片)、焙茶、做钓钩等行业的"司阜"(师傅)竟有101种之多,职业构成极为复杂。⑦

———————————

① 姚莹.上督抚请收养游民议状(戊戌七月)[M]//姚莹.中复堂选集.台湾文献丛刊第83种.台北:台湾大通书局,1984:39-41.

② 蓝鼎元.平台纪略[M].台湾文献丛刊第14种.台北:台湾银行,1958:55.

③ 平台纪事本末[M].台湾文献丛刊第16种.台北:台湾大通书局,1987:124.

④ 沈如海.除氛录[M]//中国社会科学院历史研究所明史研究室.清代台湾农民起义史料选编.福州:福建人民出版社,1984:244.

⑤ 陈孔立.清代台湾移民社会研究[M].北京:九州出版社,2003:210.

⑥ 林豪.东瀛纪事[M].台湾文献丛刊第8种.台北:台湾银行,1957:68.

⑦ 陈孔立.清代台湾移民社会研究[M].北京:九州出版社,2003:81.

第二节　超祖籍的祭祀圈建立和血缘宗族形成

祭祀圈和宗族是研究台湾移民社会组织的两条主要线索,超祖籍的祭祀圈建立和血缘宗族形成是台湾由移民社会转变为定居社会的重要标志。

一、祭祀圈的建立

作为民间宗教信仰的一种形式,地方守护神的祭拜在中国人的生活中不仅源远流长,而且十分普遍,尤其在闽、粤两省更是如此。在帆船时代,为了克服横渡重洋的风波之险,移民们在渡海赴台时往往携奉着家乡守护神的香火或神像,以祈求神明的保护。到达台湾之后,面对水土不服、疫疫流行、"番"害出没等恶劣的开垦环境,移民们更需祈求神明的庇佑,以消灾赐福,所以赴台移民宗教信仰的热情比在大陆时更加殷切。民间宗教信仰在台湾的传播与发展可以分为三个时期:

(1)草创时期

渡台移民三五成群地居住,他们或在家中,或在开垦的草寮中供奉携自原乡的守护神的香火或神像。若开垦进行顺利,有初步收获,则开始醵资粗建小祠,答谢神恩。

(2)聚落形成时期

居民数量增加,村落形成并普遍建立土地庙,祈求土地公保佑五谷丰登,合境平安。尔后并有村落守护神的出现及兴建村庙之举。

(3)聚落发展时期

地方开发后,人口增多,聚落规模扩大,集镇街市开始形成。由于土地开发有成,拥有财富者乃在社区内鸠资兴建规模宏敞的庙宇,供奉社区守护神。同时人际关系趋于复杂,职业分化,专业神庙宇也次第出现,祭神种类增多。①

---

①　施振民.祭祀圈与社会组织——彰化平原聚落发展模式的探讨[J]."中央研究院"民族学研究所集刊,1973(36):191-208;洪丽完.清代台中地方福客关系初探——兼以清水平原三山国王庙之兴衰为例[J].台湾文献,1990,41(2):153-157.

民间宗教信仰在台湾的传播及发展的过程中,还出现层次不同的与聚落相关的地域性祭祀组织,研究这一问题的学者称之为"祭祀圈"。所谓祭祀圈,指的是"为了共神信仰而共同举行祭祀的居民所属的地域单位"。[①]第一,祭祀圈必须有一个圈内居民共同敬奉的主神,作为该祭祀圈的象征,一般以土地公或地方守护神最为常见。第二,祭祀圈是一个地域单位,其范围有一定的、清楚的界限,或是一个村庄,或是数个村庄,或是一乡一镇。按其范围大小的不同,可以分为聚落性祭祀圈、村落性的祭祀圈、超村落的祭祀圈以及全镇性的祭祀圈等。第三,圈内居民有义务在逢年过节或神明诞辰时参加共同的祭祀活动。这种祭祀活动或自行参加,或以轮值之法,推举头家炉主代表域内全体居民祭神。第四,圈内居民有义务共同承担相关的祭祀费用。

早期的祭祀圈范围较小,一般以聚落为单位。由于当初的移民大部分都依同乡、同籍及相同的方言等地缘关系聚居一起,故祭祀圈及其主祭神与居民的祖籍分类有十分密切的关系,甚至可以由一个聚落所奉祀的神明推断其祖籍。[②] 一般来说,漳州人的主神是开漳圣王;粤东客家人的主神是三山国王;泉州同安人的主神是保生大帝,泉州南安人的主神是广泽尊王;泉州安溪人的主神是清水祖师。在早期祖籍分类意识浓厚的年代,这种对祖籍地神明的崇拜往往被居民们作为划分"我群"与"他群"的界限,[③]当分类械斗发生时,这些庙宇便成为各方的大本营或对方攻击的主要目标。

有的台湾学者认为祭祀圈这种"地域性的民间宗教组织是汉人移民台湾的一个独特的发展,它固然与汉人传统村社组织及村庄联盟有密切的关系,却也是汉人在台湾特殊的社会与历史条件下之发展的结果"。[④] 实际

---

① 林美容.由祭祀圈到信仰圈[C]//张炎宪.中国海洋发展史论文集:第3辑.台北:"中央研究院"三民主义研究所,1988:93.

② 王世庆.民间信仰在不同祖籍移民的乡村之历史[J].台湾文献,1972,23(3):1-38.

③ 王世庆.民间信仰在不同祖籍移民的乡村之历史[J].台湾文献,1972,23(3):1-38.

④ 林美容.由祭祀圈到信仰圈[C]//张炎宪.中国海洋发展史论文集:第3辑.台北:"中央研究院"三民主义研究所,1988:96.

上,以地方守护神的共同祭拜为主要特征的祭祀圈这种地域性的民间宗教组织在大陆尤其是闽、粤两省早就普遍存在。随着大陆移民来台,这一宗教组织的形式自然也传播到台湾地区。祭祀圈的建立标志着随着土地的开发,聚落的形成,大陆民间宗教信仰已开始在台湾边疆移民社会中扎下根基。

清代中叶以后,随着移民在台居住的时间越来越长,作为社会各群体组织在开发进程中所经历的矛盾、冲突及重新整合的结果,一方面,居民的祖籍观念渐趋淡薄;另一方面,他们对台湾本土、台湾现居社区的认同感则有所加强,即在认同意识上,由原来的"唐山人""漳州人""泉州人""安溪人"等概念转变为"台湾人""下港人""南部人""宜兰人"等。① 这种认同意识变化的主要表现之一就是祭祀圈的扩大,出现了超聚落、超祖籍,范围涵盖全乡或全镇的祭祀圈。以往属于大陆某一祖籍地的神明,逐渐超出原有祖籍群体的范围之外,成为居住于同一区域内不同祖籍居民们共同奉祀的新的守护神,台北县树林镇的济安宫就是一个十分典型的例子。自康熙末年开始,大陆闽南的泉州府和漳州府等不同祖籍的移民开始入垦树林地方(古称海山庄),"此时,他们的村落社会尚未构成安定,宗教信仰区亦未构成,各人只祈求信仰自己所携奉之神像香火,其信仰圈限于自己的家族内,也即只有信仰的点,而未构成信仰圈之线或面,更谈不上建立庙宇"。② 至乾隆年间,海山庄区内地缘村落相继形成,居民开始创建土地公庙和各种神明会,此时台湾各地尚为瘴地,移民水土不服,难免患病或遇其他灾祸。独有漳州南靖县赖姓移民携奉来台的保生大帝神灵特为显耀,祈求者病悉愈,故信徒日众,渐次普及海山庄内之各村落。该庄大业户张必荣患病,曾祈求大帝保佑而愈。为了答谢神恩,张氏乃于乾隆五十三年倡导兴建保生大帝庙宇,名"济安宫",设庙祝看管,每年祭典由海山庄内各村居民参加,拜拜宴客并演戏庆祝。于是,济安宫保生大帝乃成为整

① 陈其南.土著化与内地化:论清代台湾汉人社会的发展模式[C]//中国海洋发展史编辑委员会.中国海洋发展史论文集.台北:"中央研究院"三民主义研究所,1984:338.

② 王世庆.民间信仰在不同祖籍移民的乡村之历史[M]//王世庆.清代台湾社会经济.台北:联经出版事业公司,1994:319.

个海山庄内不同祖籍的人群所建立的八个村落之信仰中心。① 又道光年间,彰化平原的漳州人和客家人曾联合起来,组成一个超越祖籍分类的祭祀团体——"七十二庄组织"。②

再如台湾中部的一些三山国王庙,原先是由粤籍客家人所建立供奉的,后来客家人虽然另迁他处,但三山国王庙却仍然屹立在福佬人的聚落中,三山国王因而也由原来粤籍移民的保护神变成闽籍居民的保护神,台中沙辘的保安宫即属于此一类型。③ 此外,许多范围较大的祭祀圈往往还选择与全体渡海来台移民关系甚为密切而祖籍分类意识又不明显的海神妈祖作为主祭神,如彰化的南瑶宫。到清代后期,该祭祀圈以 10 个"会妈会"为中心发展成为范围涵盖整个浊大区域(浊水溪和大肚溪)内漳州人与福佬客居住的地区的妈祖信仰圈。④

二、血缘宗族的形成

宗族是中国传统社会中群体组织的基本形式之一,它既是一个以血缘为主的亲属群体,又是"聚族而居"的地缘单位。在台湾移民的祖籍地闽、粤两省,同姓数百家乃至数千家集居一村,是十分常见之事。宗族的形成需要一定的自然因素与社会因素。清代前期,由于政府禁止携眷政策的限制,渡海来台者多为单身男子,很少有举家举族迁居的现象。以后随着时间的推移和政府有限度的开放移民搬眷入台,世代繁衍,人口增多;开发进程的发展使得部分人有了一定的财富积累,宗族形成的条件基本具备,宗族组织开始在台湾汉人移民社会中孕育、形成。根据组成方式的不同,清代台湾汉人宗族可以分成两种类型:一种是"合约字宗族",又称"大宗族";另一种是"阄分字宗族",即血缘宗族,亦称"小宗族"。

---

① 王世庆.民间信仰在不同祖籍移民的乡村之历史[M]//王世庆.清代台湾社会经济.台北:联经出版事业公司,1994:330.

② 许嘉明.彰化平原福佬客的地域组织[J]."中央研究院"民族学研究所集刊,1973(36):180-185.

③ 洪丽完.清代台中地方福客关系初探——兼以清水平原三山国王庙之兴衰为例[J].台湾文献,1990,41(2):153-157.

④ 林美容.彰化妈祖的信仰圈[J]."中央研究院"民族学研究所集刊,1989(68):46-82.

（一）合约字宗族

合约字宗族形成的时间较早，大多在移民社会时期。它是由来自同一祖籍地的移民志愿地以契约认股的方式共同集资购置田产、设立祭祀公业所组成的，其派下人的权利与义务关系，也就采"照股份"的形式，而非传统宗族的"照房份"的形式。合约字宗族所奉祀的往往是世代较远的在大陆的祖先，故又称为"唐山祖"宗族。这类宗族按其成员血缘关系的差别又可分成两种：一种是由派生于大陆同一宗族的移民或其后裔联合起来组成，其成员之间有着相当明确完整的系谱关系，其名称与祭拜对象甚至也与大陆原有宗族完全相同。它们是因为移民的原因从大陆原有宗族组织"分割""移殖"过来的，"类似细胞的分裂作用，形成了两个独立的相似的个体一样"，①故人们又称之为"移殖性宗族"，这种宗族只能在同族移民相对集中的地区出现，彰化社头和田中的萧氏宗族、新竹六家林姓聚落的会份尝宗族即属此类。② 另一种合约字宗族，其成员之间并没有血亲关系和共同的系谱结构，他们仅仅是基于同姓的基础，透过祭祀远古的共同祖先团结起来的，如竹山镇社寮的庄招富、庄招贵堂，后埔子曾氏祠堂、东埔蚋的刘氏家庙、林圯埔崇本堂、陈五八祠堂以及宜兰地区的林氏追远堂和李氏敦本堂等即属于此一类型。③

从表面上看，合约字宗族是以祭祀共同的祖先为目的，实际上则是一种共同利益团体，具有浓厚的经济价值取向。其成员之间透过宗亲的关系聚集劳力和资本，从事土地垦辟，并在激烈的竞争环境中达到守望相助、合力攻防的目的。合约字宗族的普遍发展是与清代前期台湾移民社会的性质和历史背景相适应的，在清代台湾开发的进程中，合约字宗族曾发挥了

---

① 陈其南.台湾的传统中国社会[M].允晨丛刊第 10 种.台北：允晨文化实业股份有限公司,1987:149.

② 陈其南.台湾的传统中国社会[M].允晨丛刊第 10 种.台北：允晨文化实业股份有限公司,1987:149;庄英章、周灵芝.唐山到台湾——一个客家宗族移民的研究[C]//中国海洋发展史编辑委员会.中国海洋发展史论文集.台北："中央研究院"三民主义研究所,1984:297-334.

③ 庄英章.台湾汉人宗族发展的若干问题——寺庙宗祠与竹山的垦殖型态[J]."中央研究院"民族学研究所集刊,1973(36):113-140;陈进传.宜兰地区家庙祠堂初探[J].宜兰文献杂志,1994(8):1-52.

重大作用。

(二)阄分字宗族

阄分字宗族即血缘宗族,其与移民在台定居后,其后代阄分祖先的财产有关。在阄分财产时,往往会抽出一部分充作祭祀公业,这就是阄分字宗族形成的基础。与合约字宗族不同,阄分字宗族祭祀的是世代较近的开台祖,所以这种宗族又称为"开台祖宗族",族人一般俱为这位开台祖之后代,相互之间具有明确的血缘关系。派下人权利和义务的关系乃以系谱为根据,采取"照房份"的方法。这种在台湾土生土长、以开台祖为祭祀对象的血缘性宗族形成的时间较迟,大多数是在 19 世纪下半叶才出现的。例如南投县以竹山为中心的林圯埔,有六个大宗族(指合约字宗族),其成立年代都在 1825 年以前;另外六个小宗族(指阄分字宗族),其创立的时间则均在 1854 年以后。[①] 阄分字宗族形成的时间之所以要比合约字宗族晚的原因,一是自然方面的,即这种台湾土生土长的宗族要等到早期的移民在台已繁衍了三四代后才有可能;[②]另一是社会方面的,19 世纪 50 年代以后,边疆社会的开发渐次完成,经济也逐渐繁盛,若干在开垦事业上有成就或获得科举功名者,为了光宗耀祖,遂置族产,或建祠堂家庙,阄分字宗族因而纷纷出现。[③] 以下为若干阄分字宗族形成的过程。

1. 社寮张创宗族

社寮张创宗族的渡台始祖张创生于雍正十一年(1733),乾隆中期与其兄长渡台,乾隆三十九年(1774)兄长去世后,张创定居社寮谋生,勤奋耕作,稍有积蓄。生子三人,长子早卒,次子天球,继承父业,入垦水沙连,家道渐兴。嘉庆十九年(1814),天球与陈佛照等四人合资开浚隆恩圳。嘉庆末年,天球又开拓浊水溪以北的八杞仙地区(今中寮乡),其长子焕文留居

---

① 庄英章.林圯埔——一个台湾市镇的社会经济发展史[M].台北:"中央研究院"民族学研究所,1977:194;李亦园.台湾传统的社会结构[M]//台湾省文献委员会.台湾史迹源流.台北:台湾省文献委员会,1984:219.除竹山地区外,庄英章先生在对头份和新竹六家林氏宗族的相关研究中也进一步证实了这一结论。

② 陈其南.台湾的传统中国社会[M].允晨丛刊第 10 种.台北:允晨文化实业股份有限公司,1987:149.

③ 庄英章.唐山到台湾——一个客家族移民的研究[C]//中国海洋发展史编辑委员会.中国海洋发展史论文集.台北:"中央研究院"三民主义研究所,1984:325.

社寮,其余三子移居新的土地,导致后来张创宗族分成社寮、中寮两大支派。张创宗族分为三房,有公共的祭祀公业,由三房轮流耕种,并负责祭祖费用。道光十三年(1833)兴建公厅,咸丰四年(1854),二房的张文焕选为恩贡生。台澎提督学政裕铎为之立匾,曰"贡元",奠定张创宗族在社寮的基础。①

2.叶初宗族

渡台始祖叶初,福建省漳州府平和县人,生于康熙四十六年(1707),排行第四,与其五位兄长一起渡台,后入垦林圯埔一带田园。乾隆五年(1740),在林圯埔东南十五六里处兴筑猴雅寮陂,灌田八十余甲,为林圯埔地方凿圳之滥觞。叶初生子建,建又生六子,分为六房。叶初所留下的土地财产及猴雅寮陂水权,由六房轮流管理经营。同治元年(1862),五房的国显发起兴建福兴堂,俗称叶氏祠堂,供奉叶氏历代祖先之神位。福兴堂设管理人一名。每年岁俗时节,各派下人均前往祭拜。②

3.陈高宗族

渡台始祖陈高,福建省漳州府海澄县人,生于康熙十六年(1677),何时渡台不详。第四代孙陈意生于乾隆二十五年(1760),乾嘉之际迁抵林圯埔。陈意之孙莲池,咸丰四年(1854)四月授修职郎,因此组成陈高祭祀公业。莲池之子上达生于道光二十一年(1841),光绪三年(1877)进泮县学,曾协力建造云林县竹城,后授奋武郎。陈上达于光绪三年迁居猪头棕,建尊德堂,为陈高宗族祠堂。③

4.陈凤述宗族

渡台始祖陈凤述祖籍广东省嘉应州镇平县之黄龙岗,于乾隆三十九年(1774)赴台,定居于中港蟠桃庄,为艋舺参将官庄佃户,种田纳租为生。终其一生,除了生养辉生、云生和水生三子外,家业无法振兴。三兄弟继承父

---

① 庄英章.林圯埔——一个台湾市镇的社会经济发展史[M].台北:"中央研究院"民族学研究所,1977:187.

② 庄英章.林圯埔——一个台湾市镇的社会经济发展史[M].台北:"中央研究院"民族学研究所,1977:185-186.

③ 庄英章.林圯埔——一个台湾市镇的社会经济发展史[M].台北:"中央研究院"民族学研究所,1977:188-189.

业,仍为人佃耕度日,经济虽有所改善,但无突破性进展。第三代陈春龙乃云生长子,生于道光十四年(1834),过房给伯父辉生为嗣子。少年时一面由伯父指导识字,接受儒家传统教育,一面学田稼犁耙技艺。长大后身体魁梧,天赋体力过于常人,且生性勤劳,耕稼之余,即自习日课堪舆之学。陈家在春龙的领导之下,家业日兴,尤以垦辟私地窝一带土地,获利甚丰。除了农业收入之外,陈春龙还开设福安堂择日馆。光绪九年(1883),又与陈钦传之广源号开设糖廍于滥坑,经营蔗糖的制造与买卖,此两项均有优渥之收入。随着经济的改善,陈家日渐增置田产,社会经济地位也随之提升。于同治十年(1871)捐银一百零八两,取得监生资格,成为地方士绅的一分子,积极参与地方事务。光绪十八年(1892),陈家三房分家,陈春龙设立协和祭祀公业,纪念其渡台始祖。[①]

5.高培啟宗族

清代台北地区高姓的祖籍为福建泉州安溪县大平,传及三十世时,大平高姓各房开始有人迁往台湾,时间约在乾隆初年,并进入台北地区垦殖。经过三四代的繁衍,三十三世的人数已达到三百三十一人,累积人数达五百七十二人。由于人数渐多,来台高姓十房中的上派三房、上派四房、下派长房、下派三房、下派四房乃分别于嘉道之际成立神明会,祭祀同房的始祖,这种神明会的组织虽然是自愿性的,但成员的资格仅限于同房的族人。组织的维持主要靠祀租与祭祀仪式。祀租由参加的人按股或由同族人计丁醵资,祭祀后族人常有聚餐,祭祀费用由祀租支出。其实这还是一种祭祀大陆"唐山祖"的合约字宗族。

同治初年淡水开港后,随着茶叶的出口,台北地区的经济逐渐兴盛,高姓的有些房派还修建了小宗祠,并出现了以"开台祖"为祭祀对象的血缘宗族。其中上派四房的高培啟于乾隆十八年(1752)来台,开垦今木栅的内湖以及景美的万盛、兴福一带,连陌数十里。培啟生七子,除长子外,其余六子及其后裔在地方上均有些名气,第三代已达二十人,第四代有五十二人,占上派四房在台总人数的一半。光绪三年(1877),建立了以"开台祖"高培

---

① 庄英章,陈运栋.清代头份的宗族与社会发展史[J].历史学报,1982:143-176.

啓为祭祀始祖的"六合祖祠"。①

由上所述可知,台湾汉人社会宗族组织的发展过程,基本上是由志愿性的唐山祖宗族向以开台祖为祭祀对象的血缘性宗族演变的过程。19世纪五六十年代以后,台湾以祖籍地缘为中心的分类械斗逐渐减少,而在华南地区常见的不同族群之间的异姓械斗开始出现,如同治年间台南苏、黄二姓械斗,嘉义柳仔林等庄吴、黄二姓械斗,麻豆社谢、方、王、李等姓互斗,②彰化西螺等地廖姓对李、钟二姓械斗,噶玛兰罗东林姓与陈、李二姓互斗,光绪年间台南中洲陈姓与头港吴姓械斗,凤山林姓同族械斗,鹿港桥头陈、施二姓械斗,云林四湖羊稠厝吴姓与内湖吴姓械斗,学甲黄姓与谢姓械斗等。③ 异姓械斗的频繁出现是血缘宗族普遍形成的重要标志,它表明台湾汉人社会已由原来的移民社会转变为定居社会。

第三节　士绅阶层的产生和"文治社会"的建立

一、社会领导阶层的构成

所谓"社会领导阶层",乃指拥有较高之社会地位或具备较大影响力的人士。依范围的大小及所发挥的功能的不同,"领导阶层"可分为"全国性领导阶层"和"地方性领导阶层"两大类。台湾的"社会领导阶层"即属于"地方性领导阶层",专指在地方上社会地位较高、影响力较大的一群人,当中又可分为府、县级的领导阶层和基层社区的领导阶层两种。其人员构成除了所有拥有科举功名之士绅,如候选或退休致仕的大小官吏、进士、举人、贡生、例贡、生员以及监生之外,还包括领导开垦活动的垦首、结首、隘首、管事,掌握商权之郊商或拥有厚资之买办,乡庄组织中居于领导地位之总理、董事、街庄正副、联甲头人、义首,族长或族正,德高望重之乡宾、耆

---

① 温振华.台北高姓——一个台湾宗族组织形成之研究[J].台湾风物,1980,30(4):35-53.

② 曾福元奏折(同治三年十一月廿五日)[J].台湾惯习记事,2(6):13.

③ 陈孔立.清代台湾移民社会研究[M].北京:九州出版社,2003:380-381.

老、名士硕儒等等。

二、士绅阶层的产生

清代前期的台湾移民社会,草莱初辟,文教落后,大部分移民系为谋生或追求经济利益而来,如开垦土地、佃耕、佣工或经商等。此一阶段台湾的社会领导阶层系以没有科举功名的垦首或富商之类的经济型领导人物为主,他们多为英武勇猛的豪强之士,富有侠义精神,敢于冒险,能够组织垦民,筹措资金,开垦土地。随着时间的推移,土地开辟基本完成,台湾由移民社会向定居社会转变,社会领导阶层的人员构成也出现了变化。首先,不少在土地开垦或经商活动中积累了财富的富豪通过捐纳,获取科举功名,进入士绅阶层。如淡水厅头份的陈氏家族开台始祖陈凤述于乾隆三十九年(1774)渡海来台,定居于台湾北路淡防厅竹南一堡隆恩佃番婆庄,初为艋舺参将官庄佃户。经过辛勤的努力,到第三代陈春龙时开垦有成,家业日兴,由佃农变成半自耕农,并于咸丰末年起开始购置田产转而成为拥有大片耕地的富农。同治十年,陈春龙捐银一百零八两,取得监生资格,成为地方绅士的一分子。[①] 又如桃园芦竹林家开台始祖林文进于乾隆十年(1745)来台,以替人牧牛种田佣工为生,经过多年奋斗垦成田园十余甲,到第三代林天赐时又兼营商业,财富迅速累积,购置大片水田和山林地,每年可收租谷一千余石,成为富甲一方的大地主,其后林天赐等五兄弟都捐了监生,跻身士绅阶层。[②] 此类情形在台湾甚为普遍,道光初年参与淡水厅城修筑的五十九名士绅中,即有三十六名系由捐纳出身者。[③] 苑里地区内共有士绅四十一名,例贡和监生占十六名;树杞林地区内共有士绅八十四名,例贡和监生占五十五名。[④] 其次,清代台湾社会动荡不安,民变、械斗、起义迭起,道光以后又有英、日、法等列强侵台之役,地方官往往借助义民

---

① 蔡渊絜.清代台湾社会上升流动的两个个案[J].台湾风物,1980,30(2):1-32.

② 蔡渊絜.清代台湾社会上升流动的两个个案[J].台湾风物,1980,30(2):1-32.

③ 台湾银行经济研究室.淡水厅筑城案卷[M].台湾文献丛刊第171种.台北:台湾银行,1963:94-115.

④ 蔡振丰.苑里志[M].台湾文献丛刊第48种.台北:台湾银行,1959:70-72;林百中,林学源.树杞林志[M].台湾文献丛刊第63种.台北:台湾银行,1960:84-88.

或民间组织团练来平乱或抵御外侮。事后照例奏报朝廷予以奖赏,因此,民间借由军功而跻身士绅阶层者,为数不少。以彰化县为例,乾隆五十一年(1786)平定林爽文起义,受奖人士四十名,其中不曾取得士绅地位者二十七名;乾隆六十年(1790)平定陈周全起义,受奖人士五十六名,不曾取得士绅地位者三十九名;道光十二年(1832)张丙案,受奖人士三十一名,不曾取得士绅地位者八名。[①] 同治初年平定戴潮春起义后,受奖人士达二百八十四名,其中不曾取得士绅地位的义首有二百四十六名。[②] 再次,土地开垦的成功及经济繁荣为文教的发展提供了必要的物质基础,再加上姚莹及徐宗幹等官员的相率尽力提倡,道光以降,台湾地方文教事业有了长足的进步,书院的数量明显增多。另外,台湾的行政区划也在不断扩增,由原来的一府三县增加到一府四县三厅,光绪初年又增为二府八县四厅,光绪十一年(1885)建省后又增为三府十一县四厅一直隶州。康熙二十五年(1686),台湾各地岁科两试文生员名额一共仅五十六名。道光二十一年(1841),增为一百名,光绪四年(1878)增为一百四十一名,光绪十四年(1888)以后更增到一百五十六名。[③] 这些也吸引了更多的人致力科举,博取功名。光绪初年,淡水、噶玛兰两地参与科童试厅考的童生就有千余人;[④]光绪十五年(1889),全台考生达五千二百五十人。[⑤] 从咸丰初年以后台湾中举人的有一百零六人,中进士的有二十一人。[⑥]

然而,台湾的士子在通过科举考试获得功名后,并不十分热衷出仕,即使出仕也为期甚短,不久之后即返居乡里,以乡绅地位,协助政府,领导居民从事乡梓建设。所以清代后期,尽管中举人、进士者为数不少,但宦绅的

① 周玺.彰化县志[M].台湾文献丛刊第 156 种.台北:台湾银行,1962:122-123.

② 丁曰健.咨部请奖清单[M]//丁曰健.治台必告录.台湾文献丛刊第 17 种.台北:台湾大通书局,1984:557-559.

③ 府县厅各儒学入学定额项[M]//庄金德.清代台湾教育史料汇编.台中:台湾省文献委员会,1973;刘铭传.增设府县请定学额折[M]//刘壮肃公奏议.台湾文献丛刊第 27 种.台北:台湾银行,1958:301-302.

④ 沈葆桢.台北拟建一府三县折[M]//沈葆桢.福建台湾奏折.台湾文献丛刊第 29 种.台北:台湾银行,1959:57.

⑤ H. B. Morse.1882—1891 年台湾淡水海关报告书[J].台湾银行季刊,1957,9(1).

⑥ 李国祁.清代台湾社会的转型[J].中华学报,1978,5(2):131-159.

势力不强,这是台湾社会的特点之一。造成这一现象的原因,乃在于台湾历年中举人、进士的人数不多,他们在家乡的声望地位极高,远胜于在外地为官;而且转型期的台湾社会也为士绅服务乡梓提供了一个很好的发展空间。他们不论是兴学,举办团练,还是协助政府进行社会建设,都可以满足其成就感。① 如板桥林家林国华之子维让、维源兄弟,前者咸丰九年(1859)钦赐举人,以助饷授三品衔,后者纳资为内阁中书,以捐款响应丁日昌新政及救灾、筑台北府城等勋劳,授四品卿衔,后更因助刘铭传济饷、抚番、开垦诸政务,成为刘氏得力助手,授内阁侍读,迁太常寺少卿,②成为台湾士绅阶级的领导人物。又如新竹郑用锡道光三年(1823)中进士,任职礼部三年,后归里,读书自乐,从事乡梓社会事业,尝办团练,排解械斗,曾董修建淡水城之役;③其从弟用监,道光五年贡生,在乡设塾课徒,先后主讲明志书院近三十年,诲人谆谆,至老不倦。④ 台北地区的黄镶云,道光九年中进士,在京任职,张丙起义时适居乡,曾劝谕闽粤乡民。⑤ 陈维英,咸丰九年(1859)举人,曾任闽县教谕,归里后,掌教仰山及海学两书院,培育士子多人;⑥黄敬,咸丰四年岁贡生,嗣授福清县学教谕不就,讲学于庄中天后宫社塾,先后肄业者数百人。⑦ 在他们的提倡之下,台北地区的文风由是而兴。此外,还有彰化地区的丘逢甲,台南地区的陈震曜、刘思勋等人均是如此。士绅阶层的兴起渐渐取代了原来移民社会中的豪强之士,成为晚清台湾社会的领导阶层。他们对于中华文化、儒家思想的传播,传统道德观念的建立,以及改变桀骜难治的社会风气,建立一个文治的社会,起了积极的作用。

① 李国祁.中国现代化的区域研究——闽浙台地区(1860—1916)[M].台北:"中央研究院"近代史研究所,1982:573.
② 连横.台湾通史[M].北京:商务印书馆,1983:650-651.
③ 连横.台湾通史[M].北京:商务印书馆,1983:676-677.
④ 连横.台湾通史[M].北京:商务印书馆,1983:677.
⑤ 连横.台湾通史[M].北京:商务印书馆,1983:684-685.
⑥ 连横.台湾通史[M].北京:商务印书馆,1983:687.
⑦ 连横.台湾通史[M].北京:商务印书馆,1983:688.

三、士绅型阶层与"文治社会"

士绅的出身尽管有正途与异途之分,但这些人大致上都受过良好的教育,中国传统的纲常伦理、道德观念以及忠君爱国思想已深入其心。士绅获得科举功名之后便享有种种特权,在社会上可以参与地方政府的事务,在政治上可以取得官吏任用资格,与朝廷的利害关系基本一致,所以自然也就成为中央政府统治地方的社会基础和主要力量。与移民社会中豪强型的人物相比,士绅作为社会领导阶层所发挥的社会功能和扮演的角色则有明显的不同。

(一)整合社会,调解冲突,消弭械斗

在台湾早期的移民社会中,人们以祖籍及语言的不同各分气类,常因争地争水发生械斗,如闽粤械斗、漳泉械斗等等,豪强型的人物往往成为分类械斗的领导者或助长者。士绅则具有良好的教养,比较通情达理,知晓利害关系,较少意气用事。许多士绅还从事文教工作,除了在书院学堂讲授儒家典籍外,也从事宣讲圣谕、善书的社会教育工作,以消除社会暴戾之气。每当械斗发生之际,作为社会领导阶层的士绅,往往出面充当调解人,或加以裁定,或予以劝止。有时士绅也从事难民的救济工作,使事态不致扩大。

咸丰年间,南北漳泉、闽粤互斗,延蔓百数十里,杀人越货,道路不通,新竹进士郑用锡亲赴各庄,为之排解,并著《劝和论》以晓之。"众得书感动,斗为之息"。①咸丰四年,闽粤分类械斗时,艋舺翁裕佳单身前往粤庄劝解息斗,收效甚宏。艋舺王宗河对平息分类,亦每多贡献。②彰化曾日襄,曾馆二林之鹿寮,闽粤纠众将互斗,荷戈而从者且千人。日襄闻而急驰之,卒为散其众,弭隙而民获安堵。③道光十年(1830),彰化县奸民造谣分类,地方骚动,刘章仁一面极力安顿,一面请官谕止,衅端终于

---

① 连横.台湾通史[M].北京:商务印书馆,1983:677.
② 陈培桂.淡水厅志[M].台湾文献丛刊第 172 种.台北:台湾大通书局,1963:450.
③ 周玺.彰化县志[M].台湾文献丛刊第 156 种.台北:台湾银行,1962:119.

化解。^① 台中谢运湖,居于揀东,分类时起,官府无法过问,运湖每遇乡里有不平事,则居间妥为调停,无形之中亦收弭斗止乱之效。^② 道光二十四年(1844),彰、嘉各邑,漳泉械斗,竹堑林占梅募勇守大甲溪,绝其蔓延,诘奸宄,护闾阎,出资抚恤。^③ 台北林平侯,"年四十,纳粟为同知",当是时,淡水闽粤械斗,漳泉又斗,蔓延数百村落,平侯出而解之。^④ 新竹陈缉熙道光二十五年恩贡,先是道光二十四年,漳、泉械斗,居民纷纷谋避地,缉熙趣邀诸绅,出劝止,故无害。咸丰三年,漳、泉又斗,陈缉熙与郑用锡设局安抚。四年,闽、粤亦斗,蔓延愈烈,缉熙请淡水同知朱材哲出为谕解。^⑤ 嘉义刘思勋曾以岁贡生授福建将乐县训导,后归里。道光二十四年,漳泉复斗,数年不息。思勋集两造解之,出数千金,为筑盐水港新街之桥,以示睦。^⑥

道光以后台湾各地的漳泉、闽粤分类械斗事件逐渐减少,如道光朝共有九次,咸丰朝为六次,同治朝为二次,而光绪朝台湾则再无此类械斗发生,^⑦这与社会上士绅型领导人物日渐增多,有密切关系。

(二)抵御外敌入侵

第一次鸦片战争之后,英国以武力打开中国的门户,此后,其他列强也纷至沓来,向中国伸出侵略之爪,台湾由于其丰富的物产和特殊的战略地位成为列强觊觎的主要目标。在抗英、抗法和反对日本占领台湾的斗争中,台湾士绅协助政府,出钱出力,发挥了重大作用。如第一次鸦片战争英军进犯鸡笼时,总理姜秀銮与义首生员范玉成、鲍鄂衔即率领义勇、壮丁随同官兵打仗,擒获英夷,获赏七品军功职衔。^⑧ 在籍礼部员外郎郑用锡会同大甲守备何必捷、巡检谢得琛等带领兵勇,击破通夷草乌

---

① 周玺.彰化县志[M].台湾文献丛刊第156种.台北:台湾银行,1962:120.

② 吴子光.台湾纪事[M].台湾文献丛刊第36种.台北:台湾银行,1959:57-58.

③ 连横.台湾通史[M].北京:商务印书馆,1983:630.

④ 连横.台湾通史[M].北京:商务印书馆,1983:649-650.

⑤ 连横.台湾通史[M].北京:商务印书馆,1983:697.

⑥ 连横.台湾通史[M].北京:商务印书馆,1983:694-695.

⑦ 蔡渊絜.清代台湾的社会领导阶层(1864—1895)[D].台北:台湾师范大学,1980:233.

⑧ 姚莹.查明鸡笼夷案出力人员奏[M]//姚莹.东溟奏稿.台湾文献丛刊第49种.台北:台湾大通书局,1984:70-75.

船一只,拿获匪犯十二名。① 贡生林占梅在抗英斗争中,亦倡捐防费,得旨嘉奖,以贡生加道衔。② 光绪十年,法军犯台时,彰化阿罩雾生员林文钦募义勇,卫桑梓,集佃兵五百,驻台南,为南军援,器械粮秣,悉取之家。后又调驻通霄,捐款助军。③ 法军攻台时,台北军情紧急,饷项奇艰,朝不保夕。台北绅士三品卿衔候选道林维源深明大义,慨捐巨款二十万元,以济急需。④ 其他士绅,如兵部郎中林朝栋、林汝梅,内阁中书潘成清,廪生李秉钧等或捐赀带勇,或办练助防,同仇敌忾,奋勇杀敌,而获朝廷奖叙。⑤ 甲午战争时,在籍工部主事丘逢甲,投笔从戎,以"抗倭守土"号召乡里,募集义勇。乙未年《马关条约》签订之后,又多次刺血上书,反对割让台湾。日军登陆台湾之后,丘逢甲又率部极力抵抗,后因饷尽弹绝,不支而内渡。苗栗诸生吴汤兴、徐骧、生员邱国霖、吴镇洸、嘉义诸生林昆冈等亦募集义军,抗击自台北南下的日军,予日军以沉重的打击,最终因寡不敌众,而先后英勇牺牲。⑥

(三)协助官府平定地方动乱

士绅都接受过正统儒家经典的教育,大都具有忠君爱国思想,且拥有科举功名,享有法定特权及较高社会地位,并有参与政权的机会,与朝廷的利害关系极为一致,在维护中央政权的统治中扮演重要角色。当台湾发生起义或民变时,大部分士绅若非避走他乡或闭庄自守,就是捐资募勇,协助官兵守御或平乱。如道光十二年张丙之乱时,进士黄骧云先是作书劝道庄民不要望风生事,后来又"挈妻子质官,亲赴各庄,购线缉匪,又捐买谷石,散致贫民,而正凶咸获"。⑦

① 姚莹.击破通夷匪船拿获奸民逆夷大帮潜遁奏[M]//姚莹.东溟奏稿.台湾文献丛刊第49种.台北:台湾大通书局,1984:103-108.
② 连横.台湾通史[M].北京:商务印书馆,1983:630.
③ 连横.台湾通史[M].北京:商务印书馆,1983:629.
④ 刘铭传.林维源允捐巨款请奖京秩片[M]//刘壮肃公奏议.台湾文献丛刊第27种.台北:台湾银行,1958:336-337.
⑤ 刘铭传.基隆法兵全退台北解严请奖战守各员绅折[M]//刘壮肃公奏议.台湾文献丛刊第27种.台北:台湾银行,1958:374-377.
⑥ 连横.台湾通史[M].北京:商务印书馆,1983:721-724.
⑦ 陈培桂.淡水厅志[M].台湾文献丛刊第172种.台北:台湾大通书局,1963:271.

　　清代台湾由移民社会转变为定居社会是一个由量变到质变的渐进的过程。这一过程开始于 19 世纪初，至五六十年代基本上已告完成。台湾社会转型的内涵或者说所表现出来的特征是多方面的，这里论述的只是其中最主要的几个部分。

第四章　西方列强对台湾的觊觎与侵扰

　　清代前期政府对台湾的开发基本上持消极之态度,如规定大陆移民赴台时必须申领照单,禁止无照偷渡,对大陆移民渡台实行限制;另外,为防止汉"番"冲突,在台湾内山设立"土牛""红线",禁止汉人进入内山"番"界,实行汉"番"隔离等等。限制大陆移民渡台以及对内山"番地"的封禁等消极治台政策,为后人所诟病。如果说领照渡台规定之本意是要将大陆移民渡台纳入政府的有效管理,但其实际执行中兵弁的刁难、需索,反而造成偷渡的盛行;而对内山"番地"的封禁,实行汉"番"隔离,则造成界内"番"民的自生自灭和政府行政管辖的不力乃至完全的缺失,久而久之,台湾地方官员也形成了视番界为"化外""瓯脱"之地的错误观念。第一次鸦片战争之后,台湾虽不在通商五口之列,但重要的战略位置和丰富的物产使其成为列强觊觎的目标。第二次鸦片战争后,台湾口岸开放,对外通商,列强势力节节入侵。清政府消极的治台政策导致"番"界管理上的严重缺失以及台湾地方官员种种落伍、颟顸的观念也给列强的侵扰提供了种种借口和可乘之机。自同治六年起,台湾先后发生了"罗发"号事件、樟脑战争、英法商人占垦大南澳等事件,中国的领土主权受到各种不同程度的侵害。

第一节　"罗发"号事件

　　《南京条约》签订后不久,英国就开始试探在台湾通商贸易的可能性。除此之外,美国想将台湾作为拟议中的太平洋轮船航线的中途加煤站,对台湾也表现出浓厚的兴趣。1847年,英、美两国海军官员都曾调查过台湾煤矿,将煤炭样品送往海军部化验。1849年7月,由船长奥格登率领的美国双桅帆船"海豚号"抵达鸡笼港,一方面为搜寻在台湾近海遇险的美国船

"水鬼号"的幸存人员,一方面也对鸡笼煤矿做进一步的勘察。1854 年,以武力迫使日本放弃锁国政策的美国东方舰队司令潘理在第二次访问日本后,以寻找海难水手为名,派舰前往台湾进行调查活动。在其回国后的报告中,潘理建议美国政府应该在这个壮丽的岛屿上"独占先机"。① 在当时美国人中,对台湾的侵略野心表现得最为露骨的莫过于驻华代办彼得·巴驾(Peter Parker)。1856 年,即在他到任后的第二年,正值列强就修约及公使驻京等问题与清政府交涉。巴驾即就列强在华事务的解决向美国政府提出一个方案,他建议:"如果英、法、美三国代表亲临白河,而不被迎接到北京去,那么,法国即可占领朝鲜,英国再行占领舟山,美国占领台湾,直占领到对过去的种种获得满意解决,对将来有了正确谅解时为止。"②1857年 2 月 12 日,巴驾又致函国务院,强调美国占领该岛的必要性,敦促美国政府不要在事关台湾方面的这种人道、文明、航行和商业所系的行动上畏缩不前。他甚至唯恐稍有耽搁就会贻误美国在台湾的前途,所以十天之后就迫不及待地将美国驻香港舰队司令奄师大郎(James Armstrong)邀到澳门,共商这个对美国会有极重大意义的艰巨的问题。3 月 10 日,巴驾在致国务院的一份密函中力主行动。他在信中写道:"一旦加利福尼亚、日本和中国间的轮船航线创办成立,这个煤斤的供应来源将会是最为有利的。该岛可能不会归属帝国太久;它一旦在政治上象在地理上一样地和帝国脱离关系,那么,美国占领该岛显有必要,特别是就均势的大原则而言。"③并认为"英国的属地在大西洋中有圣赫勒拿岛,在地中海中有直布罗陀和马耳他岛,在红海中有亚丁,在印度洋中有毛利西亚、锡兰、槟榔屿和新加坡,在中国海有香港。设使美国有意这样做,并能为占有台湾做好准备,英国当然不能反对"。④

由于美国政府未予支持,所以巴驾占领台湾的图谋未能实施。

台湾开放口岸,对外通商之后,往来台湾的外国船只日渐增多。台湾四周海面潮流湍急,风浪险恶,加上夏秋两季台风频发,外国船只在台湾近

---

① 泰勒·丹涅特.美国人在东亚[M].姚曾廙,译.北京:商务印书馆,1959:239.
② 泰勒·丹涅特.美国人在东亚[M].姚曾廙,译.北京:商务印书馆,1959:243-244.
③ 泰勒·丹涅特.美国人在东亚[M].姚曾廙,译.北京:商务印书馆,1959:247-248.
④ 泰勒·丹涅特.美国人在东亚[M].姚曾廙,译.北京:商务印书馆,1959:248.

海遇难失事时有所闻。据相关统计,自道光三十年(1850)至光绪二十一年(1895)之间,在台湾近海发生的外船海难事件至少有86起。[①] 咸丰十一年(1861)十一月,美商双桅帆船"Iskanderia"号自打狗港购运大米,在驶往厦门途中,突遇台风,漂至嘉义县布袋嘴洋面,于距台湾府城约三十里处搁浅。船主赴台湾府城请求救助,但地方官员行动迟缓,等到所派官兵抵达出事地点时,船上货物及船员财物已被不法之徒抢掠一空。船主因向厦门美国副领事海雅特申诉,并向中国政府要求赔偿。同治元年(1862)十月初旬,美商三桅帆船"Lucky Star"号由上海装运棉花驶赴香港,航经台湾洋面遇风,漂至淡水西南约二十五英里处搁浅,船主纳尔逊(Charles Nelson)乘小艇逃生,上岸后被人挟持并遭拘禁,勒索赎金一千元。船上货物亦被不法之徒卸运而去。当时福州海关税务司美里登(Baron de Meritens)奉派至淡水调查涉外事件,获知本案发生经过,即会同台湾地方官员交付赎金并伙食费一百三十元,救出被拘留的"Lucky Star"号船员,但损失货物已无法追回,计达8万元。次年三月,船主诉请美国驻华公使要求中国政府赔偿。当时美国驻华公使蒲安臣虽然认为对于"Iskanderia"号和"Lucky Star"号,中国政府在条约上没有赔偿的义务,仍难推卸其行政上的责任。于是蒲安臣仍将此二艘美船失事的经过,照会总理衙门,要求中国方面注意《中美天津条约》第十三款的规定,切实履行义务。[②] 可是,中国政府并未从相关事件中吸取教训,及时改正观念与做法,台湾地方官员也仍然颟顸如故,对此类海难事故采取听之任之、袖手旁观的做法,导致了后来"罗发"号事件的发生。

同治六年二月初四日(1867年3月9日),美国商船"罗发"号(Rover,又译作"罗妹"号)自汕头驶赴牛庄,因遇台风漂至台湾南端洋面,在红头屿附近冲礁沉没。船长亨特(J. W. Hunt)夫妇及船员等共十四人,分乘小艇逃生,于初七日在琅𤩝尾龟仔角鼻山登岸,突遭科亚尔族土民袭击,全部被害,仅一中国籍水手侥幸逃生,经猫仔坑匠首及商民协助,乘货船至打狗,

---

① 台湾省文献委员会.台湾省通志:卷3 政事志·外事篇[M].台北:台湾省文献委员会,1971:65-70.

② 关于"Iskanderia"号和"Lucky Star"号船难事件,参见黄嘉谟.美国与台湾——一七八四至一八九五[M].台北:"中央研究院"近代史研究所,1979:195-200.

向英国领事报告。① 英国领事贾禄（Charles Carroll）接报后，一面致函台湾道吴大廷，"请饬地方官确查情形，照律究办"；②一面报英驻华公使，经由英公使通知美国驻华公使蒲安臣。同时命令停泊于打狗的英国军舰"Cormorant"号由舰长卜劳德（Broad）指挥，由英国领事陪同前往出事地点调查。该舰于二月二十一日抵达龟仔角，不料土民早有防备，一见英军登陆，即予猛烈射击。英军不愿冒险前进，退回舰上，发炮轰击土民隐藏的丛林后离去。

二月二十七日，美国驻厦门领事李仙得（Charles W. Le Gendre）获悉"罗发"号事件后，即赶赴福州，与闽浙总督吴棠和福建巡抚李福泰交涉，要求饬令台湾地方官员对"罗发"号的幸存者进行搜救，并惩办凶手。闽浙总督循李仙得所请，饬令通商局司道密函飞布台湾道，赶紧查办，同时强调"再有外国人船。骤到生番地界停泊，务必设法劝阻，弭患事先"，并咨呈总理衙门查照。③ 就在李仙得赴福州的第四天，美国亚细亚舰队的旗舰"Hartford"号到了厦门，适英舰"Cormorant"号也自台湾而至，亚细亚舰队司令贝尔（Bell）少将从卜劳德处得知"罗发"号失事及船员遇害的经过，即令在福州的美国炮艇"Ashuelot"号开赴出事地点。

三月十四日（4月18日）李仙得偕艇长费米日乘坐"Ashuelot"号炮艇抵台，照会台湾镇总兵刘明灯及台湾道吴大廷，要求"拨兵会剿"，且"其意甚锐"。④ 刘明灯、吴大廷给李仙得及费米日的复照中称："台地生番穴处猱居，不载版图，为声教所不及，是以设有土牛之禁，今该船遭风，误陷绝地，为思虑防范所不到，苟可尽力搜捕，无不飞速檄行"；⑤除允以饬令凤山营、县派拨兵役设法查办外，对于李仙得、费米日欲自行带兵往剿一事，则

---

① 据毕麒麟的《老台湾》所载当时生还者有两人，一为厨师，另一为膳务员。毕麒麟. 老台湾［M］. 吴明远，译. 台湾研究丛刊第 60 种. 台北：台湾银行，1959：92.

② 李仙得. 台湾番事物产与商务［M］. 台湾文献丛刊第 46 种. 台北：台湾大通书局，1987：79.

③ 李仙得. 台湾番事物产与商务［M］. 台湾文献丛刊第 46 种. 台北：台湾大通书局，1987：83.

④ 李仙得. 台湾番事物产与商务［M］. 台湾文献丛刊第 46 种. 台北：台湾大通书局，1987：80.

⑤ 李仙得. 台湾番事物产与商务［M］. 台湾文献丛刊第 46 种. 台北：台湾大通书局，1987：83.

"再四劝阻",予以婉拒。对于刘、吴之推诿、消极的态度,李仙得甚为不满,而复照中所称"台地生番"、"不载版图"等不负责任的说法反而给予李仙得等自行查办的口实。数日之后,李仙得与费米日竟自行驾"Ashuelot"号炮艇前往"罗发"号船员被害地点亲自查问,但为土民所拒,不得登岸,而返回厦门。

三月初二日,香港《中国邮报》报道了"罗发"号失事、船员遇害以及英舰"Cormorant"号营救未果的消息,美国驻香港领事阿伦(J. Allen)立即将此事向美国务院报告,并建议夺占台湾岛。其理由为:(1)美国应在东方拥有自己的商港或商务站,以适应日渐增长的商务利益及东来美商的要求;(2)欧洲国家均已在东方拥有基地多处,美国迄未能分沾,最近英、俄两国有攫取台湾岛的野心,美国更不应处处让人占其先机;(3)美国在中国海岸缺商港或军港,一旦美国与其他欧洲国家发生战事,美船美舰的行动势必受到限制;(4)占领台湾实为保护美国在东方商务利益的最大关键;(5)台湾位置适中,气候宜人,物产丰富,港湾众多,作为美国控制中国与日本海的基地,条件十分优越;(6)中国拥有台湾领土不及一半,且有名无实,岛上东部及南部地方,仍为"生番"居地,维持独立,"罗发"号事件的发生,即其例证;(7)若干美国人士曾主张用价款购买台湾,建立美国人居留地与港口,而这些人愿意提供所需的借款;(8)台湾如归美国所有,以往由"生番"酿成的野蛮风气,自可迅即消失,进而成为欧美对华商务的安全通道。[1]

尽管这些理由仅是十多年以前巴驾等人主张加以旧调重弹而已,但是"罗发"号事件多少还是给这种主张增添了一个新论据。然而,这种构想并不符合美国政府的政策。国务卿西华德在致驻华公使卫三畏的训令中指出,美国决无"夺取或占有"台湾任何部分的意图,[2]该公使的责任在于彻底调查"罗发"号船难的真相,并尽可能要求适当的赔偿。然而,美国亚细亚舰队的指挥官却持有不同的看法,再加上李仙得从旁怂恿,在国务院下达训令之前,即已采取武力远征台湾的行动。四月二十五日(6月7日)美国亚细亚舰队司令贝尔率领旗舰"Hartford"号及另一兵舰"Wyoming"号

① 黄嘉谟.美国与台湾——一七八四至一八九五[M].台北:"中央研究院"近代史研究所,1979:206-207.

② 泰勒·丹涅特.美国人在东亚[M].姚曾廙,译.北京:商务印书馆,1959:350.

由上海起航，开始了前往台湾的报复之行。当两艘军舰到达打狗港时，"Hartford"号的麦肯基（Mackenzie）少校邀请英商怡记（Elles）公司经理毕麒麟作为翻译。在既未知照中国方面又不就近约同台湾地方官商办的情况下，两舰于五月初一日（6月13日）上午同时驶抵台湾南端海湾停泊，约180名水兵分作两队，分别由柏乐内和麦肯基率领分正、侧两翼登岸，向龟仔角土民部落住地发起攻击。由于该处丛林茂密，山路崎岖，加上天气炎热，美军行动相当困难。而土民则潜伏丛林深处，且战且退，向其射击。美军虽勇于跟踪追击，但苦于地形不熟，徒费奔劳，很快就精疲力竭。土民则趁美军歇息之机，突行袭击，麦肯基首当其冲，中弹阵亡。[①] 美军见势不好，匆匆退回舰上，向岸上发炮轰击后驶回上海，并声言"回国添兵，秋冬之间，再来剿办"。[②]

在使用武力征服失败之后，美国又从外交上向中国施加压力。李仙得于六月十七日的照会中指责台湾镇、道始则允为办理，不必外国相帮，继则诿诸地非中国兼辖，为兵力所不及，似可置不与较，前后矛盾。并针对刘明灯等于五月初二日照复中婉劝之语，"纷纷诘难，语多恫喝[吓]"。并托福州海关税务司美里登向闽浙总督吴棠和福建巡抚李福泰申陈。[③] 美国驻华公使也多次向总理衙门交涉，称如中国方面不尽快办理，则美国将自行处理。虽然美国舰队官兵在龟仔角登陆受挫，属恃强冒险，咎由自取，但美国兵船事前未经知照，又不就近约同地方官员商办，擅自对台采取军事行动的做法引起了中国方面的忧虑和不安。台湾镇、道接获报告后不胜诧异，认为"洋情悍执，既据声言回国添兵，秋冬再来剿办，恐亦未尽子虚"，为谋应付，乃督令台湾知府叶宗元饬该地方文武，安抚瑯峤附近庄民，挑选屯弁屯丁于瑯峤附近的水底寮驻防，悬立重赏，密约熟"番"乘间代谋，并饬令该地方文武，如美船再来旗后，应立即驰往，设法阻止，以免仇衅越结越深，

---

① 毕麒麟.老台湾[M].吴明远,译.台湾研究丛刊第60种.台北:台湾银行,1959:92-94.

② 李仙得.台湾番事物产与商务[M].台湾文献丛刊第46种.台北:台湾大通书局,1987:79-82.

③ 李仙得.台湾番事物产与商务[M].台湾文献丛刊第46种.台北:台湾大通书局,1987:82-85,87-88.

致成不了之局。闽浙总督吴棠、闽抚李福泰也认为"罗发"号船难事件中美商既被擒杀多名,又有兵船挫失之事,断不肯置不与较。一旦美国果真添兵再与"番"人构衅,则台地动多牵掣,自应赶紧设法筹办,不容以推诿而生枝节。于是一面答复李仙得的要求,应允即行严饬台湾文武官员查办,并派熟悉该处情形的前署台湾镇总兵曾元福及委署台防同知王文棨前往协助刘明灯、吴大廷等,相机妥筹,务将滋事"生番"缉获惩治,查起被害洋人尸身交领。①总理衙门也认为倘美国果于秋冬间带兵而来,更难阻其不往。若"生番"被挫,难保洋人不别生觊觎之心,则办理更形棘手。如台湾地方官员不能预为熟筹妥办,迁延日久,必致哓渎不休。因而请旨饬下闽省督、抚,严饬台湾文武官员"迅速购觅熟番,相机办结,不得任令颟顸支饰",再给美国人以寻衅的借口。②

刘明灯接获命令之后,于八月十三日率所部兵勇五百名由郡城出发,同时,台湾道吴大廷也照会李仙得,邀其以观察员的身份乘船前往。十八日,刘明灯抵枋寮,一面由民夫伐山开路,一面将随携之番银、羽毛、红布料、珠等分别赏赠土民,于二十六日进至瑯峤,驻扎柴城,与先后抵达的北路协副将曾元福、海防理番同知王文棨、李仙得及其译员毕麒麟等人会合。经过询问,得知龟仔角土民部落离瑯峤尚有四十余里,地势险要,共有十八"番"社,并有闽粤人散居其间,大头目为卓杞笃。刘明灯认为如得卓杞笃前往宣谕,散其党羽,拿获"凶番"数名,尽法惩治,以谢洋人,该案即可办结。然而,"番民"负固不出,无可奈何,刘明灯与台湾道吴大廷函商,先派员安抚其余番社,并拟拔营进扎龟仔山,定期进剿。附近闽粤庄民闻讯,担心战事发生,难免玉石俱焚,乃一致停止"番"地交易,劝令"生番"勿事抗拒,以息事端,并至营地陈述"生番"悔罪之忧,请求罢兵。李仙得对此表示同意,并向刘明灯提出以下几条作为办结条件:(1)由十八社头目卓杞笃亲自向李谢罪,并作不再发生类似行为的保证;(2)由瑯峤至龟仔角一带的闽粤各庄及熟"番"具结作以上保证;(3)"生番"交还"罗发"号人员尸首赎款

① 李仙得.台湾番事物产与商务[M].台湾文献丛刊第46种.台北:台湾大通书局,1987:82-85.

② 李仙得.台湾番事物产与商务[M].台湾文献丛刊第46种.台北:台湾大通书局,1987:85-86.

及船上物品；(4)中国于台湾南端设立炮台，保护过往船员；等等。①

刘明灯对此予以应允，李仙得遂于九月十三日（10 月 10 日）率同毕麒麟及译员向导等前赴事先约定的火山地方与卓杞笃会晤。在毕麒麟与李仙得的欺骗、威胁及利诱之下，卓杞笃终于屈服，与李仙得达成下述协议："嗣后船上设旗为凭，无论中外各国商船，如有遭风失事，由该番妥为救护，交由闽粤头人转送地方官配船内渡；倘若再被生番杀害，闽粤头人转为帮拿凶番解官从重究治。"同时，李仙得将亨特亡妻头颅及遗物赎回，其余尸身已被该"番"抛入海中，无从归还。此外，刘明灯又将代为追回的"量天尺、千里镜"等发还李仙得。至李所费赎费"番"银一百元，也由刘明灯悉数偿还。李仙得见目的已达到，即请刘明灯撤兵免究。至于官军设立的临时炮台与营房则暂时保留，以待商请闽省督抚同意后，再在该处建立永久性的炮台，设官派兵驻守，仿照条约保护遭风遇难的船员。刘明灯也完全同意，将双方历次协议的原则，订定章程十条，并取得当地闽粤各庄及熟"番"头人的保结，而结束此次军事行动。②

然而，李仙得并不以此为满足，在"罗发"号事件结束的第二年，即1868 年二月他又偕同毕麒麟等人再次潜入南部部落地区活动，遍访"色比里""迫朴"诸部落，与卓杞笃重新会晤，赠给许多礼物，并与卓杞笃正式签订上年达成的协议。其内容为：

> 郎娇之南十八族，并迤东一带之山若海，统包海澳在内，其地总名为台湾南澳。澳之土官头目多克察，因台湾有美国三枝桅之船，船名呼路儿，其水手被库腊人所害，今特请某出示，某名让礼、姓李想儿，现作美国领事，料理台湾并厦门通商事务，特发此一纸告示，为我们与多克察同记着一千八百六十七年事情。现今花旗国家亦乐准照此举行，即驻札[扎]北京通商大臣亦当允准。今将所约各款列下：
>
> 一、多克察所辖十八族，无论何族，皆当善遇西国难民；而难民未

① 毕麒麟.老台湾[M].吴明远，译.台湾研究丛刊第 60 种.台北：台湾银行，1959：104-112；黄嘉谟.美国与台湾——一七八四至一八九五[M].台北："中央研究院"近代史研究所，1979：216.

② 李仙得.台湾番事物产与商务[M].台湾文献丛刊第 46 种.台北：台湾大通书局，1987：89-91.

上岸之先，亦须先挂红旗为号，即欲用石为载或需淡水及船中尚有应需各物，皆当令水手在岸边先展红旗，待岸上有旗接应，方可进前。至所向地方，亦当依彼人指引。

一、船中人不准到各部族居住之乡村，及其射猎所到之山岭，只许在"抽哑梭竿"地方行走。此地系东南第一川，在南澳东南角之北。又许到"吐挤勒"地方。此地在呼路儿水手受害之磐石西边，此处值东北风时，水泉最好。除此两处外，凡有由别处上岸者，皆是自蹈危机。尔等勿恃国家成约，谓可护庇，反受土人之累。缘以外地方，不在约内，倘被土人欺陵[凌]，彼地不担干系也。

让礼李想儿押

在见台湾南埠总税务司意勒安打们押

翻译官毕克淋押①

就外交法则的观点而言，李仙得与卓杞笃的协议显然是对中国主权的破坏，"因为任何一方皆无权也无法理根据来进行这样的谈判，更遑论签订这项协定"。②然而，因为台湾地方官员的颟顸无知，昧于外情，不知不觉就落入李仙得有意设下的将台湾地方当局与部落首领分作两个不相隶属的单位的圈套，成为其所谓"台湾番地不是中国领土"之谬论的一种根据。李仙得认为此事意义重大，在其呈复美国国务院的报告中自鸣得意地说："此行打开了美国与台湾南部生番直接交往的途径，促使生番停止其杀人报复的野蛮行为，而由于'罗发'号事件的解决，又达成了保持美国声威播及中国的任务。"③此后数年，李仙得经常随同美舰巡泊台湾港口，多次私下进入部落地区活动，博得了台湾部落问题专家的名声，最后被日本人所利用，在1874年日本武装进犯牡丹社之役中充当了为虎作伥的角色。

---

① 李仙得.台湾番事物产与商务[M].台湾文献丛刊第46种.台北:台湾大通书局，1987:5-19.文中"多克察"即卓杞笃，"让礼李想儿"即李仙得，"毕克淋"即毕麒麟。

② 连战.台湾在中国对外关系中的地位(一六八三——一八七四)[M]//薛光前，朱建民.近代的台湾.台北:正中书局，1977:88.

③ 黄嘉谟.美国与台湾——一七八四至一八九五[M].台北:"中央研究院"近代史研究所，1979:219.

第二节　英、德商人占垦大南澳

大南澳位于噶玛兰厅苏澳港南方大约 34 公里处,濒临大南澳溪,东南临太平洋,位置偏僻,交通不便。在"罗发"号事件刚刚落幕不久,台湾东北部又发生了英、德商人占垦大南澳事件。实际上,普鲁士人对台湾的关注可以追溯到 1861 年《中德通商条约》的谈判,当时普鲁士曾要求开放台湾北部的鸡笼作为通商口岸,然因未能获准而作罢。① 不过,普鲁士对台湾怀有的企图之心并未就此放弃。1865 年夏,时任俾斯麦内阁内政部长的沃伦堡伯爵(Count Eulenburg)在柏林《北德广讯报》上发表题为"普鲁士的殖民政策"的系列文章,提出普鲁士应该在中国海获得一个海军补给站,而且这一目标可以通过仿照荷兰人在东方殖民的做法得到实现。沃伦堡认为台湾东部气候温和,土地肥沃,港口宽畅,实为实现"东方德意志"基本要件最为理想的地区。他认为台湾东部有天险可守,可以为经常在中国海面遭到海盗攻击的普鲁士船只提供安全的栖息之所。他建议派遣两艘军舰运载若干士兵,对台湾东部作军事占领。同时,随即派出一船技术熟练的工人及移民者率同其眷属,随着军舰前往。移民要足以抵御土"番"的进袭。政府将对于这些移民者从宽放领土地并补助其资金。② 英国的《伦敦及中国快报》(London and China Express)发表社论指出,沃伦堡的专文实际上代表了"普鲁士的心情与意图,亦为行将采取行动的预兆"。③

占垦大南澳的主谋者美利士(James Milisch),系普鲁士国汉堡人,于1865 年 10 月 6 日来台,在淡水开设美利士洋行(Milisch & Co.),代理香港怡和洋行在台湾的业务,主要为销售鸦片与棉织物以及收购樟脑等台湾

---

① 郭廷以.台湾史事概说[M].台北:正中书局,1969:152.
② 连战.台湾在中国对外关系中的地位(一六八三——一八七四)[M]//薛光前,朱建民.近代的台湾.台北:正中书局,1977:89-90.
③ 连战.台湾在中国对外关系中的地位(一六八三——一八七四)[M]//薛光前,朱建民.近代的台湾.台北:正中书局,1977:90.

土特产。同年 12 月,美利士迁居艋舺,成为该地唯一的外籍居民。^① 这一事件的另一个主角为英国人荷恩(James Horn),1867 年"罗发"号事件发生后,曾受遇难船长亨特夫妇亲属之委托,于当年 6 月前往琅峤寻找亨特太太的遗骸,经过一个多月的努力,毫无所获。8 月初,荷恩又偕毕麒麟再次进入琅峤部落地区,在毕麒麟的帮助之下,两人在部落地区活动了近两个月,不仅寻获了亨特的骸骨和若干遗物,而且对台湾后山部落的相关情况也有了很深入的了解。荷恩还将此一期间的相关日记在《中国邮报》上发表。^②

美利士来台后与自称熟悉台湾"番"地情形的英国人荷恩勾结。同治七年四月(1868 年 5 月),美利士以北德意志同盟汉撒诸城(the Hanseatic Cities)领事的名义,给予荷恩执照,并提供资金,命其前往大南澳开山伐木,垦荒经营。荷恩率同两名苏格兰人、一名美国人、一名西班牙籍墨西哥人及一名葡萄牙籍果阿人抵达噶玛兰进行踏勘。噶玛兰通判丁承禧闻讯前往劝阻。荷恩置之不理,用盐、布、羽毛结交"番"众,并与平埔族头目之女结婚。后再率同部分"番"民,自苏澳经由海路至大南澳,在该处建堡树栅,招募工匠,着手开垦。该处虽有少数闽粤人民杂居,但无人应募。荷恩无奈折回鸡笼,自购小船三艘雇觅工匠四十余人,于是年九月杪,再度前往伐木,并运至鸡笼出售。

噶玛兰通判丁承禧以洋人此种违约行为与侵占领土无异,既经当面劝止无效,乃转向与美利士交涉。美利士初则诿为英人所为,非其主使,继又借词大南澳为"生番"界,不应由噶玛兰厅管辖;后来又推说俟一二月后再议。^③ 在此期间,荷恩在鸡笼等地所雇的工匠共已有百余人之多,并募壮勇二十余名,携带炮械弹药,在大南澳建筑土堡一座,中盖瓦房二十余间,又在附近之小南澳筑一土围,中盖瓦房三间,草棚十余间。伐取之木,

① 黄富三.清代台湾外商之研究——美利士洋行(上)[J].台湾风物,1982,33(4):104-136.

② 毕麒麟.老台湾[M].吴明远,译.台湾研究丛刊第 60 种.台北:台湾银行,1959:104-112.该书中荷恩的英文名字为"James Harn"。

③ 给英国照会[M]//佚名.筹办夷务始末选辑.台湾文献丛刊第 203 种.台北:台湾大通书局,1987:346-348.

复陆续运往鸡笼。[①] 丁承禧见与美利士交涉毫无结果,又向英国驻沪尾领事面诘。英领事亦谓大南澳地属内山"生番"地界,非该地方官所辖之地,荷恩所为,"与雇请洋船在不通商口岸贸易情形不同,未便禁其前往"。[②] 丁承禧等台湾地方官员见交涉不得要领,乃禀报闽省督、抚,转请总理衙门与各该国公使交涉。

总理衙门接报后,当即分别照会英、布二国公使,指出:"通商各口为外国人通商而设,和约所载止准各国商人在中国地方贸易。至山场土产各有其主,断无可令外国人自行采取之理。况中国禁令,凡有强取他人树林土产者,照例治罪。而开山伐木,情节尤重";要求将荷恩等人迅速撤回严办。并告知美利士以商人自行冒充领事,又任性妄为,弗遵和约之规条,擅犯中国之禁令,实属不安本分。要求布国公使将其撤回,并派真正领事官。[③] 英使答称札饬淡水副领事官详细查明情形,如该英人有违约情事,立即严行禁止。布使则答称美利士所遣前往行此违约之人,系属英人,"非其所能约束惩办","英商违约,自不容藉词于美利士所使",并云对美利士去函戒饬,如其"仍不遵条约,任性妄为,遇有因此受累之处,咎由自招";并驳称以商人代充领事官符合国际惯例,并无不可,总理衙门所称应派真正官员作为领事,实为误解。[④]

然而,此次总理衙门的外交努力,不仅未带来预期的效果,外人在台湾的占垦反而越演越烈。同治八年(1869)春,美利士亲自到大南澳"番"社内活动,后又到苏澳口之南风澳山脚,起盖草屋三间,作为往来寓所。荷恩在大南澳的开垦也全面展开,准备栽种茶树。美利士并时常用船由沪尾、鸡笼运载食物往来。后更发展到贩卖火药,偷济"生番"。主持总理衙门的恭亲王见洋人仍我行我素,不听劝阻,于同治八年夏再度照会英、布两国公

① 给英国照会[M]//佚名.筹办夷务始末选辑.台湾文献丛刊第203种.台北:台湾大通书局,1987:346-348.

② 给英国照会[M]//佚名.筹办夷务始末选辑.台湾文献丛刊第203种.台北:台湾大通书局,1987:346-348.

③ 给英国照会,给布国照会[M]//佚名.筹办夷务始末选辑.台湾文献丛刊第203种.台北:台湾大通书局,1987:346-351.

④ 给布国照会[M]//佚名.筹办夷务始末选辑.台湾文献丛刊第203种.台北:台湾大通书局,1987:351.

使,提出抗议,称已行文闽省督、抚饬该处镇、道等严行驱逐;倘该商不听拦阻,即由该地方官严拿,按约送交领事官惩治。如敢恃强抗拒,不服拿送,只好伤毙无论。① 英国公使阿礼国见中方态度转趋强硬,始应允将荷恩撤回,并称以后不准其再往该处伐木垦荒。而布国公使李福斯则对总理衙门的警告置若罔闻,在复照中推说已咨请其本国将美利士充当领事之官职撤回,"如再别有作为,非本大臣所应有之权";并语带恫吓声称,如美利士果真有违反中国律例,"只可将其违例之事禁止勿为,不可有伤毙之事。诚恐一有伤毙,即不免有许多交涉难办事件"。② 英国驻沪尾领事在答复沪尾口通商委员要求赶紧将洋人荷恩撤回的照会中先竟称大南澳乃不入中国版图,该洋人与"生番"和睦,买地开堡,并非强抢霸占;继又以该洋人动用巨款开辟垦地,一时即令撤回,未免有亏成本,似非体恤之意,应请地方官变值赔偿云云。③

因为布国公使意存袒护,所以美利士更加肆无忌惮,悖谬妄行。除了伐木侵垦,贩运军火之外,又包揽民人事端,仗势擅捕民人,私刑酷打,诬告善良,更有私典煤山,偷贩樟脑,种种不法妄为,难以尽述。荷恩自沪尾带回大南澳黑洋人四名,添募壮勇四十名,同时仍继续在彼招募工作,说要一百八十名之多,每名月出工资七元。并将附近山民所砍风藤、薯榔,按每百担勒抽二十担,贴补勇粮,招致噶玛兰当地民众怨恨。④

面对美利士与荷恩两人种种意想不到的悖谬妄为,六月,总理衙门再度与布、英两国公使交涉,在照会中郑重指出:"生番所居之地皆隶中国界内,大南澳并非通商口岸;洋人固不准私往向生番租地开垦,其地亦非生番所能擅租";同时仍重申已行文闽省督、抚将美利士、荷恩等拿交领事官惩

① 给英国照会,给布国照会[M]//佚名.筹办夷务始末选辑.台湾文献丛刊第 203 种.台北:台湾大通书局,1987:351-354.

② 布国照复[M]//佚名.筹办夷务始末选辑.台湾文献丛刊第 203 种.台北:台湾大通书局,1987:354-355.

③ 给英国照会[M]//佚名.筹办夷务始末选辑.台湾文献丛刊第 203 种.台北:台湾大通书局,1987:359-360.

④ 给布国照会[M]//佚名.筹办夷务始末选辑.台湾文献丛刊第 203 种.台北:台湾大通书局,1987:358-359.

办。如敢恃强抗拒,不服拿送,"只好伤毙无论"。[①] 八月,经新署台湾道黎兆棠转饬丁承禧办理,并先经淡水通商委员佐领刘青藜照会英国副领事,于是,英、布两国公使始札饬荷恩与美利士离去所占之地。荷恩不得已乃于八月二十二日及九月二十一日两次将大南澳、南方澳等堡屋内各物运回鸡笼口,其留守堡屋之洋人以及丁勇,至十月初一日始全部撤回。荷恩本人则在最后一次撤回中遭遇大风,翻船溺毙。[②] 美利士亦因投资无法收回等原因导致其所开设洋行于1870年宣告破产倒闭。[③] 英、德商人侵垦大南澳事件至此乃告落幕。

第三节　樟脑战争

一、洋教在台的传播与冲突

第一次鸦片战争之后,英、法、美列强通过《南京条约》、《望厦条约》及《黄埔条约》等一系列不平等条约,获得了在通商口岸传教的权利。咸丰八年,中英《天津条约》第八款规定:耶稣圣教暨天主教原系为善之道,待人如己。自后凡有传授习学者,一体保护,其安分无过,中国官毫不得刻待禁阻。[④] 同年,俄、美、法等国与中国签订的《天津条约》中均有类似规定。天主教和基督教于是再度传入台湾。

最初来台的是天主教的传教士。咸丰九年五月十五日(1859年6月15日),菲律宾圣多明我会支部的西班牙籍神父桑英士(Fernando Sainz,中文名为郭德刚)与厦门教区的蒲富路(Angel Bufurull)华籍修士三人、教

---

① 给布国照会,给英国照会[M]//佚名.筹办夷务始末选辑.台湾文献丛刊第203种.台北:台湾大通书局,1987:358-360.

② 毕麒麟.老台湾[M].吴明远,译.台湾研究丛刊第60种.台北:台湾银行,1959:99.

③ 黄富三.清代台湾外商之研究——美利士洋行(下)[J].台湾风物,1982,34(1):92-126.

④ 中英天津条约[M]//王铁崖.中外旧约章汇编.北京:生活·读书·新知三联书店,1957:97.

友二人自厦门出发,十八日在凤山县打狗登陆,二十二日在狮甲村租屋而居,传教士的到来引起了居民的猜疑与不安。为了顺利传教,桑英士等乃前往拜会凤山县知县,途中遭到官兵拦阻,被送往县城埠头,在县衙两位教士受到审讯,因彼此无法沟通了解,乃被拘留,于六月一日获释。蒲富路神父出狱后,因病即返回厦门,桑英士则留在凤山县前金庄,继续传教。七月,凤山县发出布告,严禁居民以土地出租或出让与天主教传教士。桑英士前往交涉后,官府才将布告撤去。同年,桑英士在离打狗港不远处购下土地,搭了一间草屋,此为天主教二度来台兴建的第一所教堂——前金教堂。[①]

咸丰十一年,安东神父(Mariano Anton)来台协助传教。桑英士深入万金庄(今屏东县万峦乡赤山地区),对该地的平埔族居民扩大传教。不久,又有李马奎(Miguel Limarquez)、秦松(Andres Chinchon)、赫尔斯(Francisco Herie)、哥乐马(Ramon Coloma)诸神父奉派来台,教务于是快速发展。同治元年(1862)在打狗山脚、三年在沟仔墘、五年在台湾府城先后增设了三个传教所,将天主教的布教区扩展到打狗南北地区。[②]

继天主教之后,基督教新教也来台湾传教。咸丰十年(1860)英国长老教会宣教师杜嘉德(Carstairs Douglas)与该会驻汕头的宣教师马肯兹(H. L. Mackenzie)到台湾北部的淡水和艋舺访问,并向当地民众宣传基督福音及分发圣经等。同治三年(1864)十月初,杜嘉德、马雅各(James L. Maxwell,医学博士,又称马医生)又从打狗经埠头到台湾府,考察台湾南部的状况,决定在台湾南部开教,并以台湾府城作为宣教中心。[③] 四年五月初四日(1865年5月28日),马雅各和陈子路、黄智嘉、吴文水等三位助手再由杜嘉德牧师陪同自厦门乘船抵达台湾,在台湾府城西门外看西街租借房屋,设布教所,正式开始传教医疗工作。后因受部分民众反对,马雅各离开府城迁至打狗租屋布教。五年五月,马雅各在打狗旗后建立教堂,并从厦门邀请宣逊牧师(W. S. Swanson)来台,为台湾最初的四位信徒陈齐、

① 台湾省文献委员会.台湾省通志:卷3 政事志·外事篇[M].台北:台湾省文献委员会,1971:85.

② 廖汉臣.樟脑纠纷事件的真相[J].台湾文献,1966(3):86-106.

③ 周宗贤.清末基督教宣教师对台湾医疗的贡献[J].台湾文献,1984(3):1-10.

陈侯、高长和陈围施洗。①

　　同治六年(1867),马雅各在旗后施药传教两年之后,长老教会宣教部又派李庥牧师(Rev. Augh Ritchie)夫妇来台协助拓展教务。同年,马雅各在凤山埤头北门外购入一幢房屋,充作教堂,以最初受洗的高长为传教师,从事布教。不久,马雅各得到打狗一洋行专任西医万博士的帮助,再次进入台湾府城,在二老口之许厝行医传道。自此而后,李庥就东向阿里港,马雅各就北向木栅、柑子林、拔马等地,积极扩大教区。②

　　由于中西文化不同,信仰各异,基督教所宣扬的放弃偶像崇拜、废除祖宗祭祀与中国人的敬天法祖、礼拜百神的观念格格不入;更有少数不肖之徒企图利用传教士的特权来保护自己,进而作威作福,鱼肉乡里。所以洋教传入之初往往引起民众反感和误解。桑英士神父在1862年7月15日的信中报告说:中国人仍表示不喜欢我们,他们对我们不理不睬,甚至轻视我们,多次以粗野的字眼,或猪或狗来称呼我,并认为传教士到这里只是说说故事而已。③ 马雅各在凤山县北门外耶稣教堂传教行医时,也与当地居民"口角有嫌,彼此不洽"。④ 而关于洋教的流言蜚语,更是随处可闻,教会与民众之间的矛盾和冲突也屡有发生。

　　同治四年,有一英人至万金地方搜集"番人"生活研究资料,屡次出入教堂,并调查附近土人之生活习性。附近民众见状,以为天主教与英人勾结,阴谋攻占台湾。"番人"头目懿耶出告示,禁所属"熟番"信教,一时流言四播。十月,民众集结数百攻击教会,火焚教堂。⑤

　　凤山县沟仔墘天主教堂设立后亦多次与当地居民发生冲突,甚至遭人纵火。同治三年,一名十一岁学习教理的儿童忽罹急症,其父母惊慌,呼巫

　　① 台湾省文献委员会.台湾省通志:卷3　政事志·外事篇[M].台北:台湾省文献委员会,1971:85-86.

　　② 台湾省文献委员会.台湾省通志:卷3　政事志·外事篇[M].台北:台湾省文献委员会,1971:86.

　　③ Pablo Fernandez.天主教在台开教记:道明会士的百年耕耘[M].黄德宽,译.台北:光启出版社,1991:48-51.

　　④ 同治七年五月二十八日总署收闽浙总督英桂等文[M]//"中央研究院"近代史研究所.教务教案档:第二辑第三册.台北:"中央研究院"近代史研究所,1974:1274.

　　⑤ 台湾省文献委员会.台湾省通志:卷3　政事志·外事篇[M].台北:台湾省文献委员会,1971:88.

师来治。巫师认为该儿童之病,为耶稣教作祟所致,如不与耶稣教门徒斗,病不愈。附近民众本来信巫如神,闻而群情激昂,分头毁教徒之家。同治四年,神父与民众发生教理之争。民众二十余人持械突入教堂,毁堂内物品而去。该教堂神父平时乐善好施,同治七年三月,沟仔墘民众举行祭祀,缺乏经费,乃向神父募捐,神父以教义不同,不与,引起民众不满。有人借机煽惑,民众拥入教堂,捣毁物品,继以火焚。① 后来又发生了庄清风命案。庄清风,淡水人,曾在厦门基督教医院听取教义。同治六年在打狗受洗礼后,历任打狗病院助手。其妻许云娘反对他信教,逃回娘家,庄随后至,欲将其妻带回,岳母许陈氏呼救。周忠等驰至,将庄绑至旧市街北门边,以刀石击毙,而将其尸弃于水中。②

同治七年三月,凤山县又传闻有传教奸民用药迷毒妇女情事。据县民程赛等禀称其妻林便凉于三月十八日路过北门外,遇有奉教之打鸟陈邀其入室,劝其入教,其妻不允。打鸟陈即唤教师高掌(又称高长)在林便凉背上画符念咒,茶中放入迷药,劝令服下。林便凉饮后回家,忽发狂病,声言定要入教礼拜,便觉快活。十九日,高掌登门邀林便凉前去礼拜。街邻闻知,公愤不平,将高掌拿送。③ 又有民妇王曾氏禀称,"伊媳王吴氏前往城外拾柴,有教堂内不知姓名人送与槟榔吃下。伊媳回家忽然毒发,狂叫乱嚷,自将发髻剪下,延今不能饮食"。正当凤山县令凌树荃提讯高掌等人之时,巡役报称北门外教堂"因其用药迷人",被愤怒居民聚众拆毁。凌树荃"立即会营驰往谕止,该处教堂后进,业已全行拆卸,前进门窗亦已毁损,居民各已分散"。④

二、樟脑贸易引发的冲突

如前所述,樟脑为台湾的重要特产,在开港之前,外商就在台湾北部港

① 台湾省文献委员会.台湾省通志:卷3 政事志·外事篇[M].台北:台湾省文献委员会,1971:88.
② 廖汉臣.樟脑纠纷事件的真相[J].台湾文献,1966(3):86-106.
③ 同治七年五月二十八日总署收闽浙总督英桂等文[M]//"中央研究院"近代史研究所.教务教案档:第二辑第三册.台北:"中央研究院"近代史研究所,1974:1272.
④ 同治七年五月二十八日总署收闽浙总督英桂等文[M]//"中央研究院"近代史研究所.教务教案档:第二辑第三册.台北:"中央研究院"近代史研究所,1974:1272.

口,以鸦片等向当地居民交换樟脑。开港后,台湾的樟脑出口主要控制在英商怡和与邓特等两家洋行手中。同治二年(1863),分巡台湾兵备道陈懋烈宣布实行樟脑专卖,所产樟脑由脑馆收购,外商输出时须向脑馆转买。同时将原来兼掌樟脑事务的艋舺军工料馆改为脑馆,并在竹堑、后垄、大甲等处设立小馆,以理其事,由官分派委员丁勇,缉私弹压。最初的专卖业务采取承包形式,由承包的华商每年缴纳盈余银三四万元不等,作为补贴造船的经费。[①] 1864 年,香港市场上樟脑价格每担 15 元左右,而台湾脑馆的售价为 12.5 至 14 元,若扣除运输途中的水分损耗,则无利可图。外商因而对此极为不满,遂由英国领事郇和出面向台湾道交涉,要求废除樟脑专卖制度,但未能如愿,继又通过该国驻华公使照会总理衙门咨闽省转行查禁。其时正值戴潮春起义,公文在海上遗失,台湾道并未奉文,致未议复,洋行旋各就厂采办,并无异言。

同治五年,新任台湾道吴大廷抵任后禀准裁革道署陋规,改定新章,将脑厂应缴经费悉数归公,另行招人包办,收脑入厂,每担定价售银 18 元。[②] 在台洋商不甘其重价,纷纷勾通奸民,潜入内山一带,开行设栈收买私脑,驳运出洋,被官厂丁哨查获截留之事,时有发生。此后恰逢樟脑在美国的需求量渐渐增大,国际市场上的价格骤涨。在重利的诱惑之下,同治六年底,毕麒麟所在的怡记洋行(Elles & Co.)接到厦门总店之命令,不顾专卖禁令,在非通商口岸之梧栖一带设栈大肆收购樟脑。[③] 同治七年,该洋行私购 6000 元之樟脑在准备驳运出洋之际,被鹿港同知洪熙恬截获扣留,后遭风漂没。[④] 在英国领事杰美逊(Jamieson)的支持与纵容之下,毕麒麟未得允许,于 6 月间(阳历)竟携带武器(包括手枪、来复枪和两门小炮等)擅自潜入梧栖察看。毕氏抵达梧栖后发现怡记洋行的货栈已为谭氏巨族所

---

① 同治八年二月二十四日总署收闽浙总督英桂等函[M]//"中央研究院"近代史研究所.教务教案档:第二辑第三册.台北:"中央研究院"近代史研究所,1974:1503.

② 同治八年二月二十四日总署收闽浙总督英桂等函[M]//"中央研究院"近代史研究所.教务教案档:第二辑第三册.台北:"中央研究院"近代史研究所,1974:1504.

③ 毕麒麟.老台湾[M].吴明远,译.台湾研究丛刊第 60 种.台北:台湾银行,1959.

④ 同治七年十月二十八日闽浙总督兼理福州将军英桂、福建巡抚卞宝第奏[M]//佚名.筹办夷务始末选辑.台湾文献丛刊第 203 种.台北:台湾大通书局,1987:310;毕麒麟.老台湾[M].吴明远,译.台湾研究丛刊第 60 种.台北:台湾银行,1959:104-112.

围困,借助先进的火器协助其代理人卓氏家族将货栈夺回。一星期之后,护理台湾道梁元桂以卓氏先人曾牵连叛案为由,命鹿港同知洪熙恬率兵勇前来缉捕卓氏,卓氏闻风举族遁去。毕麒麟与其马来亚仆人等扼守望楼,以来复枪和小炮等先进武器为威吓,与兵勇相持。洪熙恬改温和态度请毕麒麟前去商谈,劝其离开梧栖,以免杀伤。毕麒麟以《天津条约》为其行为辩护,并持强硬态度,称欲待英领事之指示而后去。然而,由于当时气候恶劣,台湾与中国大陆的交通中断,英领事原先拟从厦门调派军舰前来声援的计划一时无法进行。毕麒麟获此消息后即乘小船冒着风涛遁往淡水,暂住在英商宝顺洋行(John Dodd & Co.),随后渡海前往厦门。[1] 对毕麒麟的一连串违法行为,台湾道大为震怒,立即悬赏 500 元,欲缉拿毕麒麟归案。双方的矛盾与冲突开始激化。英国新任驻台领事吉必勋认为事态严重,急忙驰报香港,请调兵船。

7月,英国炮舰"Icarus"号从厦门来台,12 日,英领事吉必勋偕同舰长司各特勋爵(Lord Charles Scott)再度与台湾道梁元桂面谈。在会谈中双方互不相让,发生较大的争执。中方史料记载吉必勋"偕洋将嘎士壳赴郡面议。吉必勋动手指梁护道,嫚言愤气,词色俱厉。梁护道曾举扇格阻,并恐其当众恃蛮,有损威仪,旋即离座入内。吉必勋诬指梁道将其殴辱,多方恐吓刁难,意在即时构衅。当由台湾总兵刘明灯竭力设法劝止,许将未了各案,赶紧饬属拿犯办结,其梧栖港扣留漂失樟脑应否赔还,约定禀候宪示遵行。洋将嘎士壳等始各应允而退,随带火轮兵船驶回上海"[2]。英方资料记道:"7 月 12 日,吉领事官暨管带兵船总镇司面见台湾道,该道台因生气,用扇击打吉领事官,殊失官体。旋离座走去,吉领事官等候至三刻之久,该道竟未回来。"[3]

---

① 毕麒麟.老台湾[M].吴明远,译.台湾研究丛刊第 60 种.台北:台湾银行,1959:104-112.

② 同治八年二月二十四日总署收闽浙总督英桂等函[M]//"中央研究院"近代史研究所.教务教案档:第二辑第三册.台北:"中央研究院"近代史研究所,1974:1505.

③ 英公使阿礼国.台湾英民被扰各案情节单[M]//佚名.筹办夷务始末选辑.台湾文献丛刊第 203 种.台北:台湾大通书局,1987:420.

参与这次会谈的另一位当事人毕麒麟则记道：

> 到达衙门之后，我们走进了庭院，他们让我们等待很久，足以证明道台完全不想表示敬意，然后我们这一行人才终于被引进这位大人的会客厅里。
>
> ……
>
> 那位大人和他的随从人员走进来了，他极其威严地坐在自己的座位上面。
>
> 领事同他争辩我们的事情。可是这是没有用的。道台以一切可能的方式侮辱这位领事和海军军官。他不肯听我们讲理，表示对任何条约都极其轻蔑，并且坚持任何欧洲人都不能购买樟脑，除非是经他的手并且按照他的条件。……①

总之，双方这次会谈不仅未能达成协议，反而使矛盾愈演愈烈了。"司各特勋爵在向道台提出一项抗议和哀的美敦书之后，便回到中国（大陆）去等待进一步的指示。"②而洋将绒生所驾九十一号兵船仍泊旗后。

三、英兵偷袭安平

台湾发生的多起涉外案件，延而未结，法国与英国驻华公使接获其领事吉必勋报告后，先后于同治七年八月初八日和十七日照会总理各国事务衙门，提出抗议。英国公使阿礼国在照会中称："本大臣查三年以来，台湾地方官办理传教受教各事，与条约迥不相符，不但不为保护，且纵容勇匪等任意滋扰，毫不戒饬惩责。……为此照请贵亲王严饬台湾地方官，务将凶犯拿获，从严惩治。并将拆抢礼拜堂房屋家具，按价赔补洋银七百六十二元，仍须将拆屋等匪惩责，幸勿延迟。"③

同年九月十四日，因凤山县令凌树荃拒绝接见英领事吉必勋以及据传

---

① 毕麒麟.老台湾[M].吴明远,译.台湾研究丛刊第 60 种.台北:台湾银行,1959:104-112.

② 毕麒麟.老台湾[M].吴明远,译.台湾研究丛刊第 60 种.台北:台湾银行,1959:104-112.

③ 同治七年八月十七日总署收英国阿礼国照会[M]//"中央研究院"近代史研究所.教务教案档:第二辑第三册.台北:"中央研究院"近代史研究所,1974:1280-1281.

有百姓于吉必勋进县必经之要路上持械埋伏,企图谋害,英使阿礼国再次提出照会,声称已派兵船渡台协同英领事官随时保护本国商民人等性命,并随时保护该商民等能获应得之利益。又饬英领事郇和迅回本任,同时要求恭亲王火速行知闽浙总督拣派能事大员前往台湾,会同郇和将各案查办清结。① 为了给清政府施加足够的压力,又调派由茄嘗管驾的七十二号火轮兵船来台,于九月初驶抵旗后寄碇。

当时台湾道吴大廷先因患病请假内渡就医,后船政大臣沈葆桢又奏请暂留襄办船政提调事务,台湾道一职由梁元桂署理。虽然梁氏办理地方事宜,尚臻妥洽,但于通商诸务,不甚熟悉。故闽浙总督英桂于是年七月间即檄委"办事明决,熟悉洋情"的兴泉永道曾宪德带印渡台,办理各案,然因其母病未痊而耽搁。九月十四日,恭亲王收到英使照会之后,认为英公使"所称已派兵船前往,虽系恫吓,然久而生变,岂能保其无事",遂于十六日飞咨闽浙总督,饬令曾宪德克日带印渡台,将相关案件"秉公办结,勿涉延宕"。②

在闽省督、抚的催促之下,曾宪德随带文武员弁于九月二十日乘坐靖海轮船从厦门出发,于二十四日抵达台湾府城后,一面调阅卷宗,了解案情,一面差人赴旗后知会吉必勋,准备会谈。吉必勋则称抱病未痊,不能来郡。十月初一日,曾宪德偕同署台湾知府叶宗元由郡城启程亲赴旗后,初四日下午,双方在英领事公署举行会谈,英方在场的还有英炮舰舰长茄嘗、绒生及英商怡记、德记洋行行主和教士马雅各等。吉必勋自恃有武力做后盾,态度蛮横,向曾宪德提出要求:

　　1. 处罚暴民

　　(1)通缉林海以下二十二名暴民,由吉必勋立会之下,加以处罚。

　　2. 赔偿损失

　　(1)赔偿怡记洋行樟脑六千元。

　　(2)赔偿马雅各家宅损失一千一百六十七元。

① 同治七年九月十四日总署收英国阿礼国照会[M]//"中央研究院"近代史研究所.教务教案档:第二辑第三册.台北:"中央研究院"近代史研究所,1974:1288.
② 同治七年九月十六日总署行闽浙总督文[M]//"中央研究院"近代史研究所.教务教案档:第二辑第三册.台北:"中央研究院"近代史研究所,1974:1289-1290.

（3）赔偿天主教神父的财产损失二千元。赔偿怡记洋行买办的损失。

3. 履行条约

（1）台湾应签发旅行证，准许外人自由旅行岛内各地并买卖樟脑。

（2）应保护外教，准许教士自由布教，并严禁对教士的流言蜚语。

同时，吉必勋还痛责台湾官员的违约与暴行，要求先将台湾道梁元桂、鹿港同知洪熙恬及凤山县令凌树荃"撤任另委，然后再商公事"。曾宪德以撤换台湾道等"事关重大，不特中国无此政体，亦系约内所无，难以照办"，建议双方先将一切未了事件商议办结。然吉必勋执意不允，会谈不欢而散。①

初六日，吉必勋回拜，双方复行面谈。吉必勋仍执原议，要求撤换台湾道等三员，不能迟缓；曾宪德多方劝喻，没有效果。② 双方谈判实际形同破裂。吉必勋遂决定采取武力手段来实现他的目的。

十月初八日早，吉必勋率英舰"阿尔杰兰"（Algerine）及"布斯达特"（Bustard）号前往安平。曾宪德不知吉氏所为何事，嘱叶宗元回郡侦探，并密禀镇、道预为防范。初九日傍晚，探知吉必勋乘坐绒生兵舰回到旗后，而茄唪所驾兵舰仍留在安平。初十日午刻，又接到吉必勋照会，主要内容为：

① 同治八年二月二十四日总署收闽浙总督英桂等函附呈曾宪德禀及批共三件［M］//"中央研究院"近代史研究所.教务教案档：第二辑第三册.台北："中央研究院"近代史研究所，1974：1491-1516.

② 同治八年二月二十四日总署收闽浙总督英桂等函附呈曾宪德禀及批共三件［M］//"中央研究院"近代史研究所.教务教案档：第二辑第三册.台北："中央研究院"近代史研究所，1974：1491-1516.关于商定的樟脑贸易章程为：（1）所有台湾各县出产樟脑，嗣后毋庸设立官厂。听凭洋商赴关请领执照，或亲身或雇人向华民采买，仍照约内所定置办土货章程，凡在不通商口岸采办，只许雇用中国商船人夫，分别肩挑盘载，运至正口，装入洋船，赴关完税。即令子正并纳，验明放行。违则将货入官。不必另设子口，以节糜费。（2）至洋人向华民买脑，务令银货两交，公平交易。倘有先借成本，或被人诓骗侵欠银货，以及洋人冒险深入内山，致被生番掳抢杀伤，领事官均不得照会地方官拿犯追办。（3）至洋商领照运脑，如在中国界内被匪抢劫截留，许由领事官照会地方官获犯追究，如追不足数，或货已在洋漂没，但照中国定例，将本犯治罪，不能赔偿货价。（4）一面照议出示，晓喻华洋遵守。并将梁元桂前发禁止华民私售樟脑，按律拟罪一案告示，通行台属撤销，俾免怀疑观望。

1. 撤换道、厅、县。

　　2. 索赔樟脑、教堂及洋行买办许建勋所报失赃，并请照约准由洋商自行入山采买樟脑。撤销台湾道禁止华民私贩告示。

　　3. 严办拆毁耶稣教堂、截留樟脑、殴伤洋人、谋杀教徒及诬告高掌用药毒害华民各案内人犯。

　　4. 晓喻军民，任听教士开堂传教，禁止扰害等。[①]

　　正当曾、叶等人针对照会内容进行酌议商办之时，是日申刻，又连续两次接到吉必勋照会，称茄嗡所率英国水师进入安平，管辖地方，要求安平协官兵退避。并云台湾镇如派官兵往守，定开大炮乱打。同时抄送示稿一纸，"系令华民迁徙，词意尤为悖谬"；[②]与此同时，又迭次接获郡城文武函禀英军兵临城下的飞报，吉必勋借端挑衅的意图十分明显。曾宪德见情势紧急，一面函复刘明灯及梁元桂，密谕安平官兵加紧防守，并于城中预为布置，约束兵民安静以待，毋使张惶生事；一面约见吉必勋，要求续开谈判，将未了各案将就完结，以救燃眉之急。然而，吉必勋见武力要挟已经生效，便借故推托，一直延至十一日午刻，曾、叶始得与吉必勋晤面。

　　双方会谈之时，吉必勋故伎重施，"仍欲先将梁元桂等撤任，方许罢兵议事"，且"一味拗蛮挟制，毫无情理"。[③] 曾、叶二人再三开导，并引约诘责，吉必勋理屈词穷，始愿将各案会商办结。随后双方按照吉必勋来文内所列各条，当面议定：(1)台湾所出樟脑听凭洋商自由向华民采买，撤销原来禁止华民私售樟脑之告示。(2)殴伤洋人嘎礼之哨丁林海及纠众拆毁凤山县北门外耶稣教堂的王明等两案人犯克日解赴曾宪德处，听候其亲提斥责发落。(3)饬拘为首具呈诬告高掌用药毒人之人，解交曾氏提讯察究。

---

　　① 同治八年二月二十四日总署收闽浙总督英桂等函附呈曾宪德禀及批共三件[M]//"中央研究院"近代史研究所.教务教案档：第二辑第三册.台北："中央研究院"近代史研究所，1974：1491-1516.

　　② 同治八年二月二十四日总署收闽浙总督英桂等函附呈曾宪德禀及批共三件[M]//"中央研究院"近代史研究所.教务教案档：第二辑第三册.台北："中央研究院"近代史研究所，1974：1491-1516.

　　③ 同治八年二月二十四日总署收闽浙总督英桂等函附呈曾宪德禀及批共三件[M]//"中央研究院"近代史研究所.教务教案档：第二辑第三册.台北："中央研究院"近代史研究所，1974：1491-1516.

(4)教民庄清风被杀一案,应饬凤山县赶拘吉必勋所指凶犯黄琴等六名到案,讯明确供,按照中国一命一抵之例,分别拟办。(5)英商怡记洋行被截漂失樟脑计价六千元,凤山县北门外被拆耶稣教堂同抢失物件估银一千一百六十七元并法国被焚天主教堂两座同遗失物件计银两千元。以上共计银九千一百六十七元,准予由台湾府筹款,如数赔还。至于吉必勋要求赔偿英商怡记洋买办许建勋所谓被抢失赃物值银六万元一案,因人卷俱在郡城,约定回郡后,由曾氏核卷饬提人证,与吉必勋一道秉公会办。(6)出示晓喻华民及保护英、法二国奉教之人,禁止欺凌扰害。(7)至于台湾道梁元桂、鹿港同知洪熙恬及凤山县知县凌树荃办理通商事件未能妥协,俟曾宪德公竣赴省,面禀宪台,听候酌定分别撤调。①

双方随将约定各款当面书写,暂行照约赶办,吉必勋别无异言,唯其驻安平之茄喽兵舰,则坚持必须待撤回梁元桂等各员之后,方可退出。曾、叶二人再四婉商,吉必勋"坚不允从"。②

吉必勋封锁占领安平的目的是监督曾宪德履行所达成的协议,当然不肯撤回。就在十一日下午曾宪德与吉必勋会商之际,茄喽牵去澎湖协领饷水师船只一艘,掳去管驾孙广才及水勇两名。面对英国兵舰的威胁,台湾镇总兵刘明灯谕令安平协副将江国珍调集兵船,严密扼驻,并派遣兵勇五百人增援安平。茄喽见安平兵民俱带军械,有备战迹象,乃于十二日致函安平协副将江国珍,限其于接文后一小时之内,将中国弁兵退出。"如不退出,即用炮轰打。打伤人民,打毁房屋,惟不退出者自问。……嗣于四钟时兵船即开炮缓放,至六钟时始歇。"③然因地质湿软,炮弹坠地无声,不能开花,居民咸轻视之,不复畏惧。④ 茄喽见炮击无效,自忖与清军相比,众寡

———————————

① 同治八年二月二十四日总署收闽浙总督英桂等函附呈曾宪德禀及批共三件[M]//"中央研究院"近代史研究所.教务教案档:第二辑第三册.台北:"中央研究院"近代史研究所,1974:1491-1516.

② 同治八年二月二十四日总署收闽浙总督英桂等函附呈曾宪德禀及批共三件[M]//"中央研究院"近代史研究所.教务教案档:第二辑第三册.台北:"中央研究院"近代史研究所,1974:1491-1516.

③ 同治七年十二月二十四日总署收赫德递单[M]//"中央研究院"近代史研究所.教务教案档:第二辑第三册.台北:"中央研究院"近代史研究所,1974:1356-1360.

④ 廖汉臣.樟脑纠纷事件的真相[J].台湾文献,1966(3):86-106.

悬殊,恐坐招杀祸,乃先发制人,于当日夜四更后率领洋兵数十人,绕出炮台,由僻港潜进登岸,突入安平协署,杀死兵丁一名、壮勇十名,打伤十三名,并纵火烧毁该协中、左、右三营军装火药局库。江国珍仓促遇变,受伤后服毒自杀。①

事发之后,刘明灯立刻与梁元桂、叶宗元等人会商,即欲统亲兵队伍前往安平决战。而郡城绅商黄应清等则恐兵连祸结,为害非轻,邀怡记洋行通事许布往见茄嗧,动之以利,喻之以义,令其登舟交署,静听查办。茄嗧则声称,"伊系奉令打仗,领事官作何在旗后议结,先无字样知会。辰下既已登岸,断难止兵。伊等如欲议和限即日交银四万元,方可息战。迟则开炮逼城"。② 黄应清等绅商急欲了事,公同凑集洋银四万交茄嗧暂收为质。

其时曾宪德尚在旗后,得报后与该口税务司满三德于十四日夜赶回郡城,探知吉必勋则于十三日乘绒生兵船先一日抵达安平。十五日,令满三德向吉必勋诘责翻约用兵之咎。吉必勋称伊令兵船停泊安平,挟制地方官办案赔银,并未令其开仗;而茄嗧又坚谓伊系遵令行事,并无错处。两人各执一词,推卸责任。十六日,曾宪德又偕叶宗元、税务司满三德等至安平海关,邀集各洋官,按照条约,严诘吉必勋,责其翻约用兵之罪。吉必勋虽自知理屈,仍复强词狡辩,回护己过。唯欲令茄嗧退还前绅商质银四万元,其前次约定各条,仍照曾宪德及叶宗元在旗后原议办结。并令洋将退出登船,一面自行申陈英驻华公使及香港官兵,另议茄嗧擅自用兵处分。茄嗧则仍执前词,谓各案议结后,吉必勋并无一字通知,因江国珍延不退避,是以带兵登岸管辖地方。现既议罢兵相和,应于已收四万元之内,扣留一万元赔补兵费。然又恐绅商赴香港控告,提出此一万元兵费必须由地方官备送。在税务司满三德的斡旋之下,双方达成协议。十八日仍由绅士备银一万元,由满三德会同台湾县令白鸾卿兑交,吉必勋、茄嗧写立英文收字,各

① 同治七年十月二十八日闽浙总督兼理福州将军英桂、福建巡抚卞宝第奏[M]//佚名.筹办夷务始末选辑.台湾文献丛刊第 203 种.台北:台湾大通书局,1987:307-311.

② 同治七年十二月七日总督收福州将军英桂函附曾宪德收到吉必勋信件与台湾镇刘明灯等会禀[M]//"中央研究院"近代史研究所.教务教案档:第二辑第三册.台北:"中央研究院"近代史研究所,1974:1312-1325.

自盖印,交台湾县收存。茄噹将原收质银四万元归还绅商,并交还所掳师船兵弁及协署房屋,自行带兵登舟驶回旗后。而吉必勋还坚持将绒生兵船一艘留泊安平港,直至洋案全结后方可退出。

为了声援吉必勋,给中国方面施加更多的军事压力,英国驻华公使阿礼国还调派由科贝尔(Keppel)将军率领的英国东洋舰队从长江开往台湾。不过,在抵达台湾之前,茄噹已经采取行动,占领安平,迫使曾宪德接受了英方的全部要求,该舰队遂转往香港而去。对此毕麒麟记道:"由于 Scott勋爵对于台湾情势所提出的严重报告,在 Keppel 海军大将指挥之下的中国舰队已经奉命从扬子江开往台湾……当那支舰队开到的时候,Keppel海军大将发现事情已经进行得如此迅速,所以除了在台湾海面显示几只军舰,借以发挥一些示威作用之外,已经没有什么事情可作。所以他留下了'Rinaldo'号、'Peal'号和一只炮艇,这位海军大将便率领其余舰只前往香港。"①

事后闽浙总督英桂、福建巡抚卞宝第将全盘经过奏报清廷,并对吉必勋违约妄为予以痛斥,要求严惩,谓"英人在内地各处传教通商,定有条约,该国领事官遇事自应遵约照会妥办。即或地方官措置失宜,亦应申请该管上司或驻京使臣,听候核饬赶办完结,何得运用兵船肆行要挟?况台属洋案既经臣等派员渡台查办,又经委员与之当面议定,分起书单给予阅看,该领事吉必勋已无异言,更何得复令洋弁违约妄为。虽勒去兵费洋银,续据吉必勋按数交还,而逼死副将大员,伤毙兵勇,焚烧局库,各节情罪均较重大。且自吉必勋等动兵之后,各国领事偶有交涉事件,相率效尤,辄借兵船挟制,办理殊为棘手。若不将吉必勋等严行惩办,恐各国洋人寻隙构衅,益无底止。相应请旨饬下总理各国事务衙门再行催照英国公使,迅将吉必勋等撤回严办"②。总理衙门恭亲王在接获闽省地方官员的报告之后,先后于同治七年十二月初四日和八年三月十一日照会英使阿礼国,就吉必勋案提出严重抗议。英使阿礼国虽然承认吉必勋办理不当而将其降调他处,并

---

① 毕麒麟.老台湾[M].吴明远,译.台湾研究丛刊第 60 种.台北:台湾银行,1959:104-112.

② 同治八年二月二十二日闽浙总督英桂、福建巡抚卞宝第奏[M]//佚名.筹办夷务始末选辑.台湾文献丛刊第 203 种.台北:台湾大通书局,1987:339-342.

饬令将质银如数退还台湾地方官员,但却辩称事件的起因乃由于闽省官员不肯秉公办理保护各项英民所致,"彼此争斗及一切不善之举,只应惟该省官员是问",[①]为其侵略行为开脱罪责。

① 同治八年八月初九日英钦差阿礼国照复吉领事因台湾居民扰害英民调取兵船占据安平之详细情形照会[M]//佚名.筹办夷务始末选辑.台湾文献丛刊第 203 种.台北:台湾大通书局,1987:413-422.

第五章 "牡丹社"事件

　　1868 年日本实行明治维新,在政治、社会及经济等方面进行改革,国力渐强,开始对外扩张。同治十三年(1874),日本以征讨杀害琉球船民的台湾"番民"为借口,悍然派兵在台湾南部的琅峤地方登陆,攻打牡丹社和高士佛社,并企图在台久踞。中国海疆出现了重大危机。清政府一面任命沈葆桢为钦差大臣渡海赴台,加强防卫,一面在外交上展开对日交涉。经过艰难的折冲樽俎,中日双方于当年九月在北京签订了《北京专条》,"牡丹社"事件终于落下帷幕。日本图谋侵占台湾,由来已久。1874 年的"牡丹社"事件,是日本将侵台图谋付诸行动的第一次尝试。在此次日军侵台事件中,美国原驻厦门领事李仙得等人为虎作伥,充当帮凶,起了重要作用。由于中国方面在军事上加强防备以及在外交谈判中据理力争,日本侵占台湾的图谋最终未能得逞。然而,清政府破财消灾的做法,既暴露了海防的空虚,又表现出外交的懦弱,在一定程度上助长了日本对外侵略扩张的野心,为其后日本并吞琉球及 20 年后发动甲午战争和强行割占台湾埋下了祸根。

第一节　琉球船民被害事件

　　"牡丹社"事件的发生与琉球有关。明太祖统一中国之后,于洪武初年开始遣使诏谕琉球,中山王察度即臣服我国。永乐二年(1404),其子武宁嗣位,接受明成祖册封。自是琉球奉明正朔,习明法度,两年一贡。每当新王即位,必来请册,我国必遣使往封,形成了稳定的宗藩关系。清代除了沿明之例外,更在福州设琉球馆,作为琉球贡使之公廨。

　　同治十年,琉球宫古岛太平山、八重山岛民各乘船两艘,装载方物,到

南强丛书

社会转型、抗击外侮与近代化建设——晚清台湾历史映像(1840—1895)

中山府纳贡。事竣之后,于十月二十九日自中山府启碇返回,在十一月初一夜突遇飓风,帆桅折断,船只随风漂流。其中除太平山船一艘顺利回到故里,八重山一艘不知所终外,另一艘八重山船于十一月十二日漂到台湾洋面一小岛,遇台民获救,船上头目松火著、夷官马依德及跟丁、舵手、水手等44人登岸,经打狗港李成忠以船接回,将其一行送至凤山县衙门,再转送至台湾府,后又有同船2人获救,亦送至台湾府,由官府发给衣食钱文。其中1名永森宣者患痘身故,由台湾府给棺收殓。

另一艘太平山船于十一月初六日漂至台湾东南岸八瑶湾,触礁船破,船上共69人,3人溺水死亡,余66人凫水登岸。一行为寻找人家而徘徊,恰遇当地2人,告以若向西行,则将遇大耳人,必将被害,遂带其向南走。因日暮,且离人家犹远,指其路旁岩穴暂宿。琉球漂民不听,且疑此二人属盗贼之类,教其向南行似有诈,遂告别二人,径自转向西行,深夜时宿于路旁小山。七日,继续行路,忽见南方山旁有人家十五六户,有男女居住,其有耳粗而垂至肩者,即高士佛社。社民以小贝壳盛饭与66人食,是夜宿于该社。半夜有1人左手握薪火,右手持刀,推门而入,剥取2人之内衣而去。八日晨,该社男子五六人各携小枪,来告知琉球漂民说将去打猎,应等其归来。琉球漂民见该社之人行为怪异,心生疑惧,乃两三人一伙,分散逃出。至离社里许处聚合,并在小溪旁暂歇,此时见有男女七八人跟踪追来,众人又涉溪奔逃。见路旁有五六户人家,内有一老翁名刘天保,字老仙,粤籍,系居住该处与"番"民贸易者,琉球漂民遂上前求救。刘天保一面领其众人入屋,一面与追来之社民交涉。不料追来之人愈聚愈多,将琉球漂民团团围住,拔刀啁啾作语,剥取漂民衣饰,并分批将漂民带出门外。忽一人裸身奔回,谓皆被杀矣!众漂民闻言惊恐,四散奔逃,其中仲本、岛袋等9人潜藏于刘天保家,幸免于害。九日,天保之婿来告知此地甚危,不可留,乃邀此9人至其家。其父杨友旺为保力庄庄主,遂又率其子阿告、阿和偕刘天保入石门至双溪口漂民被害之处,见无头尸体累累,知为牡丹社人所杀。另有2漂民从林丛中出来拼命求救。时牡丹社人追来又欲加害,刘、杨等尽词慰解,连同前救九人合计11人,约以番银及酒牛猪布等交换。继又闻有1人为高士佛社人掳去未死,杨氏兄弟等又赴该社以酒食等赎出。又以酒肉布等赎回被害人之头颅,与尸体合葬于双溪口边。为救出琉球漂民,杨友旺等共付给社"番"银40余元、酒10瓮、水牛1头、猪数头、布10

余匹。

被救护的琉球漂民在杨家居留 40 余日，十二月二十二日由杨氏兄弟等护送离庄，于二十六日抵达凤山县衙署，得到官方的接待，并发给每人棉衣一件。二十九日又由衙役护送至台湾府城，与前获救的八重山人会合。漂民中署名张谢敦、充得秀二人且向台湾地方官员呈递陈情书，报告海难被害及获救经过，请求配船送至福建寓馆，俾早得回国，云云。①

同治十一年（1872）正月初十日，两批获救琉球漂民由官役护送，乘轮船离台，十六日抵达福州，寓琉球驿馆，妥为照顾。福州将军兼署闽浙总督文煜、福建巡抚王凯泰将事件经过具折上奏，称："查琉球国世守外藩，甚为恭顺。该夷人等在洋遭风，并有同伴被生番杀害多人，情殊可怜，应自安插馆驿之日起，每人日给米一升、盐菜银六厘。回国之日另给行粮一个月，照例加赏物件，折价给领，于存公银内动支，一并造册报销。该难夷等船只倾覆，击碎无存，俟有琉球便船，即令附搭回国。至牡丹社生番见人嗜杀，殊形化外，现饬台湾镇、道、府认真查办，以儆强暴而示怀柔。"②

当年六月初二日，琉球获救船民始顺信风搭船自福州起航回国，六月初七日抵达那霸。

第二节　日本侵台之策划与准备

琉球虽然在永乐年间就与中国形成了封贡关系，但万历三十七年（1609）日本萨摩藩主岛津义久发动"庆长之役"，入侵琉球，虏其王尚宁，干涉其财政，规定其世子年满十五岁必游鹿儿岛之例，并从琉球与中国的朝贡贸易中获取利益。所以琉球与日本关系的历史虽不如中国之深久，但亦受日本的影响与控制，形成两属关系。明治维新之后，日本实行"版籍奉

---

　　①　伊能嘉矩.台湾文化志（下）[M].台湾省文献委员会，编译.台中：台湾省文献委员会，1991：79-82；福州将军兼署闽浙总督文煜、福建巡抚王凯泰奏[M]//王元穉.甲戌公牍钞存.台湾文献丛刊第 39 种.台北：台湾银行，1959：1-2.
　　②　福州将军兼署闽浙总督文煜、福建巡抚王凯泰奏[M]//王元穉.甲戌公牍钞存.台湾文献丛刊第 39 种.台北：台湾银行，1959：2.

112

还""废藩置县",将琉球编入鹿儿岛县管辖,派驻日本官吏。

同治十一年(1872)七月,琉球漂民在台湾被害的消息传到日本,鹿儿岛县参事大山纲良于二十八日即向日本政府上建言书,声称要向台湾兴问罪之师,"直指彼巢窟,歼其渠魁,上张皇威于海外,下慰岛民之怨魂"。①在地的旧萨摩藩士族熊本镇台鹿儿岛分营营长桦山资纪闻讯也急忙赶赴东京,向参议西乡隆盛及其弟陆军省少辅西乡从道和副岛种臣等游说发动征台。

众所周知,日本很早就对中国领土怀有野心,而台湾孤悬海上,更是首当其冲。1592年丰臣秀吉侵略朝鲜时就曾有出兵台湾的传闻,其后的村山等安的侵扰以及滨田弥兵卫等事件莫不是日本企图染指台湾的表现。德川幕府末期,日本感受到西方列强的压力,国内舆论即提出以攻为守的策略。佐藤信渊在其《防海策》中即提出应积极经略日本的南方各岛,"使之与琉球国互为犄角,进而出其不意攻占吕宋与巴剌卧亚二国……再以此二国为南进基地,出动船舶经营爪哇、渤泥以南各岛。或与之修好,以收互市之利,或派遣舟师,趁其脆弱而兼并之。然后驻兵要津,则可耀武扬威于南海"。② 佐藤信渊的构想是近代日本南侵论的嚆矢,其中虽未直接提到台湾,但台湾位于琉球与吕宋之间,无疑也是其构想中应该掌控之地。

19世纪50年代末第二次鸦片战争英法联军侵华之际,鹿耳岛藩主岛津齐彬企图趁火打劫,提出占取福州、台湾说,称:"法既得志于清,势将转向而东,先发制人。以今日之形势论,宜先命将出师,取清国之一省,而置根基于亚东大陆之上,内以增日本之势力,外以昭勇武于宇内,则英、法虽强悍,或不敢干涉我矣。夫清国沿海诸地,关系于日本国防者,惟福州为最,取而代之,于国防有莫大之利焉";③并强调"早日取得福州和台湾及朝

① 伊能嘉矩.台湾文化志(下)[M].台湾省文献委员会,编译.台中:台湾省文献委员会,1991:79.

② 梁华璜.甲午战争前日本并吞台湾的酝酿及其动机[J].台湾文献,1975,26(2):103-115.

③ 林子候.牡丹社之役及其影响[J].台湾文献,1976,27(3):33-58.

鲜,以强化日本国防,乃是当前之要务"。[1] 而吉田松阴在其所著《幽囚录》论保日本之道中更明确提出向外扩张的目标,称"今急修武备,舰粗具,炮略足,则宜开垦虾夷,封建诸侯,乘间夺堪察加、鄂霍次克;谕琉球朝觐会同,比内诸侯;责朝鲜纳质奉贡如古盛时。北割满洲之地,南收台湾、吕宋诸岛,渐示进取之势"。[2] 琉球漂民在台湾被害一事对日本而言无疑是一个很好的借口,外务卿副岛种臣赞成兴"问罪之师",出兵台湾。日本政府开始为此进行一系列的策划与准备。

一、实施"琉球处分"方案,为出兵台湾制造借口

如上所述,近代以来琉球虽然为鹿耳岛县所控制,但仍与中国保持宗藩关系。为了切断中琉宗藩关系,副岛种臣拟定"处理琉球之三条",实行并吞琉球的计划。同治十一年八月十二日(1872 年 9 月 14 日),日本天皇利用琉球伊江王子尚健赴东京呈递琉球王奏文和献贡之机,册封尚泰为日本的藩王,并叙为华族。[3] 琉球王被夺王位,列为与日本旧藩王相等的华族身份,日本达到琉球处分的第一步。副岛又继续提出"对琉球藩王具体五条",包括赏赐尚泰 3 万日元、贵族衣冠、东京宅邸等。接着又在琉球设立外务省那霸分部,派外交官 4 人驻琉,代办一切外交事宜。同时照会各国公使,声称琉球已归日本,将琉球与美、法、荷三国所订条约改为日美、日法、日荷条约。此既为日本并吞琉球的开端,也是其借口保护本国人民出兵侵台计划的第一步。

二、高薪延聘李仙得作为侵台帮手

日本虽订下出兵的计划,却苦于对台湾相关的情况了解不多。外务卿副岛种臣得知美国海军曾与台湾"生番"作战,乃向美驻日公使德朗(C. E.

---

① 藤井志津枝.甲午战争前与日本大陆浪人的思想与行动[C]//台湾师范大学历史研究所历史学系.甲午战争一百周年纪念学术研讨会论文集.台北:台湾师范大学历史研究所历史学系,1995:431-456.

② 陈丰祥.甲午战前的日本大陆政策[J].历史学报,1985(13):210;梁华璜.甲午战争前日本并吞台湾的酝酿及其动机[J].台湾文献,1975,26(2):103-115.

③ 伊能嘉矩.台湾文化志(下)[M].台湾省文献委员会,编译.台中:台湾省文献委员会,1991:83.

De Long)查询经过,并商借美国海军所有的台湾内山及港湾地图。其时正好美国驻厦门领事李仙得(Le Gendre,又译作李让礼)因与美国驻华公使镂斐迪意见不合,请假回国,途经日本,李氏携有整套台湾地图和照片及多种有关资料。德朗正为无法满足日本人要求而苦恼,闻讯大为兴奋。李仙得除透露他曾与"生番"订有救护遭难美商船员协定,"生番"历经照约行事,以及中美之间关于台湾的其他谈判目前仍无结果外,并表示如果日本采取行动,亦可从"生番"方面取得同一性质的保证。德朗认为李仙得既愿协助,正好借此机会向日本政府提供最有用的详细情报,借以促进驻日公使与日本的密切关系,增进美国的重大利益,因而要求李仙得暂行留居日本,并于九月二十三日将其向副岛种臣作了推荐。

副岛听了关于李仙得的经历及其在台湾活动经过的介绍后,如获至宝,迫不及待于次日立即在横滨接见李仙得,德朗及其秘书等人列席。副岛就台湾"番"地形势,各社人种数目及其相互关系,"生番"对中国政府态度,台湾要地、港口及附近岛屿概况以至于各地物产产销情形等问题向李仙得作了深入的询问。李仙得则一一作了答复并提出建议。其要点为:(1)中国政府对"生番"行为以及"番"社内部事务,无力过问。此次琉球人被杀,传闻中国政府曾下令惩办凶手,地方官懔于"生番"凶悍,不敢采取行动。(2)台湾内山十八"番"社头目卓杞笃前经协议救助遭难外国船员,但不包括中国人在内,此次琉球船民被害,实由其容貌与中国人类似,致为"生番"误会。(3)美船人员被害之处,中国政府虽认为归中国管辖,究为王化所不及之地,实则该处土地人民均属善良,如经适当交涉,由美国人居住,中国人未尝不可退出。(4)当美船人员被害案办结之时,中国政府曾在台湾南端设立炮台,留置兵员守卫,随时救护遭难船员,但数月后即告废弃,另允在原处建立灯塔一所,迄未实行。(5)此次琉球人被害,目前处理办法,应先商请台湾官府建立灯塔,随时保护,如不照办,美国并不欲取得该处土地,日本政府如有意统辖该地,可与中国政府交涉,径在该处建立炮台,派兵守卫,自行保护遭难船员。[①] 对于李仙得所提供的资料及建议,副岛完全是大喜过望。据日本外务少丞郑永宁所撰《副岛大使适清概略》的

———————————

① 黄嘉谟.美国与台湾——一七八四至一八九五[M].台北:"中央研究院"近代史研究所,1979:261-263.

记载,副岛对于这次会谈的感想是"共话半日,而相见恨晚!"①

九月二十六日(10 月 27 日),副岛再度与李仙得会晤,李仙得逐项陈述,指出台湾官府建立灯塔的计划似乎已无下文,全岛各地驻军稀少,往往有额无兵,岛上居民约 200 万,海关收入颇为可观。在副岛的要求下,李仙得进一步提出建议:第一,此次琉球人在台湾被害,日本可与闽浙总督等交涉,声明出事地点未建炮台灯塔,中国政府并未尽到保护遭难船员的责任,依万国公法,日本政府可自行修筑,保护人民,唯应立约为据,以免中国政府反悔。第二,中国遇有外国诘问,往往视台湾为化外之地,究属何国管辖,殊有问题;日本为亚洲国家,如欲占领台湾,他愿尽力协助;且中国政府在台防卫力量薄弱,只需两千兵力,即可攻取。第三,日本如因出兵台湾,致与中国决裂,自非善策,但既经依照万国公法商请中国政府保护遭难外国人民,中国政府未能办到,日本自行设法保护,乃理所当然;且此一地区迟早必须开发,终有为人攫取之一日。②

如上所述,日本早有侵台野心,德朗、李仙得力劝日本采取攻略台湾的政策,正中副岛下怀,双方臭味相投,一拍即合。副岛以李仙得熟悉台湾情况,能提供日本政府求之不得的情报,立即以上宾相待。此后副岛与德朗、李仙得不断接触会谈,随着对相关情况的了解愈益详尽,日本对于中国大陆、台湾以及朝鲜的企图和计划也日趋成熟和明朗。就对外方面,日本自认为,第一,中国一向确认琉球为藩属,日本则已实行兼并,不再容忍中国的此种态度。第二,依照李仙得提供的情报,台湾分为"生番"、熟"番"和华人等地区,中国只能统辖一部分,且其防卫力量薄弱。第三,琉球人在台湾被害之地,不属中国管辖,不必事先通知中国政府,即可以少数兵力径行攻取,一经占领,即难被驱离。第四,台湾在地理上的位置,可以控制中国海和日本海的进口,为日本亟欲占领的目标。第五,朝鲜曾向日本入贡,近年坚持无礼行为,日本政府已决定予以惩罚。第六,中日条约未经批准互换,而中国朝廷拒绝外使觐见,必须解决,否则应停止两国邦交,或进行战争。

---

① 庄司万太郎.1874 年日本出师台湾时 Le Gendre 将军之活跃[J].台湾银行季刊,1959,10(3).

② 黄嘉谟.美国与台湾——一七八四至一八九五[M].台北:"中央研究院"近代史研究所,1979:264.

就对内而言,日本也认为中国国力次于日本,日本实行维新之后,兵额庞大,军备优良,且官兵均不愿徒事操练,而急于表现其作战的能力。日本政府认为与其容忍那些出身各藩的军人在国内滋事,还不如让他们到中国大陆、台湾或朝鲜作战。因为这样不但可以解决琉球的归属问题,取得台湾,侮辱中国,且可以博得日本人民的信任,弭息内部纷争,可谓一举多得。①

然而,对外战争并非易事,德朗与李仙得又建议在采取武力行动之前,先竭尽外交的努力,才可有所借口,日本政府予以采纳。为要进行此项交涉,自有待于李仙得提供相关情报,如果诉诸战争,则尤须利用其军事经验及其对于台湾港口和道路的知识。副岛于是一再表示,希望李仙得留下,为日本政府服务。李仙得初时不肯,后经德朗一再诱劝,终于同意。

十月二十一日,副岛随同日本太政大臣三条实美谒见天皇,天皇决定不顾任何反对实施上项计划,当晚副岛即于其寓所接见德朗、李仙得,并介绍他们与日本舰队首长会晤。副岛表示日本政府将任命李仙得为助理公使,随同日使前赴中国谈判,成功之后即由李仙得负责日本驻华使馆的馆务;如果谈判不协,则派李仙得为日本征台军的将领;如果日军占领台湾,继续统治,即以李仙得为总督,代表日本政府行使政权;并答应完全比照美国驻日公使的标准,付给李仙得每年银圆 1.2 万元的高薪。② 十一月十八日(12 月 18 日),副岛正式照会德朗,申述前日所议事项,略有不同的是拟授以李仙得"钦加二等官衔",并确定年薪为 1.2 万元,并要求代为转达。"重赏之下,必有勇夫",十一月二十八日(12 月 28 日),李仙得接奉日皇的敕命,受任为日本外务省二等官,并于两天后正式觐见日皇,表示效忠日本政府,尽力完成所担任的任务。此后李仙得果然陆续向日本政府提出了几

① 黄嘉谟.美国与台湾——一七八四至一八九五[M].台北:"中央研究院"近代史研究所,1979:264-266.

② 黄嘉谟.美国与台湾——一七八四至一八九五[M].台北:"中央研究院"近代史研究所,1979:267-268.李理.李仙得为日本政府提出的"攻台计划"[C]//中国社会科学院台湾史研究中心.割让与回归——台湾光复六十周年暨海峡两岸关系学术研讨会论文集.北京:台海出版社,2008.11-38.

十件备忘录（觉书）及许多意见书，积极为日本攻取台湾出谋献策。①

三、借换约及觐见之机套取征台"口实"

日本虽然从李仙得处获得不少极有价值的情报，但对中国政府的态度尚不了解，于是接受李仙得等人的建议，以互换条约并祝贺同治皇帝亲政为名，派遣副岛种臣为特命全权大臣赴中国，刺探中国政府的态度，寻找出兵征台的"口实"。同治十二年二月十一日（1873年3月9日），日皇向副岛颁发了《为生番问罪委让全权》的敕旨，称："朕闻台湾岛之生番，数次屠杀我人民，若置之不问，后患何极？今委尔种臣以全权，尔种臣其往伸理之，以副朕保民之意。钦哉。"②另有《为生番问罪与中国交涉方法四条》的别敕，其内容为：

第一，清政府如果视台湾全岛为其属地，可接受其谈判，由其负责进行处置，应责成清政府为遭杀害者申冤报仇。清政府必须给予罪人以相当之责罚，对于横死者之遗族给予若干扶助金，并保证今后不再有同样之暴虐事件发生。

第二，如果清政府认为政令所不及，不视其为属地，不接受上述谈判条件时，则应由朕来处置。

第三，清政府如以台湾全岛为其属地，却事托左右，不接受谈判，则辩明清政府已失政权，且责以"生番人"无道暴虐之罪；如不服所责，则如何处置，任朕之意见。

第四，上述谈判，除以上三条以外，另生枝节，则须注意遵守公法，不失公权而临机处理。③

① 李理.李仙得为日本政府提出的"攻台计划"[C]//中国社会科学院台湾史研究中心.割让与回归——台湾光复六十周年暨海峡两岸关系学术研讨会论文集.北京:台海出版社,2008.11-38.

② 伊能嘉矩.台湾文化志(下)[M].台湾省文献委员会,编译.台中:台湾省文献委员会,1991:84.

③ 李理.李仙得为日本政府提出的"攻台计划"[C]//中国社会科学院台湾史研究中心.割让与回归——台湾光复六十周年暨海峡两岸关系学术研讨会论文集.北京:台海出版社,2008:11-38.伊能嘉矩.台湾文化志(下)[M].台湾省文献委员会,编译.台中:台湾省文献委员会,1991:84.

从别敕内容可以明显看出副岛此次使华目的是"醉翁之意不在酒",而在刺探中国政府的态度,为出兵侵台寻找"口实"。《副岛大使适清纪略》附言就明白指出:"副岛适清,换约名也,谒帝亦名也,惟伐番之策分。"①副岛自己也说道:"使外人之觊觎台湾者,不敢妨我王事;使清人甘让生蕃之地,开土地,得民心,非臣恐无成处;请赴清,藉换约,以入北京,说倒各国公使,绝其媚疾,因与清政府讨论谒见皇帝问题,告以伐蕃之由,正其经界,开拓半岛。"②

二月十三日(3月11日)副岛种臣偕副使柳原前光、翻译官郑永宁由横滨启程来华,李仙得作为代表团顾问随行。代表团一行于三月二十四日(4月20日)抵达天津,之后会晤李鸿章,完成换约手续。四月十一日(5月7日)日本代表团抵达北京,与相关官员接触,于六月初五日(6月29日)觐见同治皇帝。

虽然日本代表团此行的主要目的是台湾"番"地问题,但为了避免引起西方列强的猜疑及中国方面的戒备,副岛种臣在先前的外交谈判中绝口不谈台湾事件,不送照会,不亲自交涉,而是在整个行程即将结束之际于五月二十七日(6月21日)匆匆派副使柳原前光与郑永宁会见总理衙门大臣毛昶熙和董恂,先旁敲侧击询问澳门的地位及朝鲜实际独立的程度等问题,最后提到台湾"生番"杀人的话题。中方官员答称:"番"民之杀琉民,既闻其事,害贵国之人则未之闻。琉球系我藩属,彼时已将幸存者,妥为救护,并已送还其国。柳原又问:贵国既言已救护琉人,何不惩治台湾"番"民?中方官员答称:台湾之"番"民有生、熟两种,从前服王化者为熟"番",置府县治之;未服王化者为"生番",故且置之化外,未便穷治。并称中方所以对"生番"未加穷究,系因政教所不及。然有闽浙总督救护琉人之奏报,待再查阅后,再作答复。柳原知道中方不可能在书面材料中有任何漏洞,便以副岛大使急于束装归国为由,表示不想等待以后的任何答复,总署官员亦

<hr />

① 李理.李仙得为日本政府提出的"攻台计划"[C]//中国社会科学院台湾史研究中心.割让与回归——台湾光复六十周年暨海峡两岸关系学术研讨会论文集.北京:台海出版社,2008:11-38.

② 庄司万太郎.1874年日本出师台湾时Le Gendre将军之活跃[J].台湾银行季刊,1959,10(3).

未与之深论。①

日方借由与中国官员非正式的接触,以及将中国官员疏忽的答话解释为中国政府就台湾"番"界地位所做的明确答复。就在双方会谈的当晚,副岛迫不及待地向日本政府报告,称已从总理衙门方面获得原先想要的答复,即承认"番"地为中国政令及教化不及之地,任务已圆满完成。此行的目的既已达到,副岛一行遂于六月初九日(7月3日)离开北京返回日本。②

就在副岛出使中国的同时,台湾附近又发生一起船难。日本小田县备中州人佐藤利八等4人驾船运载盐、席往纪州尾和濑,售出后换回线粉香菇等物,回程时在纪淡海峡遭遇大风,于同治十二年二月初十日漂至台湾东海岸卑南马武窟,船碎,物无一存,登岸求救,又遇土人围聚,惊恐之际,幸得卑南番目陈安生救护,在其家中居住三月余,然后由其送至旗后,再经郡城,至六月十二日乘轮船至福州。官府给予衣食零钱,备受优待,最后于二十六日(7月20日)搭轮护送至上海交予日本领事送回日本。时日本方面曾来函致谢。③后日本出兵时竟诬称其难民遭"生番"劫掠,作为其侵台的另一借口。

四、派员到中国侦察,测绘地形,收集情报

同治十一年,桦山资纪赶赴东京游说时就向陆军省提出《探险台湾生番意见书》。作为侵台准备工作的重要环节,日本先后秘密派遣桦山资纪、黑冈勇之丞、福岛九成、兒玉利国、田中纲常、成富清风等人潜入台湾,旅行于南北各地,调查地理、风土、民情,收集有关情报,"各复命所见,献替征台

---

① 关于柳原前光与总理衙门大臣谈话的内容《同治甲戌日兵侵台始末》卷一"三月辛未(二十九日)总理各国事务恭亲王等奏"中有提到,但较简略。本节参考伊能嘉矩的《台湾文化志》(台湾省文献委员会,1991年)及连战的《台湾在中国对外关系中的地位(一六八三——一八七四)》(薛光前,朱建民.近代的台湾[M].台北:正中书局,1977)一文中有关中日双方会谈的内容。

② 连战.台湾在中国对外关系中的地位(一六八三——一八七四)[M]//薛光前,朱建民.近代的台湾.台北:正中书局,1977;伊能嘉矩.台湾文化志(下)[M].台湾省文献委员会,编译.台中:台湾省文献委员会,1991:84-85.

③ 伊能嘉矩.台湾文化志(下)[M].台湾省文献委员会,编译.台中:台湾省文献委员会,1991:86-88;陈在正.1874年日本出兵台湾所引起之中日交涉及其善后[M]//陈在正.台湾海疆史.台北:扬智文化事业股份有限公司,2003:152-180.

之画策［良］多”。① 其中如同治十二年四月间留华学生黑冈勇之丞由上海赴淡水，经陆路侦察台湾南部地区，于五月底返回北京。另福岛九成伪装成画家，游历台湾。在车城与总理林明国、生员廖周贞会谈，“问此地方原来是否土著民自开而领之，或属台湾府之管辖纳付正供，而得知其为自垦自领之地，完全与官府无关系之言质笔记，后来为立证台湾之番地为中国之辖外一资料被提供”。② 同年四月，副岛种臣命令在香港留学的水野遵到台湾探察情形，由于南部已有黑冈与福岛的调查，水野遵的主要调查范围以北部大科崁“番地”为主，于同月底离台赴东京报告。

另在李仙得第一号备忘录确立后，日本“正院”（内阁）随即于1872年11月下了一个裁示，派遣桦山资纪前往台湾探察。第二年，桦山资纪和水野遵、成富清风、兒玉利国等于七月初一日（8月23日）经由福州抵达淡水，邀请精通台湾“番”情的英国领事馆馆员倍得逊会商研究。桦山等人此行的目的除了要对台湾东部“番”地进行调查外，还要接应与副岛种臣约定的十月末日军可能的征台计划。桦山于七月十四日（9月5日）由淡水出发，租用墨西哥籍人彼得（Peter）之帆船，由彼得驾驶，携带银盐布等物，经噶玛兰、苏澳至南方澳地区展开活动。后又利用平埔熟“番”为向导，登陆花莲，企图占有奇莱平原。③ 桦山在调查过程中将台湾地形、地貌与当地社会背景以及自己的感想等每天用铅笔写在随身的小手册上，内容相当详细。这就是后来被研究“牡丹社事件”的学者作为重要资料的《桦山日记》。八月二十五日（10月16日），桦山等自南澳回到淡水，然并未得到东京方面的消息，乃将台湾情报交由兒玉、成富二人带回，自己再往台湾府、打狗等地继续打探，于十月二十一日（12月10日）由打狗赴香港，结束了其首次侦察台湾的行程。

同治十三年日本侵台军队出发之前，桦山再次奉命赴台侦察，于正月

① 伊能嘉矩.台湾文化志(下)[M].台湾省文献委员会,编译.台中:台湾省文献委员会,1991:85.

② 伊能嘉矩.台湾文化志(下)[M].台湾省文献委员会,编译.台中:台湾省文献委员会,1991:85.

③ 伊能嘉矩.台湾文化志(下)[M].台湾省文献委员会,编译.台中:台湾省文献委员会,1991:86;台湾省文献委员会.台湾省通志:卷3 政事志·外事篇[M].台北:台湾省文献委员会,1971:106.

二十一日(3月9日)持游历执照从打狗上岸,从正月二十七日(3月15日)开始至三月初七日(4月22日)与水野遵一道探查台湾南部恒春半岛"番"地。其间二人于二月初七日申刻由旗后到枋寮,称欲至柴城一带地方查看牡丹社、龟仔角等处山势形胜。初八、九两日因风大,未能起程。初十日,二人乘坐小舟进抵琅峤,在柴城社寮地方延搁四天,又至大绣房看龟仔角山势,往返计程两天,共计六日,并绘有龟仔角山及沿海地图一幅。而牡丹社因高山远隔,未能看见,而无绘图。水野遵还带有李仙得上年所绘旧图一幅,沿途查对。①

桦山与水野二人探查完南部后,又从西海岸北上至淡水。桦山在转往鸡笼候风时恰遇日本攻台军舰"日进号"(上有谷干城、赤松则良),得悉日军已发动征台之役。该船因风浪过大,突然拔锚出港,桦山未及登船,只得从陆路赶路南行,于四月初四日(5月19日)到达打狗,水野亦于次日从水路到达,二人在打狗再度会合,然后一起加入日军对台湾南部"番"地的所谓"征讨"行动。

第三节　日本侵台军事行动之实施

副岛种臣结束使华任务,返抵东京后继续鼓吹征台事宜,与此同时,自明治维新以来日本与朝鲜之间的矛盾与争执,历经五六年的交涉;不仅未能解决,反而愈演愈烈,一时之间,日本国内"征韩论"甚嚣尘上。然而,此时赴欧美考察近二年的"岩仓考察团"于9月间返日,在以考察团为主的"内治派"与以留守阁员为主的"征韩派"的辩论中,"征韩派"败北,该派主要人物西乡隆盛、副岛种臣、后藤象二郎、板垣退助、江藤新平等阁员相继

---

① 枋寮巡检王懋功、千总郭占鳌禀报[M]//王元穉.甲戌公牍钞存.台湾文献丛刊第39种.台北:台湾银行,1959:2-4.

辞职,挂冠而去。① "内治派"获胜后推动改革,1873 年 11 月 10 日设立内务省,大久保利通出任内务卿,推行殖产与兴业政策。

　　尽管国内政局发生了变化,但日本政府并未放弃侵台的企图,而且各项出兵的准备也从未停止过,只是为了避开外国公使的耳目,防止列强的干涉改采秘密的方式进行罢了。② 而受挫的征韩派对政局不满,发生了企图暗杀岩仓具视的事件。接着又爆发了佐贺之乱。在平定叛乱之后,日本政府乃决定将准备已久的侵台计划付诸实施,以转移内乱的危机。1874 年 1 月 26 日,大久保利通和大隈重信被任命为台湾朝鲜问题调查委员,经过与兒玉利国及李仙得等人会谈之后,在 2 月 6 日的内阁会议中,大久保利通和大隈重信两人联署提出《台湾蕃地处分要略》,其内容为:

　　第一条　台湾土蕃部落为清国政府政权未逮之地,其证明在清国出处之书籍内亦明记为证,尤其去年前参议副岛种臣使清时,彼朝官吏之回答亦判然分明,故具备可视为无主地之道理。因此报复我藩属之琉球人民遭杀害一事,为日本帝国政府之义务,故讨蕃之公理于此可奠定深厚基础。但至于处分,则应以确实完成讨蕃抚民之役为主,以清国所生之一二议论为次。

　　第二条　应派公使赴北京,筹设公使馆,使之办理外交。清人若问琉球之所属,即准照去年出使之说法,谓琉球自古以来为我帝国之所属,并应明示现已更使其沐浴恩泽之实。

　　第三条　清官若以琉球向彼本国遣使献贡之故,而认为应为两国所属时,应不再回顾其关系,而以不回应其问题为佳。因为控制琉球之实权皆在于我帝国,且如果我方之目的在于处理完台湾问题后立即使其停止遣使献贡之非礼,故无须枉费力气与清政府辩论。

　　第四条　若清政府提起台湾处分之问题时,则应坚守去年之议

---

① "岩仓考察团"成员包括 1/3 重要阁员,如岩仓具视、木户孝允、大久保利通、伊藤博文等人,另有 100 多名赴美留学生随行,于 1871 年 11 月出发。主要目的在赴各国交涉 1872 年到期的不平等条约,但到了美国却不知有"全权委任状",碰了一鼻子灰,自此乃改为考察各国典章制度,至 1873 年 9 月返日。

② 爱德华·豪士(Edward H. House).征台纪事:武士刀下的牡丹花[M].陈政三,译.台北:原民文化事业有限公司,2003:31-32.

点,收集政权不逮于蕃地之明显证据,使之无可动摇。若由于土地比邻之故,而提出可议论时,则应以和平方式解决。若其事件涉及非常困难之部分,可向本国政府请示。惟于推托迁延时日之间而成事且不失双方之和,此为机谋外交之一策略。

第五条　土蕃之地虽视为无主之地,但其地势与清国版图犬牙相连,因而发生邻境关系之纠葛时,则于属福建省之台湾港置领事一名,令其兼管淡水事务,并于征蕃时办理有关船舰往来之各项事务。除上述职掌外,令其担当有关台湾处分时与清国地方官应对,极力保持和好为长久之计。但应任命视察清国之福岛九成为领事。

第六条　领事无关蕃地之征抚,担任征抚者无关于两国之应对,盖明其分界,以维持和好是也。若事涉及极端重要,则可转达驻北京公使。

第七条　福州为福建之一大港,但处分台湾之方便路径由是以台湾及淡水为要地,且福州有琉球馆,故应暂时置之度外,以避免嫌忌为佳。

第八条　应先派福岛九成、成富清风、吉田清贯、兒玉利国、田中纲常、池田道辉等六名至台湾,进入熟蕃之地,侦察土地形势,且令其绥抚怀柔土著,他日处分生蕃时,可使诸事便利。

第九条　侦察之要点为计划让军队由熟蕃之地瑯峤、社寮港上陆,故应先注意此一带之地势及其他便利于停泊上陆之事宜。①

《台湾蕃地处分要略》第一条显示,日本视台湾"番地"为无主之地,出兵讨"番"有理,征台在于获得"番地"为殖民地。第二、三条为其外交策略,力主琉球属于日本之说,若中国提出两属之说,则不加理会,待处分台湾后,再禁止琉球向中国朝贡。第五、六条指派福岛九成出任厦门领事,命其与台湾官员维持友好关系,并使领事事务与军事行动划分清楚以避嫌。第八、九条则为军事行动前的侦察要领,派福岛九成、成富清风、兒玉利国等赴台,进入"熟番"部落侦察。

---

① 台湾文献馆.处蕃提要[M].黄得峰,王学新,译.南投:台湾文献馆,2005:101-103.

同日,内阁会议做出攻台决定。4月4日,日本政府设立"台湾蕃地事务局",由大藏卿大隈重信出任"台湾蕃地事务局"长官;李仙得则以外务省二等出仕;陆军中将西乡从道任台湾蕃地事务都督,陆军少将谷干城与海军少将赤松则良为参军,陆军中佐佐久间佐马太与陆军少佐福岛九成为参谋。同时,任命柳原前光为驻华全权公使,令其着重办理日军征台的交涉事宜。另根据李仙得推荐,高薪雇佣了美国海军少校克些尔(Douglas Cassel,又译为克沙勒)和陆军中尉瓦生(James Wasson)分别负责军事策划和指导建筑阵地工程。侵台兵员的组成,主要以熊本"镇台军"(明治政府在熊本地区的正规部队)为主体,另外又在鹿耳岛征募兵员,总数共3600余名。大久保利通还委托大仓喜八郎组建大仓组商会,负责军需运输的任务。另外又租借了英国商船"约克夏"号与美国商船"纽约"号来运送兵员与物资,以补充日本船只之不足。

　　4月9日,西乡从道率日进号、孟春号等军舰由东京湾品川港出发,前往长崎。日本出兵侵台的行动,引起列强驻日公使的强烈关注。英国驻日公使巴夏礼(Harry S. Parkes)鉴于英国在台湾各口重大的商务利益,于4月9日、13日、16日连续三次照会日外务卿寺岛宗则,诘问日本派兵赴台湾的确实地点与目的,对日本出兵的合法性提出质疑,并于13日声明局外中立,撤回受雇加入日本侵台军事行动的英国公民和船只。继而俄国、意大利、西班牙等也纷纷对日本的出兵提出质疑,宣布中立。美国新任驻日公使平翰(John A. Bingham)对美人员和船只加入日军侵台的传闻,反应迟钝。三月初二日(4月17日),《日本每日前锋报》(Japan Daily Herald)批评平翰不但未严守中立,且默认或明许美船被日本雇用。平翰乃于次日照会日外务卿寺岛,诘问传闻是否属实,抗议日本雇用美国人员和船只从事战争行动。同日,《星期邮报》(Week Mail)再度抨击美公使,终于促使平翰向日本表明局外中立,同时禁止美国人员和船舶参加征台行动。①

除了列强的干预,文部卿木户孝允等亦对出兵持有异议,并于 4 月 14 日提出辞呈以示抗议。日本政府的信心有所动摇,拟中止出兵。4 月 19 日,太政大臣三条实美派权少内史金井之恭赴长崎,通知大隈重信暂停征台行动,但西乡从道以"陆海军士气高昂,恐难遏制"为借口,悍然拒绝接受,命令"有功丸"搭载首任厦门领事兼台湾"番地"参谋福岛九成、克些尔、瓦生、纽约前锋报记者爱德华·豪士(李仙得之秘书)及由二百多名士兵组成的先头部队,携带西乡从道致闽浙总督李鹤年之《日军征台之通知书》于 27 日连夜起航驶往厦门。而李仙得则因顾虑各方的反对意见,不得不放弃原先随军出发的打算,返回东京。5 月 2 日,日将谷干城、赤松则良也率兵搭日进、孟春舰及运输船三邦丸、明光丸等组成的船队自长崎出发。

5 月 3 日,"有功丸"进入厦门港。② 日本原先雇聘的熟悉台湾南部地区,能说数种部落方言的英籍医师万松(Dr. Patrick Manson)已接到英驻华公使的警告函离厦回国。福岛九成向厦门同知李钟霖递交西乡从道致闽浙总督李鹤年的照会,称这次奉命统兵,深入番地的目的是对两年前劫杀琉球遭风人民的"土番","招酋开导,殛凶示惩",并要求其"晓谕台湾府县、沿边口岸各地中外商民",对日军"不得毫犯"云云,③而且不等闽浙总督复函,就匆匆驶离厦门,前往台湾。

同治十三年三月二十二日(5 月 7 日),日军先头部队所乘坐的"有功丸"抵达瑯峤湾,次日,士兵登陆上岸。二十五日,谷干城、赤松则良率领千余名士兵乘坐日进号、孟春号驱逐舰及三邦丸、明光丸两运输船也相继抵

---

① 黄嘉谟.美国与台湾——一七八四至一八九五[M].台北:"中央研究院"近代史研究所,1979:280-282.爱德华·豪士(Edward H. House).征台纪事:武士刀下的牡丹花[M].陈政三,译.台北:原民文化事业有限公司,2003:35.李理.李仙得为日本政府提出的"攻台计划"[C]//中国社会科学院台湾史研究中心.割让与回归——台湾光复六十周年暨海峡两岸关系学术研讨会论文集.北京:台海出版社,2008:11-38.

② 本处时间据爱德华·豪士的《征台纪事》,而福建水师提督咨报中则称三月十五日(阳历 4 月 30 日)有日本大战船一只寄泊厦港(三月辛未总理各国事务恭亲王等奏[M]//同治甲戌日兵侵台始末.台湾文献丛刊第 38 种.台北:台湾银行,1959:2),与前者所记稍有不同。

③ 王元穉.甲戌公牍钞存[M].台湾文献丛刊第 39 种.台北:台湾银行,1959:7.

达瑯峤。日军采用李仙得的计划,先安抚瑯峤地区的居民,使牡丹社、高士佛社孤立,再以军队攻讨之。5月15日,日军派遣赤松则良、克些尔、瓦生、豪士及华裔美籍通译詹汉生(James Johnson)入山与头目接触。其时老头目卓杞笃已过世,由射麻里社的头目一色(Yisa)和老卓杞笃的幼子小卓杞笃与之会谈。日方借助李仙得的名义与头目建立了关系,并借由试放洋枪,展现武力,与头目达成某种协议。不过,瑯峤居民对日军仍"抱持戒心和敌意,即使军营附近的村民,也面露仇视的眼神……日军一开始即派人极力解释,试图安抚村民的情绪,但效果似乎有限"。[①] 5月18日,日军侦察部队在双溪口、四重溪一带巡逻,其中脱队的五六名士兵遭到埋伏于灌木丛中"原住民"的袭击,班长北川直征被馘首。与此同时,日进号军舰到东部海岸探测水域时也遭到岸边埋伏的龟仔角社战士的开火射击。5月20日,侦察部队在三重溪遭到牡丹社"原住民"的伏击,两名士兵重伤,"原住民"一人被杀。5月21日,另有日军侦察部队"往保力山巡哨,至石门洞,被牡丹番放铳伤毙六名",[②]佐久间佐马太率大队日军赶往四重溪增援,双方在石门展开激战。石门两侧危崖耸立,直挺冲天,一边高约500英尺,另边450英尺,崖底仅宽30英尺。牡丹社人占据有利地形,进行射击。日军大部队难以展开,乃从石门背后之山腹攀爬而上,然后从崖顶居高临下与下面的日军首尾夹攻。牡丹社人不支撤入内山。是役牡丹社包括酋长阿禄父子在内12人战死,被日军馘首,日方死者则有14人。[③]

正当石门之役双方鏖战正酣之际,日本侵台军总司令西乡从道和参谋幕僚乘坐"高砂丸"抵射寮港,另有船舶共载来增援军队1900余名、大仓组

① 爱德华·豪士(Edward H. House).征台纪事:武士刀下的牡丹花[M].陈政三,译.台北:原民文化事业有限公司,2003:83.

② 摘抄另纸探报[M]//王元穉.甲戌公牍钞存.台湾文献丛刊第39种.台北:台湾银行,1959:49.

③ 关于石门之战双方伤亡人数各方资料记载不一,如爱德华·豪士《征台纪事》载"生番"死16人,日军有6名战死,近20人受伤;中方委员周有基探报称日兵被"生番"铳杀7人,伤者10余人,"生番"被杀13人。此处数字为林呈蓉据水野遵《台湾征蕃记》及《桦山日记》等资料所整理(林呈蓉.1874年日本的"征台之役"——以从军纪录为中心[J].台湾风物,2003,53(1):23-49)。

工匠 500 名。①

四月十八日(6 月 2 日),日军依军事会议决定兵分三路,对牡丹社进行总攻击。左翼由谷干城任指挥官,桦山副之,水野为通译,从枫港迂回进袭;中路自石门而入,以佐久间为指挥官,西乡偕克些尔、瓦生、豪士等随行督师;右翼自竹社口进攻,以赤松则良为指挥官。三路共有兵力 1300 余人,另有火炮多门,声势颇大。十九日,日军攻占牡丹社,"原住民"已事前逃离,不见踪影,遂放火将番社焚毁。② 为了安全和交通问题,日军遂撤出牡丹社,在双溪口设置分营,展开诱降行动。五月十八日(7 月 1 日),周劳束酋长率领牡丹社、尔乃社、高士佛社等六社酋长,透过统领埔头人林阿九等人之中介,在保力庄杨天保家中与日军议和。③

日军解决了牡丹社之后,便在枫港增驻一支营,在周劳束海岸派遣一小队把守番地入口,又在龟山等地盖建营房,设立"都督府"。④ 此后还陆续从日本运来铁器、农具及果树苗木等,实行屯田、植树,以图久踞。⑤

第四节　中国方面的反应与对策

中国政府一直认为琉球为中国藩属,台湾更是中国的领土,琉球船民被害应由中国自办,与日本无关,因而,完全未料到日本竟会以此作为侵台的借口,所以未做任何防备。

同治十三年二月初十日至十七日,水野遵与桦山资纪两人持游历执照,乘船进入琅峤地区进行勘探侦察,同时带有李仙得以前所绘该处旧地

---

① 爱德华·豪士(Edward H. House).征台纪事:牡丹社事件始末[M].陈政三,译.台北:原民文化事业有限公司,2003:106.

② 伊能嘉矩.台湾文化志(下)[M].台湾省文献委员会,编译.台中:台湾省文献委员会,1991:99.

③ 台湾省文献委员会.台湾省通志:卷 3　政事志·外事篇[M].台北:台湾省文献委员会,1971:110.

④ 林呈蓉.1874 年日本的"征台之役"——以从军纪录为中心[J].台湾风物,2003,53(1):23-49.

⑤ 摘抄另纸探报[M]//王元穉.甲戌公牍钞存.台湾文献丛刊第 39 种.台北:台湾银行,1959:71.

图一纸,沿途查对,并测绘龟仔角山及沿海一带地图。在地驻守的中国官员枋寮巡检王懋功、千总郭占鳌对日本人的间谍行为不仅未加以阻止,而且,二月初九日(3月26日)二人在枋寮拜访王懋功、郭占鳌时,见王懋功所持扇上画有瑯峤一带地图,桦山乃请水野遵向王借扇临摹,毫无敌情观念的王懋功竟然答应将扇借予二人。① 又二月二十九日(4月15日),台湾道夏献纶接到台湾口税务司爱格尔(Henry Edgar)来函,告知接阅香港新报内有日本国二月十一日该国兵部奉伊国主谕令,预备兵船,并调兵1.5万名要来台湾打仗的消息。当时台湾镇、道正忙于剿办彰化廖有富一案,各营勇弁俱随赴彰化,所以对日军侵台的消息甚感意外,称:“查上年日本国人利八等四名,在台湾南山后遭风,当经救护,送回上海,交其领事官领收,曾据该国寄送礼物酬谢。又上年四月间,琉球人林廷芳等九名,在瑯峤遭风,亦经救护送回均属毫无异言。兹何以忽有调派兵船来台之举?”② 并将之与上年日本人欲报复琉球人被杀而征伐牡丹社的“谣传”联系起来,说“倘仍如上年之谣传,自可毋庸置议”;夏献纶甚至还说“牡丹社系属番社,彼如自往剿办,在我势难禁止”,③ 未对日军侵台采取任何有效的防范措施。

对日本派兵侵台的消息,清廷最先是从英使方面得知的。同治十三年三月初三日(4月18日),总理衙门接到英国驻华公使威妥玛(Thomas F. Wade)的信函称,据英国驻日公使电报,知日本运兵赴台湾沿海迤东地方,有事“生番”,并询及“生番”居住之地,是否隶中国版图,东洋兴师曾向中国商议准行与否。总署函复答称:上年日本国使臣住京时,从未议及有派兵赴台湾“生番”地方之举。究系因何兴师,未据来文知照。台湾“生番”地

---

① 借扇之事据《桦山日记》记载。爱德华·豪士(Edward H. House).征台纪事:牡丹社事件始末[M].陈政三,译.台北:原民文化事业有限公司,2003:47;林呈蓉.1874年日本的“征台之役”——以从军纪录为中心[J].台湾风物,2003,53(1):23-49.

② 台湾道禀总督、将军[M]//王元稚.甲戌公牍钞存.台湾文献丛刊第39种.台北:台湾银行,1959:4-5.

③ 台湾道禀总督、将军[M]//王元稚.甲戌公牍钞存.台湾文献丛刊第39种.台北:台湾银行,1959:4-5.

第五章 『牡丹社』事件

129

方,系隶中国版图,且中国类此地方,不一而足,未能强绳以法律。① 继英国公使的询问之后,总署陆续于初四、初五日接到英国汉文正使梅辉立、法国翻译官德微里亚、总税务司赫德、日国(即西班牙)使臣丁美霞等先后访问,询及日本派兵赴台查办"生番"之事。在得到总理衙门的答复后,列强很快作出反应,宣布采取局外中立的立场。但中国政府对日本的举动宜如何斟酌,却反应迟钝,既没有向日本提出质问,更没有想到用抗议阻止日本的侵略行为。后来,李鸿章、李宗羲又从江海关沈秉成抄送长崎电报得到另一消息,称日本为"生番"事件派人查问,并且在上海已有8名日本随员等候该国使臣,此消息与各国公使及赫德所述日本派兵赴台说法不符。李鸿章及总署对相关的情况进行了分析,认为:首先,各国兴兵之举,必先有文函知会因何起衅,或不准理诉而后兴师。日本甫经换约、请觐,和好如常,台湾"生番"一节,并未先行商办,岂得遽尔称兵? 即贸然称兵,岂可无一语知照? 此以理揆之而疑其未确也。其次,日本内乱甫平,其力似尚不足图远。即欲用武,莫先高丽。江藤新平请伐高丽,尚因不许而作乱,岂竟舍积仇弱小之高丽,而先谋梗化之"生番"? 即欲借图台湾,若中国以全力争之,未必遂操全胜,从自悖义失和。此以势度之而疑其未确也。再次,近年东洋新闻百变,诈伪多端,巴夏礼与该国情好最密,代为虚张声势,故作疑兵,恐难尽信。② 总之,于理于情,中国方面判断日本不宣而战出兵侵台的可能性不大,故准备等日使柳原前光到达后,相机驳辩。不过,总理衙门也认识到"各国垂涎台湾已久,日本兵政浸强,尤滨海切近之患,早迟正恐不免耳",并提出"勿恃其不来,恃吾有以备之"。③

中国方面最先对日本出兵台湾做出反应,要求日本退兵的是闽浙总督李鹤年。李鹤年于三月二十三日接到由厦门同知李钟霖转交的西乡从道的照会后,于二十六日复照,称:"查台湾全地,久隶我国版图,虽其土著有生、熟番之别,然同为食毛践土,已二百余年,犹之粤楚云贵边界猺獞苗黎

---

① 三月辛未(二十九日)总理各国事务恭亲王等奏[M]//同治甲戌日兵侵台始末.台湾文献丛刊第38种.台北:台湾银行,1959:1-3.

② 总署复福州将军文煜函[M]//王元穉.甲戌公牍钞存.台湾文献丛刊第39种.台北:台湾银行,1959:18-19.

③ 总署复福州将军文煜函[M]//王元穉.甲戌公牍钞存.台湾文献丛刊第39种.台北:台湾银行,1959:18-19.

之属,皆古所谓我中国荒服羁縻[縻]之地也。虽生番散处深山,獉狉成性,文教或有未通,政令偶有未及,但居我疆土之内,总属我管辖之人。"并援引万国公法,认为"台湾为中国疆土,生番定归中国隶属,当以中国法律管辖,不得听凭别国越俎代谋",指出日本政府"并未与总理衙门商允作何办理,径行命将统兵前往,既与万国公法违背,亦与同治十年所换和约内第一、第三两条不合";"琉球岛即我属国中山国疆土,该国世守外藩,甚为恭顺,本部堂一视同仁,已严檄该地方官,责成生番头人,赶紧勒限,交出首凶议抵。总之,台湾在中国,应由中国自办,毋庸贵国代谋。各国公使,俱在京师,必以本部堂为理真,应请贵中将撤兵回国,以符条约,而固邦交"①。不过福岛九成乘坐"有功丸"号的日军先头部队根本不等候李鹤年的照复就开驶赴台,李鹤年将这份照复送到台湾府,命台湾府派员赴琅峤与日军理论;同时一面将情况向清廷奏报,一面严饬台湾镇、道,命其"按约理论,相机设筹,不可自我启衅,亦不可苟安示弱"。②

李鸿章经过连日与英翻译梅辉立、德翻译阿恩德、美副领事毕德格等会晤,证明各国所接电报实有日本图攻台湾"生番"之信,并称美国人李让礼带领陆军,又雇美国水师官某带领兵船,与其从上海接到的探报相同。于三月二十五日致函总署,提出对付日本侵台阴谋的若干办法:其一,根据掌握的情报,与美国公使辩论,要求美国遵照公法撤回李让礼,并严禁商船应雇装载日兵,迫使日本放弃侵台;其二,鉴于台地海防陆汛,无甚足恃,建议另调得力陆军数千,用轮船载往凤山琅峤附近一带,择要屯扎,为先发制人之计。设日本兵擅自登岸,一面理谕情遣,一面整队以待,庶隐然劲敌,无隙可乘。同时推荐"管辖新造兵轮船,又系闽人,情形熟悉"的船政大臣沈葆桢为专办日军侵台事件的负责人,由他"会商将军、督抚,密速筹办"。③

① 日本外交文书:第7卷[M/OL].东京:外务省.[2015-06-10]. http://www. mofa. go. jp/mofaj/annai/honsho/shiryo/archives/7. html.

② 四月戊子(十六日)闽浙总督兼署福建巡抚李鹤年奏[M]//同治甲戌日兵侵台始末.台湾文献丛刊第38种.台北:台湾银行,1959:9.

③ 李鸿章.论日本图攻台湾(三月二十五日)[M]//李鸿章.李文忠公选集.台北:台湾大通书局,1987:16-18.

　　李鸿章的建议立刻为清廷所采纳。三月二十六日（5月11日），总理衙门照会日本国外务省，提出抗议，并要求日方对出兵的原因做出解释。照会中称："查台湾一隅，僻处海岛，其中生番人等向未绳以法律，故未设立郡县；即礼记所云不易其俗、不易其宜之意，而地土实系中国所属。中国边界地方、似此生番种类者，他省亦有，均在版图之内，中国亦听其从俗，从宜而已。此次忽闻贵国欲兴师前往台湾，是否的确，本王大臣未敢深信。倘贵国真有是举，何以未据先行议及？其寄泊厦港兵船，究欲办理何事？希即见复，是所深盼！"①二十九日（5月14日），又发布上谕，称："生番地方本系中国辖境，岂容日本窥伺！该处情形如何，必须详细查看，妥筹布置，以期有备无患。李鹤年公事较繁，不能遽离省城；着派沈葆桢带领轮船兵弁，以巡阅为名，前往台湾生番一带察看，不动声色，相机筹办。"②四月六日，清廷恐沈葆桢事务太多，应接不济，又谕令福建布政使潘霨"驰赴台湾，帮同沈葆桢将一切事宜妥为筹划，会商文煜、李鹤年及提督罗大春等，酌量情形，相机办理"。③

　　上谕发布之后，清廷又陆续接到各方传来的报告，称日本国兵船，于三月下旬，有驶进厦门海口者，有前往台湾者。由埤峤地方登岸，并无阻问之人。英国水师提督亦选调兵船往台湾迤南巡查。并闻日本购买轮船，装载军装、粮饷。法国及日本兵船，均已抵厦。日本兵共八营，俱在台湾东海旁起岸，欲攻"生番"。情势已十分严重，沈葆桢如以"船政大臣"身份赴台，"恐彼族以非办理各国事务官员，置之不理；且遇有调遣轮船、酌拨官弁等事，亦虑呼应不灵"，乃采纳总署的建议，于四月十四日（5月29日）下诏改授沈葆桢为钦差办理台湾等处海防兼理各国事务大臣，所有福建镇道等官，均归节制，江苏、广东沿海各口轮船，准其调遣。并令其驰赴台湾一带，"体察情形，或谕以情理，或示以兵威，悉心酌度，妥速办理"；同时强调"所

---

　　①　给日本国外务省照会［M］//同治甲戌日兵侵台始末.台湾文献丛刊第38种.台北：台湾银行，1959：4-5.该照会由总署雇用的英籍人士带往日本，但此人在上海耽误了近一个月，故于四月二十日（6月4日）才送达日本外务省，而寺岛宗则又故意拖延至六月二日（7月15日）才回复。

　　②　清穆宗实录选辑［M］.台湾文献丛刊第190种.台北：台湾银行，1963：145.

　　③　清穆宗实录选辑［M］.台湾文献丛刊第190种.台北：台湾银行，1963：145.

有该大臣需用饷银,着文煜、李鹤年筹款源源接济,毋任缺乏。应调官兵,并着李鹤年迅速派拨,毋误事机"。①

第五节　沈葆桢渡台加强防务

沈葆桢是一位有胆有识、敢作敢为的政治家,接奉谕旨之后,即与福州将军文煜、闽浙总督李鹤年会筹台湾防备,于四月十九日(6月3日)联衔上奏,提出"防台四策"。其一,联外交。将递次洋船遭风各案,摘要照会各国领事。将日本不候照复,即举兵入境,并与"生番"开仗各情形,亦分次照会,借列强来公评曲直。日本如怵于公论,敛兵而退最好;否则,亦可辗转时日,为集备设防争取时间。其二,储利器。日本所以敢贸然侵犯,乃是窥中国军备不足,中国必须以深远之计赶紧着手军事现代化。建议将闽省存款,移缓就急,其不足者,暂借洋款,用以购买铁甲船、水雷、洋枪、巨炮、洋煤、洋火药、开花弹及火龙、火箭等西洋武器,作为外交谈判的后盾。尽管"所费不赀,必有议其不量力者,然备则或可不用,不备则必启戎心。乘军务未萌之时,尚可为牖户绸缪之计,迟则无及矣"。其三,储人才。沈葆桢除了自己专责赴台外,还奏调福建陆路提督罗大春、籍隶广东之前署台湾道黎兆棠和吏部主事梁鸣谦等人随其东渡,以期集思广益。其四,通消息。台洋之险,甲诸海疆。欲消息常通,断不可无电线。提出敷设由福州陆路至厦门,由厦门水路至台湾之电报线,使情报瞬息可通,事至不虞仓卒。②

五月初一日,沈葆桢一行由福州马尾出发,潘霨乘伏波轮直放大洋,于次日抵达。沈葆桢与法籍军事顾问日意格(Prosper Giquel)、斯恭塞格(Louis Dunoyer de Segonzac)等分乘安澜、飞云两轮船则沿各港口而行,途经兴化南日、泉州深沪,初三日抵澎湖,登岸踏勘炮台水口形势,于初四日抵安平,接见台湾镇、道,开始实地了解日军侵台的情形及台湾的防御情

---

① 清穆宗实录选辑[M].台湾文献丛刊第190种.台北:台湾银行,1963:146.

② 五月壬寅(初一日)福州将军文煜、闽浙总督兼署福建巡抚李鹤年、总理船政前江西巡抚沈葆桢奏[M]//同治甲戌日兵侵台始末.台湾文献丛刊第38种.台北:台湾银行,1959:16-18.

况。经悉心筹度后,沈葆桢提出"理谕"、"设防"及"开禁"三项防台措施。但"开禁"非旦夕所能猝办,必待外侮稍定,乃可节节图之。[①] 所以沈葆桢先从"理谕"及"设防"两项着手。

在"理谕"方面,沈葆桢先派其帮办福建布政使潘霨与西乡从道交涉。潘霨先前经过上海时已与日本公使柳原前光交涉,获得柳原给西乡"按兵不动,听候核办"的文书。五月初八日,潘霨偕台湾道夏献纶等抵达瑯峤,递交给西乡从道的照会。沈葆桢在照会中声明:"'生番'土地,隶中国者二百余年,虽其人顽蠢无知,究系天生赤子,是以朝廷不忍遽绳以法,欲其渐仁摩义,默化潜移,由生'番'而成熟'番',由熟'番'而成士庶,所以仰体仁爱之天心也。至于杀人者死,律有明条,虽生'番'亦岂能轻纵?然此中国分内应办之事,不当转烦他国劳师糜饷而来";[②]对于日本未经与中国商办擅自出兵台湾,提出抗议。并指出日本烧毁牡丹社,且涉及无辜之高士佛社,并传出将攻卑南社,显然与来文所称"殛其凶首""往攻其心者"不合,且有以德为怨之嫌。照会最后称"贵国方耀武功,天理不足畏,人言不足恤。然以积年精练之良将劲兵,逞志于蠢蠢无知之生'番',似未足以示威。即操全胜之势,亦必互有杀伤。生'番'即不见怜,贵国之人民亦不足惜耶?或谓贵国既涉及无辜各社,可知意不在复仇。无论中国版图尺寸不敢以与人,即通商诸邦岂甘心贵国独享其利?"[③]表明了捍卫领土主权完整的决心。五月初九日至十三日,潘霨率同夏献纶、同知谢宝鼎及洋将日意格、斯恭塞格等针对其在上海与柳原会谈时提及所谓西乡奉敕限办三件事:"第一,捕前杀害我民者诛之。第二,抵抗我兵为敌者杀之。第三,番俗反复难制,须立严约,定使永远誓不剿杀难民之策。"[④]与西乡从道、佐久间佐马太

---

① 五月丙寅(二十五日)福州将军文煜、闽浙总督兼署福建巡抚李鹤年、办理台湾等处海防兼理各国事务沈葆桢奏[M]//同治甲戌日兵侵台始末.台湾文献丛刊第38种.台北:台湾银行,1959:26-28.

② 给日本国中将西乡照会[M]//同治甲戌日兵侵台始末.台湾文献丛刊第38种.台北:台湾银行,1959:31-32.

③ 给日本国中将西乡照会[M]//同治甲戌日兵侵台始末.台湾文献丛刊第38种.台北:台湾银行,1959:31-32.

④ 柳原公使致福建布政使潘霨函[M]//台湾文献馆.处蕃提要.黄得峰,王学新,译.南投:台湾文献馆,2005:236-237.

等进行多次会谈交涉。在五月初九日上午的第一次会谈中,西乡始则一味推诿,声称自己只是奉命带兵打仗,与中国应接等事宜,一切由柳原公使交涉,若中国有事谈判,请向北京报告后,与当地柳原公使谈判,"届时请申述所见所闻,则公使必向我政府陈报,之后我政府若对余有所指示,余必遵照办理"云云。[①] 对于四月间闽浙总督照会及钦差大臣沈葆桢的照会,也推说"此应奏知朝廷,候朝廷有信与柳原再复,伊不能复"。[②] 潘霨问道:"贵除杀害琉球人之牡丹社蕃地外,是否将着手处分其他蕃地?"西乡答称:"无此打算。"潘霨又追问道:"处分结束后军队是否立即回国,抑或驻留此地?"西乡答称:"此事应陈报我政府后,余将遵照政府命令行事。"[③]当天下午4时,西乡及佐久间等至车城潘、夏寓所拜访,潘、夏问其是否会对卑南派兵,西乡答称无此事。潘又问道对第三条中未来之处理方式有何高见,西乡称待牡丹社处分结束后再处理。潘问可否先告知其方法,西乡则称虽有某些概略腹案,但皆有待牡丹社之事结束后视后势而定,目前难以预告。潘、夏再三要求牡丹社应由中国处分,且后续处理亦应由中国为之,但为西乡所拒绝。[④]

初十日潘霨、夏献纶派县丞周有基、千总郭占鳌等进入"番"社,传集各"生番"头目,至者共一百五六十人,皆谓日本欺凌,恳求保护。因谕令具结前来。次早,除牡丹等三社因日人攻剿,不敢出来外,到者共有15社,均呈不敢劫杀状。潘、夏即以好言慰之,酌加赏犒,"番"目等皆欢欣鼓舞,咸求设官经理,永隶编氓。潘、夏将各社具结办妥后,即致函西乡,约定时刻会晤,不料西乡竟托病不见。

十二日下午及十三日上午,潘、夏等又赴龟山日营中与西乡交涉,双方就"番"地领土主权所属展开激烈辩论。潘霨指出柳原第一条所云"捕前杀

---

① 西乡都督陈报大隈长官有关清官来蕃之应对手续等数件[M]//台湾文献馆.处蕃提要.黄得峰,王学新,译.南投:台湾文献馆,2005:274.

② 帮办潘、台湾道夏赴日营会晤情形节略[M]//王元穉.甲戌公牍钞存.台湾文献丛刊第39种.台北:台湾银行,1959:77-78.

③ 台湾文献馆.处蕃提要[M].黄得峰,王学新,译.南投:台湾文献馆,2005:274-275.

④ 台湾文献馆.处蕃提要[M].黄得峰,王学新,译.南投:台湾文献馆,2005:275-276.

害我民者诛之",查牡丹社虽害琉球国人,唯该处系中国所属,应由中国派兵办理,要求西乡按兵勿动。西乡则称其到此地,将施行处分,牡丹人埋伏于菁间,擅自狙击其斥候杀之,故不得已举兵进击,剿其巢窟,并不承认"番"地为中国版图。潘霨则指出牡丹社实系中国版图,载在志书,岁完"番"饷,可以为凭。因系中国所管,故应由中国办理。并将带去《台湾府志》一本内开瑯峤十八社系属归化"生番",交与阅看。西乡答称"生番"非中国所管,中外各国书中俱有记载,即英国、花旗、荷兰诸国人,亦皆有此说并有地图。潘霨当即请其将地图及各书交出一看。西乡又复支吾,不能交出。最后,潘霨就柳原所议三条提出处理办法:第一条,由中国官员令牡丹"番"出来谢罪,以后誓不剿杀,并将前年戕害琉球人尸身交出;第二条,"抗拒为敌者杀之",现在各社均无此事,可毋庸议;第三条,"番俗反复难治,应立约使永远誓不剿杀",现已传各社"番"头目出具切结,以后永远保护,不敢再有欺凌杀害抢夺情事。西乡对此初甚不悦,称此事中国不必与闻。潘霨答称此系中国应办之事,乃云中国不必管,大不近理。并质问:"舍中国有凭之志书,谓不足信,而硬派'生番'各社非我所管,譬如长崎系日本所管,我硬派非贵国辖境,有是理乎?"[1]其实,日本在台的军事行动,基本已告结束,所以后来西乡也就顺水推舟说:伊亦望此三事早为办定,即可完结;然而又提出这次日本"大兴兵师,耗费财物,折损兵员之处不在少数",其费用赔偿之事,应由中方考虑。潘霨问其究竟花费若干,意将何为。西乡称原共筹银210万元,现已用去120万元,要求贴补。[2]潘霨则表示:"贴补兵费,是不体面之事,中国不能办理。既系贵国擅行兴兵前来,更无贴补之理。"要求西乡应先将各社之兵调回勿动,并知照其政府以后不必添兵前来。西乡应允。[3]

---

① 帮办潘、台湾道夏赴日营会晤情形节略[M]//王元穉.甲戌公牍钞存.台湾文献丛刊第39种.台北:台湾银行,1959:82.

② 此处中方记载为银圆,《处蕃提要》中日方记载为美元。

③ 帮办潘、台湾道夏赴日营会晤情形节略[M]//王元穉.甲戌公牍钞存.台湾文献丛刊第39种.台北:台湾银行,1959:77-84;西乡都督陈报大隈长官有关清官来蕃之应对手续等数件[M]//台湾文献馆.处蕃提要.黄得峰,王学新,译.南投:台湾文献馆,2005:271-280.

关于"设防"之事，沈葆桢认为"万不容缓"。[①] 台地绵亘千余里，固属防不胜防，要以郡城为根本。沈葆桢计划在安平设立炮台，"仿西洋新法，于是处筑三合土大炮台一座，安放西洋巨炮，使海口不得停泊兵船，而后郡城可守"[②]。沈葆桢到台、澎实地踏勘时发现内地班兵已不可用，乃与台湾镇、道商议，将台、澎班兵疲弱者先行撤之归伍，用其旷饷招募本地精壮及习水渔民充补，以固边防。[③] 南路迫近倭营，防务由台湾镇总兵张其光负责。该镇原有部勇一营，并内地调来二营，须增募五营，以遏冲突。北路淡水、噶玛兰、鸡笼一带物产殷阜，为台地精华。苏澳民"番"关键，尤为他族所垂涎。据噶玛兰通判洪熙恬报告，自上年以来苏澳一带常有倭人来往，今年五月初三日有日本船一只，驶往后山沿海而去，船内备有糖、酒、哔吱等物，企图与山"番"联合，在后山开拓兴业；又据淡水厅陈星聚报告，近有日本兵船载兵百余名，由台南绕后山一带过噶玛兰，入鸡笼口，买煤 150 吨而去。日意格提议急需派兵驻扎，沈葆桢决定由台湾道夏献纶负责。该道原有部勇一营，须再募一营继之，以杜旁窜之谋。并派靖远轮迎福建陆路提督罗大春一同驻镇北路。另由前署台湾镇曾福元组训南北乡团。整体兵力部署为游击王开俊一营驻东港，总兵戴德祥一营驻凤山。至张其光原有一营分驻彰化三哨，先带两哨至凤山。夏献纶则挈参将李学祥率一营往驻苏澳。其新募者，除夏献纶在台北自募二营，及曾福元招募壮勇五百，交在台之烟台税务司薄朗训练为洋枪队外，另五营则派员赴粤招募。并奏调打仗勇敢的前南澳镇总兵吴光亮及甚有勇略的浙江候补道刘璈来台效力。

日军虽驻扎在龟山、枫港等处，但仍不时至附近各庄游弋骚扰。五月二十八日，日兵五人在柴城调戏民妇张杨氏，其族人张来生前往阻止，为日兵杀伤。沈葆桢等照会日营，提出书面抗议，但日军营置之不理。六月初

① 五月丙寅（二十五日）福州将军文煜、闽浙总督兼署福建巡抚李鹤年、办理台湾等处海防兼理各国事务沈葆桢奏[M]//同治甲戌日兵侵台始末.台湾文献丛刊第 38 种.台北:台湾银行,1959:26-28.

② 五月丙寅（二十五日）福州将军文煜、闽浙总督兼署福建巡抚李鹤年、办理台湾等处海防兼理各国事务沈葆桢奏[M]//同治甲戌日兵侵台始末.台湾文献丛刊第 38 种.台北:台湾银行,1959:26-28.

③ 沈葆桢等又奏[M]//同治甲戌日兵侵台始末.台湾文献丛刊第 38 种.台北:台湾银行,1959:29.

三日,山后有大鸟万、千仔帛二社,又被胁迫至倭营说和。初四日,有倭兵百余名添扎枫港。下午又有倭兵四人至枫港二十四里之茄鹿塘哨探。① 沈葆桢决定进一步加强南部的防卫措施,命令王开俊由东港带兵进扎枋寮,以戴德祥一营由凤山填扎东港。② 为了阻止日军入侵卑南,沈葆桢派同知袁闻柝乘轮船往招陈安生等。该"番"目五人立即剃发,随袁等至台湾府,赏给银牌、衣物,以原船送归,并派员随之,计划从后山寻路与西部相通。③ 然据袁闻柝所派员回报,卑南各"番"社与西部各社"生番"素无往来。旋经张其光到凤山下淡水一带勘查,得知可由潮州庄开路通卑南,遂决定先行招徕土人,然后动工开路。④ 六月初七日,张其光抵凤山,有昆仑铙、望祖力、扶圳、鹿埔角四社头目来谒;巡至下淡水,则又先后有山猪毛社总头目及扶里烟六社头目率百余人来见。十五日,袁闻柝复带来"番"目买远等十五名至郡城,苦求派兵驻防其社,沈葆桢令袁闻柝招募土勇五百,名"绥靖军",无事之开路,有事以之护"番"。⑤

北路方面,台湾道夏献纶率参将李学祥部勇于五月二十九日出发,经澎湖、沪尾、鸡笼,于六月初三日抵达苏澳,亲自督办淡水、噶玛兰各处乡团,发现日人在北路全用利诱手段,非如南路唯用威胁。"番"民不识其计之诡诈,往往坠其术中,招抚较难。为了防止日人的借口,沈葆桢决定先将成富清风向中国地方官所报的"失银事件"彻底查清。六月十六日,派噶玛兰通判洪熙恬与委员张斯桂、李彤恩偕淡水税务司好薄逊(H. E. Hobson)前往花莲港实地调查,并带船户墨西哥人啤噜与当地"生番"面质。结果发现日人所报的"失银案件",纯属虚构。沈葆桢即将所查讯供记录禀报朝

---

① 钦差大臣沈葆桢等奏[M]//王元稚.甲戌公牍钞存.台湾文献丛刊第39种.台北:台湾银行,1959:102-106.

② 钦差大臣沈葆桢等奏[M]//王元稚.甲戌公牍钞存.台湾文献丛刊第39种.台北:台湾银行,1959:102-106.

③ 钦差大臣沈葆桢等奏[M]//王元稚.甲戌公牍钞存.台湾文献丛刊第39种.台北:台湾银行,1959:97-100.

④ 钦差大臣沈葆桢等奏[M]//王元稚.甲戌公牍钞存.台湾文献丛刊第39种.台北:台湾银行,1959:102-106.

⑤ 钦差大臣沈葆桢等奏[M]//王元稚.甲戌公牍钞存.台湾文献丛刊第39种.台北:台湾银行,1959:110-114.

廷,请照会日本公使,就成富清风等违约往不通商口岸诱惑土人提出抗议,并吊销其游历执照。①

经过夏献纶的努力,六月间淡水、噶玛兰团练开始举办,添招练勇亦已成军,有事当勇,无事开山。自苏澳至南风澳山路,两日之内,便已开通,继而进辟歧莱之道。平路以横宽一丈为准,山蹊以横宽六尺为准,俾榛莽勿塞,车马可行。为使后路无虞,又在新开歧莱山道设寮驻勇,并增勇300人,料匠200人,随同入山伐木。自六月十六日起至二十一日止,已开路970余丈。② 六月二十日,福建陆路提督罗大春带印至台,并于七月十三日驰抵苏澳,接替夏献纶;其原部营勇600人,也陆续到防,继续北部抚"番"开路事宜。③

在水师部署方面,沈葆桢则以扬武、飞云、安澜、靖远、镇威、伏波等六兵船常驻澎湖,由日意格教导操演阵式。福星一号驻台北,万年清一号驻厦门,济安一号驻福州,永保、琛航、大雅三船往来南北,担任运输。沈葆桢认为台湾远隔内地,防务文书,刻不容缓,眼前船只已不敷周转,奏请将原已停工的马尾造船厂再行开工,赶造船只。④

台湾防务,费用殷繁。沈葆桢担心若等待省城辗转拨解,恐难应手,于是奏准将台湾盐课、关税、厘金等款应行解省者,尽数截留,拨充海防经费,归台湾道衙门支销。不敷之款,再由文煜、李鹤年筹拨接济。⑤ 六月初五日,李鸿章通过济安轮自天津寄来洋炮20尊,洋火药4万磅。紧接着闽浙总督李鹤年也于海关、厘捐两项合筹银20万两,并拨洋火药3万磅交船厂

① 沈葆桢等又奏[M]//同治甲戌日兵侵台始末.台湾文献丛刊第38种.台北:台湾银行,1959:119-120.
② 钦差大臣沈葆桢等奏[M]//王元穉.甲戌公牍钞存.台湾文献丛刊第39种.台北:台湾银行,1959:110-114.
③ 台湾道夏禀省宪[M]//王元穉.甲戌公牍钞存.台湾文献丛刊第39种.台北:台湾银行,1959:118.
④ 沈葆桢等又奏[M]//同治甲戌日兵侵台始末.台湾文献丛刊第38种.台北:台湾银行,1959:121-122.
⑤ 谕军机大臣等[M]//同治甲戌日兵侵台始末.台湾文献丛刊第38种.台北:台湾银行,1959:30-31.

轮船于初八日送达台湾,以济需要。[①]

经过潘霨在琅𫓧与西乡交涉以及对日军在台行动的观察,沈葆桢认识到日军有在台久踞之意,"非益严儆备,断难望转圜"。[②] 鉴于班兵惰窳成性,募勇又训练无素,沈葆桢乃于五月二十一日(7月4日)奏请于北洋大臣处借拨久练洋枪队3000,于南洋大臣处借拨久练洋枪队2000,令其坐雇轮船赴台增援。[③] 李鸿章也了解到闽中陆勇寥寥,台地仅两营,尤嫌单薄,且"洋人论势不论理,彼以兵势相压,而我第欲以笔舌胜之,此必不得之数",[④]因此早有提议由大陆调派枪队赴台增援,以壮声势。不过,他认为直隶防军拱卫京畿,必须留备缓急,碍难分调;南洋枪队无多,防务紧要,亦难酌拨。"且兵势聚则气盛,分则力弱。若于两处零星抽拔,兵将素不相习,转临敌贻误。"[⑤]所以于六月初十日上奏,建议将"素习西洋枪炮,训练有年,步伐整齐,技艺娴熟"由记名提督唐定奎统领驻扎在徐州的武毅"铭"字一军十三营,移缓就急,调拨赴台。

李鸿章的建议迅速为清廷所采纳,六月十二日,上谕饬令唐定奎统带所部6500人由徐州拔赴瓜洲口,由李宗羲、张树声饬调沪局轮船暨雇用招商局轮船驶赴瓜洲,分起航海赴台,听候沈葆桢调遣。[⑥] 七月十六日(8月27日),唐定奎率第一批援台淮军抵达,驻扎凤山,台湾军心为之一振。第二批五营亦于八月初五日抵达澎湖。另张其光与吴光亮所募粤勇2000余人,亦乘所雇轮船于十七日到旗后登岸。[⑦] 一时兵勇聚集,防御力量大大

---

① 王元穉.甲戌公牍钞存[M].台湾文献丛刊第39种.台北:台湾银行,1959:92,105.

② 六月己卯(初八日)福州将军文煜、闽浙总督兼署福建巡抚李鹤年、办理台湾等处海防兼理各国事务沈葆桢、帮办台湾事宜福建布政使潘霨奏[M]//同治甲戌日兵侵台始末.台湾文献丛刊第38种.台北:台湾银行,1959:44-47.

③ 王元穉.甲戌公牍钞存[M].台湾文献丛刊第39种.台北:台湾银行,1959:87.

④ 李鸿章.论台湾兵事(五月十一日)[M]//李鸿章.李文忠公选集.台北:台湾大通书局,1987:33-34.

⑤ 李鸿章.派队航海防台折(六月初十日)[M]//李鸿章.李文忠公选集.台北:台湾大通书局,1987:42-44.

⑥ 清穆宗实录选辑[M].台湾文献丛刊第190种.台北:台湾银行,1963:156-157.

⑦ 王元穉.甲戌公牍钞存[M].台湾文献丛刊第39种.台北:台湾银行,1959:127,134.

增强。沈葆桢以这些雄厚兵力为后盾,在南北两路同时进行"开山抚番"工作,给日军予相当的压力与威慑。

第六节　中日间外交折冲樽俎与《互换条约》的签订

日本在出兵台湾的同时,也派遣柳原前光作为驻华全权公使,除履行公使职责外,也奉命掌理处分台湾之相关交涉事宜。同治十三年四月初四日(1874年5月19日),柳原自横滨起程,于十三日(28日)抵达上海。由于对西乡对闽浙总督之答复及与沈葆桢之应接过程未能详细了解,不便行事,且对清廷是否会承认其使臣职权心中无数,尤其担心前往天津后将面对李鸿章方面严厉的论调,故柳原决定暂且滞留上海,俟南北两地情势明朗后再相机北上。① 中国方面由两江总督李宗羲指派苏松太道沈秉成及江苏布政使应宝时与柳原会谈交涉。沈秉成责问柳原日本出兵之理由,柳原强调"生番"是化外之民,土地为化外之地;沈氏则认为先前副岛种臣并未向中国总理衙门大臣议及出兵;即便要出兵,按理应先照会中国。双方谈判无大进展。四月十六日(5月31日),应宝时与柳原会面,双方唇枪舌剑,展开激烈辩论。应宝时谴责日本出兵不仅侵犯中国主权,且未经谈判,有违和亲国之所为与诋毁国际公法,要求日本务必撤兵;柳原则称去年早已告知总理衙门"生番"之事,且此次西乡亦曾先行文照会福建总督,并无违背友谊之处,中国的撤兵之论是妨碍日本的"义举"。应宝时又质问日本讨"番"是否仅为尽义务加以惩处还是将来有占有该地之目的? 柳原则辩说日本以行义为先,日后之措施次之,刻意回避"占有"话题。② 双方不欢而散。

　　① 柳原公使自上海陈三大臣及寺岛外务卿有关沈道台来馆与总理衙门书柬、沈应陆书状及其他数件[M]//台湾文献馆.处蕃提要.黄得峰,王学新,译.南投:台湾文献馆,2005:213-220.
　　② 柳原公使自上海陈三大臣及寺岛外务卿有关沈道台来馆与总理衙门书柬、沈应陆书状及其他数件[M]//台湾文献馆.处蕃提要.黄得峰,王学新,译.南投:台湾文献馆,2005:213-220.

　　四月下旬，帮办台湾事务的福建布政使潘霨离京回闽路过上海之际，于二十二、二十三日（6 月 6、7 日）与柳原举行谈判，双方并有文书互相往来。柳原表示日师既出交锋，西乡奉有君命，岂肯轻退，日本已经布告通国，誓其保民之义，何可中止？西乡奉命须办三件事："一、捕前杀害我民者诛之；二、抵抗我兵为敌者杀之；三、蕃俗反复难制，须立严约，定使永远誓不剿杀难民之策。"[①]潘霨则针对这三条提出答复：第一条、第二条系专指牡丹社、卑南社二处杀害之"生番"而言，与别社并未滋事之"生番"无涉，足见办事头绪分明。如再有滋事者，应由中国派兵查办，事属可行。第三条所云中国自当照约竭力保护，拟于海船经过要隘，或设营汛，或派兵船，或设望楼灯塔，使商船免致误入，再被"生番"扰害。[②] 柳原见潘霨复函中有"足见办事头绪分明"一语，如获至宝，自以为潘霨已经承认"讨蕃是为日本政府之义举"，"事渐有进展"，而沾沾自喜，并承诺等潘霨与沈葆桢详细研商后寄发正式照会书时，正式向日本政府请示并等待指令。[③]

　　柳原关于对华谈判的如意算盘是，第一步"由潘霨依约提出正式照会，使清政府明白承认我讨蕃之举为义举……尔后计划将蕃地归为我版图之方略则完全由庙议精密策划后决定，而以其为第二局之目标来进行"。[④]然而，此时日本侵台的军事行动共已开销各种费用达一百三十六七万元之谱，"前后金额实已不少，且此后至结束为止之费用亦难以估计"；而且渡台士兵中除了遭狙击或死于战地者外，其余"因风土炎热而罹病致死者，于长崎病院已有四十余名，尚有近日将由蕃地送回长崎之患者三百名"。[⑤] 军费浩繁和大批士兵罹病死亡给日本很大的压力，使其不得不重新审视原来

　　① 柳原公使致福建布政使潘霨函[M]//台湾文献馆.处蕃提要.黄得峰，王学新，译.南投：台湾文献馆，2005：237.

　　② 福建布政使潘复柳原公使函[M]//台湾文献馆.处蕃提要.黄得峰，王学新，译.南投：台湾文献馆，2005：238.

　　③ 柳原公使自上海陈三大臣及寺岛外务卿有关潘霨往返信函及其他数件[M]//台湾文献馆.处蕃提要.黄得峰，王学新，译.南投：台湾文献馆，2005：232-235.

　　④ 柳原公使自上海陈三大臣、外务卿有关都督与清官谈判偿金之电报等事宜[M]//台湾文献馆.处蕃提要.黄得峰，王学新，译.南投：台湾文献馆，2005：298-299.

　　⑤ 大隈长官致函柳原公使有关蕃地死伤患者之略记、经费支给之概算等事宜[M]//台湾文献馆.处蕃提要.黄得峰，王学新，译.南投：台湾文献馆，2005：299-300.

的计划和目标。7月9日,大隈重信在致柳原函中就提到:"有关台湾蕃地处分一事,当然不可违背最初出发前所奉内谕之旨,但现在应仔细思考将来设施之事宜、先后缓急之策略等彼我之事情、情况等,经朝议凝思决定后,拟于下次船班派一官员赴其地,面谈庙算所在。"①7月11日,西乡派信使来沪向柳原通报与潘霨会谈的详情。西乡在会谈中提出赔偿金一说,不仅打乱了日方关于西乡只负责军事而由公使负责外交的分工计划,而且暴露了日方谈判的底牌,令柳原颇为不满,他在致日本三大臣及外务卿的信函中抱怨道:"若一开始西乡将谈判事宜完全推给下官,就不会发生混淆,岂有开谈后所牵扯如此盘根错节情形!"②而潘霨在给柳原的复函中明确地拒绝了日方提出的赔偿金,更使柳原感到恼怒不已,决定于7月18日起程进京,直接与总理衙门交涉。

当时日本报纸及外国人中盛传李鸿章等人言论主张激烈,而趋向于战争,且听说福州、上海之制造所尽全力铸造大炮炮弹,准备水雷,并招募水兵等。日方认为"万一由彼(指中国)先发动时,则成为重大失策,实为国家之大患","故此对内调整兵备,对外贯彻谈判,乃不可延宕之事,丝毫疏忽不得",③遂于7月13日派外务省四等出仕田边太一携带指令赴上海向柳原面授机宜,并对与中国谈判定下了基本原则:(1)日本出兵台湾问罪,乃为保民义举;(2)清国政府视该地为化外而不理,不可称其为所属地方乃毋庸置疑之事;(3)占领台湾,制定使蕃民不再猖狂之法为日本既定之志向,此绝非为贪图其地利与人民;(4)中国政府如为巩固其疆域,而对日本在台地有危惧不安之情时,则日本将其地全部奉还亦毫不足惜,但对于日本所靡费之财货、所折损之人命,应给予相当之赔偿。④ 指令中还详细规定了

　　① 大隈长官致函柳原公使有关蕃地死伤患者之略记、经费支给之概算等事宜[M]//台湾文献馆.处蕃提要.黄得峰,王学新,译.南投:台湾文献馆,2005:299-300.

　　② 柳原公使由上海上陈三大臣、外务卿有关潘霨与西乡谈判因与前约龃龉而责问潘、沈及辩驳等事宜之一号至六号来函[M]//台湾文献馆.处蕃提要.黄得峰,王学新,译.南投:台湾文献馆,2005:302-322.

　　③ 三大臣致函柳原公使有关兵备调整谈判贯通告谕及函送陆海军内示案等事宜[M]//台湾文献馆.处蕃提要.黄得峰,王学新,译.南投:台湾文献馆,2005:323-325.

　　④ 三大臣致函柳原公使有关兵备调整谈判贯通告谕及函送陆海军内示案等事宜[M]//台湾文献馆.处蕃提要.黄得峰,王学新,译.南投:台湾文献馆,2005:323-325.

《与清官谈判应注意事项》,如"与清国委员谈判蕃地处分事宜时,皆应依附件要领,不可有丝毫屈挠之处,且要尽力促使谈判达成,不可无故拖延立约盖章之期";"谈判之要领虽在于获得偿金后让与所攻取之地。但一开始不可露出欲索偿金之情,此为想要由我方掌控每次谈判主动权之故";"谈判逐渐涉及偿金,而认及其数额时,固然不拟要求额外金额,但尽量不由我方提出数额";"谈判之要领为,如满足我方要求时,应尽速订约";"前文条约成立后,正式通知政府时,政府为着手都督撤其在台地之军队。是故,订约之日必应迅速以电报预报政府",[①]等等。

为了配合柳原在北京与总理衙门谈判,日本还同时任命李仙得为特例办务使,派其前往福建,向闽浙总督李鹤年、福州将军文煜等人游说,施加压力。其游说的主旨为:"第一,清国政府既视台湾蕃地为化外,自然为无主之地,故日本政府征服之后,该地就有属于日本之道理。第二,日本政府既已于台湾蕃地有其权力,但若清国政府要此地时,必须订定约定,确立方法,以使蛮民尔后决不再对航海之日本人及外国人施以凶虐无道之行径。且须对日本政府赔偿征服该地所花之费用。"[②]同时还指示其将谈判的情形用电报与柳原互通气脉。六月二十三日(8月5日),李仙得一行抵厦门。次日,美国驻厦门领事恒德申(Henderson)即奉驻上海总领事西华的指示,将其逮捕。理由是李仙得有劝促、协助并教唆日本出兵侵入台湾,违反了美国法律和美国对于中美条约所应负的义务,破坏了寄托于是项法律和条约上的和平。虽然李仙得被解送上海后,即由西华宣布释放,但已无法执行其特例办务使的任务,以支援柳原在北京的外交谈判。李仙得对此极端不满,即在上海匿名出版了《台湾番地是中华帝国之一部乎?》(*Is Aboriginal "Formosa" a part of the Chinese Empire*?)一书,到处散布"台湾番地无主论",为日军出兵侵占台湾制造借口。七月,李仙得又与抵沪的大久保通利会合,加入其谈判代表团。

柳原接到日本国内指示后即于六月初四日(7月17日)自上海出发,

---

① 三大臣致函柳原公使有关兵备调整谈判贯通告谕及函送陆海军内示案等事宜[M]//台湾文献馆.处蕃提要.黄得峰,王学新,译.南投:台湾文献馆,2005:323-325.

② 任命李仙得为特例办务使之主旨书[M]//台湾文献馆.处蕃提要.黄得峰,王学新,译.南投:台湾文献馆,2005:328.

初八日(21日)抵天津,六月十一日(7月24日)即会晤李鸿章。李鸿章对日本未经知会擅自出兵台湾一事提出抗议,柳原答称西乡系奉日本朝命出兵,退兵仍应候朝廷旨意;自己是奉旨来通好的,不能做主。李鸿章指责日本一面发兵到中国境内,一面又叫人来通好,是"口说和好之话,不做和好之事"。并诘问牡丹等社已被烧毁劫杀,三件事已办了,为何还不退兵?① 柳原答云尚未办得彻底。最后,柳原不顾李鸿章所提在天津就地商谈解决台事的建议,于数天后离开天津径赴北京。

柳原于六月十八日(7月31日)抵京,自六月二十五日至七月十九日与总理衙门大臣举行了四次会谈,双方并多次照会往来。六月二十五日,柳原在致恭亲王奕訢照会中称中国"从前弃番地于化外,是属无主野蛮,故戕害我琉球民五十数名,强夺备中难民衣物,悯不知罪,为一国者杀人偿命、捉贼见赃,一定之理,何乃置之度外,从未惩治?既无政教,又无法典……我国视为野蛮,振旅伐之也"。② 文祥在当日的辩论中即明确回答:"台湾是中国邦土,自一定若说野蛮,是我们邦土的野蛮。如要办,亦该我们自己办。"柳原责问:"既是贵国所属邦土,从前杀人之惨,何以不办?"文祥答:"说中国不办,从前日本有照会否?既无照会,则琉球我们自己属国,已经地方官办理。"③总署大臣又责问台湾"生番",系中国地方,两国修好条规,大书两国所属邦土,不相侵越。日本照会所称无主野蛮,殊为无礼。柳原前光及郑永宁皆系上年随副岛种臣来京人员,又证以副岛种臣来京时,并未与中国商明,何以捏称中国允许日本自行办理?柳原无可狡赖,只得承认总署从无允许之事。④

七月初二日(8月13日),总署大臣董恂、沈桂芬、崇纶等前往答拜柳原时,双方又举行了会谈,当时田边太一及日驻厦门领事福岛九成刚到北京也来谒见。会谈中郑永宁传柳原话云:"日本朝廷以琉球岛向归所属,如

① 李鸿章.与东使柳原前光、郑永宁问答节略(六月十一日)[M]//李鸿章.李文忠公选集.台北:台湾大通书局,1987:47-51.

② 日本国柳原前光照复[M]//同治甲戌日兵侵台始末.台湾文献丛刊第38种.台北:台湾银行,1959:105-106.

③ 六月二十五日问答节略[A].中国第一历史档案馆,外务部档:2155号.

④ 恭亲王等又奏[M]//同治甲戌日兵侵台始末.台湾文献丛刊第38种.台北:台湾银行,1959:97-101.

同附庸之国,视如日本人一样。其人被'生番'伤害,日本是应前来惩办的。"董、沈云:"贵国人受害一事,内中并无人命。"柳云:"抢其衣物,几乎致死,幸有人救了,后承贵国送回。"沈等指出:"日本朝廷视'生番'为无主者,大约以先是不知道,如今想已明白'生番'实系中国地方,贵国民人如有被害之事,应行文中国,由中国办理。"最后,郑永宁传柳原话云:"日本既已带兵到'生番'地方,应如何归着,刻下柳原之意是要求各位大人示以定见,好令田边回复本国。"董、沈等答称:"我们自当回明王爷并告知各位中堂大人。我们先有一言奉复:'生番'是中国地方,必应由中国办理!"①同日,恭亲王给柳原复照中,列举事实,再次对"'生番'为无主野蛮"之说加以驳斥:"查台湾府志,非为今日与贵大臣详辩而始有此书也。内载雍正三年归化'生番'一十九社,输饷折银各节。牡丹社即十九社之一,亦在瑯峤归化'生番'十八社中。治本等六十五社,即卑南觅之七十二社。志书所列番社,指不胜屈,皆归台郡厅县分辖。合台郡之生番,无一社不归中国者。又恭载乾隆年间裁减番饷之圣谕,复详其风俗,载其山川,分别建立社学等事。番社为中国地方,彰明较著若此。贵大臣即以为野蛮,亦系中国野蛮;有罪应办,亦为中国所应办。若谓其戕害琉球民,则琉球国王应请命于朝廷"。②

初四日(15日),柳原在照复中重申前议,措词强硬,称:日本为一独立强国,伐一无主野蛮,何用获得邻国允许?如番地果属中国,何不在日军抵台的消息传到之时,就要求其撤退?他还认为"此系两国大事,名义所关,不宜徒事辩论,必须及早分晰各家所归",要求中方提出台事究竟如何办理的定议。③

初六日(17日),双方又在总署举行会谈。恭亲王奕䜣向柳原表示,中日两国谊切比邻,有辅车唇齿之义,两国无论何国胜负,总非我两国之利。现在不再辩论曲直是非,只应想一了结此事之法,须两国均可下场。并多

① 同治十三年七月初二日成、沈、董、崇、夏大人答拜柳原问答节略[A].北京:中国第一历史档案馆,外务部档:2155号.

② 给日本国柳原前光照复[M]//同治甲戌日兵侵台始末.台湾文献丛刊第38种.台北:台湾银行,1959:106-108.

③ 日本国柳原前光照复[M]//同治甲戌日兵侵台始末.台湾文献丛刊第38种.台北:台湾银行,1959:108-109.

方设譬,层层启发,冀其从此悔悟,自为转圜,以维护双方友好关系。然而,柳原不但不以平和态度继续商谈,却在初九日(20日)致函总署,咄咄逼人,要求在三天之内对其于初四日(8月15日)所提出的要求予以答复。如届时不答复,他将派员返回东京,向日本政府报告,认为中国朝廷对日本派兵入台并无异议。柳原在信末还再次强调"贵国别有何等施设方法,指明后局,使本国此役不属徒劳,可令下得了场,以固睦谊,是本大臣肺腑之望"。①

尽管柳原语带威胁,但总理衙门并不为其所动,而且恭亲王也看出日方的意图,称"推其意,若以不言饷我,欲使兵费等说,皆出之中国之口,则在彼既得便宜,又留体面"。②乃于十一日(22日)致函柳原,指出:"'生番'所居既属中国舆地,自应由中国抚绥施政",驳斥日本在台"设官施政"之非是。并表示"现在下场办法,自应还问贵国,缘兵事之端非中国发之,由贵国发之也。若欲中国决定裁复,则曰台湾'生番'确是中国地方。若问后局方法,则曰惟有贵国退兵后,由中国妥为查办;查办既妥,各国皆有利益"。③总理衙门的这项正式答复使柳原更加不耐烦,他在十三日(24日)致恭亲王的照会中认为"贵衙门所论如此,直与两家叠次辩论仍画一样葫芦,终无了日",表示日本"既仗自主之权,伐一无主之野蛮,奚容他国物议?"且宣称日本政府有决心对台湾"番"地"渐次抚妥,归我风化"。④这项近似狂妄自大的照复只能证明柳原的整个任务已无法完成。十九日(30日),双方在总理衙门再次会晤,总理衙门也表现出同样强硬的态度,不但再次坚持中国对台湾"番"地的领土主权,而且警告柳原"从此不可再以不

① 日本国柳原前光来函[M]//同治甲戌日兵侵台始末.台湾文献丛刊第38种.台北:台湾银行,1959:110-111.

② 恭亲王等又奏[M]//同治甲戌日兵侵台始末.台湾文献丛刊第38种.台北:台湾银行,1959:97-101.

③ 给日本柳原前光信函[M]//同治甲戌日兵侵台始末.台湾文献丛刊第38种.台北:台湾银行,1959:111-112.

④ 日本国柳原前光照会[M]//同治甲戌日兵侵台始末.台湾文献丛刊第38种.台北:台湾银行,1959:112-113.

和好之言相迫"。①

在双方采取强硬立场及互不相让的情况下,谈判于 1874 年 8 月底陷入僵局。日本原先想以军事上有限度的成功来赢取政治上的利益的如意算盘,显然已难以实现,而柳原前光入觐同治皇帝,呈递国书的要求也理所当然遭到中国方面的拒绝。

就在柳原的使命于中日双方互相责难中陷于停顿之际,日本政府开始对出兵台湾的全盘形势重加检讨。此时日本政府接获报告,得悉中国已加强战备,而西方列强也日渐对中国的立场表示同情。曾经建议对台湾用兵以疏解国内反对派不满情绪的大久保利通此时已开始感到各方面的压力。早在三月三十日(5 月 15 日),大久保就表示愿对因未能阻止西乡远征而引起的后果负完全责任。6 月 30 日,他亲自请求内阁会议任命他为谈判使者前往北京。为了应付可能发生的各种紧急事态,大久保于 7 月下旬进一步向内阁会议提出一系列计划,包括加强日本的军事准备,以应付更大规模的战争及争取国际舆论的支持等。六月二十三日(8 月 5 日),日皇发布敕旨,任命大久保为全权办理大臣,派赴中国,代替柳原进行谈判。敕旨中指示柳原所奉之秘密敕旨和由田边太一传达之各项纲领以不动为原则;谈判以保全两国亲善交谊为主,但必要时则拥有决定和战之权;同时对驻华之日本文武官员拥有指挥进退之权。②

面对谈判的僵局,中国方面也在寻找各种解决的方案。第一种方案即沈葆桢原先所提的"联外交",请各国公使公评曲直一节,因外国驻华公使多半作壁上观,不肯为中国出面干涉,而且李鸿章认为"各国虽未明帮日人,未始不望日人之收功获利,断无实心帮我者",③而予以放弃。第二种方案是集洋股,雇洋人,开采"番"矿,以各国分占,牵制日本的野心。但是

---

① 七月十九日问答记[A].北京:中国第一历史档案馆,外务部档:2155 号;七月二十日文祥给日本柳原节略[A].北京:中国第一历史档案馆,外务部档:2155 号.

② 致大久保办理大臣之敕旨[M]//台湾文献馆.处蕃提要.黄得峰,王学新,译.南投:台湾文献馆,2005:355-356.

③ 李鸿章.论柳原入京[M]//李鸿章.李文忠公选集.台北:台湾大通书局,1987:51-52.

李鸿章又认为："分令各国占地,尤虑喧宾夺主,且此时各国方坐观成败,未肯出头。"①第三种方案则是让琅峤成为通商口岸,此乃英国公使威妥玛的意思。沈葆桢认为"若添琅峤为通商口岸,本地既无出产,来货又无销路,各国何利之有? 若以内山为通商地面,使各国分握利源,喧宾夺主,番性本属不驯,台湾从此多事;且恐云南、四川等腹地,援例要求通商,流弊更大"。②李鸿章则觉得沈葆桢所虑似亦中肯,"惟目前彼此均不得下台,能就通商一层议结,洵是上乘文字。好在台湾系海外偏隅,与其听一国久踞,莫若令各国均沾。但通商章程必须妥立,嗣后官制兵制,似亦略须变通耳。柳原谆谆于指明后局,使该国此役不属徒劳,是其注意实在占地、贴费二端,落到通商,必非所愿"。③而且总署也认为"通商或仅添一琅峤口岸,日人固未厌所欲,各国亦何所贪图?"④因此这一方案也被放弃了。

台湾方面,中国虽然调集淮军枪队,但只为设防备御,并非想与日本动武,并无必要时不惜与日军一战的打算。李鸿章也担心"若我军齐集,遽与接仗,即操胜算,必扰各口,恐是兵连祸结之象",⑤故叠函劝沈葆桢"只自扎营操练,勿遽开仗启衅;并密饬唐提督到台后,进队不可孟浪。西乡苟稍知止足,无断以兵驱逐之理"。⑥

七月上旬,大久保利通已到中国,同时还盛传日军集兵6万将攻金陵、津沽。十六日(8月27日),李鸿章提出解决台事的另一方案,称:"平心而论,琉球难民之案,已阅三年,闽省并未认真查办,无论如何辩驳,中国亦小有不是。万不得已,或就彼因为人命起见,酌议如何抚恤琉球被难之人,并念该国兵士远道艰苦,乞恩犒赏饩牵若干,不拘多寡,不作兵费,俾得踊跃

---

① 李鸿章.复沈幼丹节帅[M]//李鸿章.李文忠公选集.台北:台湾大通书局,1987:56-58.

② 李鸿章.论台事归宿(七月十六日)[M]//李鸿章.李文忠公选集.台北:台湾大通书局,1987:64-66.

③ 李鸿章.论台事归宿(七月十六日)[M]//李鸿章.李文忠公选集.台北:台湾大通书局,1987:64-66.

④ 李鸿章.复沈幼丹节帅[M]//李鸿章.李文忠公选集.台北:台湾大通书局,1987:63-64.

⑤ 李鸿章.复王补帆中丞[M]//李鸿章.李文忠公选集.台北:台湾大通书局,1987:55.

⑥ 李鸿章.论台防[M]//李鸿章.李文忠公选集.台北:台湾大通书局,1987:55-56.

回国。且出自我意，不由彼讨价还价，或稍得体，而非城下之盟可比。内不失圣朝包荒之度，外以示羁縻勿绝之心。"①

七月二十一日，大久保抵天津，但并未拜会李鸿章，而是通过美国驻天津副领事毕德格放出风声，称"不给兵费，必不退兵，且将决裂，扰乱中国各口"云云。② 李鸿章于二十四日与毕德格会晤后立刻向总署报告此事，并就即将与大久保举行的谈判策略提出建议：与大久保交涉应避免激烈决绝之语。中国现拟办法，仍如柳原在上海与潘霨所议三条，请大久保查明日本及日本属国人民（不必提琉球，免致彼此争较属国）在"番"地先后被害若干人？是何姓名？以便中国查拿凶酋问抵，并酌议抚恤，嗣后当设法保护，不准"番"人再有扰害行旅情事等云云。并说"此先发制人之计，若待彼先开口，或彼先照会，词气失平，便难登答"。③

大久保于七月三十日（9月10日）到京，八月初四日（9月14日）即与总理衙门展开谈判。与柳原前光所称"番地为无主野蛮"不同，大久保改变策略，以中国政教不及台湾"番"地为由来否定中国对"番"地的主权，并以福岛九成与枋寮"番"地居民谈话记录为据。最后提出两项书面问题：第一，中国既以"生番"之地谓为在版图内，然则何以迄今未曾开化"番"民？夫谓一国版图之地，不得不由其主设官化导，不识中国于该"生番"，果施几许政教乎？第二，现在万国已开交友，人人互相往来，则于各国，无不保护航海之安宁。况中国素以仁义道德闻于全球，然则怜救外国漂民，固所深求。而见"生番"屡害漂民，置之度外，曾不惩办，是不顾怜他国人民，唯养"生番"残暴之心也。有是理乎？④ 要求中方答复。

总理衙门虽然事前接到李鸿章的建议，应用先发制人之计，但被大久保抢得先机之后，只好坚守原则，逐条据理予以辩驳。如此，谈判的焦点又

　　① 李鸿章.论台事归宿[M]//李鸿章.李文忠公选集.台北:台湾大通书局,1987:64-66.
　　② 李鸿章.述美国副领事毕德格面议节略[M]//李鸿章.李文忠公选集.台北:台湾大通书局,1987:70-72.
　　③ 李鸿章.述美国副领事毕德格面议节略[M]//李鸿章.李文忠公选集.台北:台湾大通书局,1987:70-72.
　　④ 大久保面递第一条,大久保面递第二条[M]//同治甲戌日兵侵台始末.台湾文献丛刊第38种.台北:台湾银行,1959:144.

回到台湾"番"地主权之争上,双方先后经过四轮近一个月的会谈及照会往来,毫无进展。九月初一日(10月10日),大久保在照会中又连篇累牍,仍事辩论,强词夺理,并以回国相威胁,但在照会末也提出:"贵大臣果欲保全好谊,必翻然改图,别有两便办法。"①初七日(16日),文祥致函大久保,称"贵大臣如真欲求两便办法,彼此自可详细熟商"。② 中日双方遂于初九日(18日)举行第五次会谈,双方停止有关"番"地领土主权的争论,转入"两便办法"的具体协商。大久保承认中国所说的"生番"为中国地方,对中国之政教实不实也不再提,但称日本此举数月中,伤亡、病殁兵勇,所花费用应由中国偿给,方可使本国兵回去。中方则称对日本不知台湾"番"境为中国地方而加兵一节,可以不算日本的不是。漂民被害案件,日本兵退之后,仍由中国查办。案中被害之人或其家属,查明实情,由中国皇帝恩典予以酌量抚恤。至于费用一层,中方认为两国并未失和打仗,如何能讲偿费。③ 谈判至此有了实质性的进展。

九月十一日,双方举行第六次会谈。大久保对于抚恤,必欲问明数目。中方答称必须日本退兵,中国方为查办。因担心大久保误会以抚恤代兵费之名,又告诉说中国实在只能办到抚恤,并非以此代兵费之名。大久保恐日本退兵后如何办法放心不下,要求写一详细明白办法。中方遂将前议自行查办四条以书面形式提出:

> 一、贵国从前兵到台湾"番"境,既系认台"番"为无主野蛮,并非明知是中国地方加兵。夫不知中国地方加兵,与明知中国地方加兵不同。此一节可以不算日本的不是。

> 二、今既说明地属中国,将来中国于贵国退兵之后,中国断不再提从前加兵之事,贵国亦不可谓此系情让中国之事。

> 三、此事由台"番"伤害漂民而起,贵国退兵之后,中国仍为查办。

① 大久保照会[M]//同治甲戌日兵侵台始末.台湾文献丛刊第38种.台北:台湾银行,1959:157-160.

② 日本外交文书:第7卷[M/OL].东京:外务省.[2015-06-10]. http://www.mofa.go.jp/mofaj/annai/honsho/shiryo/archives/7.html.

③ 重阳面谈节略[A].北京:中国第一历史档案馆,外务部档:2155号.

四、贵国被害之人,将来查明,中国大皇帝恩典酌量抚恤。①

大久保则要求此外给予另单,写明抚恤银数额,但未得到中方同意。双方因抚恤数目又发生分歧,郑永宁到总署告知,日本"须索银洋五百万圆,至少亦须银二百万两,不能再减"。② 九月十四日(10月23日),双方最后一次在总署举行会谈,大久保"仍切切于允给银数,而所言皆指费用"③,并说"无数目,他实在不能回去"。④ 中方则认为抚恤是中国皇帝优待日本之意,不妨从丰,但大久保所说数目实在太远,且"虽就抚恤办理,而为数过多,是无兵费之名,而有兵费之实",故难以通融迁就。⑤ 双方严词激辩,不得要领。末了,大久保故技重施,表示议无成绪,即欲回国,并重提"'生番'为无主野蛮,日本一意要办到底"。中方则仍坚持"台番是中国地方,应由中国自主"。彼此不欢而散。

因中国官员不肯屈从其所提出的抚恤金数目,大久保在无法与中方达成协议的情况下,悻悻然准备于九月十七日作登车离京之计。临行前,他于十五日访问英国驻华公使威妥玛,先向其辞行,接着又诉苦说未得"书面",不能回国,并表示日本愿在赔偿金数目上让步。在探明大久保来意之后,威妥玛决定出面调停,向总理衙门施压,使中国屈服于日本的要求范围。

九月十六日,威妥玛前往总理衙门,初示关切,继为恫吓之词,并谓日本所欲200万两,数并不多,非此不能了局。总理衙门权衡利害重轻,认为情势迫切,若不稍予转机,不独日本铤而走险,事在意中,中国武备未有把握,随在堪虞。且顾虑若令威妥玛无颜而去,转足坚彼之援,益我之敌。遂

① 九月十一日大久保等来署面谈节略[A].北京:中国第一历史档案馆,外务部档:2155 号.

② 九月辛酉(二十二日)总理各国事务恭亲王等奏[M]//同治甲戌日兵侵台始末.台湾文献丛刊第 38 种.台北:台湾银行,1959:174-178.

③ 九月辛酉(二十二日)总理各国事务恭亲王等奏[M]//同治甲戌日兵侵台始末.台湾文献丛刊第 38 种.台北:台湾银行,1959:174-178.

④ 毛大人、文中堂、沈大人与大久保问答节略[A].北京:中国第一历史档案馆藏,外务部档:2155 号.

⑤ 九月辛酉(二十二日)总理各国事务恭亲王等奏[M]//同治甲戌日兵侵台始末.台湾文献丛刊第 38 种.台北:台湾银行,1959:174-178.

告以中国允支付 10 万两给同治十年(1871)受害琉球人家属作为抚恤,再允将日本在"番"社修道、造房等件,留为中国之用,给银 40 万两,两项合计最多不能超过 50 万两。①

当晚,威妥玛通知大久保,称中国已经接受日方要求。大久保随即前往英国公使馆,两人针对中方提出的草案细加商量,大久保亲自动笔删去中方条文中关于日本承认台湾"番"地为中国所属地的部分以及中国皇帝恩典酌量抚恤的文字,并添加"日本国属民""保民义举"等对日本有利的字句。并请威氏转告中方绝不可改变"书面"内容,否则,日方将宣告谈判破裂。总署顾及英使的面子,表示同意大久保所撰写的"书面"内容。只是对赔偿问题,主张分为两部分,抚恤部分为银 10 万两,但兵费部分,总署不愿照写,改为"日本退兵,在台地所有修道建房等,中国愿留自用,准给费银四十万两"。②

九月二十二日(10 月 31 日),在威妥玛的见证之下,中日双方谈判代表正式签订《互换条约》,内容如下:

> 照得各国人民有应保护不致受害之处,应由各国自行设法保全。如在何国有事,应由何国自行查办。兹以台湾"生番",曾将日本国属民等妄为加害,日本国本意惟该"番"是问,遂遣兵往彼,向该"生番"等诘责。今与中国议明退兵,并善后办法,开列三条于后:
>
> 一、日本国此次所办,原为保民义举起见,中国不指以为不是。
>
> 二、前次所有遇害难民之家,中国定给抚恤银两。日本所有在该处修道、建房等件,中国愿留自用。先行议定筹补银两,另有议办之据。
>
> 三、所有此事两国一切来往公文,彼此撤回注销,永为罢论,至于该处"生番",中国自宜设法妥为约束,以期永保航客,不能再受

---

① 九月辛酉(二十二日)总理各国事务恭亲王等奏[M]//同治甲戌日兵侵台始末. 台湾文献丛刊第 38 种. 台北:台湾银行,1959:174-178.

② 日本外交文书:第 7 卷[M/OL]. 东京:外务省. [2015-06-10]. http://www.mofa.go.jp/mofaj/annai/honsho/shiryo/archives/7.html.

凶害。①

另有《互换凭单》，规定日本国从前被害难民之家，中国先准给抚恤银10万两。又日本退兵，在台地所有修道、建房等件，中国愿留自用，准给费银40万两；同治十三年十一月十二日（日本明治7年12月20日），日本国全行退兵，中国全数付给，均不得愆期。②

条约签订之后，大久保于九月二十九日（11月7日）到上海向江海关领取抚恤银10万两，旋动身赴台，于十月八日（11月16日）到琅峤传谕退兵。翌日，向沈葆桢提出《蕃地交代事宜节略》五条，沈遂派台湾知府周懋琦前往办理接收事宜，计营房130多间，板片1200多片。十一月十二日（12月20日）中国银两全数付给，日军亦全部撤回，历时7个多月的"牡丹社"事件终告结束。

日本图谋侵占台湾，由来已久。1874年的"牡丹社"事件，是日本将侵台图谋付诸行动的第一次尝试。在此次日军侵台事件中，美国原驻厦门领事李仙得等人为虎作伥，充当帮凶，起了重要作用。由于中国方面在军事上加强防备以及在外交谈判中据理力争，日本侵占台湾的图谋最终未能得逞。

总计"牡丹社"侵台之役，日本共投入兵力3658人，其中将校及下级军官781人，军属172人，士兵2643人，工役62人，军舰5艘，运输船13艘。死亡573人，其中战死者12人，病死者561人，负伤者17人。共支出军费361万余日元，另加船舶购买费等，共计支出771万余元。③中国支付白银50万两，合日本币78万元。如由费用而言，此役日本可以说完全得不偿失。然而，大隈重信认为此役"不但清廷承认琉球人为日本居民、琉球群岛为日本领土，且使各外国认识日本的兵力，再加英、法两国自幕府末年迫害外国人以来即驻兵横滨，现亦因而撤退，故在明治外交上，所受间接的利

---

① 互换条约[M]//同治甲戌日兵侵台始末.台湾文献丛刊第38种.台北：台湾银行，1959：178-179.

② 互换凭单[M]//同治甲戌日兵侵台始末.台湾文献丛刊第38种.台北：台湾银行，1959：179.

③ 庄司万太郎.1874年日本出师台湾时 Le Gendre 将军之活跃[J].台湾银行季刊，1959，10（3）.

益,是很大的"。①

实际上,在"牡丹社"事件中,中国方面自始至终从未承认琉球人为日本居民、琉球群岛为日本领土,大隈重信所谓"清廷承认琉球人为日本居民、琉球群岛为日本领土"之说完全是自欺欺人之谈。但清政府破财消灾的做法,既暴露了海防的空虚,又表现出外交的懦弱,在一定程度上助长了日本对外侵略扩张的野心,为其后日本并吞琉球以及 20 年后发动甲午战争和割占台湾埋下了祸根。

---

① 庄司万太郎.1874 年日本出师台湾时 Le Gendre 将军之活跃[J].台湾银行季刊,1959,10(3).

第六章　清廷治台政策的转变与台湾近代化建设的开始

　　同治末年日军侵台事件给予清廷上下极大的震动，事件平息之后，中国展开了一场关于海防问题的大讨论，对加强海防建设达成了共识，同时对台湾的战略地位也有了一个全新的认识。钦差大臣沈葆桢则以办理日兵侵台善后事宜为契机，多方筹划，开创了台湾近代化建设的新局面。福建巡抚丁日昌则承先启后，继之而起，进一步绘制了台湾近代化的蓝图，为台湾的近代化建设奠定了坚实的基础。

第一节　关于海防问题的大讨论及对台湾地位的新认识

　　同治十三年三月（1874 年 5 月），日本以琉球船民被害为借口，出兵侵台，东南海疆出现了危机。虽然中日双方最后经外交谈判，签订了《北京专条》，了结此事。但作为东邻的蕞尔小国日本亦敢来寻衅，而中国方面竟然苦无备御之策，予中国朝廷上下以极大震动。李鸿章在九月二十日复沈葆桢的书中指出："今乃以抚恤代兵费，未免稍损国体，渐长寇志。……往不可谏，来犹可追。原我君臣上下从此卧薪尝胆，力求自强之策，勿如总署前书所云：有事则急图补救，事过则乃事嬉娱耳。"①大学士文祥也奏称："夫日本，东洋一小国耳，新习西洋兵法，仅购铁甲船二只，竟敢借端发难，而沈葆桢及沿海疆臣等佥以铁甲船尚未购妥，不便与之决裂。是此次之迁就了

---

　　① 李鸿章.复沈幼丹节帅[M]//李鸿章.李文忠公选集.台北：台湾大通书局，1987：91-92.

事,实以制备未齐之故。若再因循泄沓,而不亟求整顿,一旦变生,更形棘手。伏恳饬下沈葆桢、李鹤年悉心筹商,所有在台兵勇应如何酌留?全台事宜应如何布置?均宜经画周妥,以善将来。并会同南北洋通商大臣,将前议欲购未成之铁甲船、水炮台及应用军械等件,赶紧筹款购买。无论如何为难,务须设法办妥,不得以倭兵已回,稍涉松劲。果能实事求是,兵械日精,彼族虽欲谋我,或当知难而退。即使狡然思逞,而我既有备,亦可恃以无恐矣。"①主持总理衙门的恭亲王奕訢等更是痛定思痛,于九月二十七日联衔上《海防亟宜切筹,武备必求实际》折,指出:"现在日本之寻衅生番,其患之已见者也。以一小国之不驯,而备御已苦无策。西洋各国之观变而动,患之濒见而未见者也。倘遇一朝之猝发,而弭救更何所凭?及今亟事绸缪,已属补苴之计。至此仍虚准备,更无求艾之期。惟有上下一心,内外一心,局中局外一心,自始至终,坚苦贞定,且历之永久一心,人人皆洞悉底蕴,力事讲求,为实在可以自立之计,为实在能御外患之计,庶几自强有实,而外侮潜消。昔人云,能守而后能战,能战而后能和,此人所共知,而今日大局之万不可缓者也。"②奏折以日军侵台事件为戒,提出"练兵、简器、造船、筹饷、用人、持久"等六条意见,建议饬下南北洋大臣、滨海沿江各督抚、将军,详加筹议,将逐条切实办法,限于一月内奏复,再由在廷王大臣详细谋议。③

同日,清廷即将奕訢等亟筹海防原折由六百里密谕李鸿章、李宗羲、沈葆桢、都兴阿、李鹤年、李瀚章、英翰、张兆栋、文彬、吴元炳、裕禄、杨昌浚、刘坤一、王凯泰、王文韶等十五位滨海沿江督抚、将军,着"详细筹议,将逐条切实办法,限于一月内复奏。此外别有要计,亦即一并奏陈,总期广益集思,务臻有济,不得以空言塞责"。④ 十月十三日,总理衙门又将丁日昌所拟海洋水师六条章程,奏准饬下南北洋通商大臣、沿海沿江各将军、督抚等

---

① 十月丁酉(二十八日)大学士文祥奏[M]//同治甲戌日兵侵台始末.台湾文献丛刊第 38 种.台北:台湾银行,1959:200-202.

② 九月丙寅(二十七日)总理各国事务恭亲王等奏[M]//同治甲戌日兵侵台始末.台湾文献丛刊第 38 种.台北:台湾银行,1959:181-182.

③ 九月丙寅(二十七日)总理各国事务恭亲王等奏[M]//同治甲戌日兵侵台始末.台湾文献丛刊第 38 种.台北:台湾银行,1959:181-182.

④ 清穆宗实录选辑[M].台湾文献丛刊第 190 种.台北:台湾银行,1963:167-168.

议复,汇入该衙门前奏,仍于一月内一并妥议复奏。① 同时,总理衙门以陕甘总督左宗棠"留心洋务,熟谙中外交涉事宜",也请其"筹议切实办法,以为集思广益之助"。② 由此,在清廷上下开展了一场关于海防问题的大讨论。

光绪元年(1875)正月二十九日,总理衙门奏称各督抚复奏已先后到齐,请饬下廷臣"悉心详细切实会议",当日奉旨:"着派亲、郡王会同大学士、六部、九卿悉心妥议,限一月内复奏。"③嗣后,又将奕䜣、世铎等奉旨复议奏折及于凌辰、王家璧、郭嵩焘、薛福成等条陈再发交总理衙门讨论。总理衙门又向熟谙洋务官员征询意见,讨论范围不断扩大。截至四月底,各督抚等议复折片、清单及有关官员的条陈已经超过 70 件,同时,总理衙门又与留心时事的京官及先后来京的大臣李鸿章、英翰、曾国荃、杨岳斌、丁日昌以及郭嵩焘等"面为询稽,详悉探讨"。在广泛征集意见的基础上,总理衙门王大臣经过"悉心拟议",于四月二十六日上《遵议筹办海防各事》折,并将附单两件恭呈御览。同日,下旨将加强海防措施的上谕由六百里密谕李鸿章、沈葆桢、左宗棠等二十九位滨海沿江及有关省份的督抚、将军。历时 7 个月的海防大讨论遂告一段落。

本次海防大讨论的内容主要涉及以下若干方面:其一,要不要加强海防及海防与塞防的关系;其二,为什么要加强海防及"攘外"与"安内"的关系;其三,如何加强海防及海防与陆防、购买与自造、开源与节流、使用与培养、人与武器的关系等。④ 在此次关于海防的大讨论中,大部分官员从海疆危机的新形势出发,检讨了以往对海防不重视,或仅停留在口头上而缺乏实际行动的错误。恭亲王在原奏中指出:"溯自庚申之衅,创巨痛深,当时姑事羁縻,在我可亟图振作。人人有自强之心,亦人人为自强之言,而迄今仍并无自强之实。从前情事,几于日久相忘。臣等承办各国事务,于练

---

① 十月壬午(十三日)总理各国事务恭亲王等奏[M]//同治甲戌日兵侵台始末.台湾文献丛刊第 38 种.台北:台湾银行,1959:190-191.

② 奕䜣䜣等奏折及附片[M]//中国史学会.洋务运动:第 1 册.上海:上海人民出版社,1961:102-106.

③ 清德宗实录选辑[M].台湾文献丛刊第 193 种.台北:台湾银行,1964:4.

④ 陈在正.1874—1875 年清政府关于海防问题的大讨论与对台湾地位的新认识[J].台湾研究集刊,1986(1):45-59.

兵、裕饷、习机器、制轮船等议,屡经奏陈筹办,而歧于意见,致多阻格者有之,绌于经费,未能扩充者有之,初基已立而无以继起久持者有之。同心少,异议多,局中之委曲,局外未能周知,切要之经营,移时视为恒泛,以致敌警猝乘,仓惶无备。"①盛京将军都兴阿也指出:当时"中外臣民因皆有卧薪尝胆之心,蓄锐以俟之志。乃迄今沿海各处之防务仍无把握,几于日久相安"。②两广总督英翰及安徽巡抚裕禄在联衔奏折中也分析道:"庚申以后,各省或因腹地未靖,兵力被分,或因协款过多,饷力较绌,是以各求戒备之策,而尚未臻久远之谋,以致小丑跳梁,上劳宸虑。"③

经过这场讨论,大多数督抚基本上对加强海防事宜达成了共识。英翰及裕禄在奏折中主张"海防本为今日全局第一要务"。④礼亲王世铎等则指出:"窃思庚申以来,夷人恣意横行,实千古未有之变局,亦天下臣民所共愤。正宜卧薪尝胆,精求武备,为雪耻复仇之计。况上年倭人有事'生番'虽暂就和局,难保必无后患。故筹办海防一事,实为今日不可再缓之举","海防为最要之图"。⑤江苏巡抚吴元炳认为:"御外之道莫切于海防,海防之要莫重于水师。"⑥醇亲王奕譞也认为"夷务为中原千古变局,海防为军旅非常之举。今日立办,固非先着;若再因循,将何所恃?诚如原奏所称,为不可再缓之事"。⑦故各疆臣之奏及丁日昌之条陈"佥以海防为应办"。⑧

---

① 九月丙寅(二十七日)总理各国事务恭亲王等奏[M]//同治甲戌日兵侵台始末.台湾文献丛刊第 38 种.台北:台湾银行,1959:181-182.

② 盛京将军都兴阿奏[M]//同治甲戌日兵侵台始末.台湾文献丛刊第 38 种.台北:台湾银行,1959:202-204.

③ 十一月壬寅(初三日)升任两广总督英翰、安徽巡抚裕禄奏[M]//同治甲戌日兵侵台始末.台湾文献丛刊第 38 种.台北:台湾银行,1959:209-217.

④ 十一月壬寅(初三日)升任两广总督英翰、安徽巡抚裕禄奏[M]//同治甲戌日兵侵台始末.台湾文献丛刊第 38 种.台北:台湾银行,1959:209-217.

⑤ 世铎等奏折(光绪元年二月二十七日)[M]//中国史学会.洋务运动:第 1 册.上海:上海人民出版社,1961:118-120.

⑥ 十一月丙寅(二十七日)江苏巡抚吴元炳奏[M]//同治甲戌日兵侵台始末.台湾文献丛刊第 38 种.台北:台湾银行,1959:295-296.

⑦ 陈在正.1874—1875 年清政府关于海防问题的大讨论与对台湾地位的新认识[J].台湾研究集刊,1986(1):45-59.

⑧ 奕訢奏折(光绪元年二月二十七日)[M]//中国史学会.洋务运动:第 1 册.上海:上海人民出版社,1961:116-118.

在此次大讨论中,人们对于日本对外侵略扩张的本性有了较深的认识,了解到日本是当时中国最主要的外敌,把加强海防建设与防止日本侵略联系起来。大学士文祥在奏折中指出:"日本与闽、浙一苇可杭[航]。倭人习惯食言,此番退兵即无中变,不能保其必无后患。"主张目前"惟防日本为尤亟"。① 这种观点得到大多数人的赞同。李鸿章认为"目前惟防日本为尤急,洵属老成远见"。因为日本自近年改制后,习西洋兵法,并多派学生赴西国学习器艺,多借洋债,与英人暗结党援,其势日张,其志不小,故敢称雄东土,藐视中国,有窥犯台湾之举。"泰西虽强,尚在七万里以外,日本则近在户闼,伺我虚实,诚为中国永久大患。"② 所以,加强海防的大讨论主要是为了御外,首先是为了对付日本的扩张和侵略,并防御从海上前来侵略的西方列强。

雍正年间,被后人誉为"筹台巨匠"蓝鼎元也多次提到台湾战略位置的重要,称:"台湾海外天险,治乱安危,关系国家东南甚巨。其地高山百重,平原万顷,舟楫往来,四通八达。外则日本、琉球、吕宋、噶啰吧、暹罗、安南、西洋、荷兰诸番,一苇可杭;内则福建、广东、浙江、江南、山东、辽阳,不啻同室而居,比邻而处,门户相通,曾无藩篱之限,非若寻常岛屿郡邑介在可有可无间。"③

通过此次关于海防的大讨论,朝廷上下对台湾的战略地位也有了全新的认识。其实,早在康熙年间,福建水师提督施琅就指出台湾地方北连吴会,南接粤峤,乃"江浙闽粤四省之左护","东南数省之藩篱"。④ 乾隆年间,内阁学士吴金也说过:台湾"虽弹丸一府,而控制□洋,近则为江、浙、

---

① 十月丁酉(二十八日)大学士文祥奏[M]//同治甲戌日兵侵台始末.台湾文献丛刊第 38 种.台北:台湾银行,1959:200-202.

② 李鸿章又奏[M]//同治甲戌日兵侵台始末.台湾文献丛刊第 38 种.台北:台湾银行,1959:233-235.

③ 蓝鼎元.复制军台疆经理书[M]//蓝鼎元.鹿洲全集.蒋炳钊,王钿,点校.厦门:厦门大学出版社,1995:551-556."杭"古通"航",《诗·卫风·河广》曰:"谁谓河广,一苇杭之。"

④ 施琅.恭陈台湾弃留疏[M]//靖海纪事.王铎全,校注.福州:福建人民出版社,1983:120-124.

粤、闽之保障,远则为燕、齐、辽、□之应援,南北万里,资其扼要"。① 然而,在清代前期的150多年之间,始终没有发生过严重的外患。所谓的"三年一小反,五年一大反",主要是移民间的分类械斗和百姓反对封建统治的斗争。所以尽管台湾是个多乱之区,但大多数人认为台湾之患率由内生,鲜由外至。

道光二十年(1840)鸦片战争爆发,台湾的地位开始发生变化,由于英军数次侵扰台湾、厦门,闽浙总督开始认识到"闽洋紧要之区,以厦门、台湾为最,而台湾尤为该夷歆羡之地,不可不大为之防"。② 第二次鸦片战争之后,淡水、打狗等口岸被迫开放,列强势力直接进入岛内,由于特殊的战略位置和丰富的物产,台湾自然就成为列强觊觎的主要目标。此后几年之间先后发生了美国舰队侵犯琅峤、英军炮击安平以及英、德商人占垦大南澳等侵略活动。同治末年日本不宣而战,出兵侵台,对中国而言,更是一次重大的警示。在大讨论中,许多人赞同御外之端为国家第一要务,御外之中又以防日本为尤亟。而不管是防日还是御外,台湾都首当其冲,因而对台湾的战略地位有了新的认识。清廷在同治十三年十月二十八日的上谕中就指出:"台湾之事现虽权宜办结,而后患在在堪虞。……亟宜赶紧筹划,以期未雨绸缪。"③沈葆桢指出:"年来洋务日密,偏重于东南,台湾海外孤悬,七省以为门户,其关系非轻。"④丁日昌也认为:"东南七省之逼近海洋,为洋舶所可朝发夕至者。……从古中外交涉,急于陆者恒缓于水,固未有水陆交逼,处处环伺如今日之甚者也。"而日本"觊觎台湾,已寝食痁寐之不忘",主张加强防卫,"以固东南枢纽"。⑤ 李宗羲则从整个东亚的形势来考察台湾的地位,在复奏中指出:"台湾一岛,形势雄胜,与福州、厦门相为犄

---

① 内阁学士吴金奏折[M]//台案汇录丙集.台湾文献丛刊第176种.台北:台湾银行,1963:291-293.

② 道光二十年五月二十日闽浙总督邓廷桢奏[M]//佚名.筹办夷务始末选辑.台湾文献丛刊第203种.台北:台湾大通书局,1987:10-13.

③ 清穆宗实录选辑[M].台湾文献丛刊第190种.台北:台湾银行,1963:169.

④ 沈葆桢.请移巡抚折(同治十三年十一月十五日)[M]//沈葆桢.福建台湾奏折.台湾文献丛刊第29种.台北:台湾银行,1959:4-5.

⑤ 李鸿章.代陈丁日昌议复海防事宜(光绪元年)[M]//道咸同光四朝奏议选辑.台湾文献丛刊第288种.台北:台湾银行,1971:45-68.

角,东南俯瞰噶啰巴、吕宋,西南遥制越南、暹罗、缅甸、新加坡,北遏日本之路,东阻泰西之往来,实为中国第一门户,此倭人所以垂涎也。"①左宗棠也认为台湾、定海如人之左右手,"亟宜为之防"。②

光绪元年(1875)四月二十六日,总理衙门将各方面讨论的意见归纳后,上《遵议筹办海防事宜折》,同日,清廷下了一道加强海防的上谕,密寄滨海沿江督抚、将军,作为这次海防大讨论的总结。

第二节　沈葆桢——台湾近代化建设的倡导者

沈葆桢,福建侯官人,道光二十七年(1847)进士,翰林出身,历任九江知府、江西巡抚等职。同治五年(1866),经左宗棠推荐出任福建船政大臣,创建船政学堂,陆续成船十余艘,第一批赴英、法的海军留学生即他所派遣。除了才德兼备、忠孝性成之外,沈葆桢在督办福建船政期间,还经常与外籍人员日意格、德克碑等人讲求中外时势,目染耳濡,深谙洋情、海防及自强之道。同治十三年,发生日兵侵台事件,沈葆桢临危受命,办理台湾事务,社会舆论一致认为其为最佳人选。《申报》曾以《闻沈钦使将往台湾》为题发表评论,称:"朝廷简任沈钦使,不但为得人之庆,且可规久远之模。诚以沈钦使籍隶八闽,督办船政,民情风土易于周知。况乡党众口交推,中外华洋共信。宏才卓诚,闻望声名,诚夐乎寰区,超迈于瀛海矣。此次果能前赴,不难迅奏肤功耳。"③

在办理日军侵台事件的过程中,沈葆桢对海疆防务的废弛、消极治台政策所造成的严重后果有了更深刻的体会,并意识到如不彻底革除旧弊,自强振作,仍然像过去一样,"有事则急图补救,事过则仍事恬嬉",后果将

---

①　十一月辛亥(十二日)两江总督李宗羲奏[M]//同治甲戌日兵侵台始末.台湾文献丛刊第 38 种.台北:台湾银行,1959:257-266.

②　左宗棠.上总理各国事务衙门[M]//左宗棠.左文襄公奏牍.台湾文献丛刊第 88 种.台北:台湾银行,1960:99-106.

③　闻沈钦使将往台湾[M]//清季申报台湾纪事辑录.台湾文献丛刊第 247 种.台北:台湾大通书局,1984:97-98.

不堪设想。在其致李鸿章及福建督、抚等人的函件中多次表达了自己的看法,如"倭兵纵知难而退,傲备断不当废于半途。当备者不独倭,乘此时备之,事方有济";①"中国将来求如有明中叶仅防倭寇,恐不可得。不乘此时猛醒,以后恐无下手处";②"彼退而吾备益修则帖耳而去,彼退而吾备遂弛则又抵隙而来"③等等。

同治十三年九月廿二日,中日双方经过谈判最后达成《台事专约三条》,十月廿五日,日兵全部撤走,日军侵台的事件终于画上句号。但沈葆桢却并不认为可以就此高枕无忧,而是开始从国家海防的角度对台湾善后问题作长远的考虑。在上朝廷的奏折中指出:"台地向称饶沃,久为他族所垂涎;今虽外患暂平,旁人仍眈眈相视,未雨绸缪之计,正在斯时。而山前、山后其当变革者,其当创建者,非十数年不能成功。"④沈葆桢主张以办理日军侵台的善后事宜为契机,痛改过去因循守旧的做法,努力开创台湾建设的新局面。"惟此次之善后。与往时不同。台地即所谓善后,即台地之所谓创始也";尽管他也知道"善后难,以创始为善后则尤难",⑤但他不畏艰难,知难而上,殚精竭虑,以超人的远见卓识以及非凡的勇气提出了许多积极治台的新主张,并付诸实施,开启了台湾近代化建设的序幕。

一、废除旧禁,招徕移民,开山抚"番"

清平定台湾后,于康熙二十四至二十五年间(1685—1686)根据施琅的相关建议颁布了大陆移民渡台的三条有关政策:

1.欲渡航台湾者,先给原籍地方之照单,经分巡台厦兵备道之稽

---

① 沈葆桢.致李子和制军[M]//沈葆桢.沈文肃公政书.台北:文海出版社,1966:116.

② 沈葆桢.致王中丞补帆[M]//沈葆桢.沈文肃公政书.台北:文海出版社,1966:152.

③ 李鸿章.复沈幼丹节帅[M]//李鸿章.李文忠公选集.台北:台湾大通书局,1987:34-35.

④ 沈葆桢.请移驻巡抚折(同治十三年十一月十五日)[M]//沈葆桢.福建台湾奏折.台湾文献丛刊第 29 种.台北:台湾银行,1959:1-5.

⑤ 沈葆桢.请移驻巡抚折(同治十三年十一月十五日)[M]//沈葆桢.福建台湾奏折.台湾文献丛刊第 29 种.台北:台湾银行,1959:1-5.

查,依台湾海防同知之审验,许之;潜渡者处以严罚。

2.渡航台湾者,不准携伴家眷;既渡航者不得招致之。

3.粤地(广东)屡为海盗渊薮,以其积习未脱,禁其民之渡台。①

其中粤地人民渡台之禁在施琅于康熙三十五年去世后,已不再施行。乾隆五十三年(1788)平定林爽文起义之后,钦差协办大学士、陕甘总督办理将军事务福康安奏准嗣后安分良民,情愿携眷来台湾者,由地方官查实给照,准其渡海。移民携眷来台的禁令从而取消。但"移民渡台必须领照,并经官方查验,禁止无照偷渡"之规定,则三令五申,一直在执行,并对于无照偷渡的行为规定了种种严厉的处罚条例,如偷渡之人被拿获,杖八十,递回原籍;文武失察者,分别议处。拿获偷渡船只,将船户等分别治罪,文武官议处,兵役治罪。如有充作客头,在沿海地方引诱偷渡之人,为首者充军,为从者杖一百、徒三年;互保之船户及歇寓知情容隐者杖一百、枷一个月。内地商人置货过台,由原籍给照,如不及回籍,则由厦防厅查明取保给照,该厅滥给,降三级调用。又无照人民过台,失察之口岸官照人数分别降调,隐匿者革职,等等。②

台湾的土著居民,历史文献中习称为"土番",有所谓"熟番"和"生番"之分。为了防止"生番"外出杀人及汉人进入"番地"而滋生事端,清廷采取汉"番"隔离的政策,在"番地"设立土牛、红线,立石为界,不许汉人私入"番"境。规定:"凡民人偷越定界私入台湾番境者,杖一百;如近番处所偷越深山抽藤、钓鹿、伐木、采棕等项,杖一百,徒三年;如有贿纵,计赃从重论。"③

多年以来限制大陆移民渡台以及禁止民人私入"番"境的消极的治台政策造成台湾内山"原住民"地区开发的严重滞后和行政管理的缺失,给列强的窥伺觊觎提供了种种可乘之机,同治年间美国舰队侵犯瑯峤、英德商

---

① 伊能嘉矩.台湾文化志(中)[M].台湾省文献委员会,编译.台中:台湾省文献委员会,1991:409;李祖基.论清代政府的治台政策[J].台湾研究,2001(3):89-96.

② 清会典台湾事例[M].台湾文献丛刊第226种.台北:台湾银行,1966:30-31;沈葆桢.台地后山请开旧禁折(同治十三年十二月初五日)[M]//沈葆桢.福建台湾奏折.台湾文献丛刊第29种.台北:台湾银行,1959:12.

③ 清会典台湾事例[M].台湾文献丛刊第226种.台北:台湾银行,1966:169.

人占垦大南澳乃至日兵侵台的"牡丹社"事件,莫不肇因于此。沈葆桢在渡台之前对清廷消极治台政策之弊端及其所埋下的隐患已经有了初步的认识。抵台后,针对日军在台的相关形势,立即提出三项措施:"一曰理喻,一曰设防,一曰开禁。"虽然"开禁非旦夕所能猝办,必外侮稍定,方可节节图之",[①]但沈葆桢已结合军事上的设防部署,分南中北三路,由袁文桥、黎兆棠及罗大春等人负责,率领军队"无事以之开路,有事以之护番"。[②] 到同治十三年底,南北各路虽渐开通,而深谷荒埔人踪罕到,有可耕之地,而无入耕之民。日来招集垦户,而应者寥寥。沈葆桢认识到"欲开山不先招垦,则路虽通而仍塞;欲招垦不先开禁,则民裹足而不前",乃于十二月初五上《台地后山请开旧禁折》,建议清廷揆时度势,因时变通,"将一切旧禁尽与开豁,以广招徕"。[③] 光绪元年正月初十日,清廷颁发上谕迅速批准了沈葆桢的建议:"沈葆桢等将后山地面设法开辟,旷土亟须招垦。一切规制,自宜因时变通。所有从前不准内地民人渡台各例禁,着悉与开除。其贩买铁、竹两项,并着一律弛禁,以广招来",[④]实行近 200 年的封禁政策从此全部废除。接着沈葆桢又于厦门、汕头、香港分设招垦局,订立章程,由官方提供船票、种子、农具、耕牛及一年半的生活费用,招徕移民前往台湾东部内山从事开垦。

在沈葆桢的计划中,"开山抚番"是一个相辅相成必须同时并举的系统工程,"夫务开山而不先抚番,则开山无从下手;欲抚番而不先开山,则抚番仍属空谈"。[⑤] 在同治十三年夏天,沈葆桢就分南、中、北三路开山。南路又分两线:由海防同知袁文桥负责八月间自赤山入鸡笼坑,离昆仑坳十余里,当地番众帮助辟路。九月距卑南 80 余里,但当地荒险异常,又遭"番"

---

① 钦差大臣沈葆桢等奏[M]//王元穉.甲戌公牍钞存.台湾文献丛刊第 39 种.台北:台湾银行,1959:72-73.

② 钦差大臣沈葆桢等奏[M]//王元穉.甲戌公牍钞存.台湾文献丛刊第 39 种.台北:台湾银行,1959:111.

③ 沈葆桢.台地后山请开旧禁折(同治十三年十二月初五日)[M]//沈葆桢.福建台湾奏折.台湾文献丛刊第 29 种.台北:台湾银行,1959:11-13.

④ 清德宗实录选辑[M].台湾文献丛刊第 193 种.台北:台湾银行,1964:2.

⑤ 沈葆桢.请移驻巡抚折[M]//沈葆桢.福建台湾奏折.台湾文献丛刊第 29 种.台北:台湾银行,1959:1-5.

众狙击,十月底通至卑南。自赤山经双溪口、内社、昆仑坳、大石岩、诸也葛、干仔伦、大猫里到卑南共计 170 里。① 另一条由台湾镇总兵张其光负责,从射寮经红泥嘴、大万溪、大猫里等地到卑南计 214 里。② 北路由福建陆路提督罗大春负责自苏澳至奇莱计 200 余里。中路光绪元年正月由南澳镇总兵吴光亮负责,自林圯埔、社寮两路分开,至大坪顶合为一路,进到顶城,再入茅埔,四月到达合水,开路 26 里,③ 十一月开至山后璞石阁共计 265 里。④ "平路以横宽一丈为准,山蹊以横宽六尺为准,俾榛莽勿塞,车马可行。"⑤ 光绪元年(1875)九月,沈葆桢奏报开山成果:"南路则由内埔、昆仑、诸也葛、大猫厘等处而入卑南;北路则由苏澳、大南澳、三层城、马邻溪、鲤浪港等处而抵加礼宛、秀姑峦;中路由大坪顶、大水窟、凤凰山、茅埔、东埔等处而抵霜山。计三路开地各数百里、百余里不等。"⑥

实际上,沈葆桢提出的"开山"除了解决交通的问题之外,还包括屯兵卫、刊林木、焚草莱、通水道、定壤则、招垦户、给牛种、立村堡、设隘碉、致工商、设官吏、建城郭、设邮驿、置廨署等内容;"抚番"则包括选土目、查"番"户、定"番"业、通语言、禁仇杀、教耕稼、修道涂、给盐茶、易冠服、设"番"学、变风俗等等。所以在分路开山向"番界"推进之时,"抚番"及招民屯垦事宜也同时展开。同治十三年八九月间,沈氏即致函在北路开山的罗大春,请其"就近劝富绅林维让于已开路处分段屯垦"。⑦ 由于当时旧禁未开,人民裹足不前,沈葆桢又指示:"沿途险夷不等,非垦田则已开之路无由保全,绅

---

① 王元穉的《甲戌公牍钞存》第 134 页与屠继善的《恒春县志》(台湾文献丛刊第 75 种)第 307 页,为 175 里。

② 夏献纶的《台湾舆图》(台湾文献丛刊第 45 种)第 50 页与屠继善的《恒春县志》第 307 页,为 240 里。

③ 沈葆桢.北路中路情形片(光绪元年五月二十三日)[M]//沈葆桢.福建台湾奏折.台湾文献丛刊第 29 种.台北:台湾银行,1959:49.

④ 夏献纶.台湾舆图[M].台湾文献丛刊第 45 种.台北:台湾银行,1987:77;温吉.台湾番政志[M].南投:台湾省文献委员会,1999:241.

⑤ 王元穉.甲戌公牍钞存[M].台湾文献丛刊第 39 种.台北:台湾银行,1959:112.

⑥ 沈葆桢.请奖剿番开山出力人员折(光绪元年九月二十八日)[M]//沈葆桢.福建台湾奏折.台湾文献丛刊第 29 种.台北:台湾银行,1959:77-78.

⑦ 罗大春.台湾海防并开山日记[M].台湾文献丛刊第 308 种.南投:台湾省文献委员会,1977:26.

民既无应者,不得不行此法。兵勇有愿挈家入山结茆而居者,听之;有与生番两愿通昏[婚]姻者,亦听之,能教生番耕种,则尤佳。"① 在"抚番"方面,据沈葆桢《北路中路情形片》所述,北路开山到花莲港之南时曾沿途招抚木瓜、大吧笼、吗哒崦等二十九番社,男女丁口 17719 人。南路的"抚番"工作则因狮头社"番"叛乱,游击王开俊被杀,而不得不"易抚为剿",由提督唐定奎率军深入山区攻剿,历时四个月方告戡定,招抚龟纹、射不力等番社。

应该指出的是沈葆桢开山抚"番",开发台湾东部山区的主要目的是推广政令,移民实边,加强海防建设,以杜绝列强的觊觎之心,经济利益乃居其次。诚如他在《会筹全台大局疏》中所说的:"臣之经营后山者,为防患计,非为兴利计,为兴利尽可缓图,为防患必难中止。外人垂涎台地,非一日非一国也。去岁倭事,特嚆矢耳。……台地闽左屏藩,七省门户,天气和暖,年谷易成。后山一带,我不尽收版图,彼必阴谋侵占";② "人第知今日开山为抚番,固不知今日抚番实以防海也,第知豫筹海防之关系台湾安危,而不知豫筹海防之关系南北洋全局也"。③

二、移驻巡抚,添设府县

沈葆桢认为欲将台湾真正建成七省门户、海防重镇,除了上述开山抚"番"这一开创性的重任之外,更需对台湾原有的种种积弊,如班兵之惰窳、蠹役之盘踞、土匪之横恣、民俗之慆淫、海防陆守之俱虚、械斗札厝之迭见、学术之不明、禁令之不守等全力加以整顿。④ 而不论是开创性的新政,还是旧积弊的清理,都需要有一主持大局之人。根据乾隆五十三年之规定,

---

① 沈葆桢.致罗景帅军门[M]//沈葆桢.沈文肃公牍.林海权,整理点校.福州:福建人民出版社,2008:203.

② 文煜、李鹤年、王凯泰、沈葆桢.会筹全台大局疏(光绪元年)[M]//道咸同光四朝奏议选辑.台湾文献丛刊第 288 种.台北:台湾银行,1971:73-76.

③ 文煜、李鹤年、王凯泰、沈葆桢.会筹全台大局疏(光绪元年)[M]//道咸同光四朝奏议选辑.台湾文献丛刊第 288 种.台北:台湾银行,1971:73-76.

④ 沈葆桢.请移驻巡抚折(同治十三年十一月十五日)[M]//沈葆桢.福建台湾奏折.台湾文献丛刊第 29 种.台北:台湾银行,1959:1-5.

闽浙总督、福建巡抚、福州将军及水师、陆路提督每年须有一人轮值,前往台湾巡查。① 然而,沈葆桢认为:"使臣持节,可暂而不可常。欲责效于崇朝,兵民有五日京兆之见;倘逾时而久驻,文武有两姑为妇之难"。② 而以台湾前后山的幅员计之,可建三府十数县,固非一府所能辖。如别建一省,条件尚未具备。因为台湾军饷需要福建协助,福建食米有赖台湾接济,彼此相依,不能离而为二。沈葆桢经过再三思量,觉得"年来洋务日密,偏重在于东南,台湾海外孤悬,七省以为门户,其关系非轻。欲固地险,在得民心;欲得民心,先修吏治、营政;而整顿吏治、营政之权,操于督、抚。总督兼辖浙江,移驻不如巡抚之便";"山前、山后其当变革者、其当创建者,非十数年不能成功;而化番为民,尤非渐渍优柔,不能浑然无间。与其苟且仓皇,徒滋流弊,不如先得一主持大局者,事事得以纲举目张,为我国家亿万年之计"。③ 遂于同治十三年十一月十五日上疏,提出"宜仿江苏巡抚分驻苏州之例,移福建巡抚驻台",并对巡抚移驻之好处一一作了详尽的论述:

> 镇、道虽有专责,事必禀承督、抚而行;重洋远隔,文报稽延,率意径行,又嫌专擅。驻巡抚,则有事可以立断,其便一。镇治兵、道治民,本两相辅也。转两相妨,职分不相统摄,意见不免参差,上各有所疑,下各有所恃,不贤者以为推卸地步,其贤者亦时时存形迹于其间。驻巡抚,则统属文武,权归一尊,镇、道不敢不各修所职,其便二。镇、道有节制文武之责,而无遴选文武之权。文官之贪廉、武弁之勇怯,督、抚所闻与镇、道所见,时或互异。驻台则不待采访,而耳目能周,黜陟可以立定,其便三。城社之巨奸、民间之冤抑,睹闻亲切,法令易行,公道速伸,人心帖服,其便四。台民烟瘾本多,台兵为甚;海疆营制久坏,台兵为尤。良以弁兵由督、抚、提、标抽取而来,各有恃其本帅之见。镇将设法羁縻,只求其不生意外之事,是以比户窝赌,如贾之于市、农

---

① 清高宗实录选辑[M].台湾文献丛刊第 186 种.台北:台湾大通书局,1984:570-571.

② 沈葆桢.请移驻巡抚折(同治十三年十一月十五日)[M]//沈葆桢.福建台湾奏折.台湾文献丛刊第 29 种.台北:台湾银行,1959:1-5.

③ 沈葆桢.请移驻巡抚折(同治十三年十一月十五日)[M]//沈葆桢.福建台湾奏折.台湾文献丛刊第 29 种.台北:台湾银行,1959:1-5.

之于田。有巡抚,则考察无所瞻徇,训练乃有实际,其便五。福建地瘠民贫,州、县率多亏累,恒视台地为调剂之区;不肖者黩法取盈,往往不免。有巡抚以临之,贪黩之风得以渐戢,其便六。向来台员不得志于镇、道,及其内渡,每造蜚语中伤之;镇、道或时为所挟。有巡抚,则此技悉穷,其便七。台民游惰可恶,而实懵直可怜。所以常闻蠢动者,始由官以吏役为爪牙、吏役以民为鱼肉,继则民以官为仇雠。词讼不清,而械斗札厝之端起;奸宄得志,而竖旗聚众之势成。有巡抚,则能预拔乱本而塞祸源,其便八。况开地伊始,地殊势异,成法难拘;可以因心裁酌,其便九。新建郡邑,骤立营堡,无地不需人才;丞倅将领可以随时札调,其便十。设官分职,有宜经久者、有属权宜者,随事增革,不至廪食之虚糜,其便十有一。开煤、炼铁有第资民力者,有宜参用洋机者;就近察勘,可以择地而兴利,其便十有二。①

李鸿章对沈葆桢的主张也极表赞同,谓为经久之计。然而,闽中督、抚对此持有不同意见,认为巡抚负有全省之责,不宜常川驻台,主张仿照直隶总督驻津之例,往来兼顾。由于移驻的确存在实际困难,沈葆桢最后也同意"省台兼顾"的方案。光绪元年十月,定为福建巡抚每年冬春二季驻台湾,秋夏二季驻福州。②

康熙年间台湾原有的行政区划只有一府三县,雍正元年(1723)起虽然陆续增设了彰化县及澎湖、淡水、噶玛兰三厅,但是随着土地的开发,经济的发展,特别是通商口岸的开放,原有的行政区划已经无法适应时代前进的步伐。沈葆桢渡台后根据实际情形的考察,决定对台湾的行政区划进行重新规划。同治六年(1867),台湾南部的琅峤曾受美国海军的攻击,十三年三月,日军侵台亦系在该地区登陆。沈葆桢感到这是台湾的一个重要地区,于十三年十二月率同台湾知府周懋琦、前署台湾总兵曾福元等抵达琅峤,亲履查勘,决定在该地筑城设治,名曰"恒春县",属台湾府管辖。③

---

① 沈葆桢.请移驻巡抚折(同治十三年十一月十五日)[M]//沈葆桢.福建台湾奏折.台湾文献丛刊第29种.台北:台湾银行,1959:1-5.

② 清德宗实录选辑[M].台湾文献丛刊第193种.台北:台湾银行,1964:18.

③ 沈葆桢.请琅峤筑城设官折(同治十三年十二月二十三日)[M]//沈葆桢.福建台湾奏折.台湾文献丛刊第29种.台北:台湾银行,1959:23-25.

又台湾北部淡水厅南北345里,辖地过广,人口40余万。淡水、鸡笼等开港已10多年,华洋杂处,交涉日繁,稽察难周,政教难齐。沈葆桢在台考察之后,认为"就今日之台北形势策之,非区三县而分治之,则无以专其责成;非设知府以统辖之,则无以挈其纲领",①遂对台湾北部的行政区划重新作了规划。艋舺地方沃壤平原,两溪环抱,村落衢市,蔚成大观;且与省城五虎门遥对:不特为淡水、噶玛兰扼要之区,且系全台北门之管钥。沈葆桢即于该处创建府治,名之曰"台北府";自彰化以北直达后山胥归控制,仍隶于台湾兵备道。将原淡水厅一分为二,自头重溪以南至彰化界之大甲溪止,南北相距百五十里,设立一县,名之曰"新竹县";南自中栃、头重溪,北至远望坑为界,设立一县,名之曰"淡水县"。原噶玛兰厅改为"宜兰县"。鸡笼一区通商以后竟成都会,且煤务方兴,工商四集,海防既重,讼事尤繁,以建县治,则其地不足。沈葆桢即在该地设基隆厅,改噶玛兰通判为台北府分防通判,移驻鸡笼以治之。② 光绪元年十二月二十日,清廷批准了沈葆桢在台北设立一府三县的规划。③ 这样台湾的行政区划就由原来的一府四县三厅,增为二府八县四厅。同时,沈葆桢又根据开山抚"番"的实际需要,奏请将台湾南路理"番"同知由台湾府城移驻卑南,将北路理"番"同知由鹿港移驻水沙连,并各加"抚民"字样,凡有民番词讼,俱归审讯,将来升科等事亦由其管理。④ 沈葆桢移驻巡抚和添设郡县等措施加强了对台湾南北内山的行政管理,为日后台湾正式建省奠下了基础。

三、倡办台湾电报线和基隆官煤厂

同治十三年四月十四日,沈葆桢被任命为钦差办理台湾等处海防兼理各国事务大臣,在渡台前夕,即与福州将军文煜、闽浙总督李鹤年等联衔上奏,提出"联外交、储利器、储人才、通消息"等四项对策。在"通消息"一项

---

① 沈葆桢.台北拟建一府三县折[M]//沈葆桢.福建台湾奏折.台湾文献丛刊第29种.台北:台湾银行,1959:55-59.

② 沈葆桢.台北拟建一府三县折[M]//沈葆桢.福建台湾奏折.台湾文献丛刊第29种.台北:台湾银行,1959:55-59.

③ 清德宗实录选辑[M].台湾文献丛刊第193种.台北:台湾银行,1964:19.

④ 沈葆桢.请改驻南北路同知片[M]//沈葆桢.福建台湾奏折.台湾文献丛刊第29种.台北:台湾银行,1959:60-61.

中指出台洋之险,甲诸海疆。欲消息常通,断不可无电线。计划由福州敷设陆路电线至厦门,再由厦门敷设水路电线至台湾,水路之费较多,陆路之费较省,合之不及造一轮船之赀,瞬息可通,事至不虞仓促。[①] 五月初一日,朝廷批准了这一计划,谕令所请设立电线以通消息一事,着沈葆桢等迅速办理。[②] 六月间,沈葆桢派法籍顾问、福州船政局监督日意格与上海丹麦人经营的电报公司洽商,邀请电线洋匠到台议价,双方商谈颇有眉目,拟先从台湾郡城敷设电线北至沪尾(淡水),转白沙渡海,过福清县之万安寨,登陆福州之马尾。准备该洋匠回沪与外国电报公司商定后,即来台湾,先行开始陆路的施工。[③] 然而,这项已有成言的电线之约,却因洋商欲以旧线充新,而徒生变卦。沈葆桢为免重款虚糜,亦饬令日意格不许迁就。[④] 虽然这一计划最终未能实施,却成为台海之间设立电报线嚆矢。

台湾鸡笼煤矿久为外人垂涎。福州船厂开工之后,曾派员驻台采购煤炭及木料。为了保证煤炭的供应,船政局官员曾计划在台设厂,自行开采。同治七年夏,船政局派遣煤铁监工都蓬(M. Dupont)赴基隆、深澳等矿区勘察。沈葆桢到台湾后进一步体验到开采基隆煤矿的必要性,指出:"垦田之利微,不若煤矿之利巨;垦田之利缓,不若煤矿之利速。"[⑤]计划以鸡笼煤矿的开采作为开发台湾资源的基础,进一步推动台湾的经济建设。

其时,李鸿章正拟于直隶磁州地方,筹开铁矿,所谓"英雄所见略同",故对沈葆桢的计划极表支持,称"内山开矿,为兴利创举,执事锐意行之,良可钦佩。……台地百产菁英,什倍内地,我公在彼,开此风气,善为始基,其

① 五月壬寅(初一日)福州将军文煜、闽浙总督兼署福建巡抚李鹤年、总理船政前江西巡抚沈葆桢奏[M]//同治甲戌日兵侵台始末.台湾文献丛刊第38种.台北:台湾银行,1959:18.

② 谕军机大臣等[M]//同治甲戌日兵侵台始末.台湾文献丛刊第38种.台北:台湾银行,1959:20.

③ 六月辛卯(十九日)办理台湾等处海防兼理各国事务沈葆桢等奏[M]//同治甲戌日兵侵台始末.台湾文献丛刊第38种.台北:台湾银行,1959:64.

④ 八月壬申(初二日)办理台湾等处海防大臣沈葆桢等奏[M]//同治甲戌日兵侵台始末.台湾文献丛刊第38种.台北:台湾银行,1959:117.

⑤ 沈葆桢.台煤减税片[M]//沈葆桢.福建台湾奏折.台湾文献丛刊第29种.台北:台湾银行,1959:13-15.

功逾于扫荡倭奴十万矣"。^① 为了扩大市场,使台煤出口畅旺,沈葆桢又于同治十三年十二月初五日,奏请将台煤的出口税由每吨税银六钱七分二厘,减为每吨税银一钱。^② 光绪元年(1875)四月二十六日,朝廷宣布所有海防事项,分别由南、北洋大臣督筹办理的同时,也同意开采煤铁事宜,准照李鸿章及沈葆桢的拟议,在磁州及台湾先行试办。^③

沈葆桢经与李鸿章往复函商,决定雇洋人,购洋器,用洋法开采台湾煤矿。光绪元年春,由总税务司赫德(Robert Hart)代为延聘的英籍矿师翟萨(David Tyzack)抵台,开始勘探工作,并于六月中旬提出报告,称基隆附近之老寮坑、深澳坑、大水坑、竹篙厝及暖暖附近之四脚亭、大坑埔等处煤质尚觉坚美,而以老寮坑为最,且山径低平,车路易造,水口较近,运费亦轻,便于开采,同时建议购买探矿钢钻及雇聘用钻洋工。沈葆桢采纳翟萨的建议,决定在老寮坑一带择定地方开办西式煤厂,并派翟萨前往英国购办开矿机器,同时延请采矿工匠前赴基隆从事开窑采煤事宜。^④ 七月,沈葆桢内渡后奉调两江总督,台湾官煤厂的筹办遂由闽抚接手督率办理。

四、充实军备,整顿营伍,巩固海防

沈葆桢渡台督办台湾防务后,发现台地班兵不可用,乃奏请"将台澎班兵疲弱者,先行撤之归伍,其旷饷招在地精壮充补,以固边防"。^⑤ 日军退兵之后,沈葆桢于光绪元年七月奏请仿淮、楚军营制归并台湾营伍,以五百人为一营。南路九营专顾凤山、台湾、嘉义三县;中路三营专顾彰化;北路三营专顾淡水、宜兰一带;澎湖两营专管澎湖。"均各认真训练,扼要驻

---

① 李鸿章.复沈幼丹节帅(九月二十日)[M]//李鸿章.李文忠公选集.台北:台湾大通书局,1987:91-92.

② 沈葆桢.台煤减税片[M]//沈葆桢.福建台湾奏折.台湾文献丛刊第 29 种.台北:台湾银行,1959:13-15.

③ 清德宗实录选辑[M].台湾文献丛刊第 193 种.台北:台湾银行,1964:8.

④ 沈葆桢.台北议购开煤机器片(光绪元年六月十八日)[M]//沈葆桢.福建台湾奏折.台湾文献丛刊第 29 种.台北:台湾银行,1959:59-60.

⑤ 沈葆桢等又奏[M]//同治甲戌日兵侵台始末.台湾文献丛刊第 38 种.台北:台湾银行,1959:29.

扎",归巡抚统辖。台湾镇总兵撤去"挂印"字样,并归巡抚节制。[①]

沈又认为"台地延袤一千余里,处处滨海,皆可登岸,陆防之重尤甚于水",奏请将安平台协水师三营改为陆路。鉴于旧有水师编制,战船仅能巡缉捕盗,已不合台湾海防作战之需要,奏将台、澎各营拖罾艇船八号全部裁撤,另将闽厂现造轮船分拨济用。[②]

沈葆桢在渡台之前就与闽浙总督等联名上奏,提出应购置铁甲船、水雷、洋枪等加强海防的建议。[③] 渡台之后又再三强调"设防之事,万不容缓"。澎湖为台厦命脉,而守备虚弱。沈即饬副将吴奇勋添募新勇一营,并派人至上海购大铁炮十尊加强防卫。[④] 虽然台地绵亘千余里,固属防不胜防,但沈葆桢觉得郡城仍是防守之根本。唯城去海十里,而近洋船炮力及之有余。沈葆桢计划于安平海口小阜突出处仿西洋新法,构筑三合土大炮台一座,安放西洋巨炮,使海口不得停泊兵船,而后郡城可守。[⑤] 该计划得到批准之后,沈葆桢即雇聘洋匠,踩址绘图,选择三鲲身海滨离城最近之地建筑炮台。外可遥击敌船,内可近卫郡治。炮台为方式,其制四面共宽一百八十丈,四角为凸形,中为凹形;凸者列大炮以利远攻,凹者列洋枪以防近扑。台顶至地高一丈六尺有奇,厚一丈八尺有奇,外更掘壕一重,壕岸以一丈为率,注水以七尺为常。台上容 1500 人,周围配大炮 5 尊、小炮 6 尊。除炮兵 272 名外,余皆洋枪队。台之下为避炮室,以备换班歇息,后为仓库,以储粮米药铅。其墙均须极厚,层层必以竹木撑持,敌炮乃不能入。炮台拟外围方砖,内塞以三合土;围砖则永无旁塌之虑,实土则不至为巨炮所

---

① 沈葆桢.请改台地营制折(光绪元年七月初八日)[M]//沈葆桢.福建台湾奏折.台湾文献丛刊第 29 种.台北:台湾银行,1959:62-64.

② 沈葆桢.请改台地营制折(光绪元年七月初八日)[M]//沈葆桢.福建台湾奏折.台湾文献丛刊第 29 种.台北:台湾银行,1959:62-64.

③ 五月壬寅(初一日)福州将军文煜、闽浙总督兼署福建巡抚李鹤年、总理船政前江西巡抚沈葆桢奏[M]//同治甲戌日兵侵台始末.台湾文献丛刊第 38 种.台北:台湾银行,1959:18.

④ 六月辛卯(十九日)办理台湾等处海防兼理各国事务沈葆桢等奏[M]//同治甲戌日兵侵台始末.台湾文献丛刊第 38 种.台北:台湾银行,1959:62-64.

⑤ 五月壬寅(初一日)福州将军文煜、闽浙总督兼署福建巡抚李鹤年、办理台湾等处海防兼理各国事务沈葆桢奏[M]//同治甲戌日兵侵台始末.台湾文献丛刊第 38 种.台北:台湾银行,1959:26-28.

173

第六章 清廷治台政策的转变与台湾近代化建设的开始

摧。外围之砖厚五尺有奇,约估丈数,已在六百万块以外,竹木石灰称之。[1] 安平炮台于同治十三年十月兴工,于次年八月竣工,沈葆桢在炮台城门上亲书"亿载金城"四字,此为中国最早兴建的新式炮台。沈氏又在台南旗后海口凿石垒土,建炮台6座。同时又购炮10尊,驻兵800名于东港炮台,以加强南部防务。沈葆桢还在台湾郡城按照洋式起造火药局和军装局,将上年办理防务时所购买洋炮、洋枪及军火器械等"慎为存储"。[2] 经过沈氏的努力与整顿,台湾的营制与武备趋于健全。

沈葆桢在其任内共两度莅台,第一次为1874年6月至1875年1月,第二次为1875年3月至8月。在此短短一年的时间内,他以非凡的魄力在台湾开创了一个全新的局面。更重要的是,在他的推动下,清廷的治台政策发生了根本性的改变,由原来的消极保守转向积极进取,所有这些为日后台湾正式建省奠定了良好的基础。因此,称沈葆桢为台湾近代化建设的创始者实不为过。

第三节　丁日昌的治台政绩

光绪元年(1875)十月,福建巡抚王凯泰病故,由丁日昌接任。丁日昌,广东丰顺人,早年受知于曾国藩,曾佐李鸿章在上海办理机器制造局。历任上海道、江苏布政使、江苏巡抚。与曾留美的容闳友善,第一次赴美留学生的派遣即由他所促成。李鸿章称其"吏治洋务,精罕能匹,足以干济时艰"。[3] 在朝廷关于海防问题的大讨论中,丁日昌上《筹议海防事宜疏》,由李鸿章代陈。丁日昌在疏中对海防大政及自强方针提出了全盘计划,李鸿章认为这些主张皆自己"意中欲言而未敢尽情吐露者",今得丁日昌淋漓大

① 钦差大臣沈葆桢等会奏[M]//王元穉.甲戌公牍钞存.台湾文献丛刊第39种.台北:台湾银行,1959:146-150.

② 沈葆桢.报明台郡城工完竣片[M]//沈葆桢.福建台湾奏折.台湾文献丛刊第29种.台北:台湾银行,1959:36-37.

③ 李鸿章.致沈幼丹制军(光绪元年五月初八)[M]//李鸿章.李文忠公选集.台北:台湾大通书局,1987:129.

笔,发挥尽致,"虽令俗士咋舌,稍知洋务者能毋击节叹赏耶?"①光绪元年八月,丁日昌接替沈葆桢总理船政,后又兼任闽抚,舆论大加赞扬,称其才大心细,思深虑远,心所经营擘画,无微不至,深明西学,以实心行实政云云。②

一、兴办铁路、矿务,设立电报线

早在莅闽之前,丁日昌对台湾在中国海防战略上的重要地位就有深入之了解,同治七年(1868),他向曾国藩上《海洋水师章程》时,即拟以台湾为建置南洋海防之中心。③ 光绪元年(1875)由李鸿章代呈的《筹议海防事宜疏》中,丁日昌不仅倡议在台驻泊铁甲舰,以为东南海防之枢纽,且拟计划经营,希望能使台地利窦日开,生聚日盛,将来另建一行省。④

丁日昌接任闽抚之后,虽因处理福建日常政务及赈济水灾等原因未能按照规定赴台,但也开始着手对台湾的海防建设和经济开发进行全面的规划。光绪二年(1876)十一月初三日,丁日昌向清廷上《台湾防事速宜统筹全局疏》。疏中首先强调台湾战略地位的重要,称:"台湾洋面,居闽、粤、浙三界之中,为泰西兵船所必经之地,与日本、吕宋鼎足而立,彼族之所以眈眈虎视者,亦以为据此要害,北可以扼津、沽之咽喉,南可以拊闽、粤之脊膂","如果兵力有余,则遇彼族用武挟制时,自可由台出奇兵,断其后路,为击首应尾之计,令彼族多所顾瞻,似更诸事易于转圜"。⑤ 继而,指出日本对台的侵略野心,称"台湾若不认真整顿,速筹备御之方,不出数年,日本必

---

① 李鸿章.致沈幼丹制军(光绪元年五月初八)[M]//李鸿章.李文忠公选集.台北:台湾大通书局,1987:129.

② 丁中丞总理船政局事宜(光绪元年九月三十日)[M]//清季申报台湾纪事辑录.台湾文献丛刊第247种.台北:台湾大通书局,1984:558.

③ 丁日昌.海洋水师章程别议[M]//丁日昌.抚吴公牍.石印本.上海:南洋官书局,1909(清宣统元年).

④ 李鸿章.代陈丁日昌议复海防事宜疏(光绪元年)[M]//道咸同光四朝奏议选辑.台湾文献丛刊第288种.台北:台湾银行,1971:45-68;吕实强.丁日昌与自强运动[M].台北:"中央研究院"近代史研究所,1987:283.

⑤ 丁日昌.台湾防事速宜统筹全局(光绪二年十一月初三日)[G]//中国第一历史档案馆,海峡两岸出版交流中心.明清宫藏台湾档案汇编:第189册.北京:九州出版社,2009:64-65.

出全力以图规取,其时恐不止如前辙尚能以言语退敌也"。① 并认为与其临时敷衍、浪掷而无补涓埃,曷若及早图维,节省而资实济。最后提出购铁甲船、练水雷军、枪炮队、造炮台、开铁路、建电线等均为统筹台防的当务之急。丁日昌也深知各种措施同时并举,所费必巨。但"惟台湾有备,沿海可以无忧;台湾不安,则全局殆为震动"。② 在经费筹措方面,丁日昌认为当时基隆煤矿开采已有端绪,硫黄、煤油、茶、铁等也已大兴,十年后则成本可还,二十年后则库储可裕。"若能于江海等关,各借拨二十万以为权舆,再由官绅百姓,凑集公司数十万,自可次第举办。"③

此时台湾北路"生番"滋事,丁日昌于十一月十五日力疾渡台办理,并巡视台湾南北两路及后山各地,对全台形势进行了全面的考察与了解。认为台湾"目前情形,不在兵力之不敷,而在饷需之不足;不患番洋之不靖,而患声气之不通",于十二月十六日上《统筹台湾全局拟请开办轮路矿务折》,提出开办轮路、矿务、电报等主张。丁日昌在疏中对台湾兴办轮路、矿务的好处作了十分详尽的论述:

> 轮路计一日约行二千余里,由台南至台北顷刻即达,军情可瞬息而得,文报无淹滞之虞,利一也。后山瘴疠盛行,若有轮路则屯军择善地驻扎,遇有紧急方轨而驰,朝发夕至,不必使有用之兵受瘟疫之害,利二也。轮路比轮船捷至一倍,平居精练二枝劲兵驻扎南、北二路,海上有事,电报卯来,精锐辰集;随敌所向,合兵急攻,以逸待劳,以众乘寡,主客之势既异,胜负之券可操。是无轮路而兵多饷重,征调迟延,我处处为敌所制;有轮路而兵精饷有,赴援神速,敌且处处为我所制矣。以视株守一隅,军符已下累日而消息仍觉杳然者,相去岂可同年

① 丁日昌.台湾防事速宜统筹全局(光绪二年十一月初三日)[G]//中国第一历史档案馆,海峡两岸出版交流中心.明清宫藏台湾档案汇编:第189册.北京:九州出版社,2009:65.

② 丁日昌.台湾防事速宜统筹全局(光绪二年十一月初三日)[G]//中国第一历史档案馆,海峡两岸出版交流中心.明清宫藏台湾档案汇编:第189册.北京:九州出版社,2009:66.

③ 丁日昌.台湾防事速宜统筹全局(光绪二年十一月初三日)[G]//中国第一历史档案馆,海峡两岸出版交流中心.明清宫藏台湾档案汇编:第189册.北京:九州出版社,2009:66.

而语！利三也。内山奸民纵有煽动，而劲旅呼吸即达；朝闻萌蘗，夕压重兵，比于迅雷不及掩耳；教民无所用其簧鼓，奸宄无所用其机智，"番"众无所用其凶横。祸乱不生，商民安堵，百货流通，舟车辐辏，利四也。日本琅峤一役，合沿海七省因台事而设防，耗饷何止千余万。台中若设轮路、兴矿务，则敌人知我已得窍要，可无意外之虞。不惟大宗之饷可省，即常年防军亦可酌裁，漏卮已塞，库藏自有余裕，利五也。轮路开，兵勇可以归并操练；不惟营官不敢以少报多，即勤惰、壮弱亦可随时稽核，卧薪尝胆以求实济，断无练而不精之兵，利六也。轮路开，则由台湾府城至鸡笼口不过数时可到，来往人等自可由鸡笼起岸，不必再涉安平之险，利七也。自府城视澎湖，则澎湖为咽喉；自鸡笼视澎湖，则澎湖为枝指。而且鸡笼渡海，水程近三分之一，不必经由澎湖。彼族知澎湖不足以制我之命，断不聚全力以争之，则我亦不必聚全力以御之，兵减饷轻，利八也。……外人之所以垂涎台湾者，以有矿利耳。矿务若自我全行举办，无主之物变为有主；垂涎之根既绝，则窥伺之念自消。同时并举，计机器、人工等费，大约不过百万，将来收效无穷，所获何止倍蓰，利九也。……台湾为东南七省尾闾，上达津沽，下连闽浙；台事果能整顿，则外人视之有若猛虎在山，不敢肆其恫喝〔吓〕。若再辅以中等铁甲船二三号，则遇各岛无理肆扰，尚可由台断其后路，使彼有首尾不能相顾之忧。故台强则彼有如芒刺在背，时存忌惮之心；台弱则彼视为奇货可居，各蓄吞噬之念。轮路开、矿务兴，则兵事自强而彼族之狡谋亦自息。利十也。①

在奏折中，丁日昌强调轮路、矿务、电线三者必须相辅而行。无矿务，则轮路缺物转输，而经费不继；无电线，则轮路消息尚缓，而呼应不灵。

最后，丁日昌指出目下台湾疫重兵疲，民穷变亟。日本及小吕宋皆逼近台湾，蓄锐养精，机深意险。若不未雨绸缪，速将轮路、电线、练兵、购器、开矿各事分头速办，诚恐该二岛猝然有变，非仅止于虚声恫吓而已。请饬

---

① 丁日昌.统筹台湾全局拟开办轮路矿务折(光绪二年十二月十六日)〔G〕//中国第一历史档案馆,海峡两岸出版交流中心.明清宫藏台湾档案汇编:第189册.北京:九州出版社,2009:152-158.

下总理衙门筹议有无经费，如何举行，并请特简熟悉工程大员驻台督理，俾靖浮言而收实效。①

丁日昌加强台湾海防建设的宏图得到沈葆桢及李鸿章等人的大力支持。沈氏认为丁日昌所称购船、练兵、炮台、电线、开矿、招垦诸务，为其在台时先后条奏，或奏焉而未及举，或举焉而未及成。唯铁路一端当时未经议及，而实为台地所宜行。台湾煤矿已有权舆，即可收其赢余以开硫黄、煤油、樟脑诸利。铁甲、水雷，眼前姑且从缓。唯招垦则必不可缓。② 李鸿章则表示台湾经久事宜，应以举办矿务、垦务为兴利之大端。鸡笼煤矿开采已有端绪，硫黄、煤油、樟脑、茶、铁诸利，亦应逐渐招商开拓，或借官本，或集公司；丁日昌所称"十年后成本可还，二十年后库储可裕"，殆非虚语。至铁路、电线相为表里，无事时运货便商，有事时调兵通信，功用最大。东、西洋各国富强之基，胥赖此以充拓。丁日昌到台后迭次函商"该处路远口多，防不胜防，非办铁路、电线不能通血脉而制要害，亦无以息各国之垂涎"，洵笃论也。③

总理衙门在奉旨议复丁日昌奏折中也赞同沈、李的看法，表示"经营台湾，实关系海防大局"，同意"举办轮路为经理全台一大关键，尤属目前当务之急"，奏请由丁日昌审度地势，妥速筹办，务当力为其难，俾安内攘外均有裨益。④ 在经费的筹措方面，总理衙门恭亲王奕䜣认为台湾筹办轮路、矿务各大端，必须指定有着的饷，源源报解，方易集事。故公同商酌，自光绪三年（1877）七月开始，粤海、潮州、闽海、浙海、山海等五关并沪尾、打狗二

---

① 丁日昌.统筹台湾全局拟开办轮路矿务折（光绪二年十二月十六日）[G]//中国第一历史档案馆,海峡两岸出版交流中心.明清宫藏台湾档案汇编:第189册.北京:九州出版社,2009:163-164.

② 沈葆桢.为遵旨复奏筹商台湾事宜等事（光绪二年十二月初八日）[G]//台湾史料集成编辑委员会.明清台湾档案汇编:第4辑第78册.台北:远流出版事业股份有限公司,2008:348.

③ 李鸿章.筹议台湾事宜折（光绪三年正月十六日）[M]//李鸿章.李文忠公选集.台北:台湾大通书局,1987:199-200.

④ 总理各国事务衙门奕䜣等议奏丁日昌等筹议台湾事宜请旨遵行折（光绪三年二月二十四日）[M]//清季台湾洋务史料.台湾文献丛刊第278种.南投:台湾省文献委员会,1984:20-22.

口之四成洋税,暨江海关四成内二成洋税,以一半批解部库抵还部拨西征饷银,以半分之半批解北洋大臣李鸿章兑收,划出半分之半批解福建巡抚丁日昌兑收。其每年酌提江苏、浙江厘金银各40万两,江西、福建、湖北、广东厘金银各30万两,亦自本年七月为始,以一半批解北洋大臣李鸿章兑收,以一半批解福建巡抚丁日昌兑收。两款相加,每年约银一百数十万两。以作为台湾开办铁路、定购铁船的经费。[①] 此为中国由政府正式批准修建的第一条铁路,在中国铁路建设史上具有重大意义。

丁日昌在上疏之后,还建议将已经拆毁的吴淞铁路铁轨运来台湾,兴筑旗后、凤山到台湾府(今台南市)间的铁路,此计划得到两江总督沈葆桢的大力支持。然而,吴淞铁路仅长几英里,拆运尚待数月之后,故兴建台湾铁路,仍须另谋办法。由于朝廷筹拨的海防经费难以兑现,丁日昌乃谋借外债,通过英籍海关总税务司赫德(Robert Hart)向丽如银行商借五六十万两,作为修建台湾府城到旗后铁路经费,不料,丽如银行索利竟高达八厘,丁日昌嫌其太重,最终未能议成。[②] 无奈之下,丁氏遂于光绪三年(1877)五月初四日奏请将议拨台湾办理铁路经费变通购办铁甲船,以应海防急需。另拟于南洋经费项下先拨二三十万两,举办台湾马车路,以利师行。至于台湾铁路,则仍照李鸿章、沈葆桢等原议,俟矿利将来大兴,再行就地筹款举办。[③]

铁路计划一时既无法实行,丁日昌乃着手台湾电报线的建设。

先是同治十三年"牡丹社"事件期间,沈葆桢即计划于台海之间设立电报线,但此事最终未能付诸实施。丹麦大北电报公司却以此为由,于是年六月托美国驻福州领事对福建通商局进行活动,要求承办福州至厦门间的电报陆线,且在双方尚未正式签订合同之时,大北公司即迫不及待擅自动

---

① 总理各国事务衙门奕䜣等议奏丁日昌等筹议台湾事宜请旨遵行折(光绪三年二月二十四日)[M]//清季台湾洋务史料.台湾文献丛刊第278种.南投:台湾省文献委员会,1984:24-25.

② 李鸿章.复丁雨生中丞(光绪三年九月初六日)[M]//李鸿章.李文忠公选集.台北:台湾大通书局,1987:231-232.

③ 福建巡抚丁日昌奏请将议拨台湾办理轮路经费变通购办铁甲船而于台湾先行举办马车路以利师行折(光绪三年五月初四日)[M]//清季台湾洋务史料.台湾文献丛刊第278种.南投:台湾省文献委员会,1984:29-32.

工,至十二月间已经修建六十里左右。福建当局当即照会要求停工,但大北公司置之不理,仍复接续兴工,双方相持未决。光绪元年正月,丹麦公使拉斯勒福亲赴总理衙门交涉,施加压力,大北公司也乘机要挟。为免后患,总理衙门建议福建当局买回自办。① 光绪元年四月十七日,由福建通商局道员丁嘉炜与大北公司订立合同,以银 154500 圆的代价买回,并规定:福州至厦门电报由该公司代中国造办,工竣之后,逐段提交中国验收管理。不料此事在朝廷内部却引起轩然大波,闽籍给事中陈彝上疏奏称电线可以用于外洋,不可用于中国,主张停办。② 另外,线路开工后未久,民间即以有碍田园、庐墓,节节阻挠,而福清地方又发生聚众鼓噪及抢毁器物、殴伤工匠情事。公司复以失去器物、耽误工程逐款索偿,枝节丛生。“欲行则民情不愿,必致酿变多端;欲止则合同既立,势难自我失信,几有岌岌不可终日之势。”③后经招商局总办唐廷枢与大北电报公司多次协商,始将原立合同作废,并另立议约。将所有水陆电线、机器、木料、房屋、契据等件一律派员照合同点验收回,由官自办;应给价值,分期还清。由官自选中国学童,延请该公司教习一年;一年之后,请与不请由官自主。将来电线之做与不做,亦无庸干预。④

光绪三年三月二十五日,丁日昌上奏拟将省城前存陆路电线移至台湾,化无用为有用,一举两得。并派学生六品军功苏汝灼、陈平国等专司其事,定于四月动工,先从旗后(今高雄)造至府城(今台南市),再由府城造至基隆。倘于理有窒碍难通之处,即翻译泰西电报全书以穷奥妙,或随时短雇洋工一二人,以资参核。将来并拟将洋字改译汉字,约得万字可敷通报

---

① 闽督李鹤年奏福州厦门电线买回自办折[M]//清季外交史料选辑.台湾文献丛刊第 198 种.台北:台湾银行,1969:3-4.

② 陈彝.为陆路电线万不可行谨缕陈闽省办理乖谬情形吁恳停止以免内忧而杜外衅事(光绪元年六月十九日)[G]//台湾史料集成编辑委员会.明清台湾档案汇编:第 4 辑第 76 册.台北:远流出版事业股份有限公司,2008:465-466.

③ 闽督文煜等咨呈军机处闽省电线买归自办文(光绪二年五月初七日)[M]//清季外交史料选辑.台湾文献丛刊第 198 种.台北:台湾银行,1969:5-7.

④ 闽督文煜等咨呈军机处闽省电线买归自办文(光绪二年五月初七日)[M]//清季外交史料选辑.台湾文献丛刊第 198 种.台北:台湾银行,1969:5-7.

军情、货价之用。然后我用我法,遇有紧急机务,不致漏泄。① 四月十四日,该方案奉旨允准施行。

七月初十日,电报工程自府城起工,九月初五日造成。由于经费不足,只修成了自府城至安平及自府城达旗后的两条线路,计长 95 里,并在府城、安平、旗后三处设立报房。台湾电报的成功创办引起了中外各方的关注。英文《北华捷报》报道:"打狗(即旗后)地方已建立了电报,并由中国人掌管。这些都是在福建巡抚丁日昌在任时的措施,他确实打算大规模经营并开发台湾的资源。"② 英国海军军官寿尔(H. N. Shore)在随英国军舰田凫号(The Lapwing)访问台湾后也说:丁日昌"用一条电报线把首邑台湾府和打狗港连接起来,并筹划用铁路联络两城"。③

丁日昌所创办的台湾电报线,是中国人自己修建并由中国人掌管的第一条电报线,在中国邮电史上具有重大意义。

二、继续开山抚"番"

同治十三年,牡丹社之役,沈葆桢利用军队,于南北中三路筹办开山抚"番"。北路自苏澳至吴全城为止,共扎一十三营半,又水师一营,提督罗大春主之;南路自社寮至卑南为止,共扎振字四营,又绥靖军一营,总兵张其光、同知袁闻柝主之;中路自牛辒辘至璞石阁为止,共扎二营半,总兵吴光亮主之。光绪二年(1876)十一月,丁日昌渡台,十八日到基隆,察看煤矿之后,又带同随从经三貂岭,行抵后山苏澳,亲自抚慰将士。同时发现开山抚"番"每年耗饷巨万,成效毫无,弃之则恐后山为彼族所占,后患滋深;守之则费重瘴深,兵勇非病即死,荒地仍然未垦,"生番"仍然杀人,年复一年,势成坐困。且南北中三路统领,各办各事,平时既不能声气相通,临事复不能

① 福建巡抚丁日昌奏将省城前存陆路电线移设台湾并拟派学生专司其事片(光绪三年三月二十五日)[M]//清季台湾洋务史料.台湾文献丛刊第 278 种.南投:台湾省文献委员会,1984:26-27.

② 邮电史编辑室.中国近代邮电史[M].北京:人民邮电出版社,1984:53.

③ 寿尔.田凫号航行记[M]//中国史学会.洋务运动(八).上海:上海人民出版社,1961:377.

首尾相顾,频年株守荒山,士卒时遭疫疠,非计之得也。①

　　经过对后山山形地势、土地肥瘠的踏勘分析,丁日昌认为后山北路苏澳至新城,一百六七十里,崇山峻岭,逼近"生番",勉强开路,终属艰险难行。而且无田可垦,无矿可开,外人断不垂涎。自新城起至大巴陇止,约一百里,是为北路之岐莱;自大巴陇起至成广澳止,一百余里,是为中路之秀孤峦;自成广澳起至阿郎台止,一百余里,是为南路之卑南;计共袤长有三四百里,广则有四五十里或十余里不等,类皆平埔近海,沃壤甚多。而以中路之璞石阁水尾,为适中之地,北可控制岐莱,南可联络卑南。若于其间驻扎大员,练兵屯田,招民开垦,并将附近生熟"番"教以稼穑,不唯饷需可节,而成邑亦指顾可期。将来约可设立一府三县,足为台东巨镇。②

　　丁日昌认为与其驻兵于无用之地,不如移扎于有用之区,垦既开而有裨时局。当与总兵吴光亮、台湾道夏献纶等熟商,对原来军队驻防改弦易辙,实行变通。将吴光亮所部移扎后山璞石阁水尾,居中控驭,使南北连为一气,而将苏澳至新城中间所扎各营移扎岐莱、秀孤峦、卑南一带,归该镇调度节制,免致零星散扎,漫无归束。苏澳以下各营,既经腾挪移扎新城至卑南一带,归吴光亮调遣,则苏澳自可不设统领。然苏澳为后山北路门户,拟仍扎一营,就近归驻扎鸡笼之总兵孙开华调度,俾有禀承。③

　　另外,从前台湾南、北、中所开三路,类皆鸟道羊肠,"生番"时常截杀,故每开一路必驻数营之兵以守之,而危崖壁立,车马难通。道虽开,犹不开也。光绪三年正月,丁日昌利用巡查南路之机,在恒春觅得一路,可由八猺湾、大鸟万而达后山卑南、秀孤峦等处。当即令前恒春县知县周有基就近分雇民"番",克期开凿报竣。经派人前往查验,称此路极为平坦,车马皆可

　　① 丁日昌.台湾后山防务紧要请移驻大员(光绪三年三月初十日)[G]//中国第一历史档案馆,海峡两岸出版交流中心.明清宫藏台湾档案汇编:第189册.北京:九州出版社,2009:339-342.
　　② 丁日昌.台湾后山防务紧要请移驻大员(光绪三年三月初十日)[G]//中国第一历史档案馆,海峡两岸出版交流中心.明清宫藏台湾档案汇编:第189册.北京:九州出版社,2009:340-342.
　　③ 丁日昌.台湾后山防务紧要请移驻大员(光绪三年三月初十日)[G]//中国第一历史档案馆,海峡两岸出版交流中心.明清宫藏台湾档案汇编:第189册.北京:九州出版社,2009:342-344.

行走,连年所开后山各路,无如此次之工省而路平者。丁日昌拟在新路多设腰站,前后山往来文报不过数日可达,较之从前所开各路迟速悬殊。而前次所开各路均可暂行弃置,既节饷需,又免"番"害。①

正当丁日昌在台巡视之时,光绪二年冬发生了台湾镇总兵张其光所部哨官把总及兵勇被南路率芒社"生番"戕害事件,而附近乡村数十年来被该"番"杀害者无数。丁日昌认为若不认真择尤痛剿,则各"凶番"相率效尤,益将肆无忌惮。于三年三月派总兵张其光督率所部前往剿办,但又谆谆告诫台湾镇、道"解散胁从,如狮头、龟纹等社果能悔罪投诚,均可宽其既往。至后山平埔近海各'番',尤宜加意筹维,以防外衅"。②

台湾中路水沙连计有田头、水里、猫兰、审鹿、埔里、眉里六社,周围七八十里,平旷膏腴。道光年间议开未果,而民人前往私垦,岁久益多。开港后,洋人时往游历,影照地图,并设教堂,煽惑民"番",以致从教者日多。驻厦门美国领事恒礼逊曾亲往该处游历多日,并优给民"番"衣食物件,居心甚叵测。丁日昌认为应将该地速行开辟,设官治理,以免外人从中诱惑,酿成事端。并饬总兵吴光亮,将自集集街入埔里社路径开通,联络布置。于该社紧要适中之地,先行筑一土城,派官驻扎,并分兵防守,兼募民栽种竹树,以固藩篱。再将抚绥"番"族,招集垦民等应办各事次第图维,以为先发制人之计。③

由于上年收成薄歉,租赙又多为汉民所欠,光绪三年青黄不接之际,埔里六社"番"民发生饥困。丁日昌接到吴光亮的报告后,当即商嘱台湾道夏献纶,转饬署彰化县知县钟鸿逵携带银米前往该处,会同署鹿港同知李时英查明"番"民人数,不分大小口,按名每日给米一升,俟稻熟再行停止。并

---

① 丁日昌.请奖叙前恒春知县周有基开路妥速又省经费[光绪三年三月二十五日(朱批)][G]//中国第一历史档案馆,海峡两岸出版交流中心.明清宫藏台湾档案汇编:第189册.北京:九州出版社,2009:398-400.

② 丁日昌.遵旨派兵剿抚生番[光绪三年三月二十五日(朱批)][G]//中国第一历史档案馆,海峡两岸出版交流中心.明清宫藏台湾档案汇编:第189册.北京:九州出版社,2009:385-386.

③ 丁日昌.台湾中路已建教堂拟于该处建城派官分兵防守[光绪三年三月二十五日(朱批)][G]//中国第一历史档案馆,海峡两岸出版交流中心.明清宫藏台湾档案汇编:第189册.北京:九州出版社,2009:413-415.

督饬厅、县速为清出租赎,教之耕作,开浚水源,俾防荒旱,广设义学,导以尊亲。如果力能胜役,便可雇以开路、开矿,仿古人以工代赈之法,俾能持久。并上疏建议,将来凡有似此无衣无食之"番",一律筹款酌赈。①

光绪三年正月,丁日昌带同随员前往台湾南路巡查,由凤山周历枋寮、刺桐脚、狮头岭;复由枫港折而南,历柴城、恒春、琅峤,并察看恒春县所辖下十八社"番"情。同时"通饬全台文武于良善之番善为抚绥,不准百姓稍有欺凌,通事稍有垄断。其原有田地,设立界址;不准百姓稍有侵占。并每社各设头目,稍予体面,以资约束而便羁縻";使"受抚之番有利而无害,则向化之心益坚;不受抚之番有害而无利,则革面之心益笃"。②

光绪三年五月十二日,丁日昌又从安平出发,经凤山、恒春前往后山卑南等处查勘,于二十八日与总兵吴光亮在卑南会晤。该处八社头目及民庄董事等人来谒。丁日昌"宣布朝廷恩德,反复谕导,勉以各安本分,同荷生成",对"番"目向能办事者奖以银帛。同时亲至卑南觅社中议事公所,得悉后山一带共设义塾十六处,民"番"诸童已有鼓舞向学之机,对其塾师和学童酌加奖励。并饬同知袁闻柝查明僻远未设之处再添数塾以广化导。③另台湾"番"童向有参加应试者,但最多不过取充佾生而已。丁日昌认为"番"童登进无路,难期鼓舞奋兴,遂于光绪三年春主持台湾岁试时破除民"番"畛域,将淡水厅"番"童陈实华一名取进台湾府学。④ 事后又上《添设熟番学额饬部立案片》,建议援照康熙五十四年(1715)湖南所属苗猺另编

---

① 丁日昌.为奏闻台湾筹款赈番情形事[光绪三年三月二十五日(朱批)][G]//台湾史料集成编辑委员会.明清台湾档案汇编:第4辑第79册.台北:远流出版事业股份有限公司,2008:196-197.

② 福建巡抚丁日昌奏巡查台湾南路凤山恒春等处折(光绪三年正月二十八日)[M]//清光绪朝中日交涉史料选辑.台湾文献丛刊第210种.台北:台湾银行,1965:3-5.

③ 丁日昌.查勘台湾后山卑南等处情形疏[M]//丁日昌.丁禹生政书.范海泉,刘治安,点校.香港:出版者不详,1987:616-617.据福建船政大臣吴赞诚光绪三年四月十九日《为奏陈前赴澎湖校阅枪炮事毕回工事》(台湾史料集成编辑委员会.明清台湾档案汇编:第4辑第79册[G].台北:远流出版事业股份有限公司,2008:229),吴与丁日昌于三月下旬偕同内渡回省,故《丁禹生政书》中所载时间有误。

④ 丁日昌.台湾府岁试事竣(光绪三年三月初十日)[G]//中国第一历史档案馆,海峡两岸出版交流中心.明清宫藏台湾档案汇编:第189册.北京:九州出版社,2009:348-352.

字号,于正额外酌量取进事例,每年定熟"番"进学名额一至二名。并请饬令部臣查照立案,以免冒滥,而示招徕。①

光绪三年三月,丁日昌派张其光率勇对戕害兵勇的率芒社进行剿办之后,亲自拟定《抚"番"善后章程二十一条》,对民"番"之间的关系作了规定,使开山抚"番"有法依循,以保护民、"番"的正当权益。其主要内容为:(1)分清地界,以免"番"境日蹙,致无容身之地。(2)不准民、"番"私相报复。有故必控于官,由官定其曲直。民有欺"番"者,亦治以应得之罪,以平其心。(3)教之树艺桐茶棉麻,以资生计。庶免日靠射猎,致长杀机。(4)剃发者准出社,否则,出社即以匪论。(5)"番"目子弟皆令入义学,给以衣食。既可渐摩教化,又阴以资钤制。(6)沿海通商界内洋人聚集之所,不准该"番"擅到,以免接济军火,勾引煽惑等等。并交由抚"番"委员妥办,严定赏罚,以专责成。②

三、招徕闽粤移民,开垦后山

同治十三年,沈葆桢第一次巡台时即一面下令开山,一面筹议招民于已开路处分段屯垦,以杜绝外人觊觎之心。然其时因旧禁未除,人民裹足不前,尽管四处张贴告示,但苦久无应者,成效不佳。光绪元年,取消民众渡台及进入"番"地的旧禁后,又在中路和南路分别设立招垦局和招抚局,颁布《屯政章程》,由官方提供给口粮以及耕牛、农具、草厝等费用,规定每个垦民必须垦田一甲,垦成后每年向政府交纳十分之三的官租等。③

丁日昌莅闽后继续推行移民实边、开垦台湾内山的既定方针。鉴于闽、粤两省人多地少,无业穷民贩卖出洋为佣工,备受凌虐摧残的情形,丁日昌于光绪二年十一月上疏朝廷,拟于香港、汕头、厦门等处设立招垦局,

① 丁日昌.为奏请添设熟番学额饬部立案事[光绪三年三月二十五日(朱批)][G]//台湾史料集成编辑委员会.明清台湾档案汇编:第4辑第79册.台北:远流出版事业股份有限公司,2008:186-187.

② 丁日昌.攻破率芒社拟定善后章程等由(光绪三年三月二十五日)[G]//中国第一历史档案馆,海峡两岸出版交流中心.明清宫藏台湾档案汇编:第189册.北京:九州出版社,2009:407-408.分巡台澎兵备道札行巡抚丁日昌拟定抚"番"善后章程二十一条[M]//刘铭传抚台前后档案.台湾文献丛刊第276种.台北:台湾银行,1969:6-10.

③ 台湾私法物权编[M].台湾文献丛刊第150种.台北:台湾银行,1963:2-5.

每月派定官轮船数次前往招集客民，并准携带眷属，到台后给予房屋、牛只、农具。将来壮者勒以军法，使为工而兼为兵。弱者给以田畴，既有人而自有土。如此则台湾多一百姓，即外洋少去一百姓；外洋少去一百姓，即中国多活一百姓。①

光绪三年拟定的《抚"番"开山善后章程》第十七条即提出："前、后山各处旷土正多，应即举设招垦局，即日由营务处选派委员，前往汕头、厦门、香港等处招工前来开垦。所有开垦章程，另文拟办。"②六月，丁日昌在其奏折中表示已经派人赴厦门、汕头等处分头招募垦民，待秋后风浪平息，即可由轮船装载而来。所需耕牛、农具已饬由台湾道夏献纶筹款购置，开垦章程先已参酌妥协俾易遵行。③ 在丁日昌的主持之下，新的招垦工作已在紧锣密鼓进行之中。光绪四年（1878）春季，由夏献纶和道员方勳分别拟定的《招垦章程》及其变通章程正式颁布施行，以此为标志，台湾后山的招垦工作进入了一个新阶段。

由夏献纶所拟定的《招垦章程》共有二十条，它是针对在台湾招募的垦民而制定的，其主要内容为：

> 由台地所招垦民，俟到地开垦起，前六个月，每名每日给银八分、米一升；其什长每日加银二分；百长月给银八两、米三斗。后六个月，田地渐次开辟，应减为每名每日给银四分、米半升；一年后概行停止。开垦之地，总以成熟三年后升科，其所领口粮、牛只、农具等项，或于田亩成熟三年，缴官归还成本；或不能完缴，即于正供之外，另交官租若干？均由各该处招垦局体察情形办理。④

① 丁日昌.请在台湾举办垦务移居百姓以减少出洋人员[光绪二年十一月十九日（朱批）][G]//中国第一历史档案馆,海峡两岸出版交流中心.明清宫藏台湾档案汇编:第189册.北京:九州出版社,2009:83-86.

② 分巡台澎兵备道札行巡抚丁日昌拟定抚"番"善后章程二十一条[M]//刘铭传抚台前后档案.台湾文献丛刊第276种.台北:台湾银行,1969:6-10.

③ 丁日昌.查勘台湾后山卑南等处情形疏[M]//丁日昌.丁禹生政书.范海泉,刘治安,点校.香港:出版者不详,1987:618.

④ 办理南路招抚局委员同知衔候补知县周,为遵札造报,并请委员勘丈事禀呈(光绪五年十月初四日)[M]//台湾私法物权编.台湾文献丛刊第150种.台北:台湾银行,1963:10-14.

而后来由道员方毅拟定的《变通招垦章程》则是针对从大陆招徕的垦民的,其主要内容为:

> (大陆内地)垦民到台之日起,前一年,每日每人给银八分、米一升;什长加银四分;百长月给银九两、米三斗;尾后半年,什长、垦丁每名日减银三分,予限一年半为期,田园具备,种熟有收,银米概行截支。开垦之地,总以三年后,委员复勘升科。其前领过口粮、农具、牛只、籽种等项资本银两,分作十成,开耕五年以后,田地概行成熟,每年摊完二成,期限五年缴清成本。或俟三年升科后,于正供之外,另交官租若干?经由开垦委员体察情形办理。①

上述从光绪四年开始实施的新的招垦章程与原来的《屯政章程》相比,有若干不同之处。首先,对垦民予以区分,分别对大陆内地垦民与台湾垦民给予不同的资助标准。其中对大陆内地垦民较为优惠,不仅标准较高,而且时间较长,这与当时注重招徕大陆垦民有密切关系。其次,对事先发给的口粮、耕牛、农具、种子等项,规定到时必须缴还成本,而不是如原来那样由政府无偿提供,只要求垦成后每年后交纳三成的官租。②

除了实行新章程外,这时也在相关各处增设招垦机构,到光绪四年,后山的招垦机构已经发展到五六个,如岐莱招抚局、璞石阁招抚局、卑南招抚局、埔里六社招抚局、南路招抚局、枋寮招抚局。在丁日昌的主持之下,实施了一系列新的招垦措施,台湾后山的开发与之前相比有了明显的进展。特别是由官方从大陆内地招募垦民前往台湾开垦,这在历史上尚属首次,引起社会各界的关注。光绪四年四月二十七日《申报》对此作了报道:"台湾山后绵亘数千里,中多土产。其地均系膏腴,果得开耕,诚能上裕国课而下利民生。本报已屡言之。兹闻闽省各大宪已招人往山后开耕,一片荒山将成沃壤。所有农具、耕牛均由官给,每月每人并给工食制钱二千四百文并白米三斗。除雇用土人外,另用船政局第十二号轮船驶往广东招广、潮

---

① 办理南路招抚局委员同知衔候补知县周,为遵札造报,并请委员勘丈事禀呈(光绪五年十月初四日)[M]//台湾私法物权编.台湾文献丛刊第150种.台北:台湾银行,1963:10-14.

② 杨彦杰.清末台湾东部山地的开发[J].台湾研究集刊,1996(2):57.

两属人民；自去冬至今春，约已招到四五千矣。闻内有千余人系在该处防堵，余俱业农；俟满三年后始行起赋，而田亩为开垦者世业云。"①又据袁闻柝《开山日记》记载，自光绪三年春丁日昌派人在汕头设立招垦局以来，已招募潮民 2000 余人，用官轮载赴台湾，其中 800 余名交予吴光亮安插在大港口及卑南等处开垦，仅卑南一地就安插了 500 余名。②至于恒春南路抚垦局，据委员周有基禀报，光绪三年十一月至十二月间，共安置垦民 340人，其中，妇女 15 人，小孩 13 人，其余 312 人为垦丁，全部共发给米票（口粮）101.55 石。③另外，自光绪四年春至五年秋，周有基在八磘湾、牡丹湾、巴郎卫等处共发给垦民耕牛 17 头，犁、钯、锄头等各种农具数百件。④又卑南抚垦局自光绪三年九月起，至五年十月止，先后共领过银 10164.9141 两；支给各垦民口粮，并置办农具、耕牛、谷种等项开垦资本，总共银9708.55462 两。⑤从上述数据可以看出，当时后山的招垦已经达到一定的规模。

四、整顿吏治营务

道咸年间任台湾兵备道的徐宗幹曾指出："各省吏治之坏，至闽而极；闽中吏治之坏，至台湾而极。"⑥沈葆桢巡台时曾提出警告，称："台湾之吏

---

　①　招民开垦（光绪四年四月二十七日）[M]//清季申报台湾纪事辑录.台湾文献丛刊第 247 种.台北：台湾大通书局，1984：779-780.

　②　胡传.台东州采访册[M].台湾文献丛刊第 81 种.台北：台湾大通书局，1984：41-42.

　③　南路抚垦局移知恒春县发给八磘湾等处垦民米票数目（光绪三年十二月二十八日[M]//刘铭传抚台前后档案.台湾文献丛刊第 276 种.台北：台湾银行，1969：16-18.

　④　台湾私法物权编[M].台湾文献丛刊第 150 种.台北：台湾银行，1963：22-24.

　⑤　办理南路招抚局委员同知衔候补知县周，为遵札造报，并请委员勘丈事禀呈（光绪五年十月初四日）[M]//台湾私法物权编.台湾文献丛刊第 150 种.台北：台湾银行，1963：10-14.关于光绪初年台湾后山的招民开垦参见杨彦杰的《清末台湾东部山地的开发》（《台湾研究集刊》1996 年第 2 期）.

　⑥　徐宗幹.答王素园同年书[M]//丁曰健.治台必告录.台湾文献丛刊第 17 种.台北：台湾大通书局，1984：349.

治营政,若不认真整顿,则目前之利薮,皆日后之乱阶。"①沈氏当时奏请福建巡抚移驻台湾的一个主要理由即巡抚具有整顿吏治营政之权责。丁日昌到任后,发现"台湾吏治暗无天日,牧令能以抚字教养为心者不过百之一二,其余非性耽安逸,即剥削膏脂,百姓怨毒已深,无可控诉";②营伍废弛甲于全闽,"汛官则除收受陋规、克扣兵粮之外,毫无所事"。③随即明察暗访,严厉整顿吏治营务,对于不尽职守、鱼肉百姓、玩视捕务、侵吞饷糈工费的文武官弁,尽法以惩。彰化知县朱幹隆、嘉义知县杨宝吾、何銮等因不尽职守、贪酷成性而先后被革职查办。④台湾县役林升遇事索诈,乡民被诈者指不胜屈,众怨切齿。丁日昌即批饬台湾道夏献纶提讯明确后,将该蠹役立毙杖下。其时万众围观,同声称快。同时将放任差役妄为,毫无闻见的台湾县知县白鸾卿撤职查办。⑤并对办理建造安平口三鲲身西式炮台,侵吞工料费银的知府凌定国予以革职,彻查究追。⑥

又光绪二年十二月彰化县之邱厝庄、乌石庄发生匪徒乘夜行劫之案,而该汛外委皆不在防所。丁日昌经确查后发现汛官到防曾不数日就擅自离汛,以致劫案迭出,实属纵贼殃民,当即将外委吴拔高押赴乌石庄失事地方,依军法从事;将不能事先预防之署北路协副将乐文祥、署彰化县知县彭鏊摘去顶戴;将不能认真缉捕的北路中营都司赵品予以革职留任处分。⑦

①　沈葆桢.筹商台湾事宜疏(光绪二年)[M]//道咸同光四朝奏议选辑.台湾文献丛刊第288种.台北:台湾银行,1971:83.

②　丁日昌.参撤嘉义知县片[M]//丁日昌.丁禹生政书.范海泉,刘治安,点校.香港:出版者不详,1987:621-622.

③　丁日昌.员弁纵贼殃民从严惩办疏[M]//丁日昌.丁禹生政书.范海泉,刘治安,点校.香港:出版者不详,1987:638-640.

④　丁日昌.特参谬妄不职知县疏[M]//丁日昌.丁禹生政书.范海泉,刘治安,点校.香港:出版者不详,1987:604-605;丁日昌.参撤嘉义知县片[M]//丁日昌.丁禹生政书.范海泉,刘治安,点校.香港:出版者不详,1987:621.

⑤　丁日昌.惩办台湾县索诈蠹役林升并知县白鸾卿一并请撤任[G]//中国第一历史档案馆,海峡两岸出版交流中心.明清宫藏台湾档案汇编:第189册.北京:九州出版社,2009:316-318.

⑥　丁日昌.侵吞工费革职追办疏[M]//丁日昌.丁禹生政书.范海泉,刘治安,点校.香港:出版者不详,1987:650.

⑦　丁日昌.员弁纵贼殃民从严惩办疏[M]//丁日昌.丁禹生政书.范海泉,刘治安,点校.香港:出版者不详,1987:638-640.

另沪尾营水师守备嘉朝泰平日不能约束兵丁，整顿营伍，以致犯事及老弱者数至 82 名之多，丁日昌奏请将其革职，永不叙用，以为玩视营务者戒。[①] 又丁日昌驻台时，访闻凤山县辖东港汛弁胡鸿璋抽收赌规、擅受民词、滥押诈赃，经查实后即将胡鸿璋革去名粮，依窝赌抽头枷号三个月，杖一百，解赴犯事地方枷满斥责发落；对于滥委汛防的台湾南路下淡水都司陈捷升也即行革职，以示惩戒。[②]

又镇海左营游击郭珍明、哨官都司何积祖、支应委员从九品郭秉义通同克扣勇粮；郭珍明、何积祖复贩卖洋药（即鸦片）与勇丁吸食。总兵朱名登委带营勇，旷缺虚浮，不能整顿，且对帮带哨官与支应委员克扣勇粮及在营贩卖洋药始终袒护。丁日昌即请旨将总兵朱名登、从九品郭秉义革职，永不叙用。将郭珍明、何积祖于军前正法，俾昭炯戒，而肃戎行。[③] 另台湾北路管带参将黄得桂短缺勇丁，又与其弟黄德沛通同舞弊，盗用关防，私卖功牌，并侵蚀截旷银两，丁日昌即会同闽浙总督等参奏，将其革职查办。[④]

五、豁除杂饷、裁革税契陋规，以纾民困

丁日昌一向关心民间疾苦，驻台期间经调查发现台湾、凤山、嘉义三县由于开辟较早，所征税则皆沿袭明郑时期之旧制，赋税较后来开辟的彰化、淡水、宜兰等县为重。特别是沿袭自明郑时期名目繁多之杂饷的征收，给台湾百姓造成了很大的负担。如归化"生番"不植稻麦，仅知捕鹿种黍，按数纳饷，即以鹿皮、小米为名；至所谓埕饷者，则征于蓄鱼之所；所谓蔗车、糖廍者，同业异名，系各就田园设厂雇工营作，按则征饷。如海水支流曰港，洼深积水曰潭，凡可养鱼之所，即与埕饷一律征收，日久地势变易，或填成田亩，税项仍不能减。若有水道可通之处，无论竹筏、小船运载货物，即

① 丁日昌.守备嘉朝泰革职片[M]//丁日昌.丁禹生政书.范海泉,刘治安,点校.香港:出版者不详,1987:648.

② 丁日昌.淡水都司即行革职片[M]//丁日昌.丁禹生政书.范海泉,刘治安,点校.香港:出版者不详,1987:649.

③ 丁日昌.参虚冒克扣及贩卖洋药之文武各员疏[M]//丁日昌.丁禹生政书.范海泉,刘治安,点校.香港:出版者不详,1987:591-592.

④ 丁日昌.审明参将劣迹分别议处疏[M]//丁日昌.丁禹生政书.范海泉,刘治安,点校.香港:出版者不详,1987:606-609.

按照抽资。又如草厝、瓦厝,即市廛建屋之基,牛磨即磨面之场,旁及瓦窑、菜园、槟榔、番檨,莫不征饷。其征自渔户者,则曰罟、曰罾、曰罳、曰缝、曰滚、曰蚝、曰箔、曰网、曰沪、曰乌鱼旗,更有采捕小船亦征税饷,析及秋毫。吏役借此勒索横征,穷民苦累实甚。且必须熟悉之土豪出为包揽,先须于地方官预纳承充之费,然后垄断浮收,舐糠及米,输于官者十,取于民者百。①

丁日昌即上疏朝廷,建议将台湾所有港、潭等项杂饷,均予豁免,以除民累。此项建议为朝廷迅速采纳,光绪三年三月二十五日,上谕称:"福建台湾府属各项杂饷征收日久,弊窦滋多。小民苦累情形,殊堪轸念。所有台湾府属厅、县港潭等项杂饷共五千二百二十三两零,着自光绪三年起永远一律蠲除。"②

又台湾官员向有收受税契陋规,即新官到任书吏必有点规,少则四五千元,多则一万余元。而书吏转攫之于民者,又不啻倍蓰。以致一官新正,势必税差四出,堕突叫嚣,鸡犬无声,民不安枕。丁日昌驻台时即严饬台湾道、府,将各属税契陋规全行裁革,出示泐石永禁。并将欲多收税契的署任嘉义县知县何銮革职,从严查办。③

六、对闽抚"冬春驻台"之例的讨论

丁日昌自光绪二年十一月十五日力疾渡台,查勘南北两路,日夜操劳,病情益笃,不得不于三年三月二十六日回省城福州调治,驻台时间不足五个月。七月,又准其回籍养病,以布政使葆亨署福建巡抚。十一月丁日昌因病势增剧,奏请开缺。不允,再赏假三个月,令其安心调理。然而此时台湾后山"凶番"滋事,二十五日,闽浙总督何璟奏称"台湾一切事宜,皆丁日昌办理未竟之绪。现在后山'番'情未靖,请饬销假回任"。清廷因而下旨

---

① 丁日昌.台湾府属各项杂饷征收苦累情形请分别豁除[G]//中国第一历史档案馆,海峡两岸出版交流中心.明清宫藏台湾档案汇编:第189册.北京:九州出版社,2009:353-361.

② 清德宗实录选辑[M].台湾文献丛刊第193种.台北:台湾银行,1964:36-37.

③ 丁日昌.参撤嘉义县知县片[M]//丁日昌.丁禹生政书.范海泉,刘治安,点校.香港:出版者不详,1987:621-622.

要求丁日昌"迅速赴闽,以副委任"。① 丁日昌以病体未痊为由,上疏恳请俟三个月假满后,再驰赴闽省效力。同时又上《拟遵旧章轮赴台湾巡查》片,称:"恭查乾隆五十二年(1787)定章,以督抚及水师陆路两提督,每年轮值一人前往台湾,而停止巡查御史之例。迨嘉庆十四年(1809),钦奉上谕嗣后福建总督、将军每三年着轮赴台湾巡查一次。祖宗成宪,当时自有深意。以臣愚见,如遇台湾有紧要军务,臣立即驰往,断不稍有迟滞。倘遇无事之时,似不如遵照旧章来年轮赴台湾巡查。庶省中巡抚应办之事,臣不致全行废弛;台中督、抚合办之事,亦不致督以省事为重,抚以台事为重。各执意见,互相推诿。"② 四年二月二十三日,奉旨将丁日昌折片交总理衙门议奏。六月初五日,总理衙门复奏称:丁日昌所奏"自系实在情形。且该抚从前曾经奏明台事俟办有成效,徐议督、抚分驻之局;李鸿章复奏折内亦有办有成效,再议督、抚轮住之局。现时台地应办各事渐已次第举办,该抚所称遵照旧章轮赴台湾巡查一节,应如所请办理。惟督、抚有统辖全省之权、整顿吏治之责,于一切筹防、筹饷诸务呼应较灵;应责成督、抚轮赴分驻,以一事权而资得力。如台湾遇紧要事件,自应立时驰往;即遇无事之际,亦不必拘定来年一次,并毋庸限以每年冬春驻台、夏秋驻省之期。应令随时斟酌情形,轮流前往;不得临时互相推诿,亦不得日久视为具文"。③六月初十日,军机大臣奉旨:"依议。钦此。"至此,闽抚"冬春驻台"之例正式取消。丁日昌是第一位也是最后一位循"冬春驻台"之例赴台驻扎的福建巡抚。

福建巡抚移驻台湾的方案原系钦差办理台湾等处海防兼理各国事务大臣沈葆桢最先提出的。其时"牡丹社"事件甫经了结,侵台日兵刚刚撤

---

① 清德宗实录选辑[M].台湾文献丛刊第193种.台北:台湾银行,1964:44.

② 丁日昌.福建巡抚仍驻在省台湾事务遵循旧章由督抚来年巡查[G]//中国第一历史档案馆,海峡两岸出版交流中心.明清宫藏台湾档案汇编:第190册.北京:九州出版社,2009:376-377.另清廷于乾隆五十三年三月初四日发布上谕正式停止派遣御史巡查,改令由总督、巡抚及水陆两路提督每年轮值一人前往台湾,严行稽察。(乾隆五十三年三月初四日(丙寅),定巡察台湾例[M]//清高宗实录选辑.台湾文献丛刊第186种.台北:台湾大通书局,1984:570-571.)丁日昌折片中称乾隆五十二年,时间有误。

③ 总理各国事务衙门奏请照旧章派轮赴台湾巡查折(光绪四年六月初五日)[M]//清光绪朝中日交涉史料选辑.台湾文献丛刊第210种.台北:台湾银行,1965:13-15.

走,外患虽然暂平,旁人仍眈眈虎视。为了加强东南海防的建设,沈葆桢未雨绸缪,以办理日兵侵台善后事宜为契机,对台湾进行开创性的改革。一面开山抚"番",移民实边,增设府县,修筑炮台;一面整顿吏治、营政,清除台地多年积弊。沈葆桢深知这是一项重大的系统工程,"山前、山后其当变革者、其当创建者,非十数年不能成功"。① 自己虽是钦差,但"使臣持节,可暂而不可常","尚逾时久驻,文武有两姑为妇之难"。② 沈氏再三思量并经与李鸿章等人反复函商之后,于同治十三年十一月十五日上疏提出"宜仿江苏巡抚分驻苏州之例,移福建巡抚驻台",并详细论述了巡抚移驻,"有事可以立断""统属文武,权归一尊""法令易行"等十二条好处,③沈葆桢关于闽抚移驻台湾的主张主要是从海防建设的角度来考虑的。然而,巡抚毕竟为一省之长,移驻之后其全省应办事务如何处理,并未顾及。况且闽中督、抚对于移驻也有不同意见。巡抚王凯泰恐长驻海外,将变成台湾巡抚,呼应不灵,提出须仿照直隶总督驻津之例,往来兼顾。④ 最后几经商议,采取折中方案。光绪元年十月三十日上谕:"巡抚有全省地方之责,自难常川驻台;王凯泰拟于冬春驻台、夏秋驻省,庶两地均可兼顾,即着照所请办理。"⑤

尽管巡抚由移驻改为分驻,省台两地兼顾,但在实行中仍有许多困难。如巡抚管辖全省地方,刑名钱粮是其专责。驻台半年,公文案卷无法携带,其本任应办之事,势必全部搁置,影响甚大,此其一。巡抚定于冬春驻台,夏秋驻省,但又安能保证夏秋之间"生番"不蠢动,外敌不侵凌?此其二。台湾远隔重洋,交通不便。但若遇逆风,帆船须经旬累月,即轮船亦须月余方能往返一次。而且轮船往返一次,连人工、煤炭在内,需两三千金,难以

① 沈葆桢.请移驻巡抚折(同治十三年十一月十五日)[M]//沈葆桢.福建台湾奏折.台湾文献丛刊第 29 种.台北:台湾银行,1959:1-5.

② 沈葆桢.请移驻巡抚折(同治十三年十一月十五日)[M]//沈葆桢.福建台湾奏折.台湾文献丛刊第 29 种.台北:台湾银行,1959:1-5.

③ 沈葆桢.请移驻巡抚折(同治十三年十一月十五日)[M]//沈葆桢.福建台湾奏折.台湾文献丛刊第 29 种.台北:台湾银行,1959:1-5.

④ 李鸿章.复沈幼丹节帅(光绪元年四月十五日)[M]//李鸿章.李文忠公选集.台北:台湾大通书局,1987:126.

⑤ 清德宗实录选辑[M].台湾文献丛刊第 193 种.台北:台湾银行,1964:18.

恃以为常,此其三。另外,台湾百废待兴,事事俱属创始。应筹之防务、抚务,必须全力以赴,方能奏功,断非巡抚仅住半年即能办有头绪,此其四。所以,丁日昌接印上任后即于光绪二年二月上闽事台事均须专一责成认真整顿未便兼顾折,建议另派大员专办台事。① 在当年十一月东渡赴台之前又上《省台远隔重洋难以兼顾》片,再次提出台事"应专派重臣督办数年,略假便宜,于兵、饷二事不稍掣肘,俾专心致志,竭力经营,庶几有济"。② 刑部左侍郎袁保恒也认为若以福建巡抚每岁驻台半载,恐闽中全省之政务,道里远隔,而转就抛荒;台湾甫定之规模,去住无常,而终为具文,甚非计之得也。乃于十二月十六日上奏,提出:照直隶、四川、甘肃各省皆以总督兼办巡抚事,"改福建巡抚为台湾巡抚,常川驻守,经理全台。其福建全省事宜,专归总督办理。庶事任各有攸司,责成即各有专属,似于台湾目前情形不无裨益"。③ 文煜也指出:"省、台远隔重洋,欲图彼此兼顾,必致彼此贻误。"④然而,清廷既不同意丁日昌专派重臣之议,也不接受袁保恒专设台湾巡抚的主张,仍维持省台分驻之议,令台湾一切事件,归丁日昌一手经理。

当然,丁日昌勇于任事,办理认真,不避艰辛,久为清廷所熟知。李鸿章曾称其"吏治洋务,精罕能匹,足以干济时艰"。⑤ 光绪元年八月,丁日昌接替沈葆桢总理船政时,舆论即大加赞扬,称其才大心细,思深虑远,凡所

① 丁日昌.为闽事台事均须专一责成认真整顿未便兼顾事(光绪二年二月十一日)[G]//台湾史料集成编辑委员会.明清台湾档案汇编:第4辑第78册.台北:远流出版事业股份有限公司,2008:80-83.

② 丁日昌.陈明省台难以兼顾情形[光绪二年十一月十九日(朱批)][G]//中国第一历史档案馆,海峡两岸出版交流中心.明清宫藏台湾档案汇编:第189册.北京:九州出版社,2009:87-91.

③ 袁保恒.请将福建巡抚改为台湾巡抚经理全台事务(光绪二年十二月十六日)[G]//中国第一历史档案馆,海峡两岸出版交流中心.明清宫藏台湾档案汇编:第189册.北京:九州出版社,2009:137-139.

④ 文煜.丁日昌前往台湾剿抚省中诸事难以兼顾(光绪三年正月十一日)[G]//中国第一历史档案馆,海峡两岸出版交流中心.明清宫藏台湾档案汇编:第189册.北京:九州出版社,2009:217.

⑤ 李鸿章.致沈幼丹制军(光绪元年五月初八)[M]//李鸿章.李文忠公选集.台北:台湾大通书局,1987:129.

经营擘画，无微不至，深明西学，以实心行实政。① 所以，清廷此时理所当然将丁氏视为主持台事的最佳人选。当然，丁日昌也不负所望，在短短两年多的闽抚任上，呕心沥血，省台兼顾，为开发建设台湾，治理台湾，做出了令人瞩目的政绩。后来闽抚"冬春驻台"制度未能延续，除了丁氏健康不良，失之躁急，以及新任总督何璟局量不广，两人意见参商外，最大的原因是缺乏经费。如当初总理衙门为支持建设台湾铁路，虽允将南洋海防经费拨归台湾，但仅是口惠而无实利。所谓南洋海防经费虽号称 200 万两，而各关能实解的最多不过 40 万两，以此数目，作购买船炮，修建道路，安设电线，兴办铁路的大建设，实在是微乎其微。何况各关解与不解，户部并不过问，每年 40 万两的数目，台湾究竟能实收多少，实属疑问。丁日昌不得不干脆卖个人情，不收此款，奏请仍照旧归南北洋大臣提收。② 连丁日昌为举办台湾铁路、矿务向林维源兄弟劝捐的 50 万银圆，后来也移缓就急改为赈济晋豫荒灾之用，台湾的铁路修筑计划最终胎死腹中。不仅创办新政缺乏经费，就连闽省每个月应拨的 8.4 万两军费饷需，也常常难以为继。自光绪二年正月至三年二月，闽省欠解台湾月饷已累积至 80 余万两之多。③ 自三年正月起至三月，计三个月应得饷 20 余万两，而省中仅解过月饷 5 万两。④ 自九月至十二月止，仅解过饷银 5 万两，"核计不及八分之一"。⑤ 所以，丁日昌认为"省中既已无饷可筹，则台中势必无事可办；台中既已无事可办……与其株守台中，无益于台。曷若仍驻在省，整顿吏治，既于省事有

　　① 丁中丞总理船政局事宜(光绪元年九月三十日)[M]//清季申报台湾纪事辑录.台湾文献丛刊第 247 种.台北：台湾大通书局，1984：558.
　　② 丁日昌.请变通办理台湾轮路事宜(光绪三年五月初四日)[G]//中国第一历史档案馆，海峡两岸出版交流中心.明清宫藏台湾档案汇编：第 190 册.北京：九州出版社，2009：28-30.
　　③ 清德宗实录选辑[M].台湾文献丛刊第 193 种.台北：台湾银行，1964：35.
　　④ 丁日昌.回省商办台湾饷务[光绪三年四月十四日(朱批)][G]//中国第一历史档案馆，海峡两岸出版交流中心.明清宫藏台湾档案汇编：第 189 册.北京：九州出版社，2009：426.
　　⑤ 丁日昌.福建巡抚仍驻在省台湾事务遵循旧章由督抚来年巡查[G]//中国第一历史档案馆，海峡两岸出版交流中心.明清宫藏台湾档案汇编：第 190 册.北京：九州出版社，2009：374-375.

益,兼筹饷需,遥制'番'情及矿、垦各务,亦于台事有裨"。①

日本自"明治维新"之后,国力渐强,开始对外扩张,朝鲜、琉球以及中国的台湾、满洲(东北地区)等地均为其觊觎的主要目标。同治末年,日本以琉球船民被杀为借口,出兵台湾,牛刀小试。虽然侵占中国领土的图谋最后未能得逞,但通过此次试探,中国海防的空虚以及外交上的懦弱暴露无遗,进一步刺激了日本对外侵略扩张的野心。1879 年,并吞琉球,改为冲绳县。1885 年起,日本开始十年扩军计划,自 1886 年至 1894 年其军费开支每年均占财政预算支出总额的 25%以上,最高时竟达 41%强。②

同治末年日兵侵台事件对清廷震动极大,主持总理衙门的恭亲王奕䜣等人痛定思痛,在中日签订《北京专条》后不到一个星期便联衔上《请敕议海防六事疏》,称:"溯自庚申之衅,创巨痛深,当时姑事羁縻,在我可即图振作,人人有自强之心,亦人人为自强之言,而迄今仍并无自强之实。从前情事,几于日久相忘。""今日而始言备,诚病其已迟。今日而再不修备,则更不堪设想矣。……惟有上下一心,内外一心,局中局外一心,自始至终,坚苦贞定,且历之永久一心,人人皆洞悉底蕴,力事讲求,为实在可以自立之计,为实在能御外患之计,庶几自强有实,而外侮潜消",并提出"练兵、简器、造船、筹饷、用人、持久"等六条紧要机宜。③ 九月二十七日,奉旨密谕滨海沿江各省督抚、将军详细筹议,将逐条切实办法限于一月内复奏,"总期广益集思,务臻有济"。④ 颇有一番励精图治之意。

通过各方的筹议,朝廷上下对加强海防建设基本上达成了共识,光绪元年四月二十六日的上谕对本次讨论作了总结,称:"海防关系紧要,既为目前当务之急,又属国家久远之图……亟宜未雨绸缪,以为自强之计。"但又强调"逐渐举行","讲求实际","不动声色,先行试办"云云,⑤看不到时

---

① 丁日昌.福建巡抚仍驻在省台湾事务遵循旧章由督抚来年巡查[G]//中国第一历史档案馆,海峡两岸出版交流中心.明清宫藏台湾档案汇编:第 190 册.北京:九州出版社,2009:375.

② 陈孔立.台湾历史纲要[M].北京:九洲图书出版社,1996:311-312.

③ 奕䜣等.请敕议海防六事疏[M]//道咸同光四朝奏议选辑.台湾文献丛刊第 288 种.台北:台湾银行,1971:40-45.

④ 清穆宗实录选辑[M].台湾文献丛刊第 190 种.台北:台湾银行,1963:167-168.

⑤ 清德宗实录选辑[M].台湾文献丛刊第 193 种.台北:台湾银行,1964:6-8.

不我予的紧迫之感,而且口头上的东西多,真正可以落实到行动上的措施少。以台湾的经营为例,尽管沈葆桢等人一再指陈开山抚"番"的真正目的在于防海,而预筹防海不仅关系台湾安危,更关系到南北洋全局,[①]丁日昌、袁保恒等也屡屡奏请台防事关重大,要求派任重臣,常川驻扎,专门经理,可惜朝廷并不重视,经费上也未能给予支持,丁日昌"巧妇难为无米之炊",心灰意冷,最终以乞假养病求去。闽抚"冬春驻台"之例被取消,恢复到乾隆年间由督、抚轮值巡查的制度。此后台防的建设基本陷于停顿,中国失去了近代历史上最后一次振作自强的机会。

实际上,此时的清朝政府已经腐朽透顶、病入膏肓,"有事则急图补救,事过则仍事嬉娱",[②]完全丧失了振作自强的能力。而隔海的强邻日本则抓紧这一难得的时机,竭倾全国之力购置铁甲船,扩充军备。20年后卷土重来,在甲午战争中击败中国,签订《马关条约》,强行割占台湾。丁日昌"不出数年,日本必出全力以图规取台湾,其时恐不止如前时尚能以言语退敌"的警告不幸言中。晚清历史的种种教训值得我们永远记取。

---

①　文煜、李鹤年、王凯泰、沈葆桢.会筹全台大局疏(光绪元年)[M]//道咸同光四朝奏议选辑.台湾文献丛刊第 288 种.台北:台湾银行,1971:73-74.

②　李鸿章.复沈幼丹节帅[M]//李鸿章.李文忠公选集.台北:台湾大通书局,1987:91.

第七章　外贸对晚清台湾社会经济之影响

　　台湾是在第二次鸦片战争后,中国的领土及主权完整进一步遭到破坏、半殖民地程度进一步加深的情况下被迫开放对外通商的。随着口岸的开放,西方资本主义列强的侵略势力在通商贸易的合法外衣保护之下,更加直接地扩展到这一地区。外商挟其雄厚的资本,满怀发财欲望,利用其从中国封建统治者手中抢夺而来的种种特权,在台湾为所欲为,充当侵略和掠夺中国的急先锋。正如马士(H. B. Morse)所指出的那样,自1860年以来,列强就一直是"这个形势上的主人,中国的对外贸易一直是依照列强所定下的而不是由中国所定下的条件在进行"。[①] 这是研究中国近代对外贸易也是研究近代台湾地方对外贸易所不可忽视的前提。而在这一前提之下发展起来的近代台湾对外贸易对原来以封建经济为主体的地方社会经济就不可能不产生重大影响。

第一节　外商对晚清台湾对外贸易的控制

　　晚清台湾对外贸易的一个主要特点就是外商对外贸的控制,各种主要商品的进出口贸易几乎无一不是操诸外商之手。

一、外商对台糖出口的控制

　　在出口贸易方面,外商利用买办,实行贷款预购、控制货源等手段,逐

---

　　① H. B. Morse. The Trade and Administration of China[M]. 3rd ed, Shanghai:Kelly and Walsh,Limited,1921:309.

步控制了台湾地方的整个出口贸易。以糖的贸易为例,"台南糖为大宗,糖灶逼近府城,洋商皆预发资本,交华商代办"。[①] 糖行和糖商从洋行买办处取得贷款后即转贷给糖廊,从中牟利,糖廊又转贷予蔗农,获取更高的利息。在向洋行承担包购之责的买办与糖行之间、糖行与掮客之间、掮客与糖廊之间以及糖廊与蔗农之间的递层贷款关系中,还依次订立购糖契约。其中除规定借贷双方的权利、义务之外,有时还附加保证货源的条件。即糖行要向贷方保证交货,若不能按约交货,则糖行须向贷方负担每笼二元的"违约金";若有货而企图改约不卖,借方须负担二分的"手续费",否则不得转售他人。这样就保证了贷款者——洋行——在任何情况下都有货可买,有钱可赚,[②] 从而垄断了台糖的外销。《1882—1891 年台湾台南海关报告书》也指出:"往时,此地的糖可以输到欧洲、美洲以及澳洲殖民地,每年所产的糖大部分皆被此港的外国公司或厦门的外国公司代理商以挂账或委托的方式购去。"[③]外商在台糖外销贸易中势力之大由此可见。尽管1886 年以后国际市场糖货过剩,竞争激烈,台糖销路不佳,外商在台糖出口中的地位已不如以往那么重要,但洋行仍尽量利用买办的关系,从台湾南部购买到大量糖货,输到当时台糖在国外唯一的市场——日本。[④] 近代操控台糖出口贸易的洋行主要有怡和洋行、邓特洋行、唻记洋行、勒士拉洋行以及东兴洋行等。[⑤]

二、外商对樟脑贸易的控制

外商对樟脑的贸易争夺最激烈。如前所述,开港初期,台湾樟脑输出

---

① 台湾巡抚刘铭传致李鸿章电[M]//李鸿章.李文忠公选集.台北:台湾大通书局,1987:584.

② 聂宝璋.中国买办资产阶级的发生[M].北京:中国社会科学出版社,1979:141.

③ P. H. S. Montgomery. 1882—1891 年台湾台南海关报告书[J].台湾银行季刊,1957,9(1).

④ Diplomatic and Consular Reports on Trade and Finance,China,Tainan[R]. 1890:13-25,Appendix:Report by Dr. W. W. Myers on the cultivation and manufacture of raw sugar in South "Formosa",and on foreign relations with the trade therein.

⑤ 台湾省文献委员会.台湾省通志:卷3 政事志·外事篇[M].台北:台湾省文献委员会,1971:60-63.

完全掌握在怡和及邓特两家英国洋行手里。其后,台湾地方政府虽然两度宣布实行樟脑专卖,但都因外商的反对,不久就被迫取消。外商为了夺得樟脑贸易的控制权甚至不惜诉诸武力,发动战争。一旦樟脑专卖废除,樟脑贸易就落入外商手中。如 1891 年第二次樟脑专卖取消后,自淡水口岸输出的 16716 担樟脑中,10782 担是外商用三联单运出的,同年台南出口的 2100 余担樟脑中,用三联单运出者占 1700 余担;1892 年台南出口的 4571 担中,用三联单运出者占 4093 担;1893 年台南输出的 6325 担中,用三联单运出的占 5934 担;1895 年淡水出口的 1003 担中,用三联单运出的占 986 担。[①]

对于开港之初以及 1891—1895 年外商对于樟脑贸易的垄断自不待言,但对自 1869 至 1884 年的第一次专卖废除后的 15 年中台湾樟脑贸易是否为外商所控制,学术界则有不同看法。台湾学者林满红就认为外商控制樟脑业的时间只不过是 1869 年至 1872 年,其他时间则是华商较占优势,其根据则是樟脑通过税的减少,而"通过税的减少亦意味着樟脑贸易权转入华商之手"。[②] 其实,通过税的减少并不一定意味着樟脑贸易权转入华商手中,其理由:第一,虽然 1869 年《樟脑条约》规定外商只要请领三联单,缴纳通过税(即子口税)就可自由入山采买樟脑,然而,外商往往违反规定,偷税漏税,如同治九年(1870),台湾道黎兆棠指出:"洋商入山采买樟脑,并未按照章程,先完子口税。"[③]第二,鉴于外商并未照章完税,当时台湾道即派员会同淡水同知设卡抽厘,每百斤樟脑抽厘五角五分,这个数额与子口半税完全相同,[④]外商为了免去请领三联单的麻烦,往往采取交纳厘金的办法。1878 年海关贸易报告就说:"因为厘金税率和通过税税率完

① Reports on trade at the Treaty Ports in China,Published by order of the general of Customs,Tamsui[R].1891,1895;Reports on trade at the Treaty Ports in China,Published by order of the general of Customs,Tainan[R].1891,1892,1893.

② 林满红.晚清台湾茶、糖、樟脑业的产销组织[J].台湾银行季刊,1977,28(3):200-220.

③ 陈培桂.淡水厅志[M].台湾文献丛刊第 172 种.台北:台湾大通书局,1963:114.

④ 陈培桂.淡水厅志[M].台湾文献丛刊第 172 种.台北:台湾大通书局,1963:114.

全相等,所以我们从通过税项下的收入很快地接近于零了。"①第三,通过税仅是樟脑从内山运到口岸之间所缴纳的税,而从口岸输出樟脑则无须缴纳通过税。后来由于森林不断砍伐,樟脑产地往内山推移,外商因路途不宁,运输不便,渐渐放弃到内山采买樟脑,改为在口岸直接收购,然后输出。所以通过税的减少并非表明樟脑贸易落入华商手中。

实际上,即使在专卖实行期间外商仍在一定程度上控制着台湾的樟脑输出。首先,在两次樟脑专卖时,怡记洋行、美利士洋行及怡和洋行等都经常私下派人潜入内地,勾结脑商,收购大批樟脑并运载出口,使台湾地方政府的专卖制度无法彻底实行。其次,台湾建省后刘铭传第二次实行樟脑专卖时系采用承包形式,自 1886 年到 1890 年 5 月,官脑局所出樟脑由德商开设的公泰洋行全行包揽购买。当时官脑局收购樟脑连同成本、运费及折耗等,每担约合 10 元,再以十二三元的价格售予承包商,政府从中获利不多。如自光绪十二年(1886)十一月起至十四年(1888)年底止,官脑局所办樟脑共 637000 斤,售出洋者 618000 斤,得价银 61500 两,除还本银 48000两,再扣除局用、运费、保险等银 8600 两外,仅获利 4600 两;光绪十五年(1889)共办脑 950300 斤,售价银 85500 两,除还本银 71800 两及局用各款银 4070 两外,获利只 9600 两。② 以三年零两个月计算,政府每年从樟脑专卖中所获利润不足 4500 两。而承买樟脑的外商在台湾以每担 13 元左右的价格揽购之后,"运赴香港,每担可售二十两至二十余两",③获利比官脑局不知高出几倍。由此观之,这一时期的樟脑贸易名为专卖,实则为德商公泰洋行所控制,获利最多的是外商。到后来,"灶丁制脑,其资皆夷人豫假之,脑成售予,故抑其价,无敢校者"。④ 外商通过贷款不仅控制了樟脑的收购,还控制了樟脑的生产。近代控制台湾樟脑贸易的,除了最早的怡和与邓特两家洋行外,还有马克亥尔洋行、勒士拉洋行、美利士洋行、费尔·哈士迪斯洋行、怡记洋行、公泰洋行、东兴洋行及瑞兴洋行等。

① Reports on trade at the Treaty Ports in China,Published by order of the general of Customs,Tamsui[R].1878:211.

② 刘铭传.官办樟脑硫黄开禁出口片[M]//刘壮肃公奏议.台湾文献丛刊第 27 种. 台北:台湾银行,1958:368-371.原文数字如此,与计算得出的数字略有出入.

③ 连横.台湾通史[M].北京:商务印书馆,1983:356.

④ 蒋师辙.台游日记[M].台湾文献丛刊第 6 种.台北:台湾大通书局,1987:48.

三、外商对台茶出口的控制

外商以贷款预购、控制货源来控制出口贸易的做法，在台湾最大宗的出口货即茶叶的输出过程中表现得最为突出。自 1868 年宝顺洋行的约翰·多德最先在大稻埕设厂经营茶业后，其他英国洋行接踵而至。起先，台茶自加工到输出全由设在台北的英国洋行一手独揽，没有他人插手。[①]洋行或自己，或通过茶贩向茶农发放贷款，建立起洋行——→茶农的借贷关系，渠道如下：

$$\text{洋行} \longrightarrow \text{茶农}$$
$$\text{茶贩} \longrightarrow$$

洋行还通过同一渠道向茶贩或茶农收购原茶或粗制的茶叶，在自己的洋行之内加工精制，然后运往厦门，转销美国。[②] 这时茶叶的运销路线为：

$$\text{茶农} \longrightarrow \text{大稻埕洋行} \longrightarrow \text{厦门} \longrightarrow \text{美国}$$
$$\text{茶贩} \longrightarrow$$

洋行通过这种办法垄断了台茶的加工和出口。

1870 年之后情况发生了变化。随着茶叶贸易的发展，许多华商也来台湾开设茶行，经营茶叶生意。于是外商贷款的方式也相应地发生了变化，即由原来直接贷给茶农、茶贩，改为通过"妈振馆"这一中间环节向华商贷款。[③] 当时台茶出口数量不断增多，贷款数额颇巨，洋行资金主要仰赖

---

① James W. Davidson. The Island of "Formosa", Past and Present[M]. Yokohama：Japan Gazette Press，1903：374.

② Commercial Reports from Her Majesty's Consuls in China，Tamsuy[R]. 1870：83；林满红. 晚清台湾茶、糖、樟脑业的产销组织[J]. 台湾银行季刊，1977，28(3)：200-220. 茶贩为一种将茶叶从乡下送入城镇加工的中间商人。

③ 东嘉生. 清代台湾之贸易与外国商业资本[M]//台湾银行经济研究室. 台湾经济史初集. 台湾研究丛刊第 25 种. 台北：台湾银行，1954. 所谓"妈振馆"，据说是英语"merchant"的音译。它既非纯粹的茶商，又非简单的中介人，而是介于茶商和外商之间经营茶叶委托贩卖，同时以茶叶抵押进行贷款的买办性机构。"妈振馆"在厦门设有总号，在台北设有分号，其资金由洋行借用者占七成，由钱庄借用者占一成，自己的资金仅为二成，贷款利率一般为月息一分五厘左右，经营者以广东人为多。

在华势力最大的汇丰银行供给。洋行从银行借款后贷给"妈振馆",由"妈振馆"转贷给茶行,再由茶行预借给茶农。这时茶叶资金的借贷关系为:

茶农和茶行既向"妈振馆"借款,所制茶叶便无权自由处理,必须交给"妈振馆"出售,"妈振馆"的茶叶也必须卖给洋行,这样茶叶的运销路线为:

茶农 ━━► 茶贩 ━━► 茶行 ━━► 妈振馆 ━━► 大稻埕洋行

                ┗━► 厦门洋行、厦门总行 ━━► 美国

外商采用这种办法牢牢地控制了台茶的输出,每年"所出茶叶,皆宝顺、怡记、德记洋行收买居多,民商自运出口本属寥寥"。[1]

当时华商经营的茶行数目不少,1876年有39家,到日据前夕已增加到150家左右。有的学者根据这一情况以及海关贸易报告和英国领事商务报告中关于"茶叶生意落入华人手中"的说法,认为外商并未垄断台茶贸易,同外商相比,华商甚至还"较占优势"等。[2] 然而,实际情况并非如此。因为,第一,华商茶行虽然数目众多,但规模很小,内部竞争激烈,而且资金缺乏,大部分须接受洋行贷款,当时的台湾道唐赞衮曾指出:"台湾本地业茶商民多承领洋行资本入山采办,并无重资自开茶行。"[3]所以华商茶行只不过是洋行的一种附庸而已。第二,由于华商茶行接受洋行贷款,其所制茶叶必须卖给洋行,即使未接受贷款者,绝大部分也无力在国外直接设立代销处,所以本地洋行仍是他们唯一的买主。而且,华商对国际茶叶市场行情全不明了,其利润全凭本地市价的涨落而定;相反的,外商则信息灵通,可以乘机操纵市场,压价收购,其"办茶必与印、日价格相若,然后采

---

　①　唐赞衮.台阳见闻录[M].台湾文献丛刊第30种.台北:台湾大通书局,1958:71.

　②　林满红.晚清台湾茶、糖、樟脑业的产销组织[J].台湾银行季刊,1977,28(3):200-220.

　③　唐赞衮.台阳见闻录[M].台湾文献丛刊第30种.台北:台湾大通书局,1958:71.

买"。① 外商处处占有优势，华商难得有讲价的机会。第三，从根本上来说，华商茶行只是一种承购茶贩贩售的茶叶，进行加工包装，然后再行出售的中间商人，并非出口贸易商。海关贸易报告以及英国领事商务报告称"台茶生意落入华人手中"乃是指台茶的烘焙、包装及运输（台茶有相当一部分是由华商运到厦门再售予洋行的）而言，并非指出口贸易，② 而实际的出口贸易仍然为外商所把持。以1879年为例，当年运到厦门的27万"半箱"(half chests)茶叶中有26万"半箱"(half chests)是经由厦门洋行之手输往国外的。③ 日据以前美国《先驱报》驻台湾记者J. W. 戴维逊也指出："茶叶的贸易几乎都由六家英、美洋行在进行，其贸易额多的时候每年超过700万元。"④这六家控制台湾茶叶贸易的大洋行是宝顺洋行、德记洋行、怡记洋行、水陆洋行、和记洋行及旗昌洋行。其中除了1888年在台北设立机器焙茶厂的旗昌洋行是由美商经营外，其余全部都是英国洋行。⑤

四、外商对鸦片贸易的控制

在进口贸易方面基本上也为外商所控制。因为占洋货进口总值2/3以上的鸦片是外商"具有兴趣的唯一输入品"，⑥它的进口自然大部分操在外商的手中。以打狗口岸为例，1866年输入的1431担鸦片中，外商占1261担，华商仅占170担。⑦ 外商之所以能控制这项贸易，除了鸦片买卖

---

① 光绪十八年淡水口华洋贸易情形论略[G]//《中国旧海关史料》编辑委员会. 中国旧海关史料(1859—1948)：第19册. 北京：京华出版社，2001：165. 印、日指印度茶和日本茶。

② Commercial Reports from Her Majesty's Consuls in China，Tamsuy[R]. 1876；Reports on trade at the Treaty Ports in China，Published by order of the general of Customs，Tamsui[R]. 1881.

③ Commercial Reports from Her Majesty's Consuls in China，Tamsuy [R]. 1879：239.

④ James W. Davidson. The Island of "Formosa"，Past and Present[M]. Yokohama：Japan Gazette Press，1903：388-389.

⑤ James W. Davidson. The Island of "Formosa"，Past and Present[M]. Yokohama：Japan Gazette Press，1903：374；台湾省文献委员会编的《台湾省通志》卷3政事志·外事篇中记载经营台茶出口除了上述者外，还有怡和及嘉士两家洋行。

⑥ James W. Davidson. The Island of "Formosa"，Past and Present[M]. Yokohama：Japan Gazette Press，1903：177.

⑦ Reports on trade at the Treaty Ports in China，Published by order of the general of Customs，Takow[R]. 1866：50.

本钱大、风险多,华商缺乏足够的资金与其竞争外,主要还因为鸦片关税与厘金税率之间的差别。按照 1858 年《中英通商章程善后条约》之规定,外商输入鸦片每担(百斤)只需交纳 30 两银的关税。华商进口鸦片则纳厘金,每担为 40~80 元,①1881 年至 1886 年间更是增加到每担 80~96 两银之多。② 与厘金税率相比,关税要低得多,外商有此特权,故可以在鸦片贸易的竞争中稳操胜券。当时台湾几乎所有的洋行都在经营鸦片贸易,其中以英商的势力最强。1876 年英国领事商务报告指出:鸦片贸易几乎完全继续操于英商之手。③ 尽管 1886 年《烟台条约》正式生效,鸦片实行税厘并征之后,外商在此项贸易中的优势已不如以往明显,但仍占有大部分的份额。以台湾南部口岸为例,1888 年共销售鸦片 2551 箱,其中由英国商号售出者为 1674 箱,由德国商号售出者为 264 箱,而由华商售出者仅 613 箱。英、德两国的商号共占有 76% 的份额。④

除鸦片外,纺织品和杂货的进口贸易最初也为外商所独占。⑤ 迄至 1870 年前后,华商亦开始参与这两类商品贸易。当时英国领事商务报告经常提到华商从香港输入衬衫布和其他棉织品。1880 年的商务报告还指出:"棉织品和毛织品贸易完全掌握在广东人手中,他们在台湾府城内开设着商店,出售为外商所不屑出售的小额洋货匹头和呢绒。"⑥华商之所以能染指纺织品及杂货的进口贸易,是因为除了这两类商品过于琐碎,商业利润微薄而为外商所不屑经营外,还因为台湾虽然对所有的出口货都要征课出口厘金,但对进口的洋货,除了鸦片外,一概免征进口厘金。⑦ 所以华商若用民船运载洋货进口不仅可以免征关税,还可以免去厘金等税收费用,

① Commercial Reports from Her Majesty's Consuls in China,Taiwan[R]. 1877:125;1878:131.

② Commercial Reports from Her Majesty's Consuls in China,Taiwan[R]. 1881:103.

③ Commercial Reports from Her Majesty's Consuls in China,Tamsuy and Kelung[R]. 1876:94.

④ Diplomatic and Consular Reports on Trade and Finance,China, Taiwan[R]. 1888:5.

⑤ Reports on trade at the Treaty Ports in China,Published by order of the general of Customs,Tamsui[R]. 1868:160.

⑥ Commercial Reports from Her Majesty's Consuls in China,Taiwan[R]. 1880:177.

⑦ H. B. Morse. 1882—1891 年台湾淡水海关报告书[J]. 台湾银行季刊,1957,9(1).

这样他们就有可能在与外商的竞争中占得上风。然而,这些在台湾经营洋货匹头的华商大部分是广东人,他们在香港设有联号,是与"口岸洋行保有千丝万缕联系的买办化商人"。[①] 他们经营洋货进出口贸易,只不过是为洋行及买办推销洋货充当工具。

以货易货是外商在台贸易的另一种惯用做法。运到台湾的鸦片有相当一部分是用来交换土货的,其交换的物品从茶叶、糖、樟脑到花生油饼等无所不包。外商之所以乐于采用这种以货易货的交易,是因为除了它比用现金支付更为合算,在推销洋货的同时便能购进土货,可以节省更多的时间和费用,从而赚取更多的利润外,更重要的还因为在这种以货易货的交易中,洋货的推销网和土货的收购网已经合二为一,更有利于外商对进出口贸易的控制。

在台湾设立洋行,控制近代台湾地方对外贸易的主要是英、德、美等几国的商人。其他外商虽未在台设行,但经常派船到台湾贸易。表 7-1 为1872—1878 年各国商人在台各种贸易中所占的比例。

以表 7-1 中 7 年平均而论,英国在贸易总额中所占的比例为 70%,英国商人在近代台湾地方对外贸易中势力之大由此可见。

表 7-1 1872—1878 年各国在台湾对外贸易总额中所占之比例

单位:海关两

年份	总　　额	英　　国		美　　国		德　　国		法　　国		其他国家		中国大陆	
		数额	%	数额	%	数额	%	数额	%	数额	%	数额	%
1872	4209553	2535643	60.2	96351	2.29	881047	20.9	52460	1.20	644052	15.3	—	
1873	3864010	2718219	70.3	25182	0.65	848266	22.0	—	—	272343	7.0		
1874	4515340	3089973	68.4	25355	0.56	1000496	22.2	67192	1.49	332324	7.4		
1875	4177978	2987720	71.5	28759	0.69	757542	18.1	75679	1.80	328278	7.9		
1876	5151589	3484459	67.6	2320	0.05	996379	19.3	52189	1.01	616242	12		
1877	5682981	4253288	74.8	10021	0.18	1272099	22.4	10406	0.18	137167	2.4		
1878	5784286	4516300	78.0	22918	0.40	1140344	19.7	25114	0.43	65829	1.1	13781	0.24

资料来源:Annual Returns,Part Ⅱ,Takow,Tamsui[R].1872—1878.

---

① 聂宝璋.中国买办资产阶级的发生[M].北京:中国社会科学出版社,1979:128.

第二节　台湾成为洋货倾销和农产品
原料掠夺的市场

如前所述,开港之后台湾对外贸易的发展甚为迅速。在进口贸易中,虽然鸦片占了很大的一部分,但因台湾耕织结合的自然经济原来就不如大陆地区那么根深蒂固,商品经济历来比较发达,加之台湾地方对输入的外国工业品不征进口厘金,使洋货进口所遇到的阻力较少,故纺织品和其他各种工业制品的输入在整个台湾近代对外贸易的过程中也有很大的增长。如 1864 年外国纺织品和杂货的进口总值为 23840 英镑,占洋货进口总值的 7％,而到 1894 年外国纺织品和杂货的进口总值即已达到 409382 英镑,占洋货进口总值的近一半。①

随着外国廉价工业品输入的增加,洋货在台湾各种消费品中所占的比例也不断在提高。根据海关贸易报告的统计,1876 年台湾南部所消费的各种布匹中,洋布占 40％,大陆输入的南京布占 35％,台湾本地的凤梨布和"番"布分别占 17％和 8％。② 在台湾北部,洋布的使用也相当普遍。据海关贸易报告,冬季不论是在田里劳动的农夫,还是在煤船上做工的船工,甚至街上的普通苦力,他们身上穿的三四件短褂中,至少有一两件是用欧洲的布料制成的。③ 洋布在岛上消费的范围之广,由此可见一斑。煤油的输入是洋货倾销的另一个典型的例子。自 1881 年以后煤油输入台湾的数量连年激增,终于"完全取花生油而代之",④"由于煤油输入的结果,土产

① Commercial Reports from Her Majesty's Consuls in China, Taiwan, Tamsuy[R]. 1864;Diplomatic and Consular Reports on Trade and Finance,China, Tainan, Tamsui[R]. 1894.

② Reports on trade at the Treaty Ports in China,Published by order of the general of Customs,Takow[R]. 1876:99.

③ Reports on trade at the Treaty Ports in China,Published by order of the general of Customs,Tamsui[R]. 1876:86.

④ Diplomatic and Consular Reports on Trade and Finance,China,Tainan[R]. 1892:6.

油料已经很少作为点灯之用"。① 外国输入的洋纱也代替了土纱,以致"本地妇女在冬季多用进口棉纱织布"②。

由于台湾原来是个移垦型社会,手工业不发达,纺织品及其他生活日用品以往均仰赖于大陆供给,洋货的倾销并未造成台湾本地手工业的衰落,而只是引起大陆输台的国产棉布、日杂用品等土货的减少。这种洋、土货输入此增彼减的现象在土布的进口中表现得最为明显。1865—1867年间,洋布的进口量稳步上升;与此相反,海关贸易报告中南京布的进口就开始减少。③ 1870年之后,由于洋布价格下降,有时甚至低于国产土布的价格,从而弥补了其质量上的缺陷,使土布原来赖以竞争的优势逐渐消失。1874年灰衬衫布的价格比国产纺织品更加便宜,所以进口量剧增,结果导致外船全部停止输入土布,由民船运来的南京布的数量也一下减少了20%。④ 1879年洋布的价钱大跌,T字布每匹售价仅1.80元左右,进口量大增,随之而来的也是当年南京布输入锐减。⑤ 华商对洋布的推销使得土布输入减少的情况更形严重,同年英国领事商务报告称:"大量的匹头由广东人的商行输入,迄今为止存在的对厦门出产的南京布的需求量大大地下降了。"⑥

而从19世纪80年代起,既耐穿又便宜,土、洋布二者优点兼而有之的东洋棉布输入之后,土布在台湾布类总消费量中所占的比例下降的趋势便更为明显。1882年国产的南京布、夏布和绸布的输入价值是94267海关两,占该年台湾棉布及毛织物输入总值的45%。1887年国产细薄织物的输入价值增加到147056海关两,但外国匹头的输入量增加更快,故这个价值在当年台湾进口的棉毛织物的总价值中占的比例仅有42%,

---

① Diplomatic and Consular Reports on Trade and Finance,China,Tainan[R].1893:3.

② Commercial Reports from Her Majesty's Consuls in China,Tamsuy and Kelung[R].1874:69.

③ Reports on trade at the Treaty Ports in China,Published by order of the general of Customs,Tamsui[R].1867:74.

④ Reports on trade at the Treaty Ports in China,Published by order of the general of Customs,Takow[R].1874:140.

⑤ Commercial Reports from Her Majesty's Consuls in China,Tamsuy and Kelung[R].1879:236.

⑥ Commercial Reports from Her Majesty's Consuls in China,Taiwan[R].1879:227.

比起 1882 年不仅没有增加反而下降。1891 年，土布输入的价值更是大减，南京布降为 6973 海关两，夏布降为 23531 海关两，绸布降为 55860 海关两，三者共计 86364 海关两，总价值仅占该年台湾纺织物进口总值的 27％。[①] 可见随着对外贸易的发展，洋布大量进入台湾，大陆土布在台湾市场的地位已渐渐为洋布所取代了。[②] 实际上，此时输入台湾的土布多是用洋纱织造的，已经不是原来那种地道的土布了。据海关贸易报告云，当时与台湾一水之隔的福建省的每个家庭都在用洋纱织造土布。在漳州、同安、安海及邻近地区，织造这种土布已经成为许多居民的职业。这种土布仅有一小部分在厦门消费，大部分都经由常关出口。[③] 此外，还有相当部分的土布是直接用洋布经剪裁和加染后冒充的。[④] 如汕头出产的所谓"土布"，就是用从香港进口的英国漂白市布经染蓝后出口的。[⑤] 作为原来输台日用品中最大宗的土布的命运尚且如此，大陆其他原来输往台湾的手工业品在品种繁多、物美价廉的洋货倾销的冲击之下，其结果如何就可想而知了。

表 7-2 为 1865 年与 1894 年洋货、土货在台湾进口总值中所占的比例，从中可以清楚地看到这一时期台湾进口的洋货、土货此增彼减的情况。

[①] H. B. Morse. 1882—1891 年台湾淡水海关报告书[J].台湾银行季刊，1957，9(1).

[②] 除了外国商船之外，尚有一些洋布和土布是由民船运入台湾的。因受外船贸易的影响，民船来台贸易的数量不断减少，输入的货物也越来越少。所以，尽管民船土布数量缺乏准确的统计，但对这个结论并无影响。

[③] Reports on trade at the Treaty Ports in China，Published by order of the general of Customs，Amoy[R].1870:86;1873:117.

[④] Reports on trade at the Treaty Ports in China，Published by order of the general of Customs，Foochow[R].1878:191.

[⑤] Reports on trade at the Treaty Ports in China，Published by order of the general of Customs，Swatow[R].1876:140.

表7-2　1865年与1894年洋货、土货在台湾进口总值中所占之比例

单位:1873年前为两,是年以后为海关两

		洋货净进口	土货净进口	合　计
1865	价值	1000072	439960	144032
	(%)	69.4	30.6	100
1894	价值	4602068	847392	5449460
	(%)	84.4	15.6	100

资料来源:姚贤镐.中国近代对外贸易史资料(1840—1895):第三册[M].北京:中华书局,1962:1618-1636.原表中1865年单位为两,今按1海关两=1.114上海两折算。

如表7-2所示,自1865年至1894年的30年间,台湾进口的洋货以价值而论,增加了3.6倍,而土货仅增加93%;土货在进口货总值中的比例也由1865年的30.6%下降到1894年的15.6%。土货输入减少的现象在台湾南部更为突出。1865年打狗和台南口岸土货进口值在土货、洋货进口总值中占的比例为39.4%,到1894年已下降为7.3%;不仅相对比例下降,而且绝对量也大为减少,由1865年的375413海关两下降到1894年的148748海关两。[①]

在近代台湾对外贸易中,出口贸易的增长速度比之进口贸易更为迅速。1865年台湾的土货出口总值为887090海关两,到1894年已经上升到7245035海关两,30年间增加了7.17倍。[②] 而且,随着对外贸易的发展,销往国外的货物在全部输出货物总值中所占的比例也不断增加。1868年至

---

① 根据姚贤镐的《中国近代对外贸易史资料(1840—1895)》第三册附录四"各通商口岸对外贸易的消长"表三"各埠洋货进口、土货进口、土货出口值:1865—1894年"相关统计数字计算。原表中1865年单位为两,今按1海关两=1.114上海两折算。(姚贤镐.中国近代对外贸易史资料(1840—1895):第三册[M].北京:中华书局,1962:1618-1636.)

② 根据姚贤镐的《中国近代对外贸易史资料(1840—1895)》第三册附录四"各通商口岸对外贸易的消长"表三"各埠洋货进口、土货进口、土货出口值:1865—1894年"相关统计数字计算。原表中1865年单位为两,今按1海关两=1.114上海两折算。(姚贤镐.中国近代对外贸易史资料(1840—1895):第三册[M].北京:中华书局,1962:1618-1636.)

1870 年间仅为 35％左右,到 1876 年至 1880 年间已达到 80％,1881 年后提高到 85％。这种趋势在台湾北部更为明显,据海关贸易报告,1882—1891 年淡水口岸销往国外的大宗产品如茶叶、樟脑和煤炭等即占该口岸全部输出总值的 96.5％。① 可见,台湾已经成为资本主义列强掠夺原料和农产品的市场。

在出口贸易的刺激下,台湾原来的农业生产结构发生了变化,那些专供出口的经济作物,如甘蔗、茶的生产高度发展,原来种植粮食作物的耕地被大量占用,在台湾南部则是蔗田占用稻田。还在开港初年,海关贸易报告就指出,由于台糖出口迅速增加,"甘蔗的种植正在迅速侵夺着稻田"②,"农民们正在大片地放弃种稻而改植甘蔗,他们发现这样是较为有利可图的"。③ 到 19 世纪 80 年代前期台糖外销的黄金时代,改种稻为植蔗的现象也就更加普遍了。当时英国领事商务报告有这样的叙述:"甘蔗的栽培业经发现是十分有利的事业,以至于现在比过去有更多的土地用于种植甘蔗。许多地方的稻田正在改为蔗田。"④

在台湾北部则是茶园的大规模扩张。因为台茶的销路比之台糖更加畅旺和稳定,所以台湾北部茶园的扩展程度比之南部的蔗园当然也就有过之而无不及。"到处都可以看到中国人拔掉他们的甘薯,在有些地方甚至拔掉价值较少的蓝靛以扩展茶地。"⑤1880 年英国领事商务报告也指出:"由于茶叶价值高昂,茶树的种植迅速增加,我们经常听说植茶事业传播到新的地方,新的植茶区多半是被开拓的山地,这些山地有的乃是第一次开垦用来植茶的。但有时也有放弃其他作物来种茶的。"⑥

① H. B. Morse. 1882—1891 年台湾淡水海关报告书[J]. 台湾银行季刊,1957,9(1).

② Reports on trade at the Treaty Ports in China,Published by order of the general of Customs,Takow[R]. 1868:77;1870:81.

③ Reports on trade at the Treaty Ports in China,Published by order of the general of Customs,Takow[R]. 1874:141.

④ Commercial Reports from Her Majesty's Consuls in China,Taiwan[R]. 1880:117.

⑤ Commercial Reports from Her Majesty's Consuls in China,Tamsuy and Kelung [R]. 1874:112.

⑥ Commercial Reports from Her Majesty's Consuls in China,Tamsuy and Kelung [R]. 1880:116.

甘蔗的种植大量地侵占了水稻的种植面积，导致岛上稻米产量下降，米价上涨，输出渐少。1868年打狗海关贸易报告在检讨当年稻谷输出额减少的原因时就指出，除了该年秋季水稻收成欠佳之外，另外一个最根本的原因便是甘蔗种植的增加侵占了稻田。[①] 在台湾北部，茶园所占用的虽然大部分是甘薯地和靛青地，但因"台人皆食地瓜，大米之产全为贩运，以资财用"，[②]所以，地瓜产量的减少必然需要更多的大米留在岛内以供食用，这样也就间接地减少了大米的输出量。这种现象对大米输出的影响虽然不像作物歉收那样直接和明显，但因为它太普遍了，所以对台米输出的影响也就更为长远和深刻。除此之外，由于外贸和商业的发展，岛上市镇非农业人口不断增加，并且每年都有无数批的茶叶挑选者和包装者到来，使得岛内稻米消费者的人数大量增加，在生产减少和消费增多的两面夹攻之下，台湾稻米的输出自开港之后一直呈下降的趋势，以至于年成稍有不好，就要发生食粮不足的情况，不仅输出停止，反而要从大陆及国外（主要是日本）输入食米补充（参见表7-3）。光绪十五年（1889）海关贸易报告就指出："台地素称产米之区，前二十年淡水出口米约四十万石。今米石就地全消，仍未足供食客，每由上海贩运进口。"[③]到后来，"这个昔时号称'中国之谷仓'之台湾岛的食粮输出贸易便完全绝迹了"。[④] 表7-3为1868—1894年稻米在台湾进出口贸易总值中所占的比例。

---

① Reports on trade at the Treaty Ports in China，Published by order of the general of Customs，Takow[R]. 1868:77.

② 姚莹. 与毛生甫书(己亥四月)[M]//姚莹. 中复堂选集. 台湾文献丛刊第83种. 台北:台湾大通书局，1984:113-116.

③ 光绪十五年淡水口华洋贸易情形论略[G]//《中国旧海关史料》编辑委员会. 中国旧海关史料(1859—1948):第15册. 北京:京华出版社，2001:160.

④ H. B. Morse. 1882—1891年台湾淡水海关报告书[J]. 台湾银行季刊，1957，9(1).

表 7-3 1868—1894 年台湾进出口贸易总值中稻米所占之比例

年　份	1868—1870	1871—1875	1876—1880	1881—1885	1886—1890	1891—1894
出口(%)	9.8	2.3	0.1	*	*	0.2
进口(%)	0.1	0.7	0.5	2.2	0.7	3.9

注:"*"为不到 0.05%。

资料来源:何保山.台湾的经济发展:1860—1970 年[M].上海市政协编译工作委员会,译.上海:上海译文出版社,1981:15-16.

除了稻米之外,受到类似影响的还有靛青、花生等其他作物。台湾南北原来盛产靛青,每年由民船运销厦门、宁波及上海等地,达数万担之多。[①] 后来由于茶树和甘蔗占去了靛青的种植面积,台湾所出靛青不仅很少出口,甚至连岛上自用尚且不够,不时还需从岛外进口,如 1886 年单淡水口岸就从海峡殖民地进口靛青 1000 担以上。[②] 花生油原来也是台湾输入大陆的一种重要产品,由于进口煤油取代了花生油,大陆和台湾本地对花生油的需求量降低,台湾花生种植减少,所产花生油仅供本岛食用。

综上所述,可以看到,在近代台湾对外贸易的进程中,由于洋货倾销的加强和土货输出的发展,台湾已逐渐成为资本主义列强廉价工业品的倾销地和原料农产品的掠夺市场。在进口方面,洋布取代了土布的地位,大陆输到台湾的国产的手工业品所占的比例大大地降低了;出口方面,由于茶、甘蔗等外销作物种植的增加占用了大量的稻田和其他粮食作物的面积,加上岛内稻米消费量的增加,致使自清初迄至 19 世纪中叶一直是台湾输往大陆的最大宗产品——大米——的出口锐减,最后竟至完全消失。台湾与大陆之间原来商品交换的互补关系遭到破坏,清代那种由台湾接济大陆米食,而大陆向台湾提供日用手工业品的传统的经济联系被打断了。台湾的进出口贸易由开港前的完全依赖大陆国内市场转变为基本上依赖国外市场,台湾地方社会经济半殖民地化的程度大大地加深了。

---

① Reports on trade at the Treaty Ports in China,Published by order of the general of Customs,Tamsui[R].1867:79;1868:166.

② Reports on trade at the Treaty Ports in China,Published by order of the general of Customs,Tamsui[R].1886:266.

第三节　殖民掠夺和封建剥削的加深

自 1878 年起,台湾对外贸易每年都有大量的出超,从 1865 年至 1894 年净出超总额共达 1400 多万海关两。一般说来,外贸的大量出超是社会经济繁荣、财富增值的标志之一。然而,近代台湾地方的情况却不尽然,尽管外贸发展很快,连年出超,但广大直接生产者的生活状况并未有相应的改善和提高,就如 19 世纪 90 年代美国《先驱报》驻台湾记者 J. W. 戴维逊根据其耳闻目睹所描述的那样:"数以百计衣衫褴褛、双脚赤裸、贫穷不堪的茶贩年复一年地挑着他们的茶叶来大稻埕售卖,但卖茶得到的银子回家之后'一转眼间'就不知去向了。他们的住房同以前一样破烂陈旧,他们使用的农具同以前一样极为简陋,就连屋里跑出来向行人吠叫的狗也是同以前一样饿瘪着肚子,在这里丝毫也看不到我们所熟悉的那种西方的繁荣。"①

鸦片是近代台湾地方对外贸易中最大宗的进口货。鸦片进口值在洋货进口总值中的比例最低的年份为 51%,最高的年份竟达 93%,在各种进口货中始终稳居第一位。因此,近代台湾地方不仅是洋货倾销的市场,更确切地说还是西方列强毒品倾销的市场。近代台湾进口贸易商品结构的这一特点,决定了它比一般资本主义国家剩余工业品倾销的不等价贸易具有更大的掠夺性。

从 1864 年至 1894 年台湾共输入鸦片 126627 担,平均每年 4085 担,以比较低的每担 550 元的价格计算,台湾每年光耗费在鸦片上的现金就达 224 万元以上。在开港初期,台湾的出口贸易尚未充分发展,出口的土货不足以抵付鸦片的货款,对外贸易一直呈入超状态,相当一部分鸦片都是用现款支付,故每年都有大量的白银外流。据不完全统计,1866 年单淡水口岸一处由外船运走用以支付鸦片的现款就达 50 万元,即 11 万英镑。②

---

① James W. Davidson. The Island of "Formosa", Past and Present[M]. Yokohama: Japan Gazette Press, 1903:391.

② Commercial Reports from Her Majesty's Consuls in China, Tamsuy[R]. 1866:269.

在更多的场合,鸦片被直接用来交换茶叶、糖、樟脑和煤等各种土货。在这种情况下,鸦片贸易的掠夺性就赤裸裸地暴露出来了——"许多茶农卖茶后所得到的不是钱而是鸦片"。[①] 表 7-4 为 1865—1894 年台湾进口鸦片占各通商口岸进口鸦片总量之比例。

表 7-4　1865—1894 年台湾净进口鸦片占全国各通商口岸净进口鸦片总量之比例

年份	台湾(A)	全国(B)	A/B(%)	年份	台湾(A)	全国(B)	A/B(%)
1865	2288	56133	4.08	1880	5796	75308	7.70
1866	2542	64516	3.94	1881	5881	74005	7.95
1867	2586	60948	4.24	1882	4596	66908	6.87
1868	2033	53915	3.77	1883	4017	68168	5.89
1869	2571	53310	4.82	1884	3578	68819	5.20
1870	2894	58817	4.92	1885	3775	65259	5.78
1871	3280	59670	5.50	1886	4546	67801	6.70
1872	3341	61193	5.45	1887	4248	73877	5.75
1873	3593	65797	5.46	1888	4646	82612	5.62
1874	4169	67468	6.18	1889	4735	76052	6.23
1875	4159	66461	6.26	1890	5043	76616	6.58
1876	4518	68042	6.64	1891	5582	77445	7.20
1877	4837	69052	7.0	1892	5139	70782	7.26
1878	4701	71492	6.58	1893	4687	68108	6.88
1879	5552	82927	6.70	1894	3909	63125	6.19

资料来源:《中国旧海关史料》编辑委员会. 中国旧海关史料(1859—1948):第 4 册 [M]. 北京:京华出版社,2001:13;《中国旧海关史料》编辑委员会. 中国旧海关史料(1859—1948):第 7 册[M]. 北京:京华出版社,2001:13;《中国旧海关史料》编辑委员会. 中国旧海关史料(1859—1948):第 11 册[M]. 北京:京华出版社,2001:19;《中国旧海关史料》编辑委员会. 中国旧海关史料(1859—1948):第 22 册[M]. 北京:京华出版社,2001:17.

---

① Reports on trade at the Treaty Ports in China, Published by order of the general of Customs,Tamsui[R]. 1886; Diplomatic and Consular Reports on Trade and Finance, China,Tamsuy[R]. 1892.

鸦片的大量输入刺激了岛内鸦片消费量的增加。以台湾南部为例，1878 年一个季度中投放于市场的鸦片数量就比 10 年前一整年的消费量还多。[①] 吸食鸦片的人数也随着鸦片的大量流入与日俱增。咸丰初年，台湾兵备道徐宗幹曾估计全台湾吸食鸦片者约有 50 万人之谱。[②] 1866 年的海关贸易报告指出："如果考虑到台湾的人口是多么稀少，那里鸦片的销量就大得惊人了。这种情况可由下一事实来说明：那就是，几乎所有台湾各阶层居民都吸食鸦片，尤其是中下阶层，他们似乎多半是把吸食鸦片当成使他们能够支持一天工作疲劳的一种刺激品，而不是把鸦片当作享受品。在通往台湾府的道路上的各个休息地点，可以看到轿夫、挑夫和劳动者在继续挑抬之前，都要抽鸦片。一个人不论多么穷，似乎没有能摒弃这种嗜好的。"[③]根据 1877 年海关贸易报告估计，当时台湾吸食鸦片者至少占人口的一半。[④] 近代台湾人口约有 250 万，粗略计算约为全国人口的 5.95‰，[⑤]而表 7-4 显示自 1865 年至 1894 年的 30 年间，台湾每年输入的鸦片却占全国各口岸鸦片进口总量的 5.97%。换言之，即台湾地方人均每年鸦片消费量约为全国人均每年鸦片消费量的 10 倍。无怪乎有学者认为中国人所吸食的鸦片中，有相当大的部分是在台湾消费的。[⑥] 鸦片贩子的贪财好利正如蚂蟥吸血一样，无休无止的鸦片倾销不仅毒害了广大劳动人民的身心健康，还耗竭了土货出口换来的大量资金，严重地削弱了对其他生活消费品的购买力。台湾南部鸦片的输入比北部多，纺织品和杂货等其他商品的

① Reports on trade at the Treaty Ports in China, Published by order of the general of Customs, Takow[R]. 1878：230.

② 连横. 台湾通史[M]. 北京：商务印书馆，1983：359.

③ Reports on trade at the Treaty Ports in China, Published by order of the general of Customs, Takow[R]. 1866：39.

④ Reports on trade at the Treaty Ports in China, Published by order of the general of Customs, Tamsui[R]. 1877：162.

⑤ 据伊能嘉矩的《台湾文化志》(中卷)第六篇"社会政策"之第一章"户口普查"(台湾省文献委员会，1991 年)，光绪十九年(1893)台湾全省人口数为 2545731 人。而咸丰年间中国全境的人口在 4.2 亿左右。赵文林，谢淑君. 中国人口史[M]. 北京：人民出版社，1988：383-384.

⑥ 东嘉生. 清代台湾之贸易与外国商业资本[M]//台湾银行经济研究室. 台湾经济史初集. 台湾研究丛刊第 25 种. 台北：台湾银行，1954.

进口就比北部少，人民的生活也比较困苦就是一个明显的例证。

外商的兴趣之所以全部集中于鸦片贸易，是因为它的利润很高。根据1865年11月16日美利士洋行致函香港怡和洋行所称，贝拿勒斯鸦片在香港每箱570元，在淡水可以卖到790元，[①]两地差价竟达220元。据黄富三估算，自香港输到台湾的鸦片的边际利润相当于两地差价的20～30元，而上述220元的差价则相当于边际利润的7～11倍，堪称是超高利润了。[②]虽然并非经常有如此之高的利润，但据英国领事商务报告云，鸦片进口商的利润平均每箱不会低于80元。[③] 可见，即使是最低利润也要比边际利润高出3～4倍，外国烟贩每年从台湾掠走的财富之巨可想而知。故尽管台湾开港后对外贸易发展较快，糖、茶叶和樟脑等大量出口，但"无如英国销售烟土于台地则利尤大而银出尤多，则乃是台失利而英得利也"。[④]

商业高利贷资本的剥削也是台湾人民生活贫困化的又一主要原因。随着近代台湾对外贸易的发展，农产品商品化程度的提高，台湾地方商业高利贷资本的活动也空前猖獗起来。外商在贸易中的贷款预购和赊卖除了扩大土货来源、拓展洋货销路进而控制进出口贸易外，另外一个重要的职能就是进行高利贷盘剥。以茶叶贷款为例，汇丰银行以六厘的利息贷给洋行，洋行即以一分二厘的利息转借给"妈振馆"，"妈振馆"又以一分五厘的利息预借给茶行，[⑤]茶行当然又以更高的利息贷予茶农。这样层层转贷，利息也层层加码，结果所有的利息当然由最终的借贷者茶农来承担。除了洋行的贷款外，华人茶商也"以贷金之法，借于茶农，俟其茶叶制成，必归该行以定价，价平而息则奢"。[⑥] 茶农除了遭受高额利率、压价收购等各

① 黄富三.清代台湾外商之研究——美利士洋行(上)[J].台湾风物,1982,33(4):104-136.

② 黄富三.清代台湾外商之研究——美利士洋行(上)[J].台湾风物,1982,33(4):104-136.

③ Commercial Reports from Her Majesty's Consuls in China,Tamsui[R].1863:2.

④ 沪滨居士.论台地宜兴商务[N].万国公报,1893-01(光绪十八年十二月).

⑤ 东嘉生.清代台湾之贸易与外国商业资本[M]//台湾银行经济研究室.台湾经济史初集.台湾研究丛刊第25种.台北:台湾银行,1954.

⑥ 李文治.中国近代农业史资料:第一辑[M].北京:生活·读书·新知三联书店,1957:527.

种盘剥外,在售茶时还要受到掮客秤头上的克扣。如"茶商品评茶质,各就农家购买,其中人则以百五斤为入,百斤为出也。而大稻埕茶中尤狡,时以百五十斤或至百三十斤为入,百斤为出也。轻重权衡,维持出入之利"。[①]

其实,华商茶行和中间商人虽然剥削茶农茶贩,但他们最终还得受外商的控制,他们从茶农茶贩身上刮来的利润还必须在他们与外商之间进行再分配。由于华商茶行接受洋行贷款,其所制茶叶必须售予洋行。即使未接受贷款者,也因无力在国外直接设立代销处,所以洋行仍是他们唯一的买主,而且华商对国际市场行情不甚了解,其利润全凭本地市场价格的涨落而定。相反,外商信息灵通,经常操纵市场,压价收购,其"办茶必与印、日价值相若,然后采买"。[②] 遇到国际市场风吹草动,外商即可采取观望态度。因茶叶容易变质,不能囤积太久,华商每逢这种情况,唯一的办法就是忍受亏损,降价求售;否则,茶叶发霉,损失更大。而外商在台茶买卖中基本上处于主动地位,所以获利最多的乃是洋行。

与茶业高利贷相比,糖业高利贷对蔗农的剥削更加凶狠,所以,南部蔗农的境遇也就更加悲惨。首先,在台湾种蔗的全是贫苦农民,每户的产量自 50 担到 500 担不等。蔗农资金短缺,往往在甘蔗收获之前就已感受到缺乏生活资料的压迫,为了得到贷款,他们不得不把尚未收获的甘蔗抵押给代理人,这些代理人带着现金专门等候这种机会。蔗农贷款时须付很高的利息,一般为月息 1.5%~2.5%。[③] 打狗糖区的贷款一般分三次贷予,即在年初蔗苗刚出地面时,估计收成的数量先借一笔款,雨季过后再作一次估价给第二次贷款,待到甘蔗收成时再付最后一次贷款,其利率一般为年息 18%~36%。[④]

其次,蔗农很少有自己的糖廍,收获时大部分蔗农须将甘蔗运到其债

---

① 李文治.中国近代农业史资料:第一辑[M].北京:生活·读书·新知三联书店,1957:527.

② 光绪十八年淡水口华洋贸易情形论略[G]//《中国旧海关史料》编辑委员会.中国旧海关史料(1859—1948):第 19 册.北京:京华出版社,2001:165.

③ Diplomatic and Consular Reports on Trade and Finance,China,Taiwan[R].1886:4.

④ Diplomatic and Consular Reports on Trade and Finance,China,Tainan[R].1890:13-25,Appendix:Report by Dr. W. W. Myers on the cultivation and manufacture of raw sugar in South "Formosa",and on foreign relations with the trade therein.

主所开设的糖廍中加工,这些高利贷者兼糖廍主便从中又进行一层剥削。《麦耶斯报告》中提到,蔗农在榨糖时若提供牛只及赶牛的人手,那么,糖廍主只抽取所榨出来的糖的 7% 作为加工的费用。但是大部分的糖廍主都坚持要用他的牛只,这样他就可以留下所榨出来的糖的 40%～50% 作为加工费。[①] 海关贸易报告也曾提到台湾蔗农榨糖时缴交给糖廍主的费用一般占所产糖的一半。[②]

再次,蔗农所种的地一般是向地主租佃而来的,除了上述利息和加工费用外,蔗农还得向地主交纳地租,租率为地价的 15%～20%;蔗农在将糖出售给贷款者时每担还须交五分的佣金。[③]

扣除上述各种费用之外,蔗农所得无几。根据英国领事商务报告的估算,在最好的年景中,他们从所产每担糖中得到的最多不过 3 先令 1 便士至 3 先令 4 便士,平均仅有 2 先令 10 便士。[④] 按这样的水平所得的款子当然无法偿清全部的债务,于是就会出现亏空,即使这个亏空很小,也因为利息永远按照复利计算,所以这笔亏空就日积月累,迅速增加,使蔗农"负债累累,年深一年,无以归款",常常濒于破产的边缘。而这正是高利贷业者兼糖商所希望的,因为蔗农还不起债,便须借债养债,即需要不断地向高利贷商人借款。借出的款越多,他就越能控制更多的糖货供应,到后来这些高利贷糖商"不独挟制种蔗者,限其办糖多少到口,以为自定时价高低之计,且又能自指田亩,以为每年种蔗之区"。[⑤]

高利贷商人以此办法不仅控制了蔗糖的流通,还控制了蔗糖的生产;

① Diplomatic and Consular Reports on Trade and Finance,China,Tainan[R]. 1890:13-25,Appendix:Report by Dr. W. W. Myers on the cultivation and manufacture of raw sugar in South "Formosa",and on foreign relations with the trade therein.

② Reports on trade at the Treaty Ports in China,Published by order of the General of Customs,Takow[R]. 1867:101.

③ James W. Davidson. The Island of "Formosa", Past and Present[M]. Yokohama:Japan Gazette Press, 1903:448.

④ Diplomatic and Consular Reports on Trade and Finance,China,Tainan[R]. 1890:14. 按:1890 年 1 海关两＝5 先令,2 先令 10 便士＝0.57 海关两。

⑤ 光绪二十年台南口华洋贸易情形论略[G]//《中国旧海关史料》编辑委员会. 中国旧海关史料(1859—1948):第 22 册. 北京:京华出版社,2001:175.

而蔗农在重重的盘剥之下，不仅失去了自由出售产品的权利，同时，失去了讨价还价的资格，由原来形式上独立的生产者沦为高利贷商人的依附农民。正如《麦耶斯报告》中所描述的那样："台湾南部地区的蔗农受困于对几个资本家的债务，多年来处于悲惨可怜而显然又无法还债的状态，劳动所得仅能果腹，情况演变到现在，他们实际上比农奴好不了多少。"①

至于外商在糖业中的贷款也是很普遍的，唯其数量之大小及利率之高低尚未见确切的统计。但据 1879 年英国领事商务报告所称，当时红糖每担售价为 3～3.80 元，生产者的利润每担 0.85 元，其中须扣除外商借款的利息 0.10 元左右，蔗农每担实得仅 0.75 元，而且外商借款的期限为 6 个月。② 以每担利息 0.10 元计算，台湾每年出口糖数十万担，外商可从中获利数万元。

洋行在售货时常常进行赊贷，以此吸引资金短缺的零售商。这种赊贷也是一种重要的高利贷剥削方式。以台湾北部的美利士洋行为例，其"New Benares"鸦片每箱的批发价格，现金交易时为 760 元，而赊贷时则要 800 元，赊贷要高出 40 元；贷期一个月，月息相当于 5.3%，年息为 63%，堪称超高利贷。即使比较低的月息也达 2.53%，仍然是高利贷。③ 零售商人的这种利息负担必然通过价格再转嫁到广大消费者身上，最终被剥削的还是广大劳动人民。正如毛泽东同志所指出的："帝国主义列强从中国的通商都市直至穷乡僻壤，造成了一个买办的和商业高利贷的剥削网，造成了为帝国主义服务的买办阶级和商业高利贷阶级，以便利其剥削广大的中国农民和其他人民大众。"④

由上所述可以看出，近代台湾地方对外贸易虽然发展比较迅速，连年

① Diplomatic and Consular Reports on Trade and Finance, China, Tainan[R]. 1890: 13-25, Appendix: Report by Dr. W. W. Myers on the cultivation and manufacture of raw sugar in South "Formosa", and on foreign relations with the trade therein.

② Commercial Reports from Her Majesty's Consuls in China, Taiwan [R]. 1879: 228.

③ 黄富三. 清代台湾外商之研究——美利士洋行（上）[J]. 台湾风物, 1982, 33(4): 104-136.

④ 毛泽东. 中国革命与中国共产党[M]//毛泽东选集. 北京：人民出版社, 1968: 584-617.

出超,但实际上仅是一种虚假的繁荣。由于鸦片毒品倾销的掠夺和封建高利贷的剥削,对外贸易带来的大量财富以商业利润和高利贷利息的形式落入了外商和高利贷者的腰包,台湾的许多洋行在短短的时间内就建起了更好的办公楼和货栈,原来的帆船也换成了轮船。[①] 广大下层劳动者不仅难以从外贸的发展中获得相应的好处,反而受到西方商业资本和本国封建势力的双重剥削,生活贫困不堪,有时甚至连简单的再生产也难以为继,整个社会贫富悬殊、两极分化的现象加剧了。

第四节 郊商的没落

开港之前,台湾与大陆之间的通商贸易完全操在郊商的手中。开港之后随着对外贸易的发展,外商势力迅速侵入,并逐渐在台湾的贸易中占据支配地位,不仅垄断了台湾的对外贸易,还很快地控制了台湾和大陆之间的沿岸贸易(又称转口贸易),使郊商的活动备受压制和打击。

米、糖原来是台湾输往大陆的两种最大宗的货物,也是郊商一向经营的最主要商品,故台地向有米郊和糖郊之设,且"台湾生意,以米郊为大户"。[②] 开港之后,米、糖贸易成了外商争夺的主要目标。最初台湾地方官员曾对食米输出实行限制,禁止外船自由运载出口,然遭到外商和英国领事的反对。1866 年马克亥尔洋行的"珍珠"号纵式帆船在英国领事的怂恿之下,竟然不顾政府禁令,不经过结关手续,强行从台湾运载大米去厦门。后来美国船只也纷纷效法。结果岛上官员被迫取消禁令,外商乃得任意从台湾输出大米。[③]

由于外商资本雄厚,船只装载量大,不仅迅速安妥俱在中国帆船之上,

---

① Commercial Reports from Her Majesty's Consuls in China, Tamsuy [R]. 1875: 98.

② 陈淑均. 噶玛兰厅志[M]. 台湾文献丛刊第 160 种. 台北:台湾大通书局,1984: 117.

③ James W. Davidson. The Island of "Formosa", Past and Present[M]. Yokohama: Japan Gazette Press,1903:190.

而且其所载货物可以向保险公司投保,同时还享有华商所没有的种种贸易特权,故华商难以与其抗衡。后来外商又将其旧有帆船弃置不用,群以轮船为代,行郊等华商的旧式民船愈益相形见绌,外商在沿海贸易的竞争中更占上风。1870 年前后,外商在控制了台糖对外贸易的同时又开始经营台糖的转口贸易,用轮船从台湾直接将台糖运往宁波、上海及华北各地销售,郊商的生意大受影响。1877 年海关贸易报告指出:"轮船的运输理所当然地吸引了大部分原来由民船输出的糖货,民船的贸易大大地减少,许多当地商人因而亏损累累。回顾本年的民船贸易仅及 1875 年的半数。由于煤炭产量将行减少及其他货物改由轮船运载,民船贸易的进一步大跌落是完全有可能的。"①1883 年从打狗口岸输出的 934587 英担的糖中 874587英担是由外船运走的,由民船运走的仅有 60000 英担,占 6.4%;②1888 年台糖的总产量共 770000 英担,由民船输出的仅 37000 英担,占 4.8%。③到后来,销往华北的台湾府糖大部分由沿岸航行的轮船运走,而不是由民船运走了。④

民船在台湾北部出口贸易中所占的比例比南部更低,1882—1891 年淡水海关十年报告书指出:"茶、樟脑和煤占外国船只(包括装煤的帆船在内)输出价值额的 98%,茶叶和樟脑是不用民船运输的,因此,只剩下在外国运输贸易中占 2%的煤和杂项货品,可以构成从台湾北端驶出的民船的载货。"⑤

外商在沿岸贸易的竞争中成功地夺走了原来由郊商经营的台湾与大陆之间贸易的大部分生意,而外商对台湾航运业务的争夺对郊商又是一种打击。台湾四面环海,对外交通贸易全靠船运进行,故台湾的行郊又称"船

---

① Reports on Trade at the Treaty Ports in China,Published by order of the general of Customs,Takow[R].1877:165.

② Commercial Reports from Her Majesty's Consuls in China,Taiwan [R]. 1883: 290.

③ Diplomatic and Consular Reports on Trade and Finance,China,Taiwan [R].1888:2.

④ P. H. S. Montgomery. 1882—1891 年台湾台南海关报告书[J]. 台湾银行季刊,1957,9(1).

⑤ H. B. Morse. 1882—1891 年台湾淡水海关报告书[J]. 台湾银行季刊,1957,9(1).

郊",它们"或瞨船,或自置船",①进行岛外贩运和贸易。在外商到台之前,郊商不仅垄断岛内外的贸易大权,同时还控制着岛内外的航运大权。开港后,外国轮船经常来台,由于民船进出口岸系报完厘金常税,洋船进出口岸则报完洋税,洋税较之常税轻重悬殊,货主稔知外船优点之所在,均趋之若鹜,往来的许多船货乃渐渐为外船所包揽。1871年,英商得忌利士轮船公司(Douglas Steamship & Co.)开辟了香港——汕头——厦门——台湾的定期航线,外船更进一步控制了台湾与大陆之间的航运大权。1880年,中国轮船招商局(China Merchants Company)曾派船参加台湾海峡的航运,与之竞争,然因未能获利于次年即告收兵。②

　　1885年台湾建省后,巡抚刘铭传拟委派张叔和观察经办,雇船航行于台湾、厦门、汕头及香港之间航线,重新与得忌利士轮船公司较量。得忌利士公司闻讯恐其利权被夺,乃抢先邀集闽厦茶栈商人议立合同,订以三年为期,凡有茶叶统归得忌利士公司轮船载运,每件25箱茶仅收水脚洋银1角,茶箱板每件水脚5分,铅锡、纸料每担水脚1角,不准配装别家轮船过台,茶叶不准配装别船来厦。如茶栈将茶货交别家轮船载运者,即照所装箱件之水脚银补出罚赏得忌利士公司。并在春秋台茶开市之时将茶帮人客每人搭载船价由洋银4元减为2元。③ 结果,商务局无法与之竞争,得忌利士公司遂得以继续独揽利权。当时的《申报》评论得忌利士公司的这一做法为"一网打尽""算无遗策"。④ 表7-5为1886—1894年台湾两海关登记的中、外帆船、轮船进出口的数量和吨位。

---

　　①　陈培桂.淡水厅志[M].台湾文献丛刊第172种.台北:台湾大通书局,1963:299.

　　②　Commercial Reports from Her Majesty's Consuls in China,Tamsuy and Kelung[R].1880:118;Commercial Reports from Her Majesty's Consuls in China,Taiwan[R].1881:101.

　　③　利权独揽(光绪十三年四月初八)[M]//清季申报台湾纪事辑录.台湾文献丛刊第247种.台北:台湾大通书局,1984:1121-1122.

　　④　利权独揽(光绪十三年四月初八)[M]//清季申报台湾纪事辑录.台湾文献丛刊第247种.台北:台湾大通书局,1984:1121-1122.

表 7-5　1886—1894 年台湾海关登记的中、外船只进出口的数量和吨位

		英 国	中 国	其他国家	合 计
1886	船　数	120	—	70	190
	吨　位	77040	—	26036	103076
1887	船　数	107	6	98	211
	吨　位	67689	2402	35496	105587
1888	船　数	123	—	71	194
	吨　位	73011	—	35724	108735
1889	船　数	307	58	99	464
	吨　位	204909	43022	41972	289903
1890	船　数	325	90	47	462
	吨　位	222435	63340	25347	311122
1891	船　数	317	100	66	483
	吨　位	203454	59380	37236	300070
1892	船　数	138	10	41	189
	吨　位	81610	6742	31193	119545
1893	船　数	317	150	97	564
	吨　位	199120	94672	46105	339897
1894	船　数	340	154	88	582
	吨　位	216222	88156	49154	353532
总计	船　数	2094	568	677	3339
	吨　位	1345490	357714	328263	2031467
	比例(%)	66.2	17.6	16.2	100.00

资料来源：Diplomatic and Consular Reports on Trade and Finance, China, Tainan, Tamsui[R]. 1886—1894.

表 7-5 中 1886 年、1887 年、1888 年和 1892 年的数字为台南口的统计数字,而淡水口 1886 年、1887 年和 1888 年船运吨位中,英国、中国及其他外国分别所占的比例如表 7-6 所示。

表 7-6　1886—1888 年淡水口岸各国船运吨位之比例(%)

	1886	1887	1888
英国	66.17	64.79	92
中国	5.45	11.98	6
其他国家	28.38	23.05	2
合计	100.00	100.00	100.00

资料来源:Diplomatic and Consular Reports on Trade and Finance,China,Tamsui[R].
1886—1888.

从表 7-6 中可以看出,台湾与大陆间的船货运输大部分操于外船手中,以载货吨位而论,外船占 82.4%。其中又以英国船为最多,占 66.2%。本国船虽曾极力杯葛,力图于此中争一席之地,然收效甚微,载货吨位仅占 17.6%。

外国轮船公司对航运权的控制使郊商民船贸易的前景更加黯淡,"这些轮船从香港和汕头运来大量的、原来由民船运到台湾来的货物,经营台湾与大陆之间贸易的民船数量逐年减少"。[①] 以台湾南部的安平、打狗及东港这三个民船往来的主要港口为例,在开港后最初的几年中,进港贸易的民船数量每年平均尚有 700 艘之多,迄至 1875—1876 年间,每年平均进港的民船数仅剩下 349 艘,减少了一半。[②] 连原来"舟车辐辏,樯桅如林"号称台湾第二大商业港口的鹿港这时也"很少有民船往来了"。[③] 民船贸易量的减少是郊商势力衰落的重要标志。到后期,由于洋布、洋货进口渐多,夺走了大陆土布及日用杂货在台湾的市场;生产结构的变化,导致台湾输往大陆的传统物产日渐减少,尤其是稻米出口的停止。诸如此类,无异于釜底抽薪,给郊商的贸易活动以致命的打击,郊商的地位于是每况愈下。

　　① Commercial Reports from Her Majesty's Consuls in China,Taiwan[R]. 1880:116.

　　② Reports on trade at the Treaty Ports in China,Published by order of the general of Customs,Takow[R]. 1876:105.

　　③ Commercial Reports from Her Majesty's Consuls in China,Tamsuy and Kelung [R]. 1873:111.

自雍乾以来一直执掌台湾与大陆间贸易大权,在道咸年间还盛极一时的郊商,到光绪年间已经是"贸易日少","公款日绌,凡接济公事多有不足之虞"。① 到台湾被割让前夕,竟是台南"三郊公戳及大签寄存三益堂,而各商无敢承接者",②郊商没落了。

第五节 社会阶级关系的变化

近代中国沦为半封建半殖民地社会后,社会性质的改变引起了阶级关系的变化。在台湾地方主要是买办阶层的出现和无产阶级的产生。

开港之后,外商纷纷到台湾设立洋行。由于对外贸易的需要,一批数量相当的买办在台湾应运而生。他们四方奔走,在推销洋货的同时又为外商收购土货,成为外商贸易活动中不可或缺的帮手。许多买办亦利用职务之便,兼营商业,发财致富,成为买办富商。海关贸易报告曾指出:"买办本身就是货主,当然利用他们的地位,为他们自己的货物优先寻找最好的市场,而将剩下的较坏的市场让给外商,白手起家的买办在很短的几年内便发了财。"③比较著名的买办有李春生、陈福谦和沈鸿杰等人。

李春生祖籍福建厦门,同治四年(1865)来台任淡水宝顺洋行买办。最初帮助多德拓展台北茶业,对于洋行生意,"春生斡迁其间,商务日进"。④1885年台湾建省后,李春生又与台北有名的富绅林维源在大稻埕合筑千秋、建昌二街,"略仿西式,为民倡,洋商多就此以居"。⑤

陈福谦为台湾凤山县苓雅寮人,早年贩运米、糖,以"籴贱粜贵,善相机宜"而致富。后生意日大,设顺和行于旗后,经营布匹、五谷、鸦片等,但仍

---

① 台南三郊之组织、事业及沿革[M]//台湾私法商事编.台湾文献丛刊第91种.南投:台湾省文献委员会,1984:11-15.

② 台南三郊之组织、事业及沿革[M]//台湾私法商事编.台湾文献丛刊第91种.南投:台湾省文献委员会,1984:11-15.

③ Reports on trade at the Treaty Ports in China,Published by Order of the General of Customs,Takow[R].1883:278.

④ 连横.台湾通史[M].北京:商务印书馆,1983:706.

⑤ 连横.台湾通史[M].北京:商务印书馆,1983:707.

以贩糖为主,并配运日本横滨、长崎等地,终于成为台湾首屈一指的糖业巨商。为了求得外商的帮助和庇护,陈福谦利用自己买办的身份,不断替外商置办糖货,始终同外商保持着密切的合作关系。[①]

沈鸿杰原为福建安溪人,少年随父赴厦门学贾。同治五年(1866)来台之后,因素谙英语,与英人合资建商行,既又与德人经营,采办洋货,分售南北,而以台货赴西洋,还代理新西兰的海上保险业务。后来又在集集地方经营樟脑业,大启其利。[②]

随着买办势力的发展,台湾的买办商业高利贷资本也开始形成。上文提到的"妈振馆"就是专营以茶叶为抵押而进行贷放资金的买办机构;而台湾南部的陈福谦更是集买办、商人和高利贷者于一身的代表人物,专营蔗糖的抵押贷款,并以此控制了蔗糖的生产和销售,在打狗地区的糖业贸易中形成了寡头垄断的局面。

在对外贸易发展的刺激下,台湾近代的民族商业资本也有一定的发展。华商在台北开设的100多家茶行及在南北各地开设的各种大小行店等都可以归入民族资本之列。另外,一些地方士绅也参与近代台湾对外贸易活动,如雾峰林朝栋便是一例。林氏利用职权之便投资樟脑业,与外商公泰洋行订立合同,经营樟脑贸易,获利致富,[③]其所营产业亦有民族资本的性质。甚至有些买办资本也出现了向民族资本转化的趋势。如台北李春生后来就脱离了买办生涯,"自营其业,贩运南洋、美国"。[④]台南的陈福谦虽然到后来仍有替外商置办糖货,但其自营的生意也占很大部分,在日本设立货栈,经营台糖出口,在为外商服务的同时又与外商展开竞争,显然已经不同于原来纯粹意义的买办。上述这些人物都与近代台湾对外贸易有关,他们代表着新的历史条件下兴起的一个新的社会阶层,其经济实力比较雄厚,因而颇受官方的重视,社会地位也比较高。如刘铭传任台湾

① Diplomatic and Consular Reports on Trade and Finance,China,Tainan[R]. 1890:23.

② 连横.台湾通史[M].北京:商务印书馆,1983:707.

③ 郑喜夫.台湾先贤先烈专辑:第4辑 林朝栋传[M].台中:台湾省文献委员会,1979:67-86.

④ 连横.台湾通史[M].北京:商务印书馆,1983:707.

巡抚时曾委任林朝栋负责开山抚"番"事宜；光绪十六年（1890），台湾设立蚕桑局，刘铭传即委任李春生为副总办。① 总之，这一新兴的社会阶层已经取代昔日郊商在台湾社会经济中的地位，并在地方政治生活中崭露头角。

早在清初康熙年间，台湾糖业生产中就出现了资本主义萌芽。康熙末年首任巡台御史黄叔璥在《台海使槎录》中所描述的台湾糖廍中人员的分工和雇佣关系已经具备资本主义生产的某些特征。但是由于种种原因，台湾糖业中这种资本主义萌芽并没有发展起来。直到1895年台湾被割让之前，台湾还没有一座现代化的糖厂，所有的蔗糖还是由1000多个旧式的糖廍进行加工。但是在煤矿业、制茶业和樟脑业中，近代意义的雇佣关系已有很大的发展。

在煤矿业中，民窑开采时期，矿工基本上还都是附近的农民，农忙时务农，农闲时挖煤，算不上正式的工人。1875年官煤厂设立之后，即招募正式矿工，人数由少到多，到后来"矿中工匠不下千余"，②仅次于直隶的开平煤矿。另一家私人创办的利用煤粉加工煤砖的基隆发昌煤砖厂亦有工人30名。③

茶叶为台湾最大宗的出口货物，故制茶业中所雇佣的工人人数也最多。在台茶制作外销中心的大稻埕，经营茶叶加工出口的洋行有6家，其中1888年前后由美商创办的旗昌洋行机器焙茶厂是当时"中国境内唯一的机器焙茶厂"。④ 这些洋行经营的茶叶加工从拣选、焙制、薰花、制箱到包装各道工序，所雇佣的工人虽无确切的记载，但为数当在不少。除洋行外，台北还有大小100多家华商茶行。新茶上市时，较大的茶行每家雇佣女工由100到300名不等，有时甚至多达400到500名，平均每天雇佣的人数总计在12000名以上。这些工人是按天计件付资的。⑤

---

　　① 　连横.台湾通史[M].北京：商务印书馆，1983：707.

　　② 　刘铭传.遵旨饬商退办煤矿并筹议情形折（光绪十六年十月二十三日）[M]//刘壮肃公奏议.台湾文献丛刊第27种.台北：台湾银行，1958：366-368.

　　③ 　孙毓棠.中国近代工业史资料：第1辑（下）[M].北京：科学出版社，1957：1200.

　　④ 　孙毓棠.中国近代工业史资料：第1辑（下）[M].北京：科学出版社，1957：1200.

　　⑤ 　James W. Davidson. The Island of "Formosa", Past and Present[M]. Yokohama：Japan Gazette Press，1903：385.

在樟脑业中,担任实际制脑的脑丁亦是受雇的工人,由脑长招徕。也有脑丁和脑长是同受雇于脑商的,即由脑商提供全部制脑资金,樟脑制成以后,脑长、脑丁仅抽取其中几成作为自己的工资报酬,其余全部归脑商所有。据1894年的估计,台湾制脑工人的数量为13149人,在平时至少亦有数千人之多。[①]

除了在茶业、煤矿业和樟脑业中从业的工人之外,还有各地的挑夫、船夫及码头装卸工人等雇佣劳动者,其人数随着贸易的发展而增加。这些人连同上述各个行业中的工人一起形成了一支有一定数量的近代产业无产阶级队伍,给台湾社会的阶级结构注入了新的血液。

第六节 市镇结构的变化与经济重心之北移

近代以前,台湾的市镇结构主要是以那些与大陆有贸易关系的港口城镇为中心,结合周围的腹地,形成一系列大大小小的市场体系。这些港口城镇除了最著名的"一府二鹿三艋舺"外,还有鸡笼港、乌石港、竹堑港、造船港、后垄港、梧栖港、笨港、东石港、打狗港、东港和万丹港等。它们成点状散布在台湾西、北沿岸。

第二次鸦片战争后规定南部的打狗、安平和北部的淡水、鸡笼为通商口岸,[②]船只人员的往来,商品货物的进出主要通过这四个口岸进行,渐渐地出现了以打狗(包括安平镇)和淡水(包括鸡笼)为中心的南北两个货物集散地,并以这两个集散地为中心形成了南北两个大的市场体系:彰化以南的原来各个市场体系转为隶属于打狗—安平体系;彰化以北的原来各个市场体系转为隶属于淡水—基隆市场体系。西海岸中部的一些港口城镇衰落了,据相关统计资料显示,1873年前后位于中部地区,原来号称台湾

---

① 林满红.茶、糖、樟脑业对晚清台湾经济社会之影响[J].台湾银行季刊,1977,28(4).

② "鸡笼"于光绪元年(1875)设立台北府后改称"基隆"。

第二大商业中心的鹿港进出的船只已大幅度减少,[①]"一府二鹿三艋舺"的局面结束了。

　　台湾的开发最早从南部开始,然后向北部逐渐拓展,台湾地方的经济重心亦随着开发范围的推进缓慢地由南向北移动。不过,迄至开港之初,台湾岛上的经济重心还是偏于南部。就贸易额而言,1864 年,打狗和安平的月平均输出额为 17381 英镑,而淡水和鸡笼仅为 9446 英镑,前者几乎为后者的 2 倍。[②] 但是,随后在对外贸易的刺激之下,茶业之兴起、煤矿之开发、樟脑业之发展,北部地区的土地和资源得到了前所未有的利用和开发,经济蓬勃发展起来,所产"米、茶、油、煤、硫黄、樟脑、靛青、木材等,每年二三百万金",[③]成为富庶甲于全台的菁华荟萃之地。

　　南部地区开发较早,经济潜力挖掘殆尽,所出物产以糖为主,1886 年以后台糖国外市场萎缩,出口减少,对南部的经济是一个沉重的打击。1889 年英国领事商务报告指出:"台湾南部比其他地方更使外商失望,原是一个极为富庶的地方,却没有任何发展的迹象。出口一年少似一年,直到今天,贸易仍和 25 年前开港之时相同,进口以鸦片为主,出口以糖为主,虽然这两项的贸易额自开港以来有很大的增长,但在 6 年以前已经达到了极限,自那时以后,贸易一直是停滞不前的。"[④]实际上,台湾南部的进出口贸易额于 1880 年达到最高峰,为 4527554 海关两,自 1881 年就开始下降,直到台湾割让之前也未能恢复到原来的水平。表 7-7 为近代台湾南部(打狗、安平)和北部(淡水、基隆)口岸进出口贸易净值的比较。

---

　　① Commercial Reports from Her Majesty's Consuls in China,Tamsuy[R]. 1873:111.

　　② Commercial Reports from Her Majesty's Consuls in China,Tamsuy[R]. 1864:284.

　　③ 连横.台湾通史[M].北京:商务印书馆,1983:649.

　　④ Diplomatic and Consular Reports on Trade and Finance,China,Tainan[R].1889:1.

表 7-7　1865—1894 年台湾南北口岸进出口贸易净值变动比较表

单位:1873 年前为两,是年起为海关两

年份	打狗、安平（A）	淡水、基隆（B）	A/B(%)
1865	1811413	781000	232
1866	2059688	958602	215
1867	2022948	870298	232
1868	1442903	897307	161
1869	1762083	848691	208
1870	2457733	1075004	229
1871	2610202	1342689	194
1872	1822533	1578067	115
1873	1829898	1441917	127
1874	2303229	1519063	152
1875	2279470	1834080	124
1876	2698320	2405872	112
1877	2837714	2749755	103
1878	2493383	3043351	82
1879	3750925	3632410	103
1880	4527544	3907436	116
1881	4059311	4140807	98
1882	3170667	3982417	80
1883	3172996	3535021	90
1884	3084068	3630379	85

年份	打狗、安平(A)	淡水、基隆(B)	A/B(%)
1885	2478681	4499255	55
1886	2583625	5434463	48
1887	2762538	5604806	49
1888	2862020	5666404	51
1889	2746464	5265004	52
1890	3575723	5523255	65
1891	3131260	5300674	59
1892	2932311	5772583	51
1893	3295869	7849951	42
1894	4388547	8305948	53

资料来源:姚贤镐.中国近代对外贸易史资料(1840—1895):第 3 册[M].北京:中华书局,1962:1618-1636.

如表 7-7 所示,自 1865 年至 1894 年台湾南部口岸进出口贸易额只增加了不到 1.7 倍,而北部口岸的进出口贸易额在同期内却增加了近 11 倍。北部经济的发展比南部快,到 1881 年北部口岸的进出口贸易总值已赶上并超过南部口岸的进出口贸易总值,这是台湾南北经济发展的一个转折点。1886 年北部口岸的贸易总值已为南部口岸的 2.1 倍。1893 年,尽管出现世界性的经济萧条,但北部口岸的对外贸易不仅丝毫未受影响,还创开港以来的最高水平,进出口贸易总值达 7849951 海关两。海关贸易报告指出:"幸运之神没有像今年这样更照顾台湾北部了。"该年淡水口岸的进出口总值相当于南部打狗口岸的 2.38 倍。"全台通商在台北者恒十之七八,而在台南者只二三。"①

---

① 连横.台湾通史[M].北京:商务印书馆,1983:649.

南强丛书

社会转型、抗击外侮与近代化建设——晚清台湾历史映像(1840—1895)

除了北部的贸易额超过南部之外,台湾地方经济重心的北移还表现为这一时期内北部地区人口的迅速增加。以下根据相关资料,将1811年(嘉庆十六年)与1893年(光绪十九年)台湾地区人口分布的情况作一比较。

表7-8　1811年、1893年台湾地区人口分布一览表

地区	1811年(嘉庆十六年)		地区	1893年(光绪十九年)	
	人口数	占台湾总人口(%)		人口数	占台湾总人口(%)
全 府	1944737	100.00	全 省	2545731	100.00
北 部	257737	13.30	台北府	767031	30.10
淡水厅	214833	11.05	淡水县	407754	16.00
			基隆厅	88229	3.46
			新竹县	156953	6.16
噶玛兰厅	42904	2.20	宜兰县	114095	4.48
中 部	342166	17.60	台湾府	672242	26.40
彰化县	342166	17.60	苗栗县	71092	2.80
			台湾县	213405	8.40
			彰化县	261482	10.30
			云林县	110649	4.40
			埔里厅	15614	0.60
南 部	1344834	69.20	台南府	1100543	43.20
嘉义县	818659	42.10	嘉义县	423615	16.60
台湾县	300622	15.50	安平县	196153	7.70
凤山县	184551	9.50	凤山县	393456	15.50
澎湖厅	41002	2.10	恒春县	19779	0.80
			澎湖厅	67540	2.70
东 部			台东州	5915	0.20

资料来源:台湾省文献委员会.台湾省通志:卷2　人民志·人口篇[M].台北:台湾省文献委员会,1972:58-59;其中1811年(嘉庆十六年)之人口资料取自福建通志台湾府[M].台湾文献丛刊第84种,台北:台湾银行,1960;1893年(光绪十九年)之人口资料取自伊能嘉矩.台湾文化志(中)[M].台湾省文献委员会,编译.台中:台湾省文献委员会,1991.

如表7-8所示,1811年时,台湾人口分布的重心在南部,计占69.2%,其中仅嘉义一县就占42.1%;至1893年南部地区虽然仍为台湾人口重心所在,但比重已明显减弱,仅占全省人口的43.2%,其中嘉义县减少最多,

比例仅占 16.6%。

台湾北部地区在 1811 年时的人口仅占全台人口的 13.3%,而到 1893 年时已增加到 30.1%;中部地区的人口比例原仅占 17.6%,至 1893 年增至 26.4%。这都充分显示出人口重心北移的趋向,唯中部地区在 1893 年所辖的一部分地方系由原来南部地区内划出,故其人口增加所占的实际百分比应比上述数字为小,而北部地区未受这一因素影响,故可以说,这一时期台湾人口流动的方向主要是北部地区。①

台湾北部人口迅速增加,岛上人口重心向北移动主要是发生在台湾开港后的同治、光绪年间。据《淡水厅志》记载,该厅在同治九年(1870)时计有人口 421360 人。② 光绪元年(1875),台北设府时淡水厅分为淡水县和新竹县,及光绪十九年(1893)时,淡水和新竹两县共有人口 564707 人,③23 年间这一地区的人口增加 34.02%,年增长率为 12.81‰。若以淡水地区为例,则人口增长的时间性就更为明显。道光二十一年(1841)淡水的人口为 189746 人,及光绪十九年淡水县的人口已经增加到 407754 人,④52 年之间增加了 114.9%,年增长率达到 14.821‰。淡水海关税务司马士(H. B. Morse)在《1882—1891 年台湾淡水海关报告书》也提到:"在这 10 年间此一地区的人口数字是突飞猛进……台北县的人口大概已增加了三分之一。"⑤

对外贸易的发展还在一定程度上改变了台湾岛上人口流动的方向。

① 李国祁.中国现代化的区域研究——闽浙台地区(1860—1916)[M].台北:"中央研究院"近代史研究所,1982:472.

② 陈培桂.淡水厅志[M].台湾文献丛刊第 172 种.台北:台湾大通书局,1963:89.其中不包括"番"丁数字。

③ 伊能嘉矩.台湾文化志(中)[M].台湾省文献委员会,编译.台中:台湾省文献委员会,1991:126.

④ 道光二十一年,同知曹谨编查户口,厅治城厢及城南四堡等计七堡之人口 93317 人,属于后来之新竹县;其余桃涧堡等十二堡,人口 189746 人,属于后来之淡水县.台湾省文献委员会.台湾省通志:卷 2 人民志·人口篇[M].台北:台湾省文献委员会,1972:86.光绪十九年淡水县的人口数见伊能嘉矩.台湾文化志(中)[M].台湾省文献委员会,编译.台中:台湾省文献委员会,1991:126.

⑤ H. B. Morse.1882—1891 年台湾淡水海关报告书[J].台湾银行季刊,1957,9(1).所谓"台北县"中文翻译有误,似应指台北市区。

在近代以前的移垦社会里,大多数大陆移民渡海来到台湾的主要目的是寻找土地,开荒垦殖。所以那时人口流动的总方向是由港口上岸后,流向乡村和山区,由人口密度较高的地区流向人口密度较低的地区。开港后,由于通商口岸及附近市镇的商业和农产品加工业的快速发展提供了较多的就业机会,吸引了越来越多的人,岛内人口的流向逐渐发生了变化,出现了人口向通商口岸及其附近市镇流动的趋向。同治末年,日军侵台的"牡丹社"事件发生后,清政府实行开山抚"番"政策,从厦门、汕头及香港等地招徕移民,并提供路费,贷予资金,鼓励其开垦东部内山地区,然成效不彰,其主要原因即在于此。

人口流向的改变导致通商口岸及其附近地区人口迅速增加,其结果便是都市化的产生。大稻埕就是一个十分典型的例子,它纯粹是由于茶叶贸易而兴起的一个专业化市镇,加上原来的艋舺和新建的台北府城,在台北形成了一个三街市鼎立的局面。据马士称,在 1890 年左右,台北市区就已经是一个至少拥有 10 多万人口的商业中心了。[①]

1885 年台湾建省后,刘铭传决定设巡抚衙门于台北乃是台湾地方的经济重心已经转移到北部的结果,而这一决定及其以后的一系列相应措施又进一步促进了经济重心的北移。然而,通观近代台湾经济发展的历史,从市镇结构的变化、经济重心的北移到人口流动方向的改变和都市化的发生,对外贸易的影响确实起了相当重要的作用。

① H. B. Morse. 1882—1891 年台湾淡水海关报告书[J].台湾银行季刊,1957,9(1).

第八章　中法战争之台湾保卫战

光绪九年(1883),法国强迫越南签订了《顺化条约》,将越南变成其保护国,十一月,法军向中国军队发动进攻,挑起中法战争。法国采取"据地为质"的策略,将战争扩大到闽台地区,准备占领台湾,作为与中国谈判的筹码。清廷派淮军名将刘铭传以巡抚衔赴台督办防务。1884 年 8 月,法国舰队发动突然袭击重创停泊在马尾的福建水师舰船后,又转向进攻基隆。刘铭传采取"撤基援沪"的策略,转移主力,在沪尾大败法军,粉碎了法军占夺台湾的计划。法军虽然占领基隆,但无法继续前进,就宣布对台湾实行封锁,后又占领了澎湖。大陆各方采取各种措施,突破法军的海上封锁,有力地支援了台湾军民的抗法斗争。1885 年 3 月,中国军队先后在镇南关、谅山等地大败法军。茹费理内阁因而倒台,4 月双方签订停战条议,法军最后退出澎湖、基隆。

第一节　中法战争的爆发与台湾之战的由来

一、中法战争的爆发

1883—1885 年间的中法战争因越南问题而起。19 世纪中叶,为了在亚洲建立所谓"法兰西东方帝国",法国参与了侵华的第二次鸦片战争,而后把侵略重点放在越南。1862 年,法国逼迫越南阮氏王朝签订第一次《西贡条约》,开始了在越南的殖民进程。到了 1867 年,法国的殖民地拓至整个越南南部,控制了湄公河三角洲。1866 年,为了寻找从越南进入中国的路线,法国殖民者组织探险队,溯湄公河北上,经其上游澜沧江,进入中国云南地区。经过两年多的努力,殖民者发现澜沧江航行条件恶劣,而从越南北部的红河,经中国境内的元江进入云南,才是理想的通道。这一发现令殖民者兴奋不已,马上决定向北扩张,占领北圻(法国人称之为"东京"),夺取这一通道,从而打通面向中国西南的门户。

1873 年 11 月,法国海军上尉安邺带领一支法国远征军攻占了河内及其附近地区,并准备继续西进,攻占地处中越边境的重要门户保胜。此时,驻扎在保胜一带的刘永福率领的黑旗军,应越南政府的请求,参加了抗法战争。12 月 21 日,黑旗军与越南军队一道在河内城郊大败法军,击毙安邺,收复河内,迫使法军退出红河地区。越南国王授刘永福三宣副提督之职,据守红河两岸。然而,越南抗击侵略的决心并不坚定,在法国的威逼下,派人与之议和,并于 1874 年 3 月 15 日签订第二次《西贡条约》(即《法越和平同盟条约》)。通过这一条约,法国取得了红河至中国云南的航行权。此后,法国视越南为其"保护国",并试图断绝中国与越南历史上形成的"宗藩"关系。不久,应阮氏王朝之请,清军也进驻越南山西、北宁地区。中法不可避免地将在越南发生冲突。

为了在未来可能瓜分中国时占得先机,法国谋划进一步把越南作为侵略中国的跳板,侵占北圻,打开进入中国云南的通道。之所以选择北圻,"因为它是一个理想的军事基地,由于有了这个基地,一旦欧洲各强国企图瓜分中国时,我们将是一些最先在中国腹地的人"。[1] 1881 年 7 月,法国议会同意增加远征北圻的军费。1882 年 3 月,法国海军上尉李维业率法军第二次侵犯越南北部,再次攻陷河内,次年 3 月攻入南定。1883 年 5 月 19 日,侵越法军在纸桥遭到黑旗军的伏击,大败而归,李维业也被击毙。刘永福得到越南朝廷的嘉奖,被封为三宣正提督。但法国不甘心失败,议会增加了远征军的军费与部队。8 月,法国侵略军在孤拔(Courbet Amédée Anatole Prosper)的率领下,攻占越南首都顺化,强迫越南签订《顺化条约》,使越南正式接受法国的保护,完全沦为法国的殖民地。接着,法国要求清政府令清军退出越南,召回黑旗军,开放云南边界通商。同时,法军开始进军清军参与协守的北圻。

如何应对越南形势的恶化以及西南边疆所面临的危险,清政府内部出

---

① 陈辉燎.越南人民抗法八十年史:第 1 卷[M].范宏科,吕谷,译.北京:三联书店,1973:71.

现了主和与主战两种分歧的意见与争论。主战者主要是清流官员(如张之洞、张佩纶、陈宝琛等)、湘系官员(左宗棠、刘坤一、彭玉麟、曾纪泽等),以及滇、粤、桂三省督抚(如刘长佑、张树声、倪文蔚等)。主和者主要是以李鸿章为首的淮系官僚。在两种意见影响下,清政府对法态度模棱,迟迟无法定夺,"法越构衅,绵延三年,致法占越南,和战仍无定见"。① 与此同时,中法两国为越南问题数次进行谈判。法国坚持要求中国承认其对越南的殖民统治,并且开放云南边境,遭到拒绝。到了 1883 年 10 月下旬,法国政府决定中断谈判,企图用武力来迫使中国接受其要求。②

1883 年 12 月,法国议会通过追加 2900 万法郎军费和 1.5 万名远征军的议案。随后,远征军司令孤拔率 13 艘军舰、6000 余名士兵,从河内出发,水陆并进,向驻扎在北圻山西一带的清军和黑旗军发起进攻,正式发动对华战争。此时,驻守在山西的清军、黑旗军及越军共有 7000 余人。清廷上层和战不定,影响前线官兵的作战准备。清军统帅、云南巡抚唐炯消极避战,竟擅自率行回省,"置边事于不顾"。③ 余下的清军将士与黑旗军虽据险坚守,与法军激战 3 天,终仍寡不敌众,被迫撤离,山西失守。1884 年 2 月,法军增援部队抵达,米乐接任远征军司令。3 月 8 日,他率法军 1.2 万人,兵分两路进攻北宁。北宁地处河内和谅山的交接处,是法军进犯谅山,威胁中越边界的必经之地。清军在此经营年余,清政府多次饬令清军全力防守,但清军统帅广西巡抚徐延旭株守谅山,迁延不进,后望风而遁,致使前线官兵战败溃退。3 月 12 日,法军占领北宁。随后,法军在东西两线上长驱直入,先后占领谅江、郎甲、兴化、临洮、宣光等地,控制了整个红河三角洲。④

清军前线的节节失利震动了朝野上下,激起了舆论的不满。清流官员更是要求清廷严惩败将,痛下决心与法军决战。清廷为了推脱责任,以"委

---

① 中国史学会.中法战争(一)[M].上海:上海人民出版社,上海书店出版社,2000:11.

② 中国近代经济史资料丛刊编辑委员会.中国海关与中法战争[M].北京:中华书局,1983:42.

③ 上谕[M]//中国史学会.中法战争(五).上海:上海人民出版社,上海书店出版社,2000:301.

④ 郑师渠.中国近代史[M].北京:北京师范大学出版社,1994:187.

蛇保荣,办事不力"为名,变更权力中枢军机处。首席军机大臣奕䜣被"开去一切差使",由礼亲王世铎取代,并撤换全部军机大臣。① 同时,任命贝勒奕劻主持总理衙门,实权则掌控在醇亲王奕譞手中。此次清廷权力中枢的剧变,史称"甲申易枢之变"。而败军之将唐炯、徐延旭等人也被革职拿办,潘鼎新、张凯嵩分别继任广西、云南巡抚。清廷在表面上摆出了一副要与法国决战的姿态,但此时在西北边境与朝鲜所面临的外敌压力,迫使其希望在"不贻后患、不损国体"的条件下,寻机议和。②

　　法国一方虽然加紧在越南的军事进攻,但连年战争让法国感到相当吃力,因此还是希望用外交讹诈的手段达到目的。1884 年 4 月,法国海军中校福禄诺通过粤海关总税务司德璀琳,向李鸿章转达撤换驻法公使曾纪泽的要求,以此作为议和的先决条件。③ 作为当时清廷主战派的代表人物之一,曾纪泽在对法交涉中态度强硬,招致法人忌恨。为了向法国表示议和的"诚意",4 月 28 日,清政府下令撤换驻法公使,让李凤苞暂代,并授权李鸿章全盘负责对法议和。④

　　经过数日谈判,李鸿章和福禄诺分别代表中法两国政府,于 1884 年 5 月 11 日在天津签订了《中法会议简明条款》(即《李福协定》),内容有五款:(1)中越边界毗邻北圻,法国应予保全;(2)中国将驻北圻各防营调回,对于法越所签及未签条约,"均置不理"(法文本则用"尊重"一词);(3)法国不向中国索赔,中国同意在与越南北圻毗邻的地区开放通商;(4)法国同意在与越南签订条约时,决不出现伤碍中国威望体面地字样,并销废以往与越南所立约中有关东京的所有内容;(5)三个月后,两国各自派遣全权大臣,按

　　①　朱寿朋.光绪朝东华录:第 2 册[M].北京:中华书局,1958:1675-1677.
　　②　署直隶总督李鸿章奏遵旨复陈法越事宜折[M]//中国史学会.中法战争(五).上海:上海人民出版社,上海书店出版社,2000:324;军机处寄李鸿章电信[M]//中国史学会.中法战争(五).上海:上海人民出版社,上海书店出版社,2000:311.
　　③　法国水师总兵福禄诺密函[M]//中国史学会.中法战争(五).上海:上海人民出版社,上海书店出版社,2000:309-310.
　　④　总理各国事务衙门奏请简派使德大臣并令兼使法国曾纪泽专充出使英俄毋庸兼充使法折[M]//中国史学会.中法战争(五).上海:上海人民出版社,上海书店出版社,2000:319-320.

以上所定内容,会议详细条款。^① 在福禄诺看来,条约的第二款意味着中国终于放弃对越南的宗主权。法国政府迫不及待地希望尽快实现这一条款,即于签约后的第二天(5月13日)指示福禄诺向清政府提出清军从东京(北圻)撤兵的要求。但根据条约,中国撤兵的具体时间应在三个月后,再由双方的全权大臣议定。福禄诺不顾先前的约定,单方面于5月17日突然向李鸿章递交一份"牒文",提出法军将于20天后,即6月6日占领谅山等地;40天后,将占领北圻全境,并宣称"这些期限届满,我们将立即进行驱逐迟滞在东京领土上的中国防营"。^② 这个"牒文"不仅违背双方的约定,也不具任何法律效力。对福禄诺的要求,李鸿章态度暧昧,只是"含糊应对",既未同意,也没予以驳回。这使福禄诺误以为中国接受了撤军的要求,即向法国政府报告。这个"误会"导致局势进一步失控。^③

接到福禄诺的报告后,法国政府即令远征军司令米乐派军队如期前往谅山接收清军阵地。6月23日,法军上校杜森尼率兵到达谅山附近的北黎(即观音桥),强行抢占四周山冈,先枪杀前来交涉的3名清军使者,继而向清军阵地进攻,遭到清军的阻击。此战,法军战死近20人,伤79人,失踪2人。^④ 清军阵亡百余人,伤300余人。^⑤ 此事被称为"北黎冲突",或"观音桥事变"。

观音桥事件立即成为法国向中国索取更大侵略权益的借口。谢满禄于7月12日向清政府提出最后通牒,要求清军立即从北圻撤军,并赔偿2.5亿法郎。并威胁"自今日为始,限七日内复明照办",若一周内得不到满意的答复,法国将"径行自取押款,并自取赔款"。^⑥ 所谓押款,即占领中

---

① 中法简明条款(天津条约)[M]//中国史学会.中法战争(七).上海:上海人民出版社,上海书店出版社,2000:419-420.

② 一八八四年五月十七日福禄诺递交李鸿章牒文(摘录)[M]//中国史学会.中法战争(七).上海:上海人民出版社,上海书店出版社,2000:216.

③ 廖宗麟.中法战争史[M].天津:天津古籍出版社,2002:385-390.

④ 张振鹍.中法战争:第2册[M].中国近代史资料丛刊续编.北京:中华书局,1995:352.

⑤ 无名氏.查探越南边务情形禀[M]//中国史学会.中法战争(三).上海:上海人民出版社,上海书店出版社,2000:74.

⑥ 法署使谢满禄照会[M]//中国史学会.中法战争(五).上海:上海人民出版社,上海书店出版社,2000:413.

国一两个沿海口岸,并收取关税作为抵偿。清政府则认为北黎冲突源自误会,希望依据简明条款,由双方派代表详议条约,解决纷争,并主动于7月16日令清军一月内从北圻撤兵完毕。7月19日,清政府派遣的全权代表两江总督曾国荃到达上海与巴德诺(Patenôtre,Jules)谈判,但双方未就赔款数额达成协议。清政府态度强硬,表示拒绝任何赔款。

在这种情形下,法国认定只有把战火烧到中国境内,才能逼迫清政府屈服。在谢满禄提出最后通牒的第二天,孤拔即率领新组建的远东舰队,开进了福州马江和台湾基隆,与福建水师对峙。战事一触即发。

二、"据地为质"——法军进攻基隆的战略意图

1884年的观音桥事件后,法国政府要求清军迅速从北圻撤军,并提出更为苛刻的赔款要求,遭到清政府的拒绝。法国政府认为要使清政府屈服,必须直接占领中国的某地作为"有效担保品",即所谓"据地为质"政策。9月9日,茹费理在给法国驻华公使巴德诺的电报中明白地指出,法国首要的目的是迫使中国"完全放弃对东京事情的干涉,放弃它对边境问题及宗主权的一切含糊观念",为此在新的谈判开始前,法军必须取得"质押",相较而言,勒索战争赔偿只是次要的条件。[①] 此时,台湾因其特殊的地理位置,受到法国侵略者的特别关注。法国对台湾垂涎已久,早在1883年底,法国舆论界就催促法国政府派兵占领海南、台湾、舟山三岛,作为"将来赔补军需之用"。[②]

不过,在"担保品"的选择问题上,法国驻外公使和海军的主张与国内政府并不相同。从这一分歧中,大致可以窥见法国政府提出"据地为质"的战略意图。驻外公使和远征海军强烈建议向靠近清政府中枢的北部沿海进攻。7月1日,巴德诺建议法国外交部:"我们驻广州和驻福州的外交人员已指出,(中国)正在备战。这里的人深信,要取得胜利,我们必须采取掌

---

① 茹费理至巴德诺[M]//中国史学会.中法战争(七).上海:上海人民出版社,上海书店出版社,2000:257.

② 同文馆译报法京巴黎新闻纸催逼法军占据琼州台湾舟山三岛等事[M]//法军侵台档.台湾文献丛刊第192种.台北:台湾银行,1964:13.

握抵押品的办法,占领中国港口。"①7月2日,法国的海军将领利士比(Lespès,Sèbastein Nicolas Joachin)给法国驻华公使巴德诺的信中提出了夺取旅顺、威海卫作为"抵押品"的主张。② 在他们看来,只有选择占领中国北方的据点,才能达到给清政府足够威胁的目的。尤其,1860年英法联军攻陷北京的经历使他们认定,若单单在南方沿海进行骚扰,其影响不足以令中国低头。法国驻越顺化公使李梅(Lemaire,Victor Gabriel)后来回忆:"本年七月间,我曾高声主张,如欲使北京朝廷立即妥协,就应向中国北部进攻。我只让大众回忆一八五九年的事,那时虽然联军固守广州城市及河岸的炮台,但是联军的大使们赴津交换一八五八年条约的批准书时,曾受中国政府的炮击。"③新任的统帅东京舰队和中国海舰队指挥官孤拔也向政府建议,应对中国沿海各地包括隶属直隶的旅顺、芝罘、威海卫,江苏的吴淞及福建的福州等地,同时采取行动。④

但是,法国政府拒绝了孤拔的要求。法国国内热衷于在南部沿海寻找易于攻击的目标,如孤悬海外、防守薄弱的台湾及澎湖列岛或海南岛等地。⑤ 而基隆由于出产煤矿,可以满足军舰的需求,逐渐成了"担保品"的首选。如上所述,法国政府与报界对基隆及其煤矿的关注由来已久。⑥

1884年4月13日,法军派"窝尔达"号驶入基隆港,对基隆进行实地侦察。该舰为了探知清军的战备情况,以求购食物与煤遭拒为名,声言要炮轰港口。守备清军害怕事端扩大,满足了法军的要求。这让法军认定守军守备松懈且软弱可欺。利士比于4月17日向法国政府报告认为占领基

---

① 黄振南.中法战争管窥[M].北京:中国文史出版社,2005:133.

② 黄振南.中法战争管窥[M].北京:中国文史出版社,2005:133.

③ 顺化法国常驻公使卢眉晓[汉名李梅](Lemaire)致茹费理[M]//中国史学会.中法战争(七).上海:上海人民出版社,上海书店出版社,2000:281.

④ E.Garnot.法军侵台始末[M].黎烈文,译.台北:台湾银行,1960:12.

⑤ 黄振南.中法战争管窥[M].北京:中国文史出版社,2005:135.

⑥ E.Garnot在其书中提到:"台湾岛的北部,换言之即是基隆及其煤矿,若干时日以来,便已引起法国政府的注意,并经各种刊物纷纷加以论述。"(E.Garnot.法军侵台始末[M].黎烈文,译.台北:台湾银行,1960:12.)不过,以往相关论述中不厌其烦地提到基隆在台湾岛的商业和战略地位,则未必是法军考虑的重点。基隆港开埠不久,就商业而言,台湾的经济重心虽已转移至北部,但法军也未必知晓基隆对于台湾的战略地位,他们最关心的是港口及其煤矿。

隆"将不会有困难",并特别指出,"基隆是台湾北部的一座城市,拥有煤矿,战时我们可以在那里得到煤的供应"①。经过此次调查,法国政府更加确认基隆是其理想的"担保品"。

7月7日,法国海军殖民部长裴龙(Peyron)在给孤拔的命令中说:"(基隆)对补给煤炭可能大有用处,而且对我们来说,这是个易于夺取和保有的抵押品。"②法国内阁总理茹费理也把基隆视为"一切担保品中选择得最为适当、最容易保持并且保持的费用也最为低廉者"。③

法国政府之所以选择基隆作为"担保品",还有更深层的考虑,即法国不愿意发动与中国的全面战争。刚经受普法战争失败的法国,外强中干,实无力再次承受大规模的战争。正如 E. Garnot 所言,"法国政府不惜任何代价避免战争,它在继续谈判,它想取得一些保证品,而台湾似乎是最容易攫得的保证品"。④ 而福禄诺也特别提到,李鸿章是解决中法争端的关键人物,不能在他的辖地内使用武力,"抵押品"最好选择基隆。⑤ 茹费理也曾对巴德诺等提及"应该尽量宽待李鸿章"。⑥ 显然,法国政府把李鸿章视为清政府议和派,不愿意对其辖地动武,避免陷李于被动。第一次基隆之战失败后,茹费理曾在议院发表演说,袒露不愿和中国全面开战:"今据基隆(注:基隆其实并未被占据),不过索偿,尚非启衅,因中(国)与各国不同,惟割据乃可商量。"⑦可以这样说,占领基隆以图在与中国的谈判中,取得更大的主动权,以最小的代价攫取尽可能大的权益,这是法国政府根据自身实力所作出的决策。这个动机很大程度上将决定着基隆战役的进程。不过,巴德诺与孤拔等人并未就此放弃主张,巴德诺似乎已经意识到,法国政府的保守会使法军失去进攻中国北方口岸的最好时机。8月8日,巴德

　　① 海军少将利士比致海军及殖民地部长电[M]//张振鹍.中法战争:第5册.中国近代史资料丛刊续编.北京:中华书局,2006:917.
　　② 黄振南.中法战争管窥[M].北京:中国文史出版社,2005:136-137.
　　③ E. Garnot.法军侵台始末[M].黎烈文,译.台北:台湾银行,1960:12.
　　④ E. Garnot.法军侵台始末[M].黎烈文,译.台北:台湾银行,1960:18.
　　⑤ 黄振南.中法战争管窥[M].北京:中国文史出版社,2005:135.
　　⑥ 巴德诺致茹费理[M]//中国史学会.中法战争(七).上海:上海人民出版社,上海书店出版社,2000:289.
　　⑦ 李鸿章.李鸿章全集(一):电稿一[M].上海:上海人民出版社,1985:233.

诺警告茹费理说："法国政府决定占领基隆海口及其矿区，这是否足以解决问题？照目前情势看来，我不敢过多希望。而且，因我们诉诸武力过于迟疑，是以今日恐怕不得不费大得多的力气。"①由于巴德诺等人的坚持，第一次基隆之战失利后，法国政府的态度有所转变。8月16日，茹费理电告巴德诺，待占领基隆煤矿后，政府将赋予孤拔"一切抉择的自由，寻求如何可以最有害于中国而最无损于欧洲各国之商务"，并且政府"可能乐意接受"对旅顺与威海卫的作战计划。他同时强调，同意孤拔的行动是基于这样一个原则，即"我们愿意避免需要长期占领之作战"，这说明此时法国政府也担心仅占领基隆还不足以迫使中国屈服。② 看到政府的口气有所转缓，巴德诺趁热打铁，于8月29日再次明确要求进攻北方，"我们认为只有在北方进行一次行动，才能使问题得到解决"。③ 接着，孤拔在亲自视察基隆后，于9月4日至17日，连续向法国政府表示，基隆与福州离北京都太远，政治影响有限，对之采取军事行动的意义不大。并且，如果要征服台湾全岛，必须准备比现在"多上三倍的兵力"。政府若无增兵意图，那最好还是直接在中国北部采取行动。④ 9月13日，孤拔提出了进攻北方的军事计划，即先占领烟台作为作战及补给中心，再进攻旅顺与威海卫，若无法占领两地，则占据庙岛，封锁直隶。⑤ 9月9日，茹费理告知巴德诺，"孤拔提督已得到许可，立即在北方各海口行动，俾可获取质押。政府许其绝对自由，并切盼他能使我们掌握这种强有力的商议方法（即据地作质押）。"不过，同一电文中，茹费理仍指出："我们需要的同等价值的赔偿，要有实在价值……基隆的埠口及矿区的收入，可视为唯一的同等价值赔偿。"⑥几经商讨后，茹费理同意了对北方的行动要求，但首先仍必须占领基隆。但是，茹

---

① 巴德诺致茹费理[M]//中国史学会. 中法战争（七）. 上海：上海人民出版社，上海书店出版社，2000:242.

② 茹费理致巴德诺[M]//中国史学会. 中法战争（七）. 上海：上海人民出版社，上海书店出版社，2000:250.

③ 黄振南. 中法战争管窥[M]. 北京：中国文史出版社，2005:166.

④ E. Garnot. 法军侵台始末[M]. 黎烈文，译. 台北：台湾银行，1960:16-18.

⑤ 黄振南. 中法战争管窥[M]. 北京：中国文史出版社，2005:167.

⑥ 茹费理致巴德诺[M]//中国史学会. 中法战争（七）. 上海：上海人民出版社，上海书店出版社，2000:257.

费理还是拒绝了孤拔的增兵要求。法国政府强调,对北方的进攻只是暂时性的,基隆仍是唯一合适的"担保品":"您在北方采取军事行动之后,无论如何必须回到基隆。在政府看来,基隆是我们以 2000 兵力能够长期加以占领,并且可以使之成为我们赖以与中国达成交易的惟一地方。"①9 月 18日,法国海军部长正式下达命令:"盼以占领基隆开始,政府亟望获得该地。可俟占领基隆后,再行率领各舰进攻中国北部。"②至此,法国政府"据地为质"政策基本确定,即先占领基隆,后再向中国北部的旅顺、威海卫等地进攻。③

第二节　战前的台湾防务及其变动

中法在越南的冲突日益升级,清政府也密切注意法国在中国沿海的动向。1883 年 11 月 30 日(光绪九年十月二十一日),清廷即谕令沿海各省筹备防务,"相度地势,择要布置,先事切实筹办"。④ 12 月 17 日又下谕,"法人侵占越南,外患日亟","闽省台澎等处,在在堪虞",着闽省督抚"同心筹划,备预不虞"。⑤ 其时负责台湾防务的是台湾兵备道刘璈。接到筹防谕令后,他制定了以陆路为主、以陆制海的海防策略:"必倚内山为靠,非静镇于内,断难捍御于外","论海防于今日,不求角力于水面,只求制胜于陆路"。他依据台湾的地理形势,"量地分管,可专责成",把台防划分成南、

① 黄振南.中法战争管窥[M].北京:中国文史出版社,2005:167.

② E. Garnot.法军侵台始末[M].黎烈文,译.台北:台湾银行,1960:20.

③ 有学者认为,法国政府"担保政策"(即"据地为质")的出台分成三部分,首先是占领福州、基隆,接着扩大范围,包括基隆及其煤矿,以及旅顺和威海卫,最后提出先基隆、淡水及其附近煤矿,后占据旅顺和威海卫。笔者以为,这个观点忽视了法国政府内部的分歧在其政策变化中的影响,并且,法国政府始终没有同时进攻基隆、旅顺和威海卫的打算,因此,把法国的政策形成过程分成三阶段并不符合史实。戚其章.刘铭传抗法保台与法国"担保政策"的破产[J].烟台大学学报(哲学社会科学版),1996(3):63-69.

④ "中央研究院"近代史研究所.中法越南交涉档(三)[M].台北:"中央研究院"近代史研究所,1983:1369.

⑤ 清德宗实录选辑[M].台湾文献丛刊第 193 种.台北:台湾银行,1964:89-90.

北、中、前、后五路,分派兵勇驻守,并亲自镇守台南地区,形成以台南为重心的防御布局。① 为加强防御力量,刘璈还奏请增兵、筹饷,添募壮勇,修筑安平、旗后、澎湖等地的炮台,添设火药厂,购置水雷等。与此同时,清廷令时任两江总督的左宗棠拨调将勇渡台助阵。左宗棠大力支持刘璈,派杨在元、杨金龙、章高元等四营赴台协防。经过一番整治,台湾的防御力量得到一定的提升,单兵士就补充了十六营,全台防军增到四十营。

观音桥事件后,法国开始公开讹诈,福禄诺声言"和局不成,将取台湾、福州"②,台防的压力陡增,但此时却传出将帅不和的消息,引起清廷的担忧。本来清廷对刘璈评价不错,沈葆桢治台时,曾奏称刘"识力过人,情形熟悉,实为台防不可少之员"③。但责成筹办台防后,刘璈依靠左宗棠的支持,排挤台湾镇总兵吴光亮,招致廷议的批评。1884 年 5 月 13 日,翰林院编修朱一新上奏称:"台湾地大物博,得之可以控制南陲,故东西洋人莫不垂涎其地。台湾道刘璈前守浙之台州,尚称果敢。近闻镇道意见不合,闽督驾驭失宜。古未有上下不和而可共兵事者,应请饬查更调,以免贻误。"④张佩纶也曾就此事上书恭亲王:"台湾镇道不和,防务一切阁置。一旦海波偶扬,恐台、澎、厦、澳尤不足恃。"他建议早日另外派员镇守台湾,"别简贤臣以为更代,或起用宿将以建军屯,均宜从速施行,俾得从容展布"。⑤ 由此,清廷决定另派将领负责台湾防务。1884 年 6 月 26 日,清廷正式任命前直隶提督刘铭传以巡抚衔督办台湾事务,负责台湾防务,"所有台湾镇道以下各官均归节制"。刘铭传受命后急赴台湾,于 7 月 16 日抵达基隆。

---

① 刘璈.详复遵议筹布全台防务大概情形应否奏咨分行以资预备由[M]//刘璈.巡台退思录.台湾文献丛刊第 21 种.台北:台湾银行,1958:219-220.

② 北洋大臣李鸿章来电[M]//中国史学会.中法战争(五).上海:上海人民出版社,上海书店出版社,2000:408.

③ 沈葆桢.催刘璈赴台片[M]//沈葆桢.福建台湾奏折.台湾文献丛刊第 29 种.台北:台湾银行,1959:61.

④ 编修朱一新等奏和议难恃请饬严备折[G]//清光绪朝中法交涉史料.台北:文海出版社,1967:1135.

⑤ 张佩纶.上恭亲王[M]//中国史学会.中法战争(四).上海:上海人民出版社,上海书店出版社,2000:368.

刘铭传乃淮军宿将，久经戎阵，战功卓著。他接手台湾防务后，认为"全台防务，台南以澎湖为锁钥，台北以基隆咽喉"。时处"南风水涨"，台南轮船不能泊岸，防务暂时稍松，而基隆煤矿已被列强觊觎多时，近来法军更有声言攻取基隆。但原有刘璈的布局反以台南为重，全台防军四十营，有三十一营置于台北，致使"南北缓急悬殊，轻重尤须妥置"。① 因此，刘铭传首先调整海防布局，着重加强基隆、淡水的防御。他下令在基隆外海口门的岸鳞墩、社寮岛两山对峙扼要之处，筑炮台、建护营，使基隆炮垒火力增强两倍，并从台南调来旧部章高元、武毅淮勇两营，增加防守兵力。同时，加强器械操练，"日接谈简器练兵之法"，以提高台兵的作战水平。刘铭传还电奏遣派澄庆等四艘兵舰回台湾助防，虽未获允，但这一系列调整纠正了原有布局的缺漏，基隆的防备力量得到增强，这使清军在法军发动对基隆的进攻时，免遭措手不及的打击。

除了调整海防布局，刘铭传还试图在人事方面进行调换，这主要是处理与刘璈为首的湘军势力的关系。此事对于淮系出身的刘铭传而言，颇为棘手。刘铭传原本想调旧部铭军一同渡台，未能如愿。这种情况下，李鸿章也担心刘铭传"孤身渡台，既不能布置防务，尤恐难控制台军"②。刘铭传尚未到台，即上奏朝廷，以台防驻军"器械不精，操练不力"为名，声称"将来必须选用将领，切实整顿，方能得力"，但又担心"非一时所能猝办"。显然，刘铭传有意撤换刘璈，③这自然会引起刘璈的不满。后来李鸿章认为二刘不和，起因即是刘铭传奏劾刘璈。④ 况且，刘赴台前已筹划变更台防布局，加强基隆等地的防御，这一措施能否得到刘璈的支持并无把握。实际上，关于台防布置的意见不一。同为湘系的杨昌浚后来曾为刘璈鸣不平："刘璈数月来，布置并不错，众论金同，而刘帅恶之。强敌在前，若竟易

① 刘铭传.恭报到台日期并筹办台北防务折[M]//刘壮肃公奏议.台湾文献丛刊第27种.台北:台湾银行,1958:165.

② 督办台湾事务刘铭传奏报起程日期折[M]//中国史学会.中法战争(五).上海:上海人民出版社,上海书店出版社,2000:409.

③ 督办台湾事务刘铭传奏报起程日期折[M]//中国史学会.中法战争(五).上海:上海人民出版社,上海书店出版社,2000:409.

④ 寄永平刘提督[M]//中国史学会.中法战争(四).上海:上海人民出版社,上海书店出版社,2000:221.

生手,恐台南亦将不保。"①

为改善刘铭传孤身赴台的窘迫处境,李鸿章尽量抽调教习陆操、炮队、水雷的军官 134 人,并派铭军旧将王贵扬等 10 余人同赴台湾。另外,配给火炮、水雷等枪支弹药,"可勉为目前基隆一处防守之用"②。新任福建海疆事宜并署船政大臣的张佩纶也着手调换台湾的布防。在刘未到任前,先行弹劾台湾镇总兵杨在元。他还计划把属于湘系的孙开华调至泉州,然后再由刘铭传决定是否撤换刘璈。然而,局势的发展超出他们的预料,由于法军威胁马尾,张佩纶无暇处理台湾的事务。刘铭传到台后,立即致力于布置防务,不得已把人事调整放在一边,这最终给后来的二刘间的冲突埋下隐患,给战局带来不良影响。就在刘铭传紧张地备战、调整设防之时,法军的攻击已经到来。

第三节　战争初期基隆、淡水两地的攻防

一、第一次基隆之战

1884 年 8 月 2 日,孤拔接到正式进攻基隆的命令,立即令副手利比士率"拉加利桑呢亚"号、"鲁汀"号赶赴基隆,与早两周驻扎在基隆的"费勒斯"号会合,准备发动对基隆的攻击。8 月 3 日,利士比率舰从闽江出发,于次日抵达基隆。当天,利士比先行调查清军的防御,并据此做出部署,接着派人把劝降书递交给守军指挥官曹志忠、章高元、苏得胜,并通知外国侨民与泊在港湾内的船舶,声称将于翌晨攻击炮台。曹、苏等人不予回应,一面严防以待,一面飞报驻在台北的刘铭传。刘铭传于 5 日凌晨接报,急赴基隆督战。

8 月 5 日 8 时整,法军开始炮击,三艘军舰上 40 多门火炮的强大火力,

---

①　寄永平刘提督[M]//中国史学会.中法战争(四).上海:上海人民出版社,上海书店出版社,2000:221.

②　督办台湾事务刘铭传奏报起程日期折[M]//中国史学会.中法战争(五).上海:上海人民出版社,上海书店出版社,2000:409.

在一个多小时内便摧毁了清军大部分炮垒与营房。处于劣势的清军奋勇还击,主炮台上的17厘米克虏伯大炮发挥了威力,第一次排炮就击中了目标,"拉加利桑呢亚"号的铁甲被击穿,毁坏了一门24厘米船炮,"费勒斯"号也被附近小炮台的炮火击中。但法军旗舰"拉加利桑呢亚"号第一次排射便摧毁了清军的半数炮位,该舰装备的24厘米船炮轻易洞穿守军炮台,粉碎炮架。8:45,法军的炮火击中主炮台的火药库,引起剧烈爆炸。守军被迫撤退到港口高地,继续抵抗。

在舰炮的掩护下,"费勒斯"号上派出的80名海军陆战队先行登陆,迅速占领清军遗弃的阵地,接着"拉加利桑呢亚"号上的120名海军陆战队队员在马丁(Martin)中校的指挥下,也顺利登岸。两队会合后,向港口高地进攻。在三艘法舰猛烈的炮火协助下,守军再度撤退。协助防守的孙开华所部杨龙标未战即逃,使得法军陆战队几乎不费多少力气便达到了目的。至此,法军占领了基隆港,他们用炸药毁掉的清军阵地,彻底地清除清军的防御。利士比以为大功将成,他向巴德诺报告:"我未折一兵一卒,却获得如此辉煌的战绩,内心甚为欣喜。我同时准备攻占基隆市街,我认为,几乎可以兵不血刃地达到目的。"[①]战事的顺利让法军更加忘乎所以。

刘铭传看到力量悬殊,意识到"非诱之陆战,不足以折彼凶锋"[②],他命令除曹志忠部利用小山掩护坚守阵地外,其余守军主动退入后山,以躲避法军舰炮,等待时机。刘铭传还设法鼓舞士气,"激励各军,坚筹血战,誓挫凶威",为翌日的决战做准备。

5日夜间骤降的大雨延缓了法军的进攻。直到8月6日午后2时,利比士才派雅格米埃(Jacquemier)上尉带领"费勒斯"号的陆战队前去侦察基隆的街市和衙门。侦察分队试图穿越曹志忠驻守的阵地时,遭到清军的顽强抵抗。曹志忠亲督副将王三星等率200名士兵应敌。短暂而激烈的枪战后,法军丢下一具尸首向后退却。停留在驻地的马丁中校见此,便令手下掩护法军撤退。此时,刘铭传令章高元、苏得胜率百余人从东面,邓长安率亲军小队60余人从西面两路夹攻,与曹志忠部一起试图包围法军。

---

① 廖宗麟.中法战争史[M].天津:天津古籍出版社,2002:434.

② 敌陷基隆炮台我军复破敌营获胜折[M]//中国史学会.中法战争(三).上海:上海人民出版社,上海书店出版社,2000:144.

马丁中校很快便意识到手下的 200 名士兵无法与数倍于己的清军对抗,必须尽快撤退,以免陷于重围。在法舰炮火的支持下,马丁等人花了一个半小时,才走完从阵地到海滩 1200 米的路程,狼狈地回到舰上。此役,清军"夺获洋枪数十杆,帐房十余架,并获其二纛,斩首一级"[①]。法军统计阵亡 2 名,负伤 11 名。[②] 遭受打击的法军无意再战,不久便返回马祖,基隆首战以清军的胜利告终。但是,清军也付出极其高昂的代价,伤亡则达 70 余人,[③]防御工事也全数被毁。

基隆一战牵动着正在进行中的中法谈判。8 月 9 日,巴德诺接到登陆基隆成功的消息后,立即按"据地为质"的既定政策,通过赫德向中国恫吓,把赔款要求由 400 万两提到 1000 万两:"前议四百万恤款,中国不允;现在情形不同,改恤款为边界经费,加至一千万两,如中国立刻允准,仍分十年清还,每年一百万两,仍可了结,基隆亦即退回中国,法不占据。如不肯允,定要轰夺船厂并福州(建)省,再驶船北来索款。到那时候,台湾地方即归法国,是不退还的了。"[④]但很快地,清军收复基隆的消息传来,清廷在谈判中的被动局面很快扭转。同时,主战派的态度更加坚决,彭玉麟、张树生、张之洞、倪文蔚等于 8 月 13 日联衔上书请"速定战和之计,电谕沿海各省,使有遵循,得以相机制敌"[⑤]。其他主战派也不断上书请战。次日,原本已对法国勒索表示"万难允许"的清廷,直接拒绝法国的要求:"此事中国理足,廷议金谓难给津贴。"[⑥]同时,清廷抓住法军在谈判期间突袭基隆这一违背国际公法的做法,一再提出抗议,同时强硬地表示:"如法国固执地违

---

① 敌陷基隆炮台我军复破敌营获胜折[M]//中国史学会.中法战争(三).上海:上海人民出版社,上海书店出版社,2000:144.

② E. Garnot. 法军侵台始末[M]. 黎烈文,译. 台北:台湾银行,1960:15.

③ 黄振南.首次基隆之役考[M]//黄振南.中法战争管窥.北京:中国文史出版社,2005:156.

④ 军机处奏呈览总理衙门与贺璧理问答片[M]//中国史学会.中法战争(五).上海:上海人民出版社,上海书店出版社,2000:484-485.

⑤ 兵部尚书彭玉麟等来电[M]//中国史学会.中法战争(五).上海:上海人民出版社,上海书店出版社,2000:497.

⑥ 寄巴黎李使[M]//中国史学会.中法战争(四).上海:上海人民出版社,上海书店出版社,2000:184.

犯国际公法,攻击各海口,将中国政府的通牒置诸不答,战争是必要的,中国将支持这个战争。"①

基隆的失利出乎法国政府的意料,他们甚至没有预备倘若失利如何应对,陷入骑虎难下的局面,因为"它不能放弃基隆的占领而不承认它的失败"。② 为扭转基隆失利带来的被动局面,派遣更多的兵力进攻基隆就不可避免了。法方认为清政府态度的转变与基隆之战有关:"中国人视基隆事件为我们的失败。据说,他们继续积极地备战并有首先开战之意思。"③ 为了达到恐吓中国的目的,他们决定扩大战争。法国政府还同意了巴德诺等人向中国北部进攻的请求。8月16日,茹费理内阁得到议院的授权,可以"使用各种必要方法,使天津条约受到尊重",于是令谢满禄照会中国政府,宣称"从本照会的日期起,四十八小时内,不接受这个(赔款)要求,谢满禄先生则依所奉命离开北京,孤拔海军提督则立刻采取他认为有用的一切步骤,以保证法国政府取得它有权获得的赔偿"④。

法国这一公然的恫吓使得中法关系濒临破裂。8月17日,清廷又得到消息,法国政府很可能"允筹经费三十八兆,令向中国取押,逼照津约"⑤。加之巴德诺态度恶劣,让清廷认定"法使似此骄悍,势不能不以兵戎相见"⑥,当即决定停止与巴德诺的谈判,"无理已甚,不必再议,惟有一意主战",并下令沿海各处加紧备战,同时饬令刘永福及岑毓英、潘鼎新等迅速进兵,"规复北圻"。⑦ 8月21日,清政府拒绝答复法方的最后通牒,8月23日,谢满禄在未接到清廷答复的情况下离开北京,双方谈判破裂。次

---

　　① 巴德诺致茹费理[M]//中国史学会.中法战争(七).上海:上海人民出版社,上海书店出版社,2000:250.

　　② E. Garnot.法军侵台始末[M].黎烈文,译.台北:台湾银行,1960:15.

　　③ 巴德诺致茹费理[M]//中国史学会.中法战争(七).上海:上海人民出版社,上海书店出版社,2000:249.

　　④ 茹费理致巴德诺[M]//中国史学会.中法战争(七).上海:上海人民出版社,上海书店出版社,2000:249.

　　⑤ 上海道邵友濂电[M]//中国史学会.中法战争(五).上海:上海人民出版社,上海书店出版社,2000:502.

　　⑥ 军机处寄沿江沿海将军督抚统兵大臣等电旨[M]//中国史学会.中法战争(五).上海:上海人民出版社,上海书店出版社,2000:502.

　　⑦ 朱寿朋.光绪朝东华录:第2册[M].北京:中华书局,1958:1766.

日,巴德诺向孤拔传达进攻福建马江的命令。① 孤拔早在 7 月 16 日便以"游历"为名,强行率舰驶入马江港。但时任闽浙总督何璟、福州船政大臣何如璋等人,不愿与法军发生冲突,听任法舰自由出入,致使法舰与福建水师同泊一港长达 40 多天。8 月 22 日,孤拔接到进攻命令。次日下午 1 时许,占据有利地形的法舰突然对福建水师发动袭击。福建水师仓促应战,但实力悬殊,虽奋勇反击,仍被各个击破,11 艘舰船全部沉没或焚毁。24 日至 30 日,法舰击毁了马尾造船厂及闽江入海口沿岸的炮台阵地,扬长而去。② 8 月 26 日,清廷下旨对法宣战。法军决定发动对基隆的第二次进攻。

二、第二次基隆之战与"撤基援沪"

马尾海战后,为抵消第一次基隆之战失利所造成的负面影响,法国政府令孤拔率舰即赴基隆,以"进行一切他认为以他的兵力可做的一切战斗。他将确定地告诉我们须用何种新方法来保证取得矿区。这个矿区应成为我们补给的中心点"③。茹费理特地提醒孤拔要注意控制战事的规模:"除非中国宣战,我们所处的状态,不是宣告的战争状态,而是报复,所以随时可以恢复谈判。"④法国政府再次拒绝了巴德诺与孤拔要求直接进攻中国北部的要求,坚持必须先完成对基隆的占领,再行对北方的军事行动。

第一次基隆之战后,法军指挥官利比士报告说:"如以我们现有的有限军力而想占领市街或矿山,乃属愚妄之举。该地是如此崎岖多山,果真欲加以占领,势非大军莫办。"⑤他认为要占领基隆起码需要 2000 人,这使得孤拔谨慎起来。他于 9 月 2 日亲往基隆侦查,发现清军已经有了充分的准

① 巴德诺致茹费理[M]//中国史学会.中法战争(七).上海:上海人民出版社,上海书店出版社,2000:252-253.

② 罗亚尔.中法海战[M]//中国史学会.中法战争(三).上海:上海人民出版社,上海书店出版社,2000:545-559.

③ 茹费理致巴德诺[M]//中国史学会.中法战争(七).上海:上海人民出版社,上海书店出版社,2000:250.

④ 茹费理致巴德诺[M]//中国史学会.中法战争(七).上海:上海人民出版社,上海书店出版社,2000:251.

⑤ E.Garnot.法军侵台始末[M].黎烈文,译.台北:台湾银行,1960:19.

备,于是向法国政府报告说如果要征服台湾,必须再增加 3 倍的兵力。①法国政府没有完全满足孤拔的要求,仅从越南的派遣军中抽调了包括 3 个步兵大队和 2 个炮兵中队的援军。对作战目标的讨价还价,延迟了法军对基隆的进攻,"整个九月几乎都在犹豫之中度过。这是一个无所作为的时期。在这时期内,舰队中的大部分舰艇都碇泊在马祖,仅只间或轮流去维持基隆的封锁,或是送一封电报往 PicAigu。并且,不论法国政府的主见如何,必须派给孤拔提督一个登陆部队,而这登陆部队是需要时间组织起来的"。②

法军行动的停滞,使刘铭传赢得了重新布置台北防御的宝贵时间。在第一次基隆之战后,刘铭传判断法军会在短期内再次进攻,请求清廷速派援军,尤其希望得到水师相助。③ 同时,他深知法军的海上优势明显,重新调整基隆的防御布局,下令放弃近海工事,仅让曹志忠、章高元派少量士兵在临海的港口前山据守,主力则移扎后山。甚至主动拆卸八斗煤矿机器,焚毁煤矿,以免法军夺煤。

应刘铭传的请求,清廷令南北洋及广东等地督抚,在人力、物力、财力等方面大力援助台湾。但由于法军封锁基隆,直至第二次基隆之战前,仅刘朝祜所率铭军旧营首批 200 余人于 9 月 20 日在淡水登陆,另一批 300 余人于 28 日在新竹登陆,但未能及时赶赴台北。为缓解兵力不足的困境,刘铭传一面请调台南守军赴台北协防,一面令士绅林维源招募团练。但从台南调兵并不顺利,"调台南两营,廿余日始到一营"④。刘铭传认为负责台南防务的刘璈故意拖延,遂上书请调淮系将领周盛波赴台南统办防务,以夺刘璈兵权⑤,此事终未办成,却让二刘的关系更为紧张。招募土勇也因林维源已避走厦门,赶办不及,仅招募数百人守城。由于请援没有得到

---

① E. Garnot. 法军侵台始末[M]. 黎烈文,译. 台北:台湾银行,1960:16-17.

② E. Garnot. 法军侵台始末[M]. 黎烈文,译. 台北:台湾银行,1960:16.

③ 敌陷基隆炮台我军复破敌营获胜折[M]//中国史学会. 中法战争(三). 上海:上海人民出版社,上海书店出版社,2000:145.

④ 督办台湾事务刘铭传电[M]//中国史学会. 中法战争(五). 上海:上海人民出版社,上海书店出版社,2000:529.

⑤ "中央研究院"近代史研究所. 中法越南交涉档(五)[M]. 台北:"中央研究院"近代史研究所,1983:2746.

第八章 中法战争之台湾保卫战

253

满足，刘铭传对台防信心不足，这对他在第二次基隆战役中的指挥有直接的影响。

1884年9月29日，孤拔自马祖亲率"巴雅"号、"鲁汀"号、"胆"号、"斗拉克"号、"尼夫"号等五艘军舰驶往基隆。翌日，利士比率"凯旋"号、"拉加利桑呢亚"号、"德斯丹"号等三艘军舰驶往淡水。9月30日晨，孤拔舰队抵达基隆港，与"雷诺堡"号、"杜居土路因"号、"梭尼"号、"巴斯瓦尔"号、"益士弼"号会合。① 当日，孤拔乘坐"鲁汀"号对基隆防务做了一天的侦查，发现在基隆西边的狮球岭守军较少，山脚延伸至海边，适于攀登。更重要的是，该山"控制邻近的所有山峰，可以真正看作为本处地形的管钥"②。他决定选择狮球岭作为登陆点，并在山上设置炮兵阵地。10月1日晨6时，法军正式发动进攻，10艘军舰对港口守军猛烈轰击，掩护担任先发的伯尔大队登陆。6时半，伯尔大队在西山脚下的仙洞登陆成功，立即向狮球岭进发。驻守该处的恪靖营官陈永隆、武毅右军营官毕长和，率队迎敌，"往复冲荡，相持两时之久"，直到法军后续部队驰抵，章高元、陈永隆才被迫后退。9时，伯尔大队占领狮球岭。接着，法军以狮球岭为据点，用炮火轰击守军的工事，迫使清军再次后撤到第二道防线。法军派出一支侦察兵尾随撤退的清军，遭到伏击，被打死2人，打伤5人，仓皇逃回阵地。至此，第一天的战事结束。该日清军死伤100余人，而法军死5人，伤12人。③

清军岸防阵地虽然失守，但无碍大局，清军的防御重心已转移到陆上，决定性的战斗是陆路的攻防战。然而，当日沪尾即将遭到法军攻击的消息传来，使得刘铭传匆忙之间下令放弃基隆，"撤基援沪"。是日夜，刘铭传正召集部将准备第二日的作战，突接到驻守沪尾的李彤恩两度飞书，称法军明日将攻沪尾，而"沪尾兵单，孙军门之勇万不可靠"，若不派兵救援，沪尾

① E. Garnot.法军侵台始末[M].黎烈文，译.台北：台湾银行，1960：22.另：黄振南根据法国海军档案明确了基隆的法舰数量.黄振南.关于淡水之役的几个问题[M]//黄振南.中法战争管窥.北京：中国文史出版社，2005：171.

② 罗亚尔.中法海战[M]//中国史学会.中法战争（三）.上海：上海人民出版社，上海书店出版社，2000：560.

③ E. Garnot.法军侵台始末[M].黎烈文，译.台北：台湾银行，1960：24.

必失。① 刘铭传起初不为所动,复函孙开华、李彤恩称:"基隆兵尚不敷,不能派队驰救,现已飞调甫到新竹之武毅右军左营赴沪助战。基隆今日甫获胜仗,诸将不肯拔队,万难分兵,请坚忍一两日之守,以顾威名,而全大局。"② 但到半夜,李彤恩又一次"八百里排单"飞书告急,此时刘铭传"方寸已乱",不顾诸将反对,传令连夜拔队撤回台北府,仅留曹志忠部300人在狮球岭与法军对峙。

刘铭传主动"撤基援沪",是基于其整个台北防御战略的需要。就战略地位而言,沪尾重于基隆。台北地区的军械粮饷均储于台北府城,是清军指挥的中枢。基隆距府城较远,只有陆路相通,沿途山路崎岖,行走不易。而沪尾距府城仅30余里,法军如占沪尾,溯淡水河便可直上府城,且"该口除沉船外,台脆兵少,万不足恃,倘根本一失,则前军不战立溃,必至全局瓦解,不可收拾,不得已只有先其所急,移师顾守后路"③。当时法军叫嚣将要攻占全台,给刘铭传造成巨大压力。他考虑到兵力不足,难以同时应付基隆和沪尾两地的法军,权衡轻重,只能放弃基隆,全力守护战略地位更为重大的沪尾,以保证全局。

三、沪尾之战

法军把沪尾作为进攻目标,是孤拔侦察台北形势后临时提出的。④ 沪尾地处台北府的西北,与基隆互为犄角,相距80里,作为淡水河的出海口,是海上进入台北的主要通道,具有重要战略地位。沪尾及其所处淡水一带,自然条件优越,以输出茶叶闻名,经济繁荣,贸易发达。孤拔认为发动对淡水的进攻是占据基隆的必要补充。⑤ 他的要求很快得到法国政府许

① 台湾道刘璈汇录光绪十年台北文武各员函禀[M]//中国史学会.中法战争(五).上海:上海人民出版社,上海书店出版社,2000:567.

② 台湾道刘璈汇录光绪十年台北文武各员函禀[M]//中国史学会.中法战争(五).上海:上海人民出版社,上海书店出版社,2000:568.

③ 督办台湾事务刘铭传奏折[M]//中国史学会.中法战争(五).上海:上海人民出版社,上海书店出版社,2000:563.

④ 中国史学会.中法战争(三)[M].上海:上海人民出版社,上海书店出版社,2000:568.

⑤ 巴德诺致茹费理[M]//中国史学会.中法战争(七).上海:上海人民出版社,上海书店出版社,2000:258.

可，在后者看来，淡水和基隆都是向中国索取合适"同等价值的赔偿"。^①但是，淡水一带各国商人聚集，倘若处理不慎，容易引来其他列强的干涉。因此，法国政府没有为此额外增加援军，而是希望孤拔在占领基隆的同时力所能及地顺手牵羊罢了，并且强调"不可波及城市"。^②

与法军重基隆轻沪尾相反，刘铭传深知沪尾战略地位的重要性，把该地视为保卫台北的关键。第一次基隆之战后，为了加强沪尾的防御，刘铭传将孙开华所部擢胜三营全数布置于沪尾，并更换擢胜营的装备，同时命令增筑炮台。另从台北调柳泰和一营，从江南增援的刘朝祜、朱焕明所率500人也驻扎于沪尾。刘铭传还令李彤恩招募张李成土勇一营。这样，沪尾守军数量近4000人，较前增加了1倍，武器装备也有了改善。基隆首战后，由于法舰不时到沪尾侦察，刘铭传令李彤恩买船填石，用沉船堵塞口门，并在港口安设水雷，严阵以待。法舰则于9月26日派"蝮蛇"号前来封锁沪尾港，阻止清军援军上岸，为进攻沪尾做准备。

孤拔把进攻沪尾的任务交予利士比执行，并指示如何破坏沪尾的防御工事。^③1884年10月1日晨，利比士率舰抵达沪尾，与封锁沪尾的"蝮蛇"号会合，此时法军在沪尾港外集中了4艘军舰。法舰向港内英国情报舰发信号，告知将在明日10时开火，以便欧洲侨民及时回避。

获悉法舰即将发动袭击，清军当夜把三门大炮装上新炮台，并决定先于法军开火。翌日6时左右，清军先发制人，新旧炮台的大炮一齐开火，但

---

①　茹费理致顾赛尔[M]//中国史学会.中法战争（五）.上海：上海人民出版社，上海书店出版社，2000：260.

②　黄振南.中法战争管窥[M].北京：中国文史出版社，2005：166.需要强调的是，此时法军对台北的具体形势了解仍比较肤浅，对沪尾的战略地位了解不够，孤拔也不是特别强调对沪尾的进攻。罗亚尔后曾提到："占领基隆和它的煤矿工场既决定为我们的目标，对于淡水作军事行动显然是必要的了。这两个城市由一条大路连接起来，它们近在咫尺，所以占据了这一个，就绝对必需占住别一个。这种必要性，是由于这两个港口的简单的地理形势所产生的。但是它似乎很长时间没有为人们所认识。"（罗亚尔.中法海战[M]//中国史学会.中法战争（三）.上海：上海人民出版社，上海书店出版社，2000：563.）

③　E.Garnot.法军侵台始末[M].黎烈文，译.台北：台湾银行，1960：25.孤拔要求利士比占领沪尾港并加以封锁，并没有要求上岸作战。黄振南.关于淡水之役的几个问题[M]//黄振南.中法战争管窥.北京：中国文史出版社，2005：173.

因"子小力薄,虽有命中,不能损其铁甲",法舰仅"德斯丹"号与"凯旋"号受了轻伤。[1] 法舰开炮回击,此时浓雾笼罩岸上的炮台,海面折射的阳光妨碍了视线,法军的炮火难以准确攻击到目标。直到 7:30 后,雾气散去,法军才能校正射击。清军新旧两个炮台很快遭到破坏,但清军官兵顽强抵抗到大炮全部被毁为止。上午 10 时左右,清军岸上的防御工事基本被摧毁,此役清军伤亡 30 余人。[2] 在余下的时间里,法军继续向岸上射击,直到下午 4 时才停火。

当天夜里,利士比派人侦察清军堵塞航道的障碍物,寻找最佳的突破口。他们发现清军在港口埋设了水雷。要清除这些水雷,法军就必须摧毁岸上的点火哨。利士比估计他的部队不足以完成登陆作战,为此,他派"德斯丹"号前往基隆请求增援。5 日夜,载着 300 名海军陆战队员的"雷诺堡"号、"杜居土路因"号、"胆"号赶到沪尾。利士比集合了 600 名陆战部队,由马丁中校指挥,编成 5 个中队,再配备 2 个水雷兵分队,每人携带一日的口粮,16 包弹药和预备药夹。法军原打算即日登陆作战,但恶劣的天气迫使法军推迟计划。

8 日,天气转好,法军着手实施登陆作战计划。陆战队的任务是彻底破坏新旧炮台的大炮,并夺取炮台间的点火哨,引爆水雷,然后归舰,全部行程大概 6 公里。由于马丁风湿病发作,指挥权转交给缺乏登陆作战经验的"雷诺堡"号舰长波林奴(Boulineau)。

在舰炮的掩护下,法军未遇到任何抵抗便顺利地登陆。10 时整,波林奴下达进攻命令。由"拉加利桑呢亚"号与"凯旋"号的第一、第二中队立即展开队形,迅速向新炮台稍右的方向前进。其后是"德斯丹"号、"雷诺堡"号、"胆"号、"杜居土路因"号诸舰的第三、第四中队组成的预备队,"巴雅"

---

① 台湾道刘璈汇录光绪十年台北文武各员函禀[M]//中国史学会.中法战争(五).上海:上海人民出版社,上海书店出版社,2000:567.按:据在岸上旁观的外侨报告,法舰中"蝮蛇"号船前樯被炮击中,船身受损。但在法军与清军的报告中均未提到此事,可能是误传。总税务司赫德面递节略缕述沪尾中法战况[M]//法军侵台档.台湾文献丛刊第 192种.台北:台湾银行,1964:215;陶德.北台封锁记[M].台北:原民文化事业有限公司,2002:49.

② 台湾道刘璈汇录光绪十年台北文武各员函[M]//中国史学会.中法战争(五).上海:上海人民出版社,上海书店出版社,2000:567.

号的第五中队则负责掩护法军的左翼，斜行前进。法军越过最先一段盖满荆棘的沙丘，才发现眼前不是预想的"稻田和树丛"，而是一片非常隐蔽的土地："谷地包含着一些围以生篱的小块的耕地和一些有刺的植物；一些茂密的树木，一些水沟和干沟，展布在一片宽达一公里左右的地面。"法军只得硬着头皮继续向前，波林奴期盼清军已被舰炮驱走，放弃阵地。①

一旦进入密林，法军便发现他们陷入困境。各中队及分队间"互不相见"，在这种情况下，陆战队无法继续统一的指挥，各中队只能独自行动，朝远处的新炮台方向前进。② 此时，清军早已埋伏在这段密林覆盖的凹地严阵以待了。当日清晨，孙开华发现法舰行动异常，知法军即将上岸，便布置防线，亲自带领擢胜营三营镇守南路；刘朝祜和从基隆赶来的章高元各带铭中、武毅两营伏于大炮台山后为北路，防敌包抄；张李成所募土勇则守北路山涧。③ 临近 11:30 时④，法军进入伏击地带后，原先寂然无声的清军阵地猛地冲出身着红色和蓝色制服、人数众多的清军官兵，率先与处于法军队伍前面的第一、第二中队接仗。之后不到 10 分钟的时间里，法军所有的中队都陷入枪战之中，在长达 1500 米的战线上，双方展开激烈的交火。清军采取"待敌薄我而后战"的肉搏战术，与法军进行短兵相接。孙开华亲率卫队奋勇直前，阵斩法军旗兵，夺其旗帜，清军将士见状"士气益盛"，各路齐进。⑤

由于战斗异常激烈，波林奴担心法军的弹药消耗太快，准备下令停火。不巧身边的号手头部受伤倒下，他只能用口头下达命令，然而亢奋中的士

---

① E. Garnot. 法军侵台始末[M]. 黎烈文，译. 台北：台湾银行，1960：27. 另：根据罗亚尔的叙述，利士比先前制定的进军路线特别注意绕开密林，直取新炮台，但法国陆战队在上岸后，私自改变路线，冒险进入密林，直扑旧炮台。（罗亚尔. 中法海战[M]//中国史学会. 中法战争（三）. 上海：上海人民出版社，上海书店出版社，2000：568-569.）不过，根据波林奴的报告，陆战队并没有改变进攻新炮台的计划，之所以冒险进入密林，与其情报失误有关。

② E. Garnot. 法军侵台始末[M]. 黎烈文，译. 台北：台湾银行，1960：27.

③ 督办台湾事务刘铭传奏折[M]//中国史学会. 中法战争（五）. 上海：上海人民出版社，上海书店出版社，2000：577.

④ 一说是 10:10 左右。

⑤ 督办台湾事务刘铭传奏折[M]//中国史学会. 中法战争（五）. 上海：上海人民出版社，上海书店出版社，2000：578.

兵并没有服从命令。此时,章高元与张李成分别率军从炮台后面与山涧冲出,威胁法军的右翼与左翼。法军左翼第五中队一度被清军冲断,被迫退却的右翼法军与左翼挤在一起,死伤不断增加,弹药已近枯竭。第一中队指挥官方丹、第二中队指挥官德荷合、第三中队的德曼中尉先后负伤退出战斗。波林奴在几次冲锋未果后,担心陷入包围,下令后撤。中午11:45,一名信号兵带着波林奴的命令在港口灯台的石柱上向军舰发出撤退的信号。①

接到信号的"蝮蛇"号驶近海岸,用炮火压制清军,掩护法军撤退。清军没有冒险追击,但风浪让小艇无法靠岸,法军士兵只能在齐颈的海水中艰难地行进。直到下午1:10,法军才全部归舰,仓皇离岸。负伤的方丹和运送他的3名士兵在退却中,被潜伏在草丛的张李成部下截获,当场被杀。德荷合虽被救回舰上,不久也重伤不治而死。此役,法军总共战死17人,受伤49人。清军阵亡80人,200人负伤。②

沪尾之战规模虽小,但意义重大。清军的获胜大大打击了法军的嚣张气焰,法人自称:"为着减轻这次痛苦事件的结果起见,人们将它称为侦察战;实际,这却是一次最严重的败战。这次败战对于以后的战役必然会发生最坏的影响。与中国的任何协商已经成为不可能。若干时以来希望美国出来调停的想头也不得不放弃了。"③1884年底时,孤拔总结有两个原因使得对基隆的占领最终变成灾难:"一是淡水的败战使得封锁势在必行;二是远征军的可悲的卫生状态,逼使提督非将所有可以动用的兵力留在基隆保护病兵不可。"④而之所以被迫滞留于基隆,还是与淡水的失败直接相关。法军占领基隆后,法国政府曾乐观地估计占领整个台湾北部也将为期不远,孤拔甚至已在谋划进攻旅顺的行动。⑤但沪尾的战败,立即使法军的计划蒙上阴影。巴德诺意识到淡水的失败将冲淡基隆胜利的成果:"中

---

① E. Garnot. 法军侵台始末[M]. 黎烈文,译. 台北:台湾银行,1960:28.

② 关于双方伤亡数字各种记载出入很大。黄振南. 关于淡水之役的几个问题[M]//黄振南. 中法战争管窥. 北京:中国文史出版社,2005:186-190.

③ E. Garnot. 法军侵台始末[M]. 黎烈文,译. 台北:台湾银行,1960:28.

④ E. Garnot. 法军侵台始末[M]. 黎烈文,译. 台北:台湾银行,1960:50.

⑤ 巴德诺致茹费理[M]//中国史学会. 中法战争(七). 上海:上海人民出版社,上海书店出版社,2000:264.

国人必然利用或扩大此项失败消息,可能有很严重的影响。"①这个担心很快应验。清廷获悉沪尾之战的结果后,军机处认为:"近日淡水之战,斩将夺旗,尤为大捷,入越各军,屡报获胜。现正雄师云集,力筹大举之际,若率允和议,既不足对环球各国,亦不足对中国人民。"②不仅拒绝法国在基隆之战后提出"暂管煤矿、海关若干年"的新要求,③且表示"开仗后,津约已作废纸……批准津约一语,恐仍难行"④。清政府的强硬和清军的顽强抵抗让法国政府看似嚣张其实相当脆弱的侵略计划陷入进退两难的困境。淡水之战后,法军意识到清军远非想象中那样弱小,"在这边采取守势固然需要严重警戒,而采取攻势也需要十分慎重",孤拔认为若无足够的援军,法军无法发动新的进攻。⑤ 他们反倒担心沪尾的胜利会使中国人抵抗的信心膨胀。⑥ 法军不敢从陆路进攻沪尾,甚至暂时放弃占领矿山的计划。⑦孤拔决定暂缓对北直隶的进攻,先巩固基隆的阵地,等待援军的到来。原定对北直隶的进攻计划被迫中断,这使得整个"据地为质"计划都受挫。孤拔虽担心进攻的停滞将失去进攻旅顺的最佳时机,但却无可奈何。⑧ 与此同时,于 1884 年 10 月 23 日起,法国舰队用"和平封锁"的方式封锁台湾全岛,阻截来自大陆的援军。⑨ 台湾之战进入封锁与反封锁的阶段。

---

① 巴德诺致茹费理[M]//中国史学会. 中法战争(七). 上海:上海人民出版社,上海书店出版社,2000:265.

② 军机处预拟与法议约八条[M]//中国史学会. 中法战争(六). 上海:上海人民出版社,上海书店出版社,2000:102.

③ 税务司德璀琳呈递节略[M]//中国史学会. 中法战争(六). 上海:上海人民出版社,上海书店出版社,2000:4-6.

④ 总理各国事务衙门与总税务司赫德问答节略[M]//中国史学会. 中法战争(六). 上海:上海人民出版社,上海书店出版社,2000:96.

⑤ E. Garnot. 法军侵台始末[M]. 黎烈文,译. 台北:台湾银行,1960:40-41.

⑥ 巴德诺致茹费理[M]//中国史学会. 中法战争(七). 上海:上海人民出版社,上海书店出版社,2000:267.

⑦ E. Garnot. 法军侵台始末[M]. 黎烈文,译. 台北:台湾银行,1960:31.

⑧ 巴德诺致茹费理[M]//中国史学会. 中法战争(七). 上海:上海人民出版社,上海书店出版社,2000:265.

⑨ E. Garnot. 法军侵台始末[M]. 黎烈文,译. 台北:台湾银行,1960:39.

第四节　封锁与反封锁

一、封锁阶段的岛内局势

法军在沪尾受挫后,已无力发动新的进攻。他们担心清军一旦得到增援,基隆的法军将陷于极其危险的境地。[①] 为此,法国政府同意孤拔对台湾实行封锁。10 月 20 日,孤拔宣布了封锁宣言:"自 1884 年 10 月 23 日起,从南岬(即 Nan-Sha,鹅銮鼻)经过西部及北部(前者为北纬 21 度 55 分,东经 118 度 30 分;后者为北纬 24 度 30 分,东经 119 度 34 分)以至苏澳,所有台湾各港埠、海湾都处于本长官所属海军兵力封锁状态之下。一切武装舰船务希于三日内装载完毕并退出各封锁区域。对于一切企图侵犯上项封锁的舰船,将依照国际法及现行条约规定处理。"[②]开始的封锁将检查权限于直接沿岸,11 月 22 日后,扩大到沿岸 5 里。在此范围内,法舰有权检查中立国船舶,甚至有权以武力驱逐它们;经过一次特别通知后,法舰还有权扣留中立国的船舶。而在此界限外,法舰则无权做任何事。[③] 法国认为这种封锁将对法国有利,但这种所谓的"和平封锁"在实行上有许多不便。尤其,法军的封锁区域广极台湾海峡,这漫长的封锁线上,要达到有效的封锁,法军仅有的 15 艘军舰轮流监视,兵力显然过于单薄。

封锁使得台湾蒙受严重的影响,海外贸易遭到打击,引起英美等国的不满。英国遂禁止法舰在香港停泊或修葺。1885 年 2 月 20 日,法国通告米粮为禁运品,借此迫使清廷求和。但这一举措再次影响英美商船的利益。1 月 18 日,英国宣布不许法舰查禁运往中国北部的米粮。2 月 5 日,英国正式向法国提出抗议,并派军舰武力护航运粮商船。

封锁初期,在基隆的清军与法军不约而同地选择了固守待援,一面小心谨慎地试探对方的虚实,一面请求支援,战事进入一个相对平静的阶段。

---

① E. Garnot. 法军侵台始末[M]. 黎烈文,译. 台北:台湾银行,1960:38.
② E. Garnot. 法军侵台始末[M]. 黎烈文,译. 台北:台湾银行,1960:39.
③ E. Garnot. 法军侵台始末[M]. 黎烈文,译. 台北:台湾银行,1960:39.

法国政府为扭转沪尾败战带来的不利局面,意图让孤拔重新设法攻取沪尾,却又无法满足孤拔所要求的包括 3000 名步兵,2 个山炮兵中队,1 个工兵中队,军需人员及对于 6000 名兵员的补助员在内的援军。这一要求已经远远超越法国政府原本期待的用 2000 人占领基隆的如意算盘,他们接受孤拔放弃占领沪尾的建议,同意孤拔仅巩固对基隆及其附近煤矿的占领即可。同时,派一个将近 1000 人的雇佣兵大队前去援助基隆的法军。①

在援军没有到达之前,孤拔只能耐心地布置防御,防范清军的突袭。法军依托清军丢弃的防御设施,根据地形自西向东,分别在仙洞山一带、基隆外围高山地南坡以及东面被遗弃地 3 个炮台建立了西、南、东 3 个防御阵地。孤拔显示了卓越的领导才能,在短短几个星期内,便使基隆成为粮库和舰队的补给中心。②

法军由进攻转为防御后,兵力不足的问题越发突出,12 个步兵中队中的 8 个,以及几乎所有的炮兵都布置于防御圈内,仅剩下 4 个步兵中队和 4 门火炮可以作为机动力量。"这样的兵力不足,迫使占领军在新的援军到来以前只能从事几乎属于被动的抵抗,只有新的援军到来才能使它脱出无为的状态。"③在法军忙于安顿时,先前没有预料的困难出现了。由于水土不服,一种被称为"森林热"的可怕传染病在法军官兵中蔓延。这种传染病来势凶猛,被感染的人早上还是健壮的,午后却已死去。在最初发病的西方阵地,情况最为严重,法军甚至因此被迫放弃 1 座炮台。法军虽然采取各种措施避免疾病的流传,但仍有 350 人因为健康问题失去战斗力,这对于原本苦于兵力不足的法军更是雪上加霜,占领军的总数减少到1750 人。④

陷入困境的法军一方面希望援军早日到达,一方面也担心遭到清军的反攻。为了阻止来自大陆的援军,法军决定对台湾进行封锁,并以此施加对清政府的压力:"我海军司令已受命致力于防御工事和必要的封锁,以保证我们在基隆的扎守及全岛的围攻。这些方策须尽量宣传,使北京方面对

①　E. Garnot. 法军侵台始末[M]. 黎烈文,译. 台北:台湾银行,1960:42-43.

②　E. Garnot. 法军侵台始末[M]. 黎烈文,译. 台北:台湾银行,1960:31.

③　E. Garnot. 法军侵台始末[M]. 黎烈文,译. 台北:台湾银行,1960:35.

④　E. Garnot. 法军侵台始末[M]. 黎烈文,译. 台北:台湾银行,1960:38.

我们踞地为质的决心毫不置疑。"①对台湾的封锁实际上使孤拔进军北直隶的计划中断。孤拔仍未放弃北进的野心,他原本就认为基隆不足以充当威胁清政府的"抵押品",急于完成对基隆与淡水的占领,迅速发动对北直隶的进攻。巴德诺也认为北进是抵消沪尾失败最好方法。然而在沪尾的挫折让孤拔不得不暂时放弃对北直隶的进攻,巩固对基隆的占领,封锁台湾海峡:"基隆的占领,对于中国政府的决定将不能有所影响。可是由于淡水败战而势在必行的对于台湾的封锁,却将使我们的大部分舰艇受到牵制。这一时地不宜的战役,势必促使我们在明春使用更多的海陆兵力来予以结束。"②直到1885年年初时,孤拔还认为在1885年4月中前,他无力分兵攻打北直隶。③

就在法军进退维谷的时候,清军却也没有立即发动反攻,这让法军感到庆幸。卡诺(E. Garnot)曾记述道:"在提督的卓越和勤勉的策动下,基隆在数星期内成了粮库和舰队的补给中心。改为防御阵地的它的附近各处,勉强掩蔽着军队以备敌人的反攻,幸而敌人在占领初期并不想怎样冒险。"④其实,获悉基隆被占后,清廷即下令刘铭传趁法军立脚未稳,把法军驱逐出基隆。镇守基隆外围的曹志忠等将领,也屡请兵进攻。但顾虑重重的刘铭传却采取"固守待援,相机进取"的战略,拒不进攻。他再三告诫部将不可"图攻轻进","若为基隆一隅之地而失台北大局,获咎更重"。可以看出,这个思路与其"撤基援沪"的战略主张是一致的,刘铭传认为,"法兵劳师远涉,利在速战,久亦不支。我军惟固守待援,相机进取。此臣因海岛孤悬,兵单器乏,接济为难,期保危局,不敢孟浪进取攻基隆之由来也"⑤。

法军的困境逐渐为清军获悉,台北知府陈星聚获知驻守基隆的法军病死甚多,多次向刘铭传请战未果,便私下与驻守五堵的曹志忠商议,决定孤

---

① 茹费理致巴德诺[M]//中国史学会.中法战争(七).上海:上海人民出版社,上海书店出版社,2000:269.

② E. Garnot.法军侵台始末[M].黎烈文,译.台北:台湾银行,1960:42.

③ 巴德诺致茹费理[M]//中国史学会.中法战争(七).上海:上海人民出版社,上海书店出版社,2000:292.

④ E. Garnot.法军侵台始末[M].黎烈文,译.台北:台湾银行,1960:31.

⑤ 福建巡抚刘铭传奏折[M]//中国史学会.中法战争(六).上海:上海人民出版社,上海书店出版社,2000:223.

身冒险进攻。① 1884 年 11 月 1 日夜,曹志忠匆匆率本部 2000 余人向狮头岭进发,试图占领前几日法军因传染病暴发被迫放弃的阵地。② 次日清晨,曹军抵达狮头岭下,被防守严密的法军发觉,随即遭到猛烈的炮火袭击,被迫撤退。心有不甘的曹志忠率队对另一法军阵地发动攻击,并一度包围了法军阵地。但法军在其他阵地的炮火支持下,守住了阵地。经过半小时的激战,曹志忠部被迫放弃进攻,借地形掩护撤出了战斗。此次战斗,曹志忠部损失惨重,"精锐只千余人",只能勉强支撑淡水东路的防守。③ 经此一败,陈星聚等人不敢再提进攻之事。④ 刘铭传也趁此强调冒险进攻并不明智,"用兵之道,最难攻坚,尤难仰攻。基隆山势险峻,道路崎岖,敌营皆依山傍海,兵轮守护,明攻甚难"⑤。但应该强调的是,此仗之所以败,与曹志忠准备不够充分,且孤军深入有很大关系,并不意味着清军根本无力进攻。曹志忠趁法军疲惫之机,进攻防备空虚的阵地,无可厚非。如果刘铭传能精心设计作战计划,集中优势力量发动进攻,清军并非绝对没有胜机。

由于担心法军再次进攻沪尾,刘铭传把防御重心放在沪尾,"沪尾海口,台北全局所系,极为要紧"。⑥ 孙开华、章高元所部楚、淮主力共 7 营仍驻扎在此,另有土勇 3 营,共有 5000 余人,附近台北、新竹两处 2000 余人则作为后备兵力。基隆外围则由曹志忠所部六营和孙得胜、林朝栋所率土勇五营约 5000 人分扎在五堵、暖暖、六堵、水返脚各处。⑦ 刘铭传的布置,

---

① 罗惇曧.中法兵事始末[M]//中国史学会.中法战争(一).上海:上海人民出版社,上海书店出版社,2000:22.

② E. Garnot.法军侵台始末[M].黎烈文,译.台北:台湾银行,1960:44.

③ 福建巡抚刘铭传奏折[M]//中国史学会.中法战争(六).上海:上海人民出版社,上海书店出版社,2000:223.

④ 罗惇曧.中法兵事始末[M]//中国史学会.中法战争(一).上海:上海人民出版社,上海书店出版社,2000:22.

⑤ 福建巡抚刘铭传奏折[M]//中国史学会.中法战争(六).上海:上海人民出版社,上海书店出版社,2000:223.

⑥ 福建巡抚刘铭传奏折[M]//中国史学会.中法战争(六).上海:上海人民出版社,上海书店出版社,2000:222.

⑦ 福建巡抚刘铭传奏折[M]//中国史学会.中法战争(六).上海:上海人民出版社,上海书店出版社,2000:222-223.

让法军误认为清军将岛上所有预备兵和登陆的援军全部集中在淡水。①

清军也没能摆脱疫病的困扰。章高元所部两营 1000 人，伤亡病故后只剩 200 余人；曹志忠所部六营 3000 人，除去伤病，能战的士兵只有 1000 余人。将官染病的也不少，"提臣孙开华、署台湾镇总兵章高元、总兵柳泰和等俱抱重病。曹志忠六营营官，无不病者"，②甚至刘铭传本人也不能幸免。③ 尤其基隆一地疫病最为严重，刘铭传曾忆道："其地瘴烟风雨，寒燠不时，将士随臣身临前敌，死于战阵者十分之一，死于瘴疫者十之四五，其幸而存者，类皆瘴疠烽镝余生，恍如再世。"④疫病的流行加重兵力的不足，使刘铭传更坚定"固守待援"的策略。

由于法军封锁台海，大陆的援军一时难以抵达，兵力不足的困难十分突出，刘铭传接受清廷的建议，令部下招募土勇，并发动台湾本地绅董招募团勇。台湾人民积极支援抗敌斗争，或募勇参战或捐资助战，一定程度上缓解了刘铭传的燃眉之急。经沪尾一战，张李成所率土勇一营作战奋勇，立下战功。一时间，各军统领纷纷请添土勇。地方绅董在官府的号召下，也自募团练以保地方。彰化林朝栋、新竹林汝梅等筹募土勇，主动前往暖暖等地助守，刘铭传则尽其所能凑解军械。到 1885 年 1 月，刘铭传奏称所添募的土勇已有 5000 余名。土勇在作战中，愈战愈勇，起了很大的作用，尤其在相持阶段的阻击战斗中，立下赫赫战功。刘铭传曾奏称："自九月二十日以后，法人连攻暖暖三日，均经周玉谦等守住要隘，伤毙法兵十余人，并毙其三画兵酋一名，土勇亦伤亡十余名。嗣后练勇恃有山险，愈守愈壮，乘夜潜入敌卡，不时馘获敌首以归，皆经照章给赏。"⑤法军在战斗中，也认识到土勇的战斗力不可小视。⑥ 刘铭传还令退职知府陈霞林等台北绅士

---

① E. Garnot.法军侵台始末[M].黎烈文,译.台北:台湾银行,1960:37.

② 刘铭传.复陈台北情形请旨查办李彤恩一案以明是非折[M]//刘壮肃公奏议.台湾文献丛刊第 27 种.台北:台湾银行,1958:143.

③ 寄译署并永平刘提督上海龚道[M]//中国史学会.中法战争(四).上海:上海人民出版社,上海书店出版社,2000:217.

④ 刘铭传.核减基沪立功将士恳照前单给奖折[M]//刘壮肃公奏议.台湾文献丛刊第 27 种.台北:台湾银行,1958:380-381.

⑤ 督办台湾防务刘铭传奏折[M]//中国史学会.中法战争(六).上海:上海人民出版社,上海书店出版社,2000:196-197.

⑥ E. Garnot.法军侵台始末[M].黎烈文,译.台北:台湾银行,1960:77.

第八章　中法战争之台湾保卫战

265

举办团练,巩固后方治安,弥补兵力不足。在基隆外围的斗争中,团练也发挥了一定的作用。除了兵力不足,刘铭传还面临饷械短缺的困难,"台北惟茶米不缺,第一无饷,日久兵不能敌,民亦不安"①。不少台湾绅董响应号召,主动捐输,有助于缓解台湾饷缺,稳定军心。如林维源曾捐"现洋十万,米数千",助清军暂渡难关。② 但台湾本地富户实力有限,难以承担接连的捐输,虽经多方努力,实际捐借的款项仅有六七十万元。③ 并且在战事最危急之时,这些捐输款项尚未缴交。而招募土勇使得饷缺问题越发突出。到1885年前后,兵饷告竭,不少地区发生土勇闹饷躁事,刘铭传不得已裁减部分土勇。

然而,对于刘铭传而言,困难不单是兵单饷缺和疫病,来自以刘璈为首的湘军势力的挑战严重干扰了他的战略部署。沪尾之战后,清廷为了鼓励刘铭传收复基隆,接受徐承祖等人的建议,实授刘铭传巡抚衔,以利于刘铭传在台调度。④ 同时,清廷令左宗棠饬令镇守台南的刘璈应服从刘铭传调度,"随事禀承刘铭传,妥为办理,共奏肤功,不得稍存畛域之见"⑤。但刘铭传在台湾的处境并没有得到改善。自马江一战之后,原本支持刘铭传的张佩纶被参革,清廷任命左宗棠为钦差大臣督办福建军务,福州将军穆图善、漕运总督杨昌浚帮办福建军务,台海一带,重成湘军势力范围,无形中给刘铭传以强大的压力。刘铭传曾向李鸿章哀叹:"内廷调度用左相督师

---

① 曾国荃转福建巡抚刘铭传电[M]//中国史学会.中法战争(六).上海:上海人民出版社,上海书店出版社,2000:188.

② 李鸿章.寄译署[M]//李鸿章全集(一):电稿一.上海:上海人民出版社,1985:5233.

③ 刘铭传.遵筹全台捐款片[M]//刘壮肃公奏议.台湾文献丛刊第27种.台北:台湾银行,1958:332-333.

④ 军机处寄直隶总督李鸿章等上谕[M]//中国史学会.中法战争(六).上海:上海人民出版社,上海书店出版社,2000:10.

⑤ 钦差大臣督办福建左宗棠奏折[M]//中国史学会.中法战争(六).上海:上海人民出版社,上海书店出版社,2000:122.

御法,时事可知。"①刘璈对刘铭传更为不屑,"更跋扈,自行发折奏事"②。借左宗棠的支持,刘璈力图一举否定"撤基援沪",力迫刘铭传转守为攻,收复基隆。刘璈一直对刘铭传心存不满。"撤基援沪"后,一些基隆将领对刘铭传突然撤师基隆表示不解,刘璈趁机收集梁纯夫等人的禀告,向清廷告发刘铭传奏折的不实之处,声称撤出基隆是受李彤恩的误导,制造对刘铭传不利的舆论。③原本清廷就对刘铭传迟迟未能收复基隆不满,经刘璈的密报,对刘铭传的批评更加尖锐。④

　　刘璈的密报激化了二刘的矛盾。当时,刘铭传面临疫病袭击造成兵力锐减和军饷短缺双重困难时,手握粮饷大权的刘璈明知刘铭传为此发愁,不仅"丝毫不济",反而单独给台北的湘系加饷,似乎存心让刘铭传难堪。刘铭传据此奏劾刘璈,认为此举"意在诱胁各营哗溃"。⑤二刘的矛盾引起了清廷的注意。1884年10月26日,慈禧令在京言官大臣查阅中法交涉相关谕旨和来往电报,共谋解决危机的策略。不少朝臣看出台湾将帅间存有矛盾,甚至认为基隆之失根本原因在于湘淮畛域,将帅不和。礼部左侍郎徐致祥便称:"台湾督办刘铭传与刘璈不和,将帅参商,患非浅鲜。"⑥左

---

　　① 李鸿章.刘爵帅基隆来函(八月初七日到)(附)[M]//李鸿章.李文忠公选集.台北:台湾大通书局,1987:414.

　　② 李鸿章.寄译署并永平刘提督上海龚道[M]//李鸿章全集(一):电稿一.上海:上海人民出版社,1985:368.

　　③ 台湾道刘璈汇录光绪十年台北文武各员函禀[M]//中国史学会.中法战争(五).上海:上海人民出版社,上海书店出版社,2000:564-570.

　　④ 有学者认为刘璈等人的禀文是递交给左宗棠后才上奏清廷的。李雪姬进而认为左宗棠莅闽之后,二刘之争才真正激化。(许雪姬.二刘之争与晚清台湾政局[J]."中央研究院"近代史研究所集刊,1985(14):145.)但在左宗棠之前,内阁学士周德润已先据刘璈的禀文上奏清廷,称刘铭传"撤基援沪"乃是"听信委员李彤恩捏禀"所致,要求严饬刘铭传"亲赴前敌,迅速收复基隆",否则"从重治罪不贷"。(中国史学会.中法战争(六)[M].上海:上海人民出版社,上海书店出版社,2000:165-166.)值得注意的是,梁纯夫的禀报在《申报》(11月2日)、《述报》(11月15日)已有转载。故周德润等人也可能是据报纸所载了解基隆形势的。

　　⑤ 刘铭传.严劾刘璈折[M]//刘壮肃公奏议.台湾文献丛刊第27种.台北:台湾银行,1958:425.

　　⑥ 礼部左侍郎徐致祥奏折[M]//中国史学会.中法战争(六).上海:上海人民出版社,上海书店出版社,2000:26.

庶子锡钧也奏称:"现在统兵大臣,各分门户,左宗棠与李鸿章不和,刘铭传与李鸿章相善,刘璈与左宗棠相善,则刘铭传、刘璈亦不和:台湾之将帅若此。"[1]由于湘淮两系首领李鸿章与左宗棠对中法之争主张不同,刘铭传所持的"固守待援"主张很容易被人认为与一意主和的李鸿章有关:"刘铭传与李鸿章相契至厚,当此时势窘急,宜何如激发天良,力图补救。乃往复电报,惟有相对痛哭,并无一语议及却敌援救等事,其日盼和议,莫有斗心,已可想见。将帅如此,兵民何恃?其犹不瓦解土崩者,则以朝廷恩泽人民深也。且李鸿章之居心,安知不日望台湾之失以冀其言之验而和议终成也。"[2]鸿胪寺卿邓承脩还奏请调查刘铭传是否因受李鸿章指示,而主动放弃基隆:"至梁纯夫禀中,有李傅相私电刘铭传,谓基隆可守则守,不必强争。法来格亦有刘爵帅先令孙总镇退回沪尾,孙镇誓死不遵之言。虽系得之传闻,而失机丧地,调度乖方,虚实均应根究,乞一并饬令杨岳斌密查,据实具奏。"[3]还有言官为刘璈鸣不平,如理藩院尚书昆冈评价刘璈说:"台湾道刘璈在任最久,大小洋面谅所周知。无论若何布置,总欲我有迎击之利,彼无肆扰之缘,稗海戎机,全在形胜……地利人和,兼则制胜,取材近而收效捷,是又刘璈之责也。"[4]

恰此时,周德润(12月8日)、左宗棠(12月15日)等再据刘璈的禀报入奏朝廷,一面称基隆之失乃李彤恩所误,弹劾李彤恩;一面称台北兵力盈万,认为"刘铭传始则为李彤恩所误,继又坐守台北不图进取,皆机宜之坐失者也",要求清廷饬令刘铭传速派兵收复基隆。[5]刘璈顺势禀请开缺赴

① 左春坊左庶子锡钧奏折[M]//中国史学会.中法战争(六).上海:上海人民出版社,上海书店出版社,2000:46-47.

② 左春坊左庶子锡钧奏折[M]//中国史学会.中法战争(六).上海:上海人民出版社,上海书店出版社,2000:45-46.

③ 鸿胪寺卿邓乘修奏折[M]//中国史学会.中法战争(六).上海:上海人民出版社,上海书店出版社,2000:191.

④ 理藩院尚书昆冈奏折[M]//中国史学会.中法战争(六).上海:上海人民出版社,上海书店出版社,2000:23.

⑤ 督办福建军务左宗棠奏折[M]//中国史学会.中法战争(六).上海:上海人民出版社,上海书店出版社,2000:179-181.

基隆，"专办克复基隆"。^① 主动进攻收复基隆，或是"固守待援"，成为左宗棠等人与刘铭传提出的两种截然不同的主张。

清廷急于收复基隆，对刘铭传的"固守待援"十分不满，下旨将李彤恩革职查办，并申斥刘铭传："法人久踞基隆，亟应迅图进取。若云攻坚为难，何以竟被彼族攻据？该抚当竭力设法联络土勇，出奇制胜，克期攻复，毋得稍存退沮，贻误事机。"^②刘铭传的兵权受到节制，清廷令孙开华"帮办台湾军务"，与刘铭传共同负责台防。^③ 不久，清廷又任命杨岳斌为"帮办福建军务"，赴台北协同驻防，分割刘铭传的兵权。由于杨岳斌属湘系，起用杨会进一步增强在台湘系的势力，实际于缓和湘淮矛盾并无助益。

处于湘系围困中的刘铭传因实权逐步被侵蚀，倍感困扰。他于1885年1月20日上书辩称法兵援兵将至，台北更加吃紧，若无援兵"万不能支"。而左宗棠到闽后，"未曾派兵来援"，反倒听信刘璈，催促进攻，是"欲挤台北速失"。^④ 刘铭传奏称："闽兵既多，请旨饬令速拨楚军三千渡台北，归孙开华节制，庶资得力。"并暗示湘军不听节制，要求调旧部援台："奉旨饬两次粤东调传旧部吴宏洛援台。"^⑤时任两广总督张之洞应刘铭传要求，调其旧部吴宏洛五营援台。刘铭传十分欣喜，特别向清廷奏报："张之洞于救台湾饷项，军火不遗余力，或可见允。"^⑥接着，又上书弹劾记名道朱守谟造谣生事，回护李彤恩。^⑦ 此外，刘铭传再次请求调龚照瑗来台替代刘

　　① 陈衍.台湾通纪[M].台湾文献丛刊第120种.台北:台湾银行,1961:215.
　　② 福建巡抚刘铭传奏折[M]//中国史学会.中法战争(六).上海:上海人民出版社,上海书店出版社,2000:224.
　　③ 福建巡抚刘铭传奏折附片[M]//中国史学会.中法战争(六).上海:上海人民出版社,上海书店出版社,2000:225.
　　④ 李鸿章转福建巡抚刘铭传电[M]//中国史学会.中法战争(六).上海:上海人民出版社,上海书店出版社,2000:241.
　　⑤ 李鸿章转福建巡抚刘铭传电[M]//中国史学会.中法战争(六).上海:上海人民出版社,上海书店出版社,2000:241.
　　⑥ 督办台湾防务刘铭传奏折[M]//中国史学会.中法战争(六).上海:上海人民出版社,上海书店出版社,2000:198.
　　⑦ 刘铭传.参奏朱守谟片[M]//刘壮肃公奏议.台湾文献丛刊第27种.台北:台湾银行,1958:421.

璇。① 此事虽得到清廷的支持,②但因曾国荃的阻挠仍未成功。③ 无奈之下,刘铭传请由沈应奎总办全台粮台,削弱刘璇对台湾粮饷的控制。④ 清廷虽不满刘铭传的"固守待援",但对于左宗棠等人的弹劾大多采取置之不理的态度,⑤并且多次下旨斥责左宗棠、杨昌浚的"畛域之见",驳斥其对刘璇回护之词。⑥

内部的纷争使得台防形势复杂化。在与法军对峙的同时,刘铭传还需抵挡湘系的威胁,后者的压力甚至更为急迫,"孤岛久困,内哄外患,万难久支,一旦决裂,不可收拾"。⑦ 他哀叹"内溃重于外患,传实无法支持",待杨岳斌赴台后,他干脆于1885年4月3日上书请辞,称由杨接替,"彼无内掣之忧,上下一气,或可勉支危局"⑧。基隆失守后,刘铭传采取其"固守待援,相机进取"的战略,究其原因,除了实力有限,还和他坚持与左不同的策略有关:如果屈从左宗棠的命令主动进攻,就等于承认左先前对其的批评有理,即使侥幸攻下基隆,也未必是好事。

二、各省对台湾的支援

第二次基隆之战后,台湾兵单饷缺,抗法形势日益严峻,此时来自清廷

---

① 京电述闻[M]//述报法兵侵台纪事残辑.台湾文献丛刊第253种.台北:台湾银行,1968:220.

② 醇亲王奕譞致军机处尺牍[M]//中国史学会.中法战争(五).上海:上海人民出版社,上海书店出版社,2000:47.

③ 许雪姬.二刘之争与晚清台湾政局[J]."中央研究院"近代史研究所集刊,1985(14):131.

④ 福建巡抚刘铭传奏折附片[M]//中国史学会.中法战争(六).上海:上海人民出版社,上海书店出版社,2000:279-280.

⑤ 罗惇曧.中法兵事始末[M]//中国史学会.中法战争(一).上海:上海人民出版社,上海书店出版社,2000:22-23.罗言:在李彤恩问题上,是时清廷"方倚铭传,又不欲正左宗棠之误,杨岳斌遂以囫囵之词复奏。"不了了之。

⑥ 军机处寄闽浙总督杨昌浚电旨[M]//中国史学会.中法战争(六).上海:上海人民出版社,上海书店出版社,2000:230.

⑦ 李鸿章.寄译署并永平刘提督上海龚道[M]//李鸿章全集(一):电稿一.上海:上海人民出版社,1985:368.

⑧ 李鸿章转福建巡抚刘铭传电[M]//中国史学会.中法战争(六).上海:上海人民出版社,上海书店出版社,2000:380.

的援助起了十分重要的作用。清廷通过各种渠道了解了台湾的局势，想方设法加强对台湾的援助力度。清政府把援济台湾作为重要的事务，得知基隆被占后，一面谕令岑毓英等合力进兵西贡，迅速前进，同时激励刘永福率军进剿，攻击太原、北宁各城，"攻其必救"，迫使法军分兵西援，以缓解台湾的压力。[①] 而法军也确因越南战事吃紧，把战争重心重新转回北圻，无法满足孤拔所要求的增援兵力；一面催促新授钦差大臣督办福建军务左宗棠、闽浙总督杨昌浚迅速到任，竭力保全台湾，同时令江南、闽粤各省派兵济饷，尽量满足刘铭传的请援。

如左宗棠所言："目前军务，重在援台，而援台之兵，难在渡海。"[②] 由于法军封锁台湾，援军难以及时渡台，如何突破法军的封锁成了各省援助台湾的关键问题。接到台北再次遭到法军进攻的消息，清廷即时调兵支援。但先前调派的刘朝祜4营，还有1000余人滞留于上海。在清廷的催促下，邵友濂、龚照瑗用重金雇英商船"威利"号，经过一番努力，分两批终于分别在11月15日与12月27日恒春和台南登陆，随行还携带不少军械和饷银，"恰应刘铭传之急需"。[③] 接着，曾国荃如法炮制，仍雇用"威利"船将从广东订购的枪支弹药运至台湾。除运送了南洋的援台物资，"威利"号还把北洋派出的聂士成部800余人，连同各种军火饷银，于1885年1月27日运抵台东卑南。在厦门一地聚集的各路援军渡台同样不易。彭楚汉等雇船渡台先后失败。吴鸿源本计划带两营渡台，但即使重资雇请洋轮或民船运送，也因法舰封口不果。他不得已变通办法，仅选带精锐"春"字一营，雇用四五只渔船，从惠安的崇武、獭窟等渡口，黑夜潜渡至台中梧栖港登陆。但随后王诗正、陈鸣志却因法舰加紧巡逻，滞留于澎湖20余日。直到孤拔分兵北上阻截南北洋5舰，王诗正等部才趁势乔扮客商，搭乘"平安"商船，至卑南登台。"平安"轮船还先把刘璈所募岳勇运至台南。除此之外，仍有

① 军机处寄云贵总督岑毓英等电旨[M]//中国史学会.中法战争（五）.上海：上海人民出版社，上海书店出版社，2000：573.

② 钦差大臣督办福建军务左宗棠等奏折[M]//中国史学会.中法战争（六）.上海：上海人民出版社，上海书店出版社，2000：227.

③ "中央研究院"近代史研究所.中法越南交涉档（四）[M].台北："中央研究院"近代史研究所，1983：2529.

不少援军未能及时抵达台湾。1884年10月10日,清廷任命杨岳斌为帮办福建军务以辅佐左宗棠,带湘军八营赴福建,[①]但杨岳斌所部则迟至次年3月7日才抵达卑南。待其到达台北,战事已结束。

获悉刘铭传极度饷缺,李鸿章、左宗棠、张之洞等也设法通过洋行及其他途径汇兑台湾。其时台北兵勇每月需用饷11万两,但至光绪十年九月(1884年10、11月间)库存饷仅余10万两,万分危急。杨昌浚、叶文澜先后派专人到达台北,觅兑10万余元,"暂救目前"。[②] 1884年12月中旬,张之洞先派林国祥携银3万两赴台。又托香港商人向台湾商人汇款,并致书刘铭传,若此方法可行,以后"可源源照办"。[③] 之后,经彭楚汉等人的多方筹措,至光绪十年十二月,台北陆续收到兑款30余万元,"可支至二月底",饷缺的压力逐步得到缓解。[④]

此外,为了对付法军的封锁,左宗棠请求清廷派遣南北洋舰船护送援台兵轮。曾国荃调派"开济""南琛""南瑞""澄庆""驭远"5舰,准备与李鸿章调派的北洋舰只汇合(后因朝鲜事变,北洋二船改派朝鲜),南下援闽。但南洋舰船的行动很快便被法军获知,孤拔在12月初暂时取消对台南的封锁,把舰船集中于基隆和淡水两地,然后亲率"巴雅"号、"凯旋"、"杜居土路因"号、"梭尼"号、"益士弼"号等舰,北上阻截中国军舰。[⑤] 2月13日,南洋5舰在石浦洋面与法舰遭遇。经过两次激烈战斗,清军损失"澄庆""驭远"两舰,而"开济""南琛""南瑞"三舰在镇海守军的支持下,打退了法舰的进攻。此次作战清军虽然失利,但吸引了封锁台湾的法舰,为援台的各路清军顺利登陆台湾,赢得了宝贵的时机。法舰直到1885年初才恢复了对

---

① 军机处寄前陕甘总督杨岳斌等电旨[M]//中国史学会.中法战争(六).上海:上海人民出版社,上海书店出版社,2000:575-576.

② 李鸿章转福建巡抚刘铭传电[M]//中国史学会.中法战争(六).上海:上海人民出版社,上海书店出版社,2000:189.

③ 张之洞.致刘省帅[M]//张之洞.张之洞全集:第12册.石家庄:河北人民出版社,1998:10182.

④ 曾国荃.复李中堂[M]//中国史学会.中法战争(四).上海:上海人民出版社,上海书店出版社,2000:298.

⑤ E.Garnot.法军侵台始末[M].黎烈文,译.台北:台湾银行,1960:50,72,78.

台南、高雄的巡逻。①

据统计，在台湾抗法期间，清政府命令南北洋、广东、福建等督抚，给台湾运兵员万余人：包括杨岳斌所率一营 500 人，陈鸣志所部 1000 余人，刘朝祜部 2000 余人，王诗正部 2500 余人，聂士成部 875 人，吴鸿源部 500 人，广东 500 人，刘璈等所募 1500 人；饷银 100 余万两，包括北洋 15 万，南洋 5 万，广东约 30 万，福建约七八十万；前后膛枪约 2 万杆，大炮 60 门，以及子药大批，远远超过台湾军民自筹的数目，成了支持台湾抗法战争的重要物质力量。② 当时刘铭传感叹道："十月以前，将士多病，敌势猖獗，饷尽援绝，土匪四起。臣左支右绌，万分竭蹶，已无生望"，赖有各省不遗余力地支援，"台北军势得以稍振"。③ 总之，在中法台湾之战期间，清廷尽力调集大陆各省人力、物力、财力，设法突破法军封锁，援助台湾的抗法斗争，这是台湾最终取得抗法斗争胜利的重要条件。

三、最后的攻防战

经过一段时期的相持后，基隆外围发生了几次争夺战，由于双方兵力有限，规模都比较小。

自 1884 年 11 月后，双方前沿战地间侦察与反侦察的接触时断时续，而局势却渐渐对法军不利起来。法军由于伤病不断增多，每况愈下。从 11 月 20 日至 12 月 1 日，有 26 人死亡，220 名病人住院，以至于必须扩充医院。整个法军的作战人员只有 1100 人，到了 23 日，更锐减到 1000 人以下。④ 清军情况稍好，还得到土勇的协助，日夜不停地骚扰法军营地。刘铭传特选勇敢之士，悬以重赏，"乘夜袭其边营"，让法军寝食难安。为了获得喘息之机，法军干脆用炮火摧毁清军的工事，但过了一夜，清军便又恢复了工事。这种反复不懈地进行小规模进攻，让法军的阵地日益紧缩。清军逐渐占据法军外围的"齿形"高地（即鸟嘴峰）和"圆形剧场"（即大水窟）高地。法军阵地内的一切活动都暴露于清军面前，但困于兵力不足，法军只

① E. Garnot.法军侵台始末[M].黎烈文，译.台北：台湾银行，1960：61.

② 廖宗麟.中法战争史[M].天津：天津古籍出版社，2002：575.

③ 督办台湾防务刘铭传奏折[M]//中国史学会.中法战争（六）.上海：上海人民出版社，上海书店出版社，2000：197-198.

④ E. Garnot.法军侵台始末[M].黎烈文，译.台北：台湾银行，1960：49.

能龟缩于防御圈内,甚至一些微杂的活动都必须派专门的卫兵守卫。如卡诺所言:"我们耐性地等待着援军,在他们到来之前是毫无办法的。"①巴德诺这样描述法军的困境:"在同一星期内,我们兵士中三人在兵营附近散步,相继被埋伏兵所获,并当白昼在他们的同伴们目睹之下,遭受杀戮。照这样看来,我们在基隆的据点是不稳固的。我们所派给提督薄弱的兵力,恐至多仅可能维持现状而已。"②孤拔也哀叹:"此仗如此打法,后果不堪设想。"③

法国政府不愿正式公开宣战,让法军对无台湾的封锁形同虚设,他们所谓的"和平封锁"无权在公海上对中立国的船只进行检查和逮捕,只能禁止船舶进入被封锁港湾。④ 当孤拔的舰队取消对台南的封锁后,中立国的船只仍可以在台南登岸,这就无法阻止清军雇用中立国的船只运送援军。12月中旬后,由于封锁的松懈,大陆的援军陆续赶到,法军意识到处境更加危险。但基隆的清军并没有展开大规模的进攻,这让孤拔感到奇怪,他愈发觉得占领基隆是个错误的选择。在这之前,他只是反对进攻基隆,而没有意识到会在基隆遇到新的困扰:"至于目前,准备激战的敌人,其主要目的也许不在将我们逐出基隆,而是要迫使我们将海陆军都固定在这地方;因为我们的海陆军在中国其他地方会更加有效地使敌人受到威胁,敌人便竭其所能地来将我们牵制在这地方。从这最后的观点说来,最近的发展已使敌人感到'正中下怀'。"⑤

在对所面临的形势重新做了评估后,法国政府终于被迫承认对台湾的作战是个错误的决定:它无法满足进一步占领包括淡水在内其他的地区所需要的兵力支援,而仅派少量援兵攻占基隆附近的煤矿似乎也不会有期盼的效果。这种情况下,从基隆撤军看来难以避免了。⑥ 然而,即便是如此,在谈判获得实质进展之前,法军又不能放弃基隆,那样将公开承认"据地为

---

① E. Garnot. 法军侵台始末[M]. 黎烈文,译. 台北:台湾银行,1960:49.

② 巴德诺致茹费理[M]//中国史学会. 中法战争(七). 上海:上海人民出版社,上海书店出版社,2000:287.

③ 廖宗麟. 中法战争史[M]. 天津:天津古籍出版社,2002:529.

④ E. Garnot. 法军侵台始末[M]. 黎烈文,译. 台北:台湾银行,1960:39.

⑤ E. Garnot. 法军侵台始末[M]. 黎烈文,译. 台北:台湾银行,1960:50.

⑥ E. Garnot. 法军侵台始末[M]. 黎烈文,译. 台北:台湾银行,1960:52.

质"计划的破产,如孤拔所言,那将发生"可悲的结果",且"此结果将为向中国各海岸所作的任何一战所不能抵消的"。① 基隆是法国政府手中唯一的"担保品",若无此担保品,在谈判中将更为不利。战争的进程无情地展现法国的"据地为质"政策在军事与政治问题上的双重脆弱。法国政府又重新寄望于越南战场:"原则上已经拟定必行的基隆方面的撤退,应不在四月份以前付诸实行,而占领应当一直维持到这一时期。在此时期以前,谅山的占领和在台湾岛方面可能获得的胜利,也许会使中国接受法国对它提出的那些并不苛刻的条件,那即是承认《天津条约》的效力作为台湾撤兵的代价。"②另外,法国政府把米谷列为禁运货物,试图断绝中国大陆的南北漕运,"借使北京陷于饥饿状态",从而逼迫清政府屈服。③ 为了弥补放弃基隆所产生的消极影响,法军决定占领澎湖群岛,把它作为补给中转中心。此刻法国在越南的局势占优,1885 年 2 月,法军集中主力,进抵谅山,并一度攻占镇南关。但后来实际发生的情况,却是谅山的溃败,而反倒在基隆外围和澎湖的局部胜利为法军挽回了一点颜面。

1885 年 1 月 6 日,法军期待的援军抵达基隆。第一批援军主要由亚非利加第三大队组成,还有包括火炮在内各种紧需军火以及相关人员。他们的到来,"将远征军过于危险的情况予以部分改善的效果"。④ 法军又恢复了小规模的侦察。亚非利加大队是由有各种犯罪前科的犯人组成的部队,他们作战勇猛果敢,有很强的求战欲,渴望通过军功抵消前科。登陆基隆后,不待休整,该大队的几名官兵便于 1 月 10 日正午私自向被视为眼中钉的"圆形剧场"的清军阵地发动攻击。他们的突然行动引燃了其他中队的情绪,而大队指挥官担心这次鲁莽的行动会因孤立无援而遭受损失,得到允许后便带领余下队伍跟进。这次鲁莽的突然袭击不出意外地在付出17 人阵亡、34 人负伤的代价后,并没有取得任何战果。⑤ 这说明,对于双

① 巴德诺致茹费理[M]//中国史学会. 中法战争(七). 上海:上海人民出版社,上海书店出版社,2000:291.

② E. Garnot. 法军侵台始末[M]. 黎烈文,译. 台北:台湾银行,1960:52.

③ E. Garnot. 法军侵台始末[M]. 黎烈文,译. 台北:台湾银行,1960:72.

④ E. Garnot. 法军侵台始末[M]. 黎烈文,译. 台北:台湾银行,1960:60.

⑤ E. Garnot. 法军侵台始末[M]. 黎烈文,译. 台北:台湾银行,1960:59.

方而言,缺乏准备的行动结果都将失败。

1月20日,第二批援军也驶抵基隆。这批援军由外国雇佣兵构成,具有比亚非利加第三大队更好的素质与纪律性。他们的到来根本上改变了法军被动挨打的局面,"它们的实力虽还不足使远征军从事一次大规模的出击,却至少可使它将基隆附近的敌人加以扫荡"。① 法军重新组织了一支近2000人的机动部队,意图清除外围的清军阵地。有了之前的教训,法军决定先占领基隆东面的"桌形高地"(即月眉山),再从背面进攻"圆形剧场"上的清军阵地。而清军同样清楚月眉山的战略地位,"月眉山绵亘数里,山势最高,若为敌据,暖暖、大水窟各隘皆不能守"②。双方都把重兵布置于此。

1月24日夜间,法军瞒过齿形高地与"圆形剧场"高地上的清军监视哨,悄悄地从营地向东面的"桌形高地"进发。次日黎明,法军在八堵谷地遭遇清军前哨,双方展开激战。法军凭借优势兵力与火力,很快驱逐了清军前哨。但月眉山上的清军得到消息后,义中营营官张仁贵率土勇主动下山,在竹林中寻觅战机,与敌厮杀。当日下午大雨突至,法军寸步难行,夜幕降临之时,仅前进1公里。次日,林朝栋、桂占彪等下山救援,双方在丛林中展开激烈的争夺战,鏖战一日,法军费尽力气才占领月眉山的外围阵地,他们前进至距离月眉山不到400米的地方。然而,一道高达30米以上的垂直断崖挡住了法军的路线。此时,曹志忠闻讯率部将带600名楚勇赶来援助,把陷于围困中的张仁贵救出,扼住了法军的进攻。同时,他迅速指挥部下与扼守月眉山的土勇一道在各个山头上配置了一道厚厚的狙击兵防线。法军损失越来越严重。天又下起雨来,5时左右,战斗缓和下来。法军清点人数,发现死伤80人,包括1名上尉。形势迫使法军改变进攻计划,改由从月眉山左方大迂回运动,选择较为有利的地形,从背后的山头袭取清军的阵地。③

但连绵不断的大雨阻断了法军的行动,翌日(27日)法军只能留守在

---

① E. Garnot. 法军侵台始末[M]. 黎烈文,译. 台北:台湾银行,1960:61.

② 福建巡抚刘铭传等奏折[M]//中国史学会. 中法战争(六). 上海:上海人民出版社,上海书店出版社,2000:277.

③ E. Garnot. 法军侵台始末[M]. 黎烈文,译. 台北:台湾银行,1960:65.

宿营地。28日，法军试图冒雨行动遭到失败。法军只得停止行动，留亚非利加大队驻守新阵地，其他撤回了基隆。

驻守新阵地的亚非利加大队仅用三天时间便筑起一个临时的防御阵地。1月31日，曹志忠亲率廖得胜等，想趁法军立脚未稳发动进攻未果。接下来的一个月里，雨季来临，双方都加紧修造工事，未再发生激烈冲突。刘铭传令曹志忠不惜经费，多雇民夫，连夜修浚深沟，挖洞住兵，以避敌炮。并从台北、沪尾、彰化等地抽调营勇助守。[①] 清军得到民众的鼎力支持，"他们有着全部民众站在他一边，这些民众都有武装并为军队担任劳动和杂役"。而法军则相对势单力孤，"我们一边，则没有一个居民：我们所去的地方到处都是一片空虚。如果我们远远看到有土著人民，我们可以说这即是在设法想要做点坏事的游击队，这些人都被中国官吏教得热狂起来。"[②]

经历1月26日至30日一战，法军发现清军作战水准提升相当快，他们认为这与装备的改善及有欧洲人的指挥有关。在没有军舰强大炮火的支援下，孤拔认为要夺取桌形高地和"圆形剧场"，它还需要2500至3000名的兵力补充。[③] 这一要求虽仍未获得许可，孤拔仍决定待天晴后，把所有的兵力都投入进攻。

雨季一直持续到3月。3月2日，天终于放晴。经过一天的准备，在杜琛尼（Duchesne）上校的率领下，法军集合一支1280人的纵队，于3月4日清晨3:30左右再次朝桌形高地进发。法军分成两个纵队，亚非利加大队从左方运动，绕道背后进攻高地。另一支则仍照前次路线直进，掩护亚非利加大队的行动。月眉山上的清军被正面的敌军吸引，亚非利加大队得以顺利地从其右侧身后发动突袭。守卫此处的曹志忠、刘朝祜部，兵力单薄，被迫撤退。中午12时左右，法军终于登上月眉山。午后4时，正面进攻的法军也登上月眉山。法军占领了月眉山顶东边的阵地。清军退守到距法军2公里的西边阵地。次日，法军抵住清军的反攻，在付出颇为重大的伤亡代价后，于下午4时左右，占领了整个月眉山。清军再次退守至

---

① 福建巡抚刘铭传等奏折［M］//中国史学会.中法战争（六）.上海：上海人民出版社，上海书店出版社，2000：278-279.

② E. Garnot.法军侵台始末［M］.黎烈文，译.台北：台湾银行，1960：76.

③ E. Garnot.法军侵台始末［M］.黎烈文，译.台北：台湾银行，1960：77.

山下。

　　3月6日,法军在月眉山阵地稍作整顿。7日,法军对威胁基隆外围南面的"圆形剧场"及"齿形"高地发动正式进攻。法军故伎重演:让亚非利加大队的第四中队与外国人大队的第三中队担任夺取"圆形剧场"及其附近的竹堡,而另一纵队则从左面佯攻,牵制清军的火力。法军的战术再次发挥作用,他们的正面佯攻成功地吸引了清军的大部分兵力,另一支法军部队趁机从防备空虚的地点突破清军的阵线。守军曹志忠、王诗正部陷入两面夹击,被迫退到淡水河南岸。① 西面的鸟嘴峰阵地上的清军也随之溃散,法军突破了清军的重围:"基隆所受的包围已经解除。我们已成了介乎八堵、淡水河和暖暖之间的全部地域的主人。"②法军占领了基隆的煤矿,但法军的进攻也到此为止,"新堡垒的防守有着将一月间到来的两个大队的援军几乎全部吸住的弊害",他们把目标转向了澎湖群岛。③

第五节　澎湖的失陷与中法和议

　　澎湖群岛位于台湾海峡,介于福建与台湾之间,有重要的战略地位、自然资源,是优良的避风港湾等,可以作为煤炭的寄存处和军事基地,因此被法军视为适宜的替代"抵押品"。月眉山之役后,按既定方针,法军准备占领澎湖群岛,以缓和将来放弃基隆所可能对谈判带来的消极影响。④

　　为了进攻澎湖,孤拔从远征军中另外抽调了步兵大队和一个炮兵小队,分成四个中队和一个炮兵小队,搭乘1艘运输舰,与另5艘战舰,组成一支进攻舰队。3月28日,进攻部队在台南的安平冲海面集合,下午3时,朝澎湖进发。

　　澎湖防御由马公要塞(有南北两个炮台)、四角屿炮台、测天岛炮台、渔

---

　　①　钦差大臣督办福建军务左宗棠等奏折[M]//中国史学会.中法战争(六).上海:上海人民出版社,上海书店出版社,2000:390-391.

　　②　E.Garnot.法军侵台始末[M].黎烈文,译.台北:台湾银行,1960:90.

　　③　E.Garnot.法军侵台始末[M].黎烈文,译.台北:台湾银行,1960:94-95.

　　④　E.Garnot.法军侵台始末[M].黎烈文,译.台北:台湾银行,1960:52-53.

翁岛炮台(西屿炮台)等构成,有新式大炮10余门。刘铭传莅任后,令代理澎湖副将周善初统领前路勇军五营,在澎湖分布设防。通判郑膺杰、游击梁璟夫等分兵驻守。[1]

3月29日7时,法军驶入澎湖港,清军四角屿炮台首先向法舰发炮,其他炮台相继开火,由于距离过远,法舰虽在清军炮台射程内,但无一中弹。法舰马上开炮回击。炮战持续半个小时后,清军炮台的火力渐渐衰落。8时,南炮台和四角屿炮台的清军都已撤退,法军集中火力攻击马公要塞。9时,马公要塞火药库爆炸,炮台被毁。接着,法军逐个轰毁各处炮台。下午5时,孤拔亲自指挥,法军从嵵里登陆,少数清军不战而退。法军还破坏了封锁马公港的栅闸,占领了马公港。当夜,法军驻扎纱帽山。

30日,法军4个中队全部登陆。清军副将陈得胜率军迎战,行至井仔垵,与法军遭遇。陈得胜令所部卧地静待,避过法舰的炮火,待法军迫近,始令所部开枪射击。法军受惊后退,2名士兵被击中,清军趁势冲击敌阵。但法军另外2个中队及时赶到,稳住了阵脚,并再度进攻,清军被迫放弃阵地后撤,哨官沙德明、石庆平负重伤。午后,法舰继续轰击清军阵地,陈得胜被迫率部后退,据守朱母水营盘。

31日,法军增援的陆战队和炮兵小队在澎湖登陆。法军进攻部队得到加强,拥有650杆枪和6门火炮。法军继续向清军阵地进攻,迫近大城北。清兵不支,周善初等搜封民船,载兵勇渡台。澎湖遂为法军占领。

在孤拔的率领下,法军仅有三天时间,便占领了守备空虚的澎湖群岛,得到一个"新的、其利益超过人所希望的作战根据地"。[2]雄心勃勃的孤拔正打算以此为基础进行下一步行动时,却接到法军在谅山遭遇大败的消息。3月下旬的云南战场上,清军在老将冯子材率领下,取得镇南关大捷,收复了谅山。与此同时,黑旗军和滇军一同在临洮大败法军,清军由此反守为攻,局势大变。因谅山惨败陷入慌乱的法国政府紧急命令孤拔留500人驻守澎湖,同时从基隆撤退,以抽调人手增援越南战场,另外准备封锁直隶。为了安抚孤拔,允许他再留500名士兵作为往北进攻的机动部队——

① 林豪.澎湖厅志[M].台湾文献丛刊第164种.台北:台湾银行,1963:365.
② E.Garnot.法军侵台始末[M].黎烈文,译.台北:台湾银行,1960:105.

其实如此少量的部队根本无济于事。① 正当孤拔前往基隆指挥撤退之时，中法即将缔结和约的消息传来，正在进行中的撤退于是暂停了。

中法间的谈判随着战事的演进，也不断发生变化。第二次基隆之战后，法方挟占领基隆之势，提出四项条款，除了要求中国再度批准先前签订的《天津简明条约》(《中法会议简明条款》)，还要求"暂管"淡水、基隆煤矿、海关"若干年"。② 而沪尾之战的胜利，让中方有底气拒绝法方的要挟，③同时开列八条新的议和条件，包括废除"津约"；以谅山至保胜一带画线，勘定中越边界；两国商议通商事宜，"总期于两国均有裨益"；法国在越只可通商，不可阻止干预越南向中国纳贡以及一切政令；法国应主动解除对台海的封锁，退出基隆，"泊船待议"，待和议就绪，定期撤兵等。④ 法国很快也拒绝了中方的要求。⑤ 但清政府坚持以所提八条的基础上谈判，再度陷入僵局。1885 年年初，法军攻占谅山，并在宣光大败黑旗军与清军。前线的失利迫使清政府做出让步，同意在"津约"的基础上与法国和解，并暗示基隆的法军可以留到谈判后再撤兵。⑥

正当谈判基本结束之时，在越南的清军大败法军、收复谅山，一举扭转战局。消息传至巴黎，导致茹费理内阁下台。但清廷没有借此提出废除"津约"，中法仍按先前的约定于 4 月 4 日正式签订停战协议。按照此协议，法军于 4 月 16 日解除对台湾的封锁。6 月 9 日，中法最终在天津签订了《中法会订越南条约》(《中法新约》)，中法战争结束。条约第 9 款规定："此约一经彼此画押，法军立即奉命退出基隆，并除去在海面搜查等事。画

① E. Garnot. 法军侵台始末[M]. 黎烈文，译. 台北：台湾银行，1960：105.

② 税务司德璀琳呈递节略[M]//中国史学会. 中法战争(六). 上海：上海人民出版社，上海书店出版社，2000：4-6.

③ 总理各国事务衙门与总税务司赫德问答节略[M]//中国史学会. 中法战争(六). 上海：上海人民出版社，上海书店出版社，2000：96.

④ 军机处预拟与法议约八条[M]//中国史学会. 中法战争(六). 上海：上海人民出版社，上海书店出版社，2000：102.

⑤ 出使俄英国大臣曾纪泽电[M]//中国史学会. 中法战争(六). 上海：上海人民出版社，上海书店出版社，2000：141.

⑥ 中国近代经济史资料丛刊编辑委员会. 中国海关与中法战争[M]. 北京：中华书局，1983：83.

押后一个月内,法兵必当从台湾、澎湖全行退尽。"①6 月 21 日,法军依条约正式撤出基隆,接着又于 7 月 22 日撤出澎湖,长达近一年的中法台湾之战终宣告结束。

邵循正曾指出,自军事眼光而言,法军攻台实为失策;若自政治角度而言,则"殊未必也"。② 这主要是考虑到了法国当时的实力难以支撑对华北的进攻,也为避免其他列强的干涉。 就此而言,台湾是其实施"据地为质"策略的理想地点。但战争的结局却出乎法国意外,不仅未能胁迫清政府放弃在越南的军事行动,还陷入进退两难的困境。单纯就"据地为质"的角度而言,攻台无疑是失败了。

就清军而言,虽然得到大陆各省的鼎力支持,但由于清廷在人事安排上的失当,临阵换将,湘淮混杂,致使将领间"不独湘、淮各存意见,盖腹心指臂之用,非所素习,亦实有难于调驭者",统兵将领刘铭传处处受到刘璈、左宗棠等人的掣肘,以"亲军过单,志在固守待救",③未能利用法军兵力空虚之际,精心策划反攻,以图驱逐法军出基隆,在战略上显得过于保守。④如杨昌浚所言,"台事可忧,半在法寇,半在将帅不和"⑤。基隆迟迟无法收复,给清政府带来很大的压力。中法停战后,军机处曾电告反对议和的张之洞说:"现在桂甫复谅,法即据澎湖,冯、王若不乘胜即收,不惟全局败坏,且孤军深入,战事益无把握;纵再有进步,越地终非我有;而全台隶我版图,援断饷绝,一失难复,彼时和战两难,更将何以为计?"⑥

然而,局势的演变超出当事双方原先的设想。清军的保守无意间把法

---

① 中法越南条约[M]//中国史学会.中法战争(七).上海:上海人民出版社,上海书店出版社,2000:424.

② 邵循正.中法越南关系始末[M].石家庄:河北教育出版社,2000:207.

③ 吏科给事中万培因奏折[M]//中国史学会.中法战争(六).上海:上海人民出版社,上海书店出版社,2000:117.

④ 杨彦杰便指出,台军若能团结一致,上下同心,收复基隆也不是一件办不到的事。(杨彦杰.刘铭传在台湾领导抗法斗争的几个问题[M]//杨彦杰.台湾历史与文化.福州:海峡文艺出版社,1995:243.)

⑤ 寄永平刘提督[M]//中国史学会.中法战争(四).上海:上海人民出版社,上海书店出版社,2000:221.

⑥ 军机处寄两广总督张之洞电旨[M]//中国史学会.中法战争(六).上海:上海人民出版社,上海书店出版社,2000:385.

军困于基隆，使其失去撤军并进攻其他地区的契机，保台之战在战略上因而具有更大的意义。① 台湾保卫战也改变了台湾的历史进程。清政府认识到了在新局势下，台湾所具有的特殊重要的战略地位，独立建省也就顺理成章了。

---

① 有学者依据张之洞曾有困法军于台湾的建议（两广总督张之洞电［M］//中国史学会.中法战争（五）.上海：上海人民出版社，上海书店出版社，2000：500-501.），推测刘铭传"撤基援沪""固守待援"，有可能是受此启发，把法军侵华主力滞留于台北。但清廷并没有采纳张之洞的建议。当时台湾与大陆消息传递困难，刘铭传也难以了解张之洞的主张，并未向清廷透露过类似想法。况且，张之洞认为"台能胜夷"，发动当地人抗法，这恰恰是刘铭传所怀疑的。更可能的情况，"固守待援"是受制于各方面的条件，不得已而为之。

第九章　台湾建省与刘铭传的近代化建设

乾隆二年(1737)，礼部侍郎吴金曾提出台湾建省的主张，这是台湾最早的建省之议。"牡丹社"事件之后，沈葆桢提出仿江苏巡抚分驻苏州之例，移福建巡抚驻台。朝廷经权衡之后做出福建巡抚"冬春驻台、夏秋驻省"的规定。丁日昌上任后发现省台远隔难以兼顾，建议专派重臣，督办数年，待有成效之后，再议督、抚分驻办法。为了解决省台难以兼顾这一问题，刑部左侍郎袁保恒又上疏主张改福建巡抚为台湾巡抚，但为朝廷所驳回。中法战争之后，钦差大臣督办福建军务的左宗棠提出台防紧要，关系全局，请移驻巡抚以资震慑而专责成，为朝廷上下所接受。光绪十一年九月初五日(1885年10月12日)，朝廷颁发台湾建省懿旨。经过闽浙总督杨昌浚与台湾巡抚刘铭传的认真筹备，光绪十四年(1888)正式初实现闽台分治。首任台湾巡抚刘铭传以加强国防为中心，全力推动近代化建设，短短几年，成效卓著，台湾由一个边陲之地变成中国最先进的省份之一。

第一节　从台湾建省之议的提出到颁旨建省

康熙二十二年(1683)，郑克塽投降，结束了海峡两岸之间一度分裂对峙的局面，国家实现了大一统。清政府在台湾设立一府三县，隶属福建省，台湾的历史进入了一个全新的时期。成千上万的闽粤移民以各种方式渡海来台，他们披荆斩棘，胼手胝足，开垦荒埔，兴修水利，原来蛮烟瘴雨的榛莽之地渐渐变成"糖谷之利甲天下"的鱼米之乡。台湾所产的米、糖等农产品和农产加工品源源不断运销大陆，并从大陆地区输入台湾所缺少的纺织品和其他日用手工业品。台湾与祖国大陆之间形成了一种互相依存、互相补充的经济关系。台湾市场已经成为全国市场的一个重要组成部分,台湾的地方经济也经成为全国经济链条中不可或缺的一环。①

乾隆二年(1737)四月十一日,内阁学士兼礼部侍郎吴金上奏清廷,提出了台湾建省的主张。吴金在奏折中称台湾虽弹丸一府,而控制外洋,近则为江浙粤闽之保障,远则为燕齐辽等之应援,南北万里,资其扼要,建议清廷"将台湾另分一省,专设巡抚一员,带兵部侍郎衔"以资弹压,以重海防。②

吴金在此时提出将台湾另分一省的主张并非其一时心血来潮之作,而是有着一定的历史背景和社会原因的。其一,乾隆初年,台湾的汉人居民已由原来的3万余人增加到45万多,行政建置也由一府三县增为一府四县二厅。③ 其二,台湾地区社会动乱开始增加。远的如康熙六十年(1721)的朱一贵起义,起义军一度曾经攻占了台湾府城。近的如雍正九(1731)至十年间发生的大甲西社"番变",北路彰化、淡水等地方遭受很大摧残,"被焚房屋约有八千余间,被杀百姓约有二百余人,义民衙役约三十余人",④成千上万的人流离失所,无家可归。后来清廷从大陆调来军队方才将动乱平息下去。而造成这种情况的根本原因是"地方官平时既不能抚循,临事又不能绥辑";且台湾远隔重洋,督、抚不能巡历,益可任其蒙混。⑤ 吴金虽未到过台湾,然因有亲友在台服官,留心访察,故对此种情形得以备悉其详。尽管同年四月十五日清廷以台湾"弹丸之地,所属不过一府四县,而竟改为省制,于体不可,于事无益",⑥而驳回了这一奏议,但吴金的建议应是台湾建省的最早建议。

① 李祖基.近代台湾地方对外贸易[M].南昌:江西人民出版社,1986:6.
② 张伟仁.明清档案:第71册[M].台北:"中央研究院"历史语言研究所,1987:B40622.
③ 尹士俍.台湾志略[M].李祖基,点校.北京:九州出版社,2003:43-49.
④ 张嗣昌.报明难民[M]//巡台录·台湾志略.李祖基,点校.香港:香港人民出版社,2005:8.
⑤ 张伟仁.明清档案:第71册[M].台北:"中央研究院"历史语言研究所,1987:B40621-B40622.
⑥ 张伟仁.明清档案:第71册[M].台北:"中央研究院"历史语言研究所,1987:B40623.

由于大陆移民的不断迁入,到嘉庆十六年前后,台湾的汉人人口已增至近 200 万人。[①] 第一次鸦片战争中国战败,清政府被迫与列强签订了一系列不平等条约,割地赔款,开放五口通商,物产丰富、具有重要战略地位的台湾不可避免地成为列强觊觎的目标。第二次鸦片战争后,台湾与牛庄、潮州等作为新增辟的通商口岸对外开放,列强的势力直接进入台湾。清政府限制大陆人民渡台、禁止人民进入内山"番地"等消极的治台政策和海疆防务的废弛,给了列强可乘之机。同治七年(1868),先后发生了美国商船在台沉没以及英、德商人占垦大南澳等侵犯中国领土主权的事件。尤其是同治十三年日本侵台的"牡丹社"事件,对中国朝野震动极大。当时担任钦差办理台湾等处海防兼理各国事务大臣的沈葆桢认为日兵退后"虽外患暂平,旁人仍虎视眈眈,未雨绸缪之计正在斯时",遂于同治十三年十一月十五日上《请移驻巡抚折》,提出:"宜仿江苏巡抚分驻苏州之例,移福建巡抚驻台,而后一举而数善备。"[②]李鸿章也认为,巡抚移驻台湾之议,洵属经久大计。[③] 但福建巡抚王凯泰担心长驻海外,将变成台湾巡抚,提饷呼应不灵,主张须照直隶总督驻天津之例,往来兼顾。[④] 沈葆桢对此亦表同意。即与福州将军、闽浙总督联衔上奏,称巡抚有全省应办事务,重洋远隔,将来必有议分省以专责成者。以事势论之,台湾之饷源人才,皆取资于省会,而省会之煤斤米石,亦借润于台湾,畛域分而呼应不灵,巡抚、总督均有不便,因此提出"省台兼顾"的主张。[⑤]

光绪元年(1875)七月二十八日,上谕称沈葆桢等所奏"巡抚宜兼顾省台,若另设一省,呼应不灵,且恐诸多窒碍",亦系实在情形。并令沈葆桢等通盘筹划,应如何兼顾,俾省台各事不致掣肘之处,详细奏闻。[⑥] 十月三十

---

① 福建通志台湾府[M].台湾文献丛刊第 84 种.台北:台湾银行,1960:149-152.

② 沈葆桢.福建台湾奏折[M].台湾文献丛刊第 29 种.台北:台湾银行,1959:3.

③ 李鸿章.复沈幼丹节帅光绪元年正月初六日[M]//李鸿章.李文忠公选集.台北:台湾大通书局,1987:119-120.

④ 沈葆桢.致李少荃中堂二[M]//沈葆桢.沈文肃公牍.林海权,整理点校.福州:福建人民出版社,2008:174-175.

⑤ 文煜、李鹤年、王凯泰、沈葆桢.会筹全台大局疏(光绪元年)[M]//道咸同光四朝奏议选辑.台湾文献丛刊第 288 种.台北:台湾银行,1971:73-76.

⑥ 清德宗实录选辑[M].台湾文献丛刊第 193 种.台北:台湾银行,1964:12.

日,朝廷采纳了沈葆桢、王凯泰的意见,谕称:巡抚有全省地方之责,自难常川驻台;批准了福建巡抚"冬春驻台、夏秋驻省"的办法,并令王凯泰假满之后,将省署应办事宜赶紧料理,即行渡台,以资震慑。① 但王凯泰于十月二十三日病逝,"即行渡台"之旨无法实行。

尽管清廷在闽抚驻台一事上做出折中的决定,但福建巡抚毕竟有其全省事务需要办理,况且台省之间又有重洋隔阻,半年驻台,省台兼顾,在实行上确有不少困难。继任福建巡抚的丁日昌上任后,因在省城忙于整顿吏治,亦未能遵旨渡台。光绪二年(1876)六月,江南道监察御史林拱枢以台地紧要,上疏请旨催促福建巡抚从速东渡,同时提出改由总督移驻台湾的方案。他指出:台湾关系大局,而巡抚负有地方重责,任务本繁,难以兼顾,不便久驻台湾。为慎重海防起见,提出改以总督移驻台湾的建议。② 然而,朝廷对林拱枢所提总督移驻的方案未予考虑,而是谕令闽浙总督文煜与丁日昌酌度情形,悉心会商。如果台事紧要,即着丁日昌前往认真经理;倘目前不必渡台,亦当饬令该镇、道等妥慎筹办,不可稍涉大意。③

同年十月间台湾北路"生番滋事",丁日昌决定于力疾渡台,临行前专折密陈《台事速宜统筹全局》疏,同时还附上《省台远隔难以兼顾片》,列举巡抚半年轮驻、省台兼顾的不便与难处,称台湾事事俱属创始,断非仅住半年即能办有头绪,且沈葆桢原议巡抚定于冬春驻台,夏秋驻省,又安能保夏秋之间"生番"不蠢动、外人不侵凌。台事之可忧者在外侮,必须给予事权,方能未雨绸缪。专派重臣,督办数年,竭力经营,待有成效之后,再议督、抚分驻办法。④

以上折片于十一月十九日奉旨交李鸿章、沈葆桢妥密筹商、速议具奏。

① 清德宗实录选辑[M].台湾文献丛刊第193种.台北:台湾银行,1964:18.

② 林拱枢.请敕抚臣渡台藉全大局疏光绪二年[M]//道咸同光四朝奏议选辑.台湾文献丛刊第288种.台北:台湾银行,1971:78-80.

③ 清德宗实录选辑[M].台湾文献丛刊第193种.台北:台湾银行,1964:25.

④ 丁日昌.省台远隔重洋难以兼顾片[M]//丁日昌.丁禹生政书.范海泉,刘治安,点校.香港:出版者不详,1987:631-632.

李、沈二人一致认为"专派重臣,不如责成该抚一手经理"。^①总理衙门在复奏中亦称,台湾一切事件,自应归丁日昌一手经理,职责明确,呼应较灵,简派重臣驻台的建议未获采纳。^②

为了解决省台难以兼顾这一问题,刑部左侍郎袁保恒于十二月十六日提出改福建巡抚为台湾巡抚的主张,称:"福建之台湾地虽僻处海澨,而物产丰富,加以民番逼处,区划尤难。非专驻重臣,镇以重兵,举其地民风、吏治、营制、乡团事事实力整顿,洽以德意,孚以威信,未易为功。若以福建巡抚每岁驻台半载,恐闽中全省之政务,道里悬隔,而转就抛荒;台湾甫定之规模,去住无常,而终为具文,甚非计之得也。查直隶、四川、甘肃各省皆以总督兼办巡抚事,可否改福建巡抚为台湾巡抚,常川驻守,经理全台。其福建全省事宜归总督办理。庶事任各有攸司,责成即各有专属,似于台湾目前情形不无裨益。"^③同月十八日奉旨将袁折交总理衙门议奏。

李鸿章在看到袁折后便于正月十六日的《遵议统筹全局省台实难兼顾》疏中加以反驳:"近阅邸抄,袁保恒请改福建巡抚为台湾巡抚虽事有专属,而台地兵事、饷源实与省城呼应一气,分而为二,则缓急难恃,台防必将坐困,亦非计之得者。"^④二月初五日,《申报》也就袁折发表评论称"就原奏而论,其于台湾一隅,似筹划得宜,而于天下大局,则窒碍难行。……今'生番'之地尚有未归教化,设一巡抚仅管一府之地,若增藩臬以下各官,则土地不广,人民又稀,政事无几,安用此多官为? 不增设藩臬以下各官,则仅

---

① 沈葆桢.筹商台湾事宜疏光绪二年[M]//道咸同光四朝奏议选辑.台湾文献丛刊第288种.台北:台湾银行,1971:82-83;李鸿章.筹议台湾事宜折光绪三年正月十六日[M]//李鸿章.李文忠公选集.台北:台湾大通书局,1987:199-201.

② 光绪三年二月二十四日总理衙门奕䜣等奏[M]//中国史学会.洋务运动(二).上海:上海人民出版社,1961:361.

③ 袁保恒.请将福建巡抚改为台湾巡抚经理全台事务(光绪二年十二月十六日)[G]//中国第一历史档案馆,海峡两岸出版交流中心.明清宫藏台湾档案汇编:第189册.北京:九州出版社,2009:137-139.

④ 李鸿章.遵议统筹全局省台实难兼顾(光绪三年正月十六日)[G]//中国第一历史档案馆,海峡两岸出版交流中心.明清宫藏台湾档案汇编:第189册.北京:九州出版社,2009:219-225.

一巡抚独立海外,似亦不成政体。故谓部臣恐难议准也"。① 该报在评论中还进一步提出解决省台难以兼顾的方案:"或者先仿东三省及新疆之例,俟全台……增设府厅县后,再议此事。如此办法,亦如直隶总督驻扎天津之例。恐他日部臣所议,大约亦如是而已。"②总理衙门最后也对袁折加以议驳。

袁保恒的建议最后虽然遭到各方的否定,但他所提出的"将福建巡抚改为台湾巡抚"的方案比原来的"福建巡抚冬春驻台,秋夏驻省,两地兼顾"又前进了一步。

光绪三年(1877)五月,丁日昌因病奉旨赏假一个月,回省调理。所有台湾事务由船政大臣吴赞诚暂行接办。不久又谕准丁日昌回籍养病,福建巡抚一职由布政使葆亨署理,台湾事务基本处于停滞状态。

光绪四年(1878)春,在籍养病的丁日昌接奉谕旨,令其销假回任。丁日昌上《拟遵旧章轮赴台湾巡查片》,奏请取消闽抚冬春驻台之例,而恢复乾隆年间由督、抚、将军及提督每年轮值一人前往台湾巡查的旧章。经总理衙门议奏,六月十日,朝廷批准了丁日昌的建议。③ 此时清廷已允准丁日昌因病乞休,并以吴赞诚署福建巡抚。吴赞诚及继任闽抚勒方錡、岑毓英、张兆栋等分别于光绪四年、六年、七年、九年先后渡台。其中岑毓英曾两次渡台,主要是抚缉民"番",巡查防务,对台防大局没有新的建树。

光绪十年至十一年爆发了中法战争,台湾成为一个重要的战场。马江战役中福建水师全军覆没,马尾船厂被毁,法军利用其海上优势,先后占领基隆和澎湖,封锁台湾海峡,全国为之震惊。十一年二月战事结束后,清廷于五月初九日发布上谕,称:"现在和局虽定,海防不可稍弛。亟宜切实筹办善后,为久远可恃之计。"并着李鸿章、左宗棠、彭玉麟、穆图善、曾国荃、

---

　　① 论改福建巡抚为台湾巡抚(光绪三年二月初五日)[M]//清季申报台湾纪事辑录.台湾文献丛刊第 247 种.台北:台湾大通书局,1984:662-664.

　　② 论改福建巡抚为台湾巡抚(光绪三年二月初五日)[M]//清季申报台湾纪事辑录.台湾文献丛刊第 247 种.台北:台湾大通书局,1984:662-664.

　　③ 总理各国事务衙门奏请照旧章派轮赴台湾巡查折(光绪四年六月初五日)[M]//清光绪朝中日交涉史料选辑.台湾文献丛刊第 210 种.台北:台湾银行,1965:13-15.

张之洞、杨昌浚等沿江沿海督抚各抒所见,确切筹议,迅速具奏。[①] 在清廷内部又进行了一次加强海防的讨论。这次讨论的内容以精练海军水师为重点,同时加强台湾的防务也占重要地位。

讨论中各大臣提出宜建水师两镇、四镇、三大支、四大支、三大军、四大军、十大军等各种不同意见。应该指出的是,这次讨论突出了闽台地区在海防中的地位。如直隶总督李鸿章议设四支水师,主张"闽台合为一支"。[②] 闽浙总督杨昌浚再议应设水师三支,主张"南洋水师应设于台澎"。[③] 李元度认为"宜设海军四镇以资控驭。直、奉、东三口为一镇,江、浙长江为一镇,台湾为一镇,广东为一镇;而总理海防之大臣则开府于台湾",因为台湾"为七省门户,道里适中,得首尾相应之势"。[④] 彭玉麟主张水师分设两大镇,"一驻厦门,浙江、福建、台湾、广东各海口属之"。彭氏还指出台湾"近则倭夷窥之于前,法夷扰之于后,蠢尔群夷,其心无一日忘台也。我有台湾,濒海数省资其藩卫;如失台湾,则卧榻之侧,任人鼾睡东南洋必无安枕之日。故防海以保台为要,保台以练土勇为要"。[⑤] 台湾为"南洋门户,七省藩篱"的重要地位,已为更多有识之士所认识。建设海军、加强台防也成为这次海防讨论的两个主要内容。光绪十年二月,李鸿章针对总理衙门所提"沿海七省宜专设一海防衙门"一事,认为暂不必另建衙门,而应请径设海部,即由总理衙门兼辖……凡有兴革、损益、筹饷、用人诸事,宜悉听总理衙门主持,居中驭外,似属百年不易之常经,永远自强之要

① 光绪十一年五月初九日上谕[M]//中国史学会.洋务运动:第 2 册.上海:上海人民出版社,1961:559-560.

② 光绪十一年七月初二日直隶总督李鸿章奏[M]//中国史学会.洋务运动:第 2 册.上海:上海人民出版社,1961:565-571.

③ 光绪十一年六月二十日闽浙总督杨昌浚奏[M]//中国史学会.洋务运动:第 2 册.上海:上海人民出版社,1961:562-565.

④ 李元度.筹防之策(二条)[M]//诸家.清经世文编选录.台湾文献丛刊第 229 种.台北:台湾银行,1966:41-43.

⑤ 彭玉麟.海防善后事宜疏[M]//陈忠倚.皇朝经世文三编:卷 46 兵政二·海防.石印本.上海:上海书局,1902(光绪壬寅):3-5.

策。① 十一年，左宗棠亦议设"海防全政"大臣，或名"海防大臣"。② 同年七月初二，李鸿章在复议海防折中，又有或设海部或设海防衙门之议。③

为了加强台防建设，李元度主张开辟台疆。他在复议海防折中提出闽抚应专驻台湾，奏称台湾"其地一岁三收，土产烦盛，可富可强；日本盖垂涎不已也。沈葆桢辟生番，新设台北一府、恒春、淡水、新竹、宜兰四县；以擢任江督而去，未竟其功。其实，'生番'之地可尽辟也。法兰西既曾踞基隆，日本狡然思逞，则台北实为必争之地；倘有疏虞，七省不能安枕矣！应请饬议，令福建巡抚专驻台湾，兼理学政。其台北一律开辟，尚可得两府八县；生聚教训，可为东南重镇。况海防大臣驻扎于此，则声势尤振。……日本疆圉略如台湾……然则台湾如果经理得人，需以岁月，何遽不如日本哉！夫强弱无异，民不善用之则弱、善用则强。应请简任巡抚、镇、道久任而责成之，辟土地、课农桑、征税课、修武备，则七省之藩篱固矣"。④

杨昌浚在复议海防折中也指出："台湾孤立重洋，物产丰腴，久为各国垂涎之所，故此次法祸之起，独趋重于闽，先毁马尾舟师以断应援之路，随进薄基隆，分陷澎湖，无非为吞全台计。……从前丁日昌在台创议铁路、电线、开垦各事，实为至要之图，惜未及成而去。今防务已松，台湾善后万不可缓。省城亦兼顾不及，应否特派重臣驻台督办，伏候圣裁。"⑤

钦差大臣、督办福建军务的左宗棠亦于六月十八日上《为台防紧要，关系全局，请移驻巡抚以资镇慑而专责成》折，全文如下：

> 窃臣钦奉谕旨，妥筹海防应办事宜，已就现时情形，谨拟七条，陈其大概。第思今日之事势，以海防为要图；而闽省之筹防，以台湾为重

① 李鸿章.请设海部兼筹海军（光绪十年二月十三日）[M]//李鸿章.李文忠公选集.台北：台湾大通书局，1987：381-384.

② 左宗棠.选派海防全政大臣折（光绪十一年）[M]//张侠，杨志本，罗澍伟，王苏波，张利民.清末海军史料.北京：海洋出版社，1982：57-58.

③ 光绪十一年七月初二日直隶总督李鸿章奏[M]//中国史学会.洋务运动：第2册.上海：上海人民出版社，1961：565-571.

④ 李元度.筹防之策（二条）[M]//诸家.清经世文编选录.台湾文献丛刊第229种.台北：台湾银行，1966：41-43.

⑤ 光绪十一年六月二十日闽浙总督杨昌浚奏[M]//中国史学会.洋务运动：第2册.上海：上海人民出版社，1961：562-565.

地。该处虽设有镇、道，而一切政事皆未必禀承于督、抚。重洋悬隔，文报往来，平时且不免稽迟，有事则更虞梗塞。如前此法人之变，海道不通，诸多阻碍，其已事也。臣查同光之交，前办理台防大臣沈葆桢躬历全台，深维利害，曾有移驻巡抚十二便之疏，比经吏部议准在案。嗣与督臣李鹤年、抚臣王凯泰会筹，仍以巡抚兼顾两地复奏。光绪二年，侍郎袁保恒请将福建巡抚改为台湾巡抚，其福建全省事宜，专归总督办理。部议以沈葆桢原疏奏称台湾别建一省，苦于器局未成，闽省向需台米，台饷向由闽解，彼此相依，不能离而为二。又有饷源、人才必须在省预筹，临时响应方灵等语。恐其欲专责成转滋贻误，未克奉旨允行。厥后抚臣丁日昌以冬春驻台、夏秋驻省，往来不便，于台防政事仍是有名无实，重洋远隔兼顾为难，因有专派重臣督办数年之请。臣合观前后奏折，各督抚大臣谋虑虽周，未免各存意见。盖王凯泰因该地瘴疠时行，心怀畏怯，故沈葆桢徇其意而改为分驻之议。而丁日昌所请重臣督办，亦非久远之图。皆不如袁保恒事外旁观，识议较为切当。

夫台湾虽为岛屿，绵亘亦一千余里，旧制设官之地，只海滨三分之一，每年物产关税较之广西、贵州等省，有盈无绌。倘抚番之政果能切实推行，自然之利不为因循废弃，居然海外一大都会也。且以形势言，孤注大洋，为七省门户，关系全局，甚非鲜浅。其中如讲求军实，整顿吏治，培养风气，疏浚利源，在在均关紧要。非有重臣以专驻之，则办理必有棘手之处。据臣愚见，惟有如袁保恒所请，将福建巡抚改为台湾巡抚，所有台澎一切应办事宜，概归该抚一手经理，庶事有专责，于台防善后大有裨益。至该地产米甚富，内地本属相需，然谓分省而接济难通，究不足虑。臣查台地未经开辟以前，如福州、兴化、泉、漳各属米食，概由广东、浙江两省客商源源运济。我朝天下一家，凡各行省向无遏籴之举。以台湾与内地只隔一水，便于贩运，焉得存此疆彼界之见，因分省遂致阻挠，此固事之所必无者也。若协济饷项，内地各省尚通有无，以台湾之要区，唇齿相依，亦万无不为之筹解之理。拟请于奉旨分省之后，敕下部臣划定协饷数目，限期解济，由台湾抚臣督理支用，自行造报，不必与内地相商，致多牵掣。委用官员请照江苏成例，于各官到闽后，量缺多少，签分发往。学政事宜，并归巡抚兼管。勘转命案,即归台湾道就近办理。其余一切建置分隶各部之政,从前已有成议,毋庸变更。专候谕旨定案,即饬次第举行。臣为台防紧要,关系全局起见,未敢缄默,恭折驰陈。是否有当,伏乞皇太后、皇上圣鉴,训示施行。①

三个多月中,各督、抚以精练海军、加强台防先后上遵议海防折十几件。八月二十三日奉慈禧太后懿旨:着军机大臣、总理各国事务衙门王大臣会同李鸿章、醇亲王奕譞妥议具奏,所有左宗棠等条奏各折片,"均着给予阅看"。② 九月初五日,由奕譞、世铎、奕劻、李鸿章、额勒和布等十六人联衔上折,称各折所议大致不外练兵、筹饷、用人、制器数大端,而"目前以精练海军为第一要务",考虑到筹饷、选将二者甚难,主张不如先练一军以为之倡,并请先从北洋开办精练水师一支。③

会奏议准左宗棠拟将福建巡抚改为台湾巡抚之请,称:"臣等查台湾为南洋要区,延袤千余里,民物繁富,自通商以后,今昔情形迥异,宜有大员驻扎控制。若以福建巡抚改为台湾巡抚,以专责成,似属相宜,恭候钦定。"④同日,慈禧太后颁发两道懿旨,一道诏设总理海军军务衙门,并派醇亲王奕譞总理海军事务;另一道即台湾建省的懿旨,称:"台湾为南洋门户,关系紧要,自应因时变通,以资控制。着将福建巡抚改为台湾巡抚,常川驻扎。福建巡抚事,即着闽浙总督兼管。所有一切改设事宜,该督、抚详细筹议,奏明办理。"⑤历时多年的台湾建省一事终于确定下来。

---

① 左宗棠.为台防紧要,关系全局,请移驻巡抚以资镇慑(光绪十一年六月十八日)[G]//中国第一历史档案馆,海峡两岸出版交流中心.明清宫藏台湾档案汇编:第200册.北京:九州出版社,2009:414-421.此奏折《左文襄公全集》及《左宗棠未刊奏折》等书均未收入。

② 德宗景皇帝实录[G]//清实录:第54册.北京:中华书局,1987:1012.

③ 洪安全.清宫洋务始末台湾史料(四)[M]台北:台北"故宫博物院",1999:2233-2236.

④ 洪安全.清宫洋务始末台湾史料(四)[M]台北:台北"故宫博物院",1999:2233-2236.

⑤ 清德宗实录选辑[M].台湾文献丛刊第193种.台北:台湾银行,1964:207.

第二节　闽台分治的实行

光绪十年刘铭传奉谕旨,补授福建巡抚,驻台督办防务。十一年,中法战争结束,法军撤出基隆之后,刘铭传即深感台防善后事繁任重,闽抚实难省台两地兼顾,遂于六月初五日上《法兵已退请开闽抚缺专办台防折》,称:

> 台湾为东南七省门户,各国无不垂涎,一有衅端,辄欲攘为根据。今大局虽云粗定,而前车可鉴,后患方殷,一切设防、练兵、抚番、清赋诸大端,均须次第筹办。纵使专心壹志,经营十年,尚恐难收实效。福建巡抚曾经前两江督臣沈葆桢奏请移驻台湾,寻以通省事繁,殊难兼顾,于是议令半岁驻台,究之倏往忽来,终属有名无实。虽若前抚岑毓英勤明果锐,不遑启居,卒乃于台奕补。臣平居私议,常谓台湾孤悬海外,土沃产饶,宜使台地之财足供台地之用,不须取给内地,而后处常处变,均可自全。此次莅台经年,访求利病,深见台事实可有为,深叹前此因循之误。固知补牢未晚,而时会所迫,势不能并日兼营。况臣才质驽庸,即竭力谋台,已恐才难胜任。若更加疆寄,内地九府,公事繁多;而又远阻重洋,凡督臣所商榷,司道所禀承,函牍往来,究形间隔。若驻台日久,则顾此失彼,必致远旷闽官;若驻台不常,则一曝十寒,更属何裨台局? 臣宿患目疾,到台后瘴烟风雨,昏障益深,公牍稍多,汗流眦赤,昏眊痛涩,几不自持。况乃全省簿书,病目安能胜任? 与其贻误于后,曷若陈乞于前。再四思维,惟有乘此未受抚篆之时,仰恳天恩,准开臣福建巡抚本缺,俾得专办台防,庶几勉效寸长,或可无致陨越。台事幸甚! 微臣幸甚![①]

从这一奏折可以看出刘铭传以台防为重,辞闽抚而就台防,舍安就危,舍逸就劳,勇于任事的精神,也是刘铭传从台湾防务和建设的实际考虑,既不同意巡抚分驻、省台兼顾的方案,也不赞成左宗棠于十多天后所议闽台立即

---

① 刘铭传.法兵已退请开闽抚缺专办台防折[M]//刘壮肃公奏议.台湾文献丛刊第27种.台北:台湾银行,1958:106-107.

分省的主张,而与丁日昌原先提出的简派重臣专办台防的主张较为相似。奏折呈上之后,刘铭传所请开缺之处,并未得到朝廷的批准,但另降旨由闽浙总督杨昌浚兼署福建巡抚,而着令刘铭传"将台湾善后事宜认真整顿"①,实际上也是同意刘铭传专办台湾善后事务。

十月十九日,福建督、抚接奉筹议台湾改设行省的懿旨。时局的快速发展,出乎刘铭传的意料,也打乱了他原来对台湾善后建设事宜的规划与设想。十月二十七日,刘铭传上《台湾暂难改省折》。刘在奏疏中虽然表示台湾一岛,孤悬海外,为南洋门户要枢,关系紧要,自应因时变通,改设巡抚,以资控制,但也认为台湾沿海八县之地,番居其六,民居其四,重洋远隔,倚傍一空,猝有难端,全恃闽疆为根本,声气联络,痛痒相关,以助孤危之境。"若改设台湾巡抚,与闽省划界分疆,即督臣顾全大局,一视同仁,司道以下,畛域分明,势必不相关顾。"②而且原来所陈善后折,以办防、练兵、清赋、抚番为急图。现既诏设台湾巡抚,必先渐抚"生番",清除内患,扩疆招垦,广布耕民,方足自成一省。台番与云贵苗民、甘肃番回迥异。台"番"不相统属,各社所占膏腴之地,高山宜茶,平地宜谷,一旦教之耕种,皆成富区。若认真招抚,示以恩威,五年之间,全台"生番",计可尽行归化。然后再筹分省,土地既广,财赋自充,庶可无劳内地。刻下外办防务,内抚"生番",巨款难筹,时形竭蹶。一经改设巡抚,省城必建彰化县北适中之地。前抚臣岑毓英察勘,形势昭然。核计建造城垣、衙署、庙宇之需,又非百万不可。自己目疾沉重,业经奏乞假归,如蒙恩准,无论何人接替,若外办防务,内办清赋、抚番,又造城垣、衙署,万端草创,纵使经费有着,亦恐才力难支。最后,刘铭传在奏折中提出:"台湾重地,经醇亲王等统筹全局,冀保海疆,自应派大员驻扎。似可仿照江宁、江苏规制,添设藩司一员,巡抚以台湾为行台,一切规模无须更动。全台兵政吏治,由巡抚主持,内地由总督兼管。如此分而不分,不合而合,一俟全'番'归化,再行改省,以重岩疆。既可宽此数年,从容筹办,目下又可节省巨款,腾出资财抚'番'、设防,先其所

---

① 清德宗实录选辑[M].台湾文献丛刊第193种.台北:台湾银行,1964:200.

② 刘铭传.台湾暂难改省折(光绪十一年十月二十七日)[M]//刘壮肃公奏议.台湾文献丛刊第27种.台北:台湾银行,1958:155-157.

急。此臣审度事势，拟从缓设巡抚之大略也。"①

闽浙总督杨昌濬对台湾改省的态度则是模棱两可，含糊不清。他于十二月二十日上《筹议台湾改设事宜折》，首先认为"台湾为南洋门户、七省藩篱，有事之秋，非但闽、台唇齿相依，不容稍分畛域；即沿海各省亦当通力合作，仍可相与有成。就现在情形而论，以两府、八县设立行省，似觉名实不称"。②不过他又认为"然前明京兆、宣大两府曾设总督，国朝湖南曾设偏沅巡抚，皆因地制宜，随时变通，以期尽善。今为筹办台防计，非设大员驻扎其地，恐心力不专，作辍无常，难收实效"③似乎又是同意台湾改省。尽管如此，他还是同意刘铭传的意见，在台湾添设藩司一员，并主张改省以后，向由台湾道管辖的澎湖，仍划归台湾管辖。

尽管刘铭传在议复疏中对台湾改省表达了不同意见，但朝廷的主意已经拿定。光绪十一年十二月十二日颁下上谕，称："台湾为南洋门户，业经钦奉懿旨，将福建巡抚改为台湾巡抚，刘铭传所称从缓改设，着毋庸议。"驳回了刘铭传暂缓改省的建议。不过，朝廷也接受了闽台不容稍分轸域的意见，指出："台湾虽设行省，必须与福建联成一气，如甘肃、新疆之制，庶可内外相维。"④上谕还指出杨昌濬所奏尚系大概情形，所有一切应办事宜，均未筹商定妥。着令杨昌濬、刘铭传就台湾建省相关事宜详细会商，奏明办理。

为了遵旨会商改设事宜，杨昌濬于光绪十二年二月间渡台，刘铭传于四月间赴省，两人经过几度面商，于六月十三日会衔上《遵议台湾建省事宜折》，提出台湾改省的相关事宜十六条。

首先提出请改台湾巡抚为"福建台湾巡抚"。奏折称"查台湾为南洋门户，七省藩篱，奉旨改设巡抚，外资控制，内杜觊觎，实为保固海疆至计。惟沿海仅数县之地，其余'番'地尚归化外，气局未成，海外孤悬，与新疆情势

---

① 刘铭传.台湾暂难改省折(光绪十一年十月二十七日)[M]//刘壮肃公奏议.台湾文献丛刊第27种.台北:台湾银行,1958:155-157.

② 刘铭传.台湾府转行闽浙总督杨昌濬奏准台湾添设藩司谕旨并折稿[M]//刘铭传抚台前后档案.台湾文献丛刊第276种.台北:台湾银行,1969:75-77.

③ 刘铭传.台湾府转行闽浙总督杨昌濬奏准台湾添设藩司谕旨并折稿[M]//刘铭传抚台前后档案.台湾文献丛刊第276种.台北:台湾银行,1969:75-77.

④ 清德宗实录选辑[M].台湾文献丛刊第193种.台北:台湾银行,1964:211-212.

迥异。闽、台本为一省，今虽分疆划界，仍须唇齿相依，方可以资臂助。诚应遵旨内外相维，不分畛域，乃能相与有成"；"查新疆新设巡抚关防内称'甘肃新疆巡抚'，台湾本隶福建，巡抚应照新疆名曰'福建台湾巡抚'。凡司道以下各官，考核大计，闽省由总督主政，台湾由巡抚主政，照旧会衔。巡抚一切赏罚之权，仍巡抚自主，庶可联成一气，内外相维，不致明分畛域"。①

经费是台湾改省中最大的困难之一，杨、刘二人悉心筹划，商定每年拟由闽省各库协银 24 万两、闽海关照旧协银 20 万两，并请旨敕下粤海、江海、浙海、九江、江汉五关，每年协济银 36 万两，共成 80 万两，以五年为期。②

另其他与建省相关的事项，会奏中也一一列举如下：

一、学政向归台湾道兼理，光绪元年曾有议归巡抚明文，现应查照前议，由道将学政关防文卷呈送巡抚管理。文武乡闱，援照安徽赴江南汇考之例，仍归福建应试，中额亦仍旧例。

一、旗后、沪尾两海关，向归将军管理，近年税项所征，均经拨充台饷。现台湾既设行省，两关均隶台疆，可否援照浙江之制，改归巡抚监督，应请敕下福州将军奏办。

一、澎湖为闽台门户，须设重镇，以固要区。拟将澎湖副将与海坛镇对调，如蒙俞允，应饬先行互调，以重海防。一切事宜，另行奏办。

一、新疆以迪化州为省垣，城署无须建造；台湾改设行省，必须以彰化中路为省垣，方可南北兼顾。另造城池衙署，需费浩繁，一时万难猝办，所有官制，暂仍旧章，将来添设厅县，改派营防，再行奏办。

一、福建巡抚既已改归台湾，所有抚一标左右两营，即须移归台省；惟省垣未定，安置无从，以后遇有空名，无须募补，暂留闽省，仍归总督兼管，兵饷亦由闽支发；俟台湾巡抚移住中路，再行调归台湾，不愿移者听。

① 刘铭传.遵议台湾建省事宜折（光绪十二年六月十三日）[M]//刘壮肃公奏议.台湾文献丛刊第 27 种.台北：台湾银行，1958：279-284.

② 刘铭传.遵议台湾建省事宜折（光绪十二年六月十三日）[M]//刘壮肃公奏议.台湾文献丛刊第 27 种.台北：台湾银行，1958：279-284.

一、台湾改省之后，应遵旨添设藩司一员，综核钱粮、兵马，整顿厅县各官，并设布库大使一员，兼经历事。所有建造衙署、添设印官，百端草创，将来须仿照新疆章程，奉旨后再行会同请简。

一、台湾道向兼按察使衔，一切刑名由道审转，其驿传事务亦由道兼治，添设司狱一员，毋庸另设臬使；惟会典职官有按司狱、府司狱，无道司狱，应以候补按司狱、府司狱轮流借补。

一、台湾盐务，场产不足，半由内地运售，名曰唐盐。内地长泰、南靖等县澳引额定例拨归台湾代销，所征正溢课厘，虽留台拨充防费，尚有抵解各款，归内地盐务杂支，每届奏销，由福建盐法道汇核造报。各省盐场引地多行外省，闽台盐务分办，窒碍殊多，应请仍照旧章办理。

一、台湾各县，地舆太广，最大如彰化、嘉义、淡水、新竹四县，亟须添官分治。统计四县，按周围百里为城，约可分出四五厅县。将来彰化即可改驻首府，另设首县为台湾县，将台湾县改为安平县，应俟添设藩司再行酌办。

一、台湾烟瘴之地，内地官吏渡台，咸视为畏途。向章：曾补台湾府、厅、县佐杂等缺，如回内地，即属调简，故稍有才智者不肯渡台。今拟仿照新疆章程，凡到台湾实任，如逾三年，着有劳绩，准回内地，不计繁简，均须调补优缺，芟除调简旧章，无缺当差，酌委优差一次；惟必得本营官切实考语，以免滥邀。两省如有停委撤差之员，督抚互咨，均不委用，以杜钻营。

一、台湾"生番"，归化已多，日渐开辟，急须分治添官。若照部章，厅县佐杂各员均须循例补署，台湾民"番"杂处，人地苟不相宜，万难迁就，恐酿事端。仅用合例人员，又未必尽能得力。拟请旨饬部，声明台湾新设省治，暂行不论资格，俾得人地相宜。俟全台"生番"归化，一律分治设官，再请循照部章，以求实效。

一、"番"地日开，必添营汛。查新疆添设总兵、副将、参、游、千、把等官甚多，台湾情势既殊，须俟尽抚"生番"，全局方能酌定，目前但能随时察夺具奏，或添或改，以节饷需。

一、台湾改设巡抚，本拟仿照江苏分苏、分宁成案，于各班人员到省，积有三员掣签一次，以两员分闽，一员渡台，惟全台现仅两府、八县，缺分无多，若照三分掣一，来台必无位置。拟俟全台"生番"归化，一律设官,再行照办。目前需员差遣,或由司申送,或由抚调咨,暂难定数,免致分发人员到省,积滞向隅。

一、台湾改设巡抚,台湾镇总兵应销去"挂印"字样,与新调澎湖镇总兵统归巡抚节制。

一、抚辕原设经制书吏十二名,各有清书、帮书,今福建巡抚事归总督兼治,拟留经制书吏六人,酌用帮、清各书留督署办公,尚有经制书吏六人,酌带帮、清各书赴台供役。抚辕档案造册登开,关涉闽者径留督辕,关涉台者送台备考。①

折上之后,刘铭传即按所奏台湾善后以设防、练兵、抚番、清赋四大端为主要施政内容,开展工作,于十三年八月十七日会同杨昌浚上《台湾郡县添改撤裁折》,对台湾的行政区划添改撤裁,重新规划。将原台湾府改为台南府,台湾县改为安平县,合嘉义、凤山、恒春三县及澎湖厅,共领四县一厅;彰化桥孜图地方恰当全台适中之地,拟于该地建立省城。分彰化东北之境,设首府曰台湾府,附郭首县曰台湾县。在嘉义之东,彰化之南,添设云林县。分新竹西南各境,添设苗栗县。合原有之彰化县及埔里社通判共四县一厅,隶台湾府。同时撤裁鹿港同知;北部台北府仍领淡水、新竹、宜兰三县和基隆一厅,但淡水之北,东抵三貂岭,"番"社分歧,距城过远;基隆为台北第一门户,通商建埠,交涉纷繁,又值开采煤矿,修造铁路,商民麇集,尤赖抚绥;分淡水东北四保之地拨归基隆厅管辖,将原设通判改为抚民理事同知,以重事权;后山添设台东直隶州,治水尾。另于卑南厅改设直隶州同知一员,花莲港添设直隶州判一员,均隶台东直隶州。② 经添改撤裁重新规划后,统计全省为三府十一县五厅一直隶州,奠定了此后台湾行政区划发展的基础。

光绪十三年八月初一日,布政使邵友濂就任,初二日,刘铭传奏请饬部将新铸"福建台湾巡抚"关防并布政使印、布库大使、按司狱印各一颗"迅速

---

① 刘铭传.遵议台湾建省事宜折(光绪十二年六月十三日)[M]//刘壮肃公奏议.台湾文献丛刊第 27 种.台北:台湾银行,1958:279-284.

② 刘铭传.台湾郡县添改裁撤折(光绪十三年八月十七日)[M]//刘壮肃公奏议.台湾文献丛刊第 27 种.台北:台湾银行,1958:284-287.后因彰化县桥孜图四面皆山,交通不便,不宜设立省会,改以台北府为省会。

颁发，以资钤用"。十四年正月二十一日，"福建台湾巡抚"关防正式开印启用。[①] 闽台实现分治，台湾建省工作基本完成。

第三节　刘铭传的近代化建设

清廷宣布台湾建省后，任命抗法有功的刘铭传为首任台湾巡抚。刘铭传不仅是一位军事家，也是一位具有时代眼光、远大抱负、革新思想与实干精神的政治家。他尝谓西方国家有利炮坚船，横轹海表。中国门户洞开，数千年一统之势尽变，敌国外患未有如今日之多且强。必须奖励工艺、农商，举办轮船、炮台、电线、枪炮。西方制造之精，日新月异，中国踵而行之，已居人后，若再因循，将无以自立。在台湾巡抚任上，刘铭传殚精竭虑，全力经营，以加强国防为中心，大刀阔斧，推行了一系列近代化的建设。

一、开山抚"番"，以保治安，安内以防外

开发山区，为台湾近代化建设中最艰巨的工作之一。建省上谕发布之后，刘铭传即在奏折中指出："现既诏设台湾巡抚，必须先渐抚生'番'，清除内患，扩疆招垦，广布耕民，方足自成一省。"[②]实际上，自同治末年日兵侵台事件发生后，沈葆桢就已实行开山抚"番"，丁日昌巡台时继续推行。然十多年已经过去，成效依然无多。所开山路，不久复塞，"番"民旋抚旋叛。"番"社 800 余，人口约 20 万，每年戕杀民命不下 1000。欺凌"番"人、侵占"番"地、诓诈"番"财者，多为不法之徒，因"番"人报复而被害者，多为良民。以防务论，台疆千里，防海又须防"番"。若全"番"归化，内乱无虞，外患虽来，尚可驱之御侮。既可减防节饷，又可伐内山之木，以裕饷源。所以刘铭传认为抚"番"为当务之急，不容再缓。遂于光绪十一年十一月奏明开办抚"番"事宜，于十二年四月设抚垦总局于大科崁，自任抚垦大臣，以林维源为

---

① 暂办台湾防务降二级留任台湾巡抚刘铭传奏陈启用巡抚关防日期并请撤销督办差使（光绪十四年二月初十日）[M]//洪安全.清宫月折档台湾史料.台北:台北"故宫博物院",1995:5179-5181.

② 刘铭传.台湾暂难改省折（光绪十一年十月二十七日）[M]//刘壮肃公奏议.台湾文献丛刊第 27 种.台北:台湾银行,1958:155-157.

总办,全台分南、北、东三路,分设抚垦局及分局,从事抚"番"招垦工作。

刘铭传的抚"番"策略为恩威并用,剿抚兼施。恩抚不从,方行威剿;威剿之后,仍归恩抚,汉"番"一视同仁。光绪十一年十月,淡水县东南"番"民滋事,刘铭传经派人劝谕,皆愿就抚。因为订立规章,派每社头目为社丁,按月给予粮银,各安生业,选子弟至城读书,并造桥开路。① 刘铭传自驻新竹,林朝栋驻彰化,至十二年四月,半岁之间,招抚"番"社 400 余社,剃头归化 7 万人。② 十二年,中路罩兰地区苏鲁等社"番"因汉人欺虐,官抑不伸,发愤报仇,而杀死垦丁多人。刘铭传不得不派兵往剿。事平之后,刘将罩兰垦抚委员撤换,另派熟悉"番"情者代之。并清结民"番"积欠,以息纷争。③ 刘铭传亲督大军开山抚"番",自光绪十二年九月至次年四月,"数月间,后山各路凡二百一十八社,番丁五万余人咸奉约以归;前山各军亦续抚二百六十余社,剃发者三万八千余人"。④ 台北至宜兰的道路百余里,于光绪十一年十二月开通。接着又分别派总兵章高元率勇自彰化集集街向东,副将张兆连率勇自水尾向西,开辟中部横贯道路 182 里,于光绪十三年春竣工。前后山声气联络,"番"民闻风向化,为之设条教,立社长。南路则自嘉义开向台东。十四年,东部一度发生严重"番"乱,卑南被围两月后始定。十六年,宜兰、花莲之间"番"乱再起,不久亦平。于是,广招民户扩垦,使民"番"共处杂居,化之于无形。在重要"番"区各设抚垦局,教以耕织、货殖、振兴茶叶、樟脑、施医、施药、开设"番"市,增设义塾。另于台北设立"番"学堂,选"番"童入学,给予衣食,课以汉文、算学、官话、闽南语及起居礼仪,常令与汉人晋接,渐变其气质,消弭其疑忌。⑤

① 刘铭传.剿抚滋事生番现经归化折(光绪十一年十月二十九日)[M]//刘壮肃公奏议.台湾文献丛刊第 27 种.台北:台湾银行,1958:199-201.
② 刘铭传.剿抚生番归化请奖官绅折(光绪十二年四月十八日)[M]//刘壮肃公奏议.台湾文献丛刊第 27 种.台北:台湾银行,1958:201-208.
③ 刘铭传.督兵剿抚中北两路生番请奖官绅折(光绪十二年十一月十一日)[M]//刘壮肃公奏议.台湾文献丛刊第 27 种.台北:台湾银行,1958:211-217.
④ 刘铭传.各路生番归化请奖员绅折(光绪十三年四月初四日)[M]//刘壮肃公奏议.台湾文献丛刊第 27 种.台北:台湾银行,1958:217-221.
⑤ 连横.台湾通史[M].北京:商务印书馆,1983:194.

二、加强海防建设

台湾额兵原约 2 万,中法战争时增至三万余。战后,刘铭传与沈应奎、陈鸿志详酌,陈镇标练兵不计外,留 35 营约 1.7 万人。并调整全台兵力,重新布防:台南合澎湖 15 营,台北合宜兰 15 营,中路新竹、彰化拟派 5 营,以增强北部和后山的防卫力量。刘铭传认为"台湾军务,久号废弛……欲挽积习、杜虚靡,非讲求操练不可"。^① 提出整军练兵的计划,防军均改用洋枪,聘请外国教习,加强训练。且于台北设总营务处,直属巡抚,统辖全台军务,以"严定营规,坚明约束"。

刘铭传认为澎湖战略地位重要,"非独全台门户,实亦南北洋关键要区,守台必先守澎,保南北洋亦须以澎厦为管钥"。^② 光绪十二年,奏请将澎湖副将改为总兵,并以畅晓戎机、讲求操练、深悉外洋火器的吴宏洛任之。^③ 台湾为一海岛,海防建设首重兵舰,最好是一支新式舰队。十一年六月,杨昌浚与刘铭传重申丁日昌所提的三支海军建设计划,台澎为其一。朝廷亦认为有此必要,然无同时编练三支舰队的力量,只好先办北洋,且将原为台澎订购的四艘铁甲快船改归北洋。

光绪十一年,刘铭传开始在澎湖、基隆、沪尾、安平、旗后各海口,仿西洋新法修筑炮台,计澎湖、基隆、沪尾、安平、旗后五海口共造炮台 10 座,并添购后膛阿姆士顿钢炮 31 尊安放。又奏请购沉雷 60,碰雷 20,使海防利器水雷与炮台相资为用。^④

鉴于法军封锁台湾时,内地武器弹药难以接济的教训,刘铭传决定在台设厂自行仿造枪械弹药。于十一年秋设军装机器局于台北大稻埕,以小

---

① 刘铭传.条陈台湾善后事宜折(光绪十一年六月十八日)[M]//刘壮肃公奏议.台湾文献丛刊第 27 种.台北:台湾银行,1958:146-149.

② 刘铭传.条陈台湾善后事宜折(光绪十一年六月十八日)[M]//刘壮肃公奏议.台湾文献丛刊第 27 种.台北:台湾银行,1958:146-149.

③ 刘铭传.遵筹澎防请饬部拨款折[M]//刘壮肃公奏议.台湾文献丛刊第 27 种.台北:台湾银行,1958:243-247.

④ 刘铭传.拟购水雷黄药附请核议片(光绪十四年九月)[M]//刘壮肃公奏议.台湾文献丛刊第 27 种.台北:台湾银行,1958:263-264.

机器厂制枪弹,大机器厂造炮弹。并在厂西设军械所,以储存军械。[①] 此外,又在大龙峒设火药局,在基隆、沪尾设水雷营。在刘铭传的整顿之下,台湾防务日见充实。

三、清理田赋、厘金,扩充财政收入

台湾属于新辟地方,垦民多将垦熟田园,以多报少,欺隐之田竟倍于报垦之数。道光间,通计全台垦熟田园38100余甲,又3621顷50余亩,谷种折地1430余亩,年征粟205600余石,余租番银18700余元。到建省时又过数十年,垦熟田园,较前已多数倍。统计全台额征银85746两,洋银18669元,谷198057石。久无报丈升科。如台北淡水地区,田园300余里,仅征粮1.3万余石,私升隐匿,不可胜穷。[②] 又台湾、凤山、嘉义三县长290里,开辟较早,田赋皆沿康熙年间旧例,额征供谷13万余石;彰化、淡水、宜兰一厅两县合长580里,开辟较晚,采用雍正年间新定科则,仅征谷5.6万余石。[③] 农民负担,轻重悬殊,极不公平。

光绪十一年,台湾建省之后,百废待举,财用匮乏。为了增加地方财源,实现"以台地自有之财,供台地经常之用"的财政自立之目标,刘铭传奏请在台湾清查田赋。其做法是第一步先编保甲。通令各府、县自光绪十二年四月(1886年5月)起,限两个月之内将所辖户口编查报告,同时清查各户粮赋,即所谓的"就户问粮",以作为清理田赋之基础。第二步清丈田园。在台北、台南分别设立清赋总局,由知府督率办理,并公布"清丈章程",宣布所有田地,无论民"番",寸土皆关赋役,必须一律丈量。第三步为改定赋则。将现丈田园,无论新旧,悉照同安下沙成例分则配征,化甲为亩,以一甲作十一亩,仿条鞭办法,删去浮征等名,凡地丁粮耗等款,并入正供,并化谷价折征,提充正赋。每十一亩,上田征银二两四钱六分零,中田征银二两

① 刘铭传.奏报造成机器局军械所并未成大机器厂折[M]//刘壮肃介奏议.台湾文献丛刊第27种.台北:台湾银行,1959:265-266.

② 刘铭传.量田清赋申明赏罚折(光绪十二年四月十八日)[M]//刘壮肃公奏议.台湾文献丛刊第27种.台北:台湾银行,1958:303.

③ 丁日昌.台湾府属各项杂饷征收苦累情形请分别豁除(光绪三年三月初十日)[G]//中国第一历史档案馆,海峡两岸出版交流中心.明清宫藏台湾档案汇编:第189册.北京:九州出版社,2009:353-361.

零,下田征银一两六钱六分零;上园视中田,中园视下田,其下园及下下之田,土至瘠薄,照下田核减二成,下下园照下下田递减。并规定每两随收纹银补水一钱外,酌定平余银一钱五分,为升科各县办公之用。[①] 清赋的最后一步是核发丈单,作为业主管业的证明。

此次清赋工作自光绪十二年(1886)秋开办清丈算起,至十五年(1889)底报竣,历时三载。共丈得民业田园 432008 甲,年征银 512969 两,随征补水平余银 128242 两;加上官庄田园 15352 甲,年征银 33657 余,全年共征银 674468 两有奇,比清赋前的旧额,每年田赋增加收入银 491502 两。[②]

咸丰十一年(1861),台湾知府洪毓琛奉饬举办厘金,主要以茶叶、樟脑、洋药(鸦片)为大宗。建省之前,茶脑厘金由商人承包,每年认缴洋银 13.7 万元。光绪十一年,刘铭传撤换承包商人,并将包费提高为每年 16 万元。洋药厘金建省前包费每年银洋 40.7 万元。光绪十一年,刘铭传也将包费提高为每年 43.7 万元。[③] 自光绪十三年起,根据《烟台条约》,鸦片厘金统一定为每 100 斤 80 两,与关税一起由海关一并征收。台湾盐课收入,原来每年不过十二三万两,十六年,经刘铭传厘剔陋规,节省虚糜,全年多得盈余银 5 万余元。[④]

光绪十二年,刘铭传奏请将台湾所产樟脑、硫黄两项归官收买出售,发给执照出口,估计每年可获利 3 万余元,以所得盈利,补贴抚番经费。实际自光绪十二年至十五年,樟脑与硫黄的专卖收入仅 21700 两。[⑤] 后由于列强的反对,自光绪十七年正月起,取消樟脑专卖。

刘铭传在清赋之时,规定内山新辟田园,随时报垦,以便升科。其高山

① 刘铭传.台亩清丈将竣拟仿同安下沙定赋折(光绪十三年九月二十四日)[M]//刘壮肃公奏议.台湾文献丛刊第 27 种.台北:台湾银行,1958:307-311.

② 刘铭传.台湾清赋全功告成汇请奖叙员绅折(光绪十六年五月初十)[M]//刘壮肃公奏议.台湾文献丛刊第 27 种.台北:台湾银行,1958:323-324.

③ 刘铭传.奸商吞匿厘金道员通同作弊请撤任委署查办折(光绪十一年五月十三日)[M]//刘壮肃公奏议.台湾文献丛刊第 27 种.台北:台湾银行,1958:328-331.

④ 刘铭传.造销法防军需折.(光绪十二年十一月十六日)[M]//刘壮肃公奏议.台湾文献丛刊第 27 种.台北:台湾银行,1958:343-348.

⑤ 刘铭传.官办樟脑硫黄开禁出口片[M]//刘壮肃公奏议.台湾文献丛刊第 27 种.台北:台湾银行,1958:368-371.

巨岭,地利宜茶,第土薄力微,垦民或种或辍,因就茶收丰歉,量抽抚垦经费,包商缴收。光绪十三年试办之初,收数未畅。十五、十六两年,每年可收银六七万两,均随时拨充办理抚垦之需。[①]

四、交通建设

（一）修筑铁路

刘铭传是中国近代修建铁路的热心倡导者之一。光绪六年,因伊犁问题,中俄关系紧张,刘铭传奉召进京,于十一月初二日奏请筹造铁路,以图自强。主张以京师为中心,修筑南北四条铁路干线。南路二条,一由清江经山东,一由汉口经河南,俱达京师。北路由京师直通盛京,西通甘肃。[②]

因守旧派的反对,刘铭传的建议当时未获朝廷采纳,但此后修建铁路的风气渐开。光绪七年,修成唐胥铁路二十里,后又组建开平铁路公司,将唐胥铁路展造至阎庄。光绪十一年,闽浙总督左宗棠在遗疏中也建议宜仿造铁路,次年曾纪泽奏请兴办京镇铁路。光绪十三年二月二十二日,海军衙门奏请展造唐阎路至津沽,奉旨允准后,李鸿章又将开平铁路公司扩大改组为中国铁路公司,积极筹备修建。[③]

光绪十三年三月二十日,刘铭传根据商务委员张鸿禄、候补知府李彤恩的禀请正式奏请在台修建铁路,创办商务。刘氏认为在台兴修铁路,除了便于驿务、垦务、商务之外,且对海防、建省及桥工三事大有裨益,将来更可添一大宗收入以充海防经费。并计划议集商股承修,所费工银将来即于铁路取偿,不动公款。并议订铁路章程八条:(1)在基隆至台湾府城修筑铁路600余里,所有钢轨并火车、客车、货车以及一路桥梁,统归商人承办。议定工本价银100万两,分七年归还,利息按周年六厘算。(2)铁路沿途所过地方应用地基地价,请由官发,其修筑工价,由商自给。(3)基隆至淡水,

---

① 刘铭传.创收茶厘片(光绪十七年正月)[M]//刘壮肃公奏议.台湾文献丛刊第 27 种.台北:台湾银行,1958:371.

② 刘铭传.筹造铁路以图自强折[M]//刘壮肃公奏议.台湾文献丛刊第 27 种.台北:台湾银行,1958:121-124.

③ 李国祁.中国早期的铁路经营[M].台北:"中央研究院"近代史研究所,1976:37-116.

猫里街至大甲，中隔山岭数重，台湾人工过贵，必须由官派勇帮同工作，以期迅速。(4)因商船订购未到，车路所用枕木，先派官轮代运，免算水脚。(5)车路造成之后，由官督办，由商经理。铁路火车一切用度，皆归商人自行开支。所收脚价，官收九成，偿还铁路本利，商得一成，并于搭客另收票费一成，以作铁路用度。除火车应用收票司事人等由官发给薪水外，其余不能支销公费。(6)铁路经过城池街镇，如须停车之处，由官修造车房。所有站房码头，均由商自行修造。(7)铁路虽商人承办，将来即作官物。所用钢铁条每码须 36 磅，沿途桥梁必须工坚料实，由官派员督同修造。(8)此项铁路计需工本银 100 万两，内有钢条、火车、铁桥等项约需银 60 余万两，商人或在德厂或在英厂订购，其价亦由商自行分年归还，官不过问。如商人另做别项生意，另借洋款不能以铁路作抵。[①] 铁路商务督办，刘铭传原先奏请由帮办台北抚垦事务的在籍内阁侍读学士林维源兼理，因林维源以商务、垦务彼此不能兼顾请辞，遂改以盐运使衔选用道杨宗瀚担任。[②]

疏上之后，经海军衙门议奏，奉旨允准。刘铭传即于台北设立"全台铁路商务总局"，聘请外国工程师，于同年六月起着手兴建自大稻埕(今台北)至基隆铁路，轨距定为三英尺六英寸，所用铁轨每码重 36 磅。与此同时，由李彤恩等负责招集商股的工作亦有进展，两月之间即招股 70 万，收到现银 30 余万。[③] 所有铁轨、火车、铁桥由刘铭传议立合同，向外国采购，分年归还，于光绪十四年头批已付出银 10 万两。铁路章程中原计划拨派营勇代做工程，以期节省工费，但各营兵因修筑炮台，剿匪剿"番"，无暇代修，均由商局雇夫兴办，各商观望不前。此外，承办委员李彤恩于九月病故，铁路商务总办杨宗瀚也因病假归。各商遂禀请归官自办，已缴现银 30 余万，愿留快船两只作抵。为了不让工程半途而废及已购到的铁轨、车辆、木料弃而无用，刘铭传不得不于光绪十四年十月十六日奏请将台湾铁路改归官

① 刘铭传.拟修铁路创办商务折(十三年三月二十日)[M]//刘壮肃公奏议.台湾文献丛刊第 27 种.台北:台湾银行,1958:268-273.

② 台湾巡抚刘铭传奏请改以杨宗瀚督办台湾铁路商务片(光绪十三年闰四月二十四日)[M]//清季台湾洋务史料.台湾文献丛刊第 278 种.台北:台湾银行,1969:55-56.

③ 台湾巡抚刘铭传奏台湾铁路改归官办折(光绪十四年十月十六日)[M]//清季台湾洋务史料.台湾文献丛刊第 278 种.台北:台湾银行,1969:68-70.

办,拟尽购到铁轨修到彰化,然后再量力进止。至于筑路经费,刘铭传与布政使邵友濂筹商,将自光绪十四年秋季以后闽省每年协济银 44 万两计至十七年春季止,本拟作为建省分治经费的尚存未解银 104 万两暂挪作铁路应用。俟竣工后,由所收脚价归还。[①] 十一月初六日,奉旨允准。

为了树立修路的楷模,刘铭传曾亲自陪德国工程师白克(Becker)前往测量,划定了最初 4 英里的路线。台北基隆之间,山河夹杂,穿山渡水,挖高填低,工程浩大。由于缺乏经验和技术,原本应该开凿隧道的小山,刘铭传却主张劈山通过。结果不仅费时费力,而且最终未能修成,只好改变路线绕过。并且筑路的士兵和军官与外国工程师之间未能互相配合,工作十分艰辛且进展缓慢。狮球岭是台北基隆之间开凿的唯一一条隧道,工程相当艰巨。尽管困难重重,几经波折,先后更换了五位工程师,但铁路仍继续向前延伸,最后在英籍工程师马体逊(H. C. Matheson)的主持下,北线自锡口经南港、水返、八堵以达基隆总长 32 公里余的铁路终于光绪十七年秋竣工,并开始通车。

就在北线开工不久,自大稻埕向南路段亦于光绪十四年开筑。其重点的工程就是架设淡水河大桥。为了节省费用,主管官员改变了工程师架设铁桥的计划,而与广东人张家得签订了一个木桥合同。木桥于光绪十五年八月建成,全长 1498 英尺,颇为坚固。桥的北端有一置于水泥墩上的活动桥身,可由人工转动启闭,以便大帆船通过。[②] 又台北新竹间经过龟仑岭线路,坡度甚急,工程亦艰难,修建官兵三营多病,死亡相继,付出的生命代价亦极高。

刘铭传奏明铁路改归官办时,原请将闽省协济台湾未解银一百零四万两拨作修路费用。后因防营勇饷不敷,陆续将福建协款拨归善后、海防项下支销,而铁路工需由地方绅商随时借垫支给。邵友濂继刘铭传出任台湾巡抚之后,适逢闽饷协济期满,台省经费倍形竭蹶,而绅商借款日积日巨,难于为继。为搏节度支起见,邵友濂于光绪十八年十一月二十二日奏请台

① 台湾巡抚刘铭传奏台湾铁路改归官办折(光绪十四年十月十六日)[M]//清季台湾洋务史料.台湾文献丛刊第 278 种.台北:台湾银行,1969:68-70.

② James W. Davidson.台湾之过去与现在[M].蔡启恒,译.台湾研究丛刊第 107 种.台北:台湾银行,1972:179.

湾铁路拟修至新竹县即行截止。① 在督办铁路工程道员蒋斯彤的督工趱办下,光绪十九年十一月,铁路终于造抵新竹,全线竣工。计自基隆厅道头起至新竹县南门外止,全长共 185 里,经邵友濂亲临勘验,桥路各工以及码头、道沟均属平稳坚实。② 整个工程耗时六年半,共用银一百二十九万五千九百六十两八分二厘一毫。③

(二)敷设电报线

如前所述,台湾敷设电报线之计划,最早由沈葆桢于同治十三年提出,惜未实行而奉调两江总督。光绪三年三月二十五日,丁日昌将省城前存陆路电线移至台湾,于是年九月建成自府城达安平和自府城达旗后的两条电报线,计长 95 里。④

光绪十年,法军侵台,占领基隆和澎湖,并封锁台湾海峡,台湾文报不通,几成孤岛。台湾建省后,台湾首任巡抚刘铭传痛定思痛,于光绪十二年八月二十八日上疏奏请购办台湾水陆电线,称:"台湾一岛孤悬海外,来往文报,风涛阻滞,每至匝月兼旬,音信不通。水陆电报实为目前急务,必不可缓之图。"⑤水线部分,刘铭传派已革浙江候补知府李彤恩会同已革广东试用道张鸿禄驰赴上海,咨访各洋行,令其各开价值,择其廉者与其成交。当时共有地亚士等七家洋行开单应标,内唯怡和、泰来、瑞生三洋行开价较廉:电线价银 10 万两,轮船价银 9 万两,修理电线机器价银 1 万两,测量机器一副、三局电报机器、器具并包运、包放工价、保险等费共银 2 万两,总共

---

① 台湾巡抚邵友濂奏报台湾铁路俟至新竹暂作停顿片(光绪十八年十一月二十二日)[M]//清季台湾洋务史料.台湾文献丛刊第 278 种.台北:台湾银行,1969:95-96;清德宗实录选辑[M].台湾文献丛刊第 193 种.台北:台湾银行,1964:254.

② 中国第一历史档案馆.光绪年间台湾修建铁路史料[J].历史档案,2005(1):11-19.又该铁路的实际长度为 106.7 公里,台湾省文献委员会.台湾省通志:卷 4 经济志·交通篇[M].台北:台湾省文献委员会,1969:98.

③ 台湾巡抚邵友濂奏请准销台湾铁路支用银两折(光绪二十年正月二十五日)[M]//清季台湾洋务史料.台湾文献丛刊第 278 种.台北:台湾银行,1969:96-97.

④ 连横.台湾通史[M].北京:商务印书馆,1983:376-377.

⑤ 台湾巡抚刘铭传奏购办台湾水陆电线折(光绪十二年八月二十八日)[M]//清季台湾洋务史料.台湾文献丛刊第 278 种.台北:台湾银行,1969:47-50.

价银22万两,丝毫不能再减。① 因台湾经费支绌,一时难筹巨款,刘铭传与该商人等面议,如能分三年归还,即可成交。泰来、瑞生皆不愿承应,唯怡和洋行愿办。当饬张鸿禄、李彤恩与其详议条款,先给定银4万两;其余分三年归清,不给息银。线路经由安平至澎湖,再由澎湖至厦门。所订电线,议定头等近岸10吨重者100里,其余皆2吨重,可算是物美价廉。旱线部分,由基隆、沪尾合至淡水,由淡水至台湾府城,来往两道议定800里,除木料外,其余皆由泰来公司承办,共价银3万两。②

　　根据最初的安排,陆路原定于光绪十三年正月安设,水路定于同年六月安设。但因台湾地隔海外,需用中外材料,不能依期运齐,延至十三年三月基隆、沪尾合至台北两线才开始动工。水线因取道厦门,海程不便,改由台北沪尾接达福州之川石,海程较多五六十里,复经勘议,加购水线价银5000两。八月,怡和洋行承办水线,由"飞捷"水线轮船装运到台,经刘铭传派员验收后,即勘量海道,安放川石至沪尾的水线。闽、台两省先行通报。后继续至澎湖放线,抵台南之安平口。此时陆路已先勘明,于十一月间由台南接办陆线,向北取道彰化,于十四年二月初一日与台北之基隆、沪尾两线接通。统计水陆设线1400余里,分设川石、沪尾、澎湖、安平水线房四所;除台南、安平、旗后原设报局三处外,添设澎湖、彰化、台北、沪尾、基隆报局五处。一切材料、机器、水线、轮船、木杆工程、勘路、转运、洋匠薪水路费、开局经费,共银28.7万余两。③ 光绪十四年五月初五日,刘铭传上疏奏报台湾水陆电线告成,并请对三品衔浙江候补知府李彤恩等在事出力人员给予奖励。④

---

　　① 台湾巡抚刘铭传奏购办台湾水陆电线折(光绪十二年八月二十八日)[M]//清季台湾洋务史料.台湾文献丛刊第278种.台北:台湾银行,1969:47-50.

　　② 台湾巡抚刘铭传奏购办台湾水陆电线折(光绪十二年八月二十八日)[M]//清季台湾洋务史料.台湾文献丛刊第278种.台北:台湾银行,1969:47-50.原文"旱线部分,由基隆、沪尾合至淡水,由淡水至台湾府城"有误,应为"旱线部分,由基隆、沪尾合至台北,由台北至台湾府城"。

　　③ 台湾巡抚刘铭传奏台湾水陆电线告成援案请奖折(光绪十四年五月初五日)[M]//清季台湾洋务史料.台湾文献丛刊第278种.台北:台湾银行,1969:64-65.

　　④ 台湾巡抚刘铭传奏台湾水陆电线告成援案请奖折(光绪十四年五月初五日)[M]//清季台湾洋务史料.台湾文献丛刊第278种.台北:台湾银行,1969:64-65.

（三）创立新式邮政

建省之前,台湾亦仿照大陆旧制设立驿站,传递军书、公文。然而,旧有驿站办理废弛,文报不独迟延贻误,且多遗失。光绪十三年十二月十三日,刘铭传在设立台湾电报系统的同时,札饬台湾镇会同司、道等仿照西洋邮政局办法,妥议章程,将台湾各县所设驿站分别变通裁撤,由各县营兵,按站分递。并准代递商民私信,以节糜费,而速邮政。[①]

光绪十四年正月三十日,台湾邮政局章程颁布,委令道员陈鸣志督办,在台北府城创设邮政总局,分别在台北、台南设立总站,自二月初十日起一律按照新章开办。计全台南北设立邮政正站一十七处、腰站一十三处,东北及内旁道设立旁站一十一处,全台共计设立邮政正、旁、腰各站四十一处。嗣因添设县治,又设正站二处,总共四十三处。[②] 正站每站设头目、跑兵八名,旁腰每站设头目、跑兵四名,其通衢大道交通繁多者,酌准添派兵丁一二名。所有各站头目、兵丁,均由绿营拨派应用。头目日给津贴口粮银六分、兵丁日给津贴口粮银三分,并每站雇用书职一名,正站站书月给工食洋 11 元、旁站站书月给工食洋 8.5 元。公文邮件,由步行的邮差,即跑兵,每日按卯、未两班递送;每日自卯至酉,足有 6 时,每时限递 19 里,计一日可递 114 里。

邮政新法与旧式铺递不同之处,在于传递公文之外还收寄私人信件,从此商民人等可就邮站照章购票,附递信件,官商通行,尤称便捷。遇有误失,逢站查究,照价赔偿。统计邮局一年需用经费约在银 9000 两上下,比旧设驿站 50 处全年需用银 1.9 万两,可撙节银 1 万两。[③] 尽管当时邮递功能仅限于城市之间传递信息,一般人民及偏远地区未能充分利用此一组织,但比起大陆当时邮政尚附属于海关系统之内,由海关总税务司兼管,而台湾邮政却能率先实施自主改革,不能不说是一种很大的进步。

---

① 屠继善.恒春县志[M].台湾文献丛刊第 75 种.台北:台湾大通书局,1984:275.

② 台南府转行全台邮政局驿站改办邮政支数清单[M]//刘铭传抚台前后档案.台湾文献丛刊第 276 种.台北:台湾银行,1969:184-186.按上引《恒春县志》载"全台通设正站三十五处、旁站一十五处。"共计正、旁站五十处,而该志成书于光绪二十年,当是开办以后续有添设者。

③ 台南府转行全台邮政局驿站改办邮政支数清单[M]//刘铭传抚台前后档案.台湾文献丛刊第 276 种.台北:台湾银行,1969:184-186.

五、工矿企业的经营

基隆官煤厂原由钦差办理台湾等处海防大臣沈葆桢倡办,及沈氏奉调总督两江之后,煤厂的经营便移转到闽抚身上,成为一项经常性的地方政务。光绪二年,叶文澜奉派为矿务督办,在基隆组设矿务局,直接对闽省大吏负责。光绪十二年十一月,丁日昌渡海赴台,抵达台湾后的第一件事即为视察基隆煤矿,并派督办煤务的道员叶文澜分勘硫黄矿、铁矿。[①] 十二月十六日,丁日昌在其奏折中报告称:"基隆煤务已用机器举办,明春可开至煤层,以成本计之,每吨在一元三角左右,运至香港,则每吨可值五六元。计每吨可得余利三四元。该处民矿若用价一律由官买回自办,以断葛藤,将[来]山中之煤无尽,即公家之利无穷。"[②] 上述奏报似乎展示出基隆煤矿一片大好的前景。三年三月十二日,煤井"凿至二百六十九尺五寸",看见煤层,成色甚佳,其质坚亮,能耐久烧并少灰土,与外国上等洋煤相埒。丁日昌在上奏朝廷时称"台湾矿务以煤利为最大,用亦最广。……将来推广扩充,取不禁[尽]而用不竭。诚可利国利民,上舒圣廑"。[③] 然而,基隆官煤厂日后的发展并非如丁日昌所预料的那么乐观。

早期基隆官煤厂开采的技术或设计范围统由洋矿师翟萨主持办理。至于出煤后的疏运销售,工人的管理,员工薪资的发放,机器的采购,以及日常行政事项,属于业务经理范围,则由煤务局官员负责。三年十二月,机器安装完毕后煤厂开始正式生产,已具备了日产煤炭 200 吨的条件。四年,由于工人名额不足,且疾病流行,全年采出煤炭 1.6 万吨,算是一个初步的开端。五年,受雇工人日渐增多,外国工匠中 8 人虽因合同期满离台回国,但全年煤炭产量仍增为 3 万吨。六年初,煤炭产量仍未达到每天200 吨的水平,其后煤局官员奉命积极整顿,生产随而顺利进行,每周产量

---

① 丁日昌.为奏东渡亲勘台湾北路后山大略情形事(光绪朝月折档)[G]//台湾史料集成编辑委员会.明清台湾档案汇编:第4辑第78册.台北:远流出版事业股份有限公司,2008:385-387.

② 丁日昌.统筹台湾全局拟请开办轮路矿务[G]//中国第一历史档案馆,海峡两岸出版交流中心.明清宫藏台湾档案汇编:第189册.北京:九州出版社,2009:144-165.

③ 丁日昌.台湾煤务矿务办有头绪[G]//中国第一历史档案馆,海峡两岸出版交流中心.明清宫藏台湾档案汇编:第189册.北京:九州出版社,2009:434-438.

由 1000 吨增到 1300 吨,全年的煤炭产量共为 4.1236 万吨。七年,虽然受到台风和地震的影响,但全年的煤炭总产量仍较上年增加 30%,为 5.3606万吨。八年春季以后,矿师翟萨告假回国,台湾道委任船政学堂学生张金生接替,往后官煤厂的开采事宜又转入另一新的阶段。

官煤厂在创办之初对于煤井采出的煤炭,并未定有周全的疏运措施。光绪四年,台湾道曾计划改用上海拆运到台湾的铁路材料建筑八斗至基隆间的铁道,以便疏运煤炭,但未实行。煤局采用旧式驳船从煤港码头装载煤炭,趁风驶至基隆码头的疏运方式,因驳船不多及风向不顺,而大受影响,导致采出的煤炭积压在煤井附近。翟萨曾提出由煤局置备足用的煤船,并购置一小型汽艇拖曳煤船前往基隆码头,以增进疏运的效率,但煤局方面却迟迟未能实施。

官煤厂出产的煤炭,根据煤块大小及细碎程度分为官炭、总炭及粉炭三种,官炭优先供应福建船政局及兵轮之用,总炭及粉炭两类由煤务局自行营销。然而,官煤厂的营销绩效不佳,煤炭的售价远较民窑为高,总炭、粉炭等类又不大合于外国船只购运的条件。煤务局官员坐待主顾光临,偶或洽有大批交易,价银稍有出入,仍须层层向上请示,时间稽延,往往错过销售机会。至八年,积存未销的各色煤炭多至 40 余万石(约合 3 万吨)。以致"上等之煤渐化为次等,次等之煤更化为下等,下等之煤一火自焚,不值一文"。[①] 在管理方面,冗员浮费过多,主持乏人,成本过重,随处虚耗,任意报销,种种靡费,悉难枚举。[②]

闽省督抚等以台北煤务诸多亏折,一再批饬台湾道刘璈认真整顿。刘氏于八年二月拟定整顿煤务条规,规定:煤炭折耗限定最高成数,逾限应予分别赔罚;煤局员役工匠等日常需用煤炭,一律自行照价购用;煤层开挖情形,按月绘图呈报;煤局执事售货员,应按实裁减改派,不准滥用私人;每月

① 刘璈.详论煤务屯销利害由[M]//刘璈.巡台退思录.台湾文献丛刊第 21 种.台北:台湾银行,1958:34-38.
② 刘璈.致上海招商局唐观察煤务由[M]//刘璈.巡台退思录.台湾文献丛刊第 21种.台北:台湾银行,1958:32;刘璈.详论煤务屯销利害由[M]//刘璈.巡台退思录.台湾文献丛刊第 21 种.台北:台湾银行,1958:34-37;刘璈.禀遵批整顿煤务较核报册委员查议勾稽由[M]//刘璈.巡台退思录.台湾文献丛刊第 21 种.台北:台湾银行,1958:16-18.

拨煤收银账目,应将收欠还各款注明册报;招徕销路,剔除扣头及使用小费等类弊端。① 此外,为降低成本,还提出购置小轮船以改进煤厂煤炭的疏运,购置机器,将粉炭制成煤砖,提高售价,增辟销路等主张。然而,整顿未见成效,随后两年的产量,不增反降;与此相反,当年经费开支却由原来每月四五千两,增至 6000 两,其后又增至 8000 两。官煤厂亏折连连,陷入经营失败的困境。

光绪十年中法战争期间,为了避免资敌,刘铭传饬令所属部队前赴八斗拆移煤厂机器,炸毁煤井设备,放水流入矿坑,并将煤局房屋及坑口存煤 1.5 万吨焚毁。② 经营将及十载的台湾官煤厂,至此完全破坏。

光绪十一年五月,法军撤退之后,帮办福建军务大臣杨岳斌与刘铭传即到基隆安抚百姓,商办善后事宜。因经费所限,对于官煤厂的重建一时未能立即进行。商人张学熙乃乘机禀请承办原由官营的八斗煤矿,其条件是嗣后船政局在台采购煤炭,每百石减低价银 4 元,商方只领价银 20 元,一俟办有成效,再由官酌议抽厘。③ 刘铭传认为基隆煤矿交由商人承办,官方不仅不需筹垫经费,且此前煤务岁支经费银 10 余万两也可节省,因而批准照办。嗣因矿坑积水过深,张学熙无力购办机器,仅用人力排水,开办数月,亏折本银数千两,力不能支,而禀请退办。④ 为了供应江南机器局、福州船厂及兵轮用煤,刘铭传又与两江总督曾国荃、船政大臣斐荫森相商,由南洋、船政和台湾官方各凑资本银 2 万两,作为官股,并委派补用同知张士瑜招集商股 6 万两,合成本银 12 万两,作为官商合办事业。光绪十三年正月,官商合办的台湾煤务局成立,初期的产量并不理想,每天少的仅 25 吨,多的不过 50 吨。是年十一月后,新的采煤机器安装完成后,煤厂具备了日产煤炭 100 吨的能力,但出煤疏运的老问题又再度出现。非造铁路改

① 刘璈.禀陈煤务利病条略由(光绪八年二月二十九日)[M]//刘璈.巡台退思录.台湾文献丛刊第 21 种.台北:台湾银行,1958:21-23.

② 刘铭传.请将曹志忠移扎山后并拆移煤矿机器片[M]//刘壮肃公奏议.台湾文献丛刊第 27 种.台北:台湾银行,1958:172.

③ 刘铭传.奸商吞匿厘金道员通同作弊请撤任委署查办折(光绪十一年五月十三日)[M]//刘壮肃公奏议.台湾文献丛刊第 27 种.台北:台湾银行,1958:328-331.

④ 刘铭传.官办基隆煤矿片(光绪十三年十二月)[M]//刘壮肃公奏议.台湾文献丛刊第 27 种.台北:台湾银行,1958:351-352.

进运输,煤务不能获利。然而,煤局原有官商资本,用以办理机器工程已经捉襟见肘,实在没有再行修造铁路购买火车的能力。为了免致商股亏折,张士瑜于当年十二月禀请收归官办。①

改归官办后的基隆八斗煤矿,延至光绪十五年上半年煤炭日产量虽已增至100吨左右,但生产的条件却仍多欠缺,如矿区至基隆间运煤铁路的铺设,采煤机器的更新,及新矿区煤井的开辟等都亟待进行。依外籍矿师的计议,非增加本银100万两,力筹恢拓,煤局无法获利。然而,台湾经费支绌,官本无款可筹,商股不能再招。在刘铭传感到进退两难之际,久已企图开发基隆煤矿的英商认为机会已到,推范嘉士(Hankerd)为代表,出面揽办台湾矿务。六月,由矿务委员张士瑜与其会商承让条件,草签合同十一条。此项合同给予英商的权利与便利可谓应有尽有,其中自由选定矿区两处,矿区内外、员工房屋和码头屯煤处所等需用官地概行免租,以及20年之内全台非该商不准添用机器挖煤等项,尤为英商方面的特权;而台湾官方得到的利益,不过是每月按市价八折收购煤炭1000吨,出口煤炭每吨征收课赋银一角,并收回基隆煤矿官本银14万两而已。至于民营煤矿方面,不仅因此增重厘捐负担,且受诸多限制。②

不过,刘铭传在呈送合同的奏折中却认为台湾煤矿每年亏折银四五万两。以台湾弹丸之地,所入不敷所出;此项漏卮,无所底止。非设法变通补救,不能免此无穷之累。若由该英商承办,不特官本可以取回,即以20年计之,可免漏卮100万,关税并车路运价转可得数十万。利源既辟,商务更兴,于地方民生尤属有裨。③

然而,总理衙门并未赞同刘铭传的看法,庆亲王奕劻在复奏中认为合同所立各节大都为利益煤矿起见,而于本地民生殊有妨碍,必非民情所愿;且台地孤悬海外,基隆实为扼要之区;该处煤矿,乃中国自有之利。一旦付

　①　刘铭传.官办基隆煤矿片(光绪十三年十二月)[M]//刘壮肃公奏议.台湾文献丛刊第27种.台北:台湾银行,1958:351-352.

　②　台湾巡抚刘铭传奏陈英商承办基隆煤矿订拟合同请饬议定夺折(光绪十五年六月二十二日)[M]//清季台湾洋务史料.台湾文献丛刊第278种.台北:台湾银行,1969:70-74.

　③　台湾巡抚刘铭传奏陈英商承办基隆煤矿订拟合同请饬议定夺折(光绪十五年六月20二日)[M]//清季台湾洋务史料.台湾文献丛刊第278种.台北:台湾银行,1969:70-74.

诸外人,盘踞二十年之久,俨同地主;渐至建盖洋房、聚族日众,恐年满之后,又将别生枝节。尤可虑者,中国各省矿产,洋人垂涎已久,迭经相关将军、督、抚奏请设法阻止,杜其觊觎。若准英人开办煤矿,恐他国援以为例,纷纷要求;倘拒而不允,彼将谓"厚彼薄此",重烦辩论。似不值贪此小利,转贻外人以口实。庆亲王还认为台湾煤矿自创办以来,几费经营,方能具此规模。与其轻议更张,致滋流弊;曷若善为经理,自保利权。①

经总理衙门与户部会奏后,清廷认为刘铭传"办事殊属粗率",特传旨申饬,仍命其按照总理衙门原议慎选贤能、破除积习,将煤矿各事认真经理。② 刘铭传奉到上项上谕之后,于是年十月将煤局洋员裁退,委派候补知县党凤冈管理,经过整肃,收效明显,这一年官煤厂的产销数量都有增加,统计全年出口煤炭 43419 吨,仅次于光绪七年而已。

其实,刘铭传于委派党凤冈管理煤局之时,即已决定一面仍招华商另行接办的原则。光绪十六年六月,帮办全台抚垦事务的林维源访招富商蔡应维、冯城勋、林元胜等鸠资 30 万元,商定与官合办,为期 20 年。合办的方式,股份定为官一商二,由商缴还原矿本银 12 万两,承受矿存房屋机器,就应缴款项中以 10 万元作为资本,其余按月缴煤折价抵还;矿局一切业务由商负责经营,官不过问,将来无论赢亏,按照成本三股匀算。③ 经蔡应维等禀立合办章程,刘铭传认为所拟办法,尚为妥协,即予批准,定于七月初一日开办,仍一面奏报朝廷备案。可是,全案经户部咨商总理衙门认定基隆矿务经派员整顿后,甫有起色,又忽变为官商合办,上年洋商包办早已作为罢论,是否尚有影射冒充情弊,事属可疑;考核所定章程,又属必不可行,因而会奏请饬即行停止,照前遴员认真经理。朝廷认为所议各节"实属执

---

① 总理各国事务衙门奕劻等议奏刘铭传请将基隆煤矿改由英商范嘉士集资承办应毋庸置议折(光绪十五年八月初七日)[M]//清季台湾洋务史料.台湾文献丛刊第 278 种.台北:台湾银行,1969:75-76.

② 上谕台湾巡抚刘铭传奏请基隆煤矿改由英商承办殊属粗率着传旨申饬(光绪十五年八月初七日)[M]//清季台湾洋务史料.台湾文献丛刊第 278 种.台北:台湾银行,1969:77.

③ 台湾巡抚刘铭传奏官商合办基隆煤矿片(光绪十六年六月)[M]//清季台湾洋务史料.台湾文献丛刊第 278 种.台北:台湾银行,1969:79-80.

摘隐微,确中情弊",严谕刘铭传"将现办之局赶紧停止,不准迁延回护"。①刘铭传也因此获咎,受革职留任处分,同时遵奉谕旨饬令蔡应维等于九月二十日退办。而对基隆煤矿的经营,饬由藩司沈应奎与台湾道唐景崧会筹办法。光绪十六年十月,沈、唐详报会筹办法,历陈基隆煤矿不可停办的各种理由,主张暂仍其旧,万一出煤日绌,亏折日多,唯有暂行停采,另俟筹有巨款,再开新矿。户部及总理衙门对于基隆煤矿维持官办旧状,也是别无异议。

商人退办以后,基隆官煤厂出煤愈少,仅足维持制造局、船厂及官轮的需用。刘铭传因官护商办的煤务政策屡遭朝廷否定,并受革职留任的处分,而心灰意冷,于光绪十七年三月称病去职。官煤局由于八斗老井煤苗形将告竭,产量日益低落。邵友濂继任台湾巡抚之后采取紧缩政策,十二月,复将官煤局外籍矿师芮德(Reid)解雇。光绪十八年,官煤厂的采掘工作已经停止,而另开暖暖煤井的计划,依然未有定议;官煤局在形式上虽然仍维持旧状,但除了出售存煤外,实际上已经停产。同年十月,邵友濂正式饬令"暂将旧用机器封储,即行停止开采,以资撙节",②中国历史上第一座官办机器采煤厂就此寿终正寝。

六、兴办科技教育

在刘铭传推行的各项近代化建设中,以创办新式学堂最具意义。台湾建省时,开埠已有 20 余年,通商筹防动辄与洋人交涉,不仅无专门人才,外国语文亦少讲求。刘铭传初至台湾之时,由上海等处雇用翻译,要挟多端,尚非精通之人,工艺制造更少所知。

光绪十二年,刘铭传设"电报总局",着手架设全岛及闽台之间的海底电线,同时于台北大稻埕建昌街兴办电报学堂,培养电报技术专门人才,以应急需。③

① 清德宗实录选辑[M].台湾文献丛刊第 193 种.台北:台湾银行,1964:244.
② 台湾巡抚邵友濂奏报暂将台湾煤矿旧用机器封储即行停止开采(光绪十八年八月二十四日)[M]//清季台湾洋务史料.台湾文献丛刊第 278 种.台北:台湾银行,1969:94.
③ 刘铭传.购办水陆电线折(光绪十二年八月二十八日)[M]//刘壮肃公奏议.台湾文献丛刊第 27 种.台北:台湾银行,1958:256-258;许南英.窥园留草[M].台湾文献丛刊第 147 种.台北:台湾银行,1962:224;连横.台湾通史[M].北京:商务印书馆,1983:377.

台湾设省之后,刘铭传拟由官绅集资,延聘教习,就地培育人才。这一计划得到民间踊跃响应,光绪十三年三月正式设立西学堂,先后甄录二十余人,延聘英国人布茂林为教习,每日督课学生,学习外国语(以英语为主)及普通学科。①

同时派汉教习二人于西学余闲,兼课中国经史文字,既使内外通贯,亦以娴其礼法,不致尽蹈外洋习气。同时每季派员会同洋教习考校一次,别其差等,分行奖戒。或有不堪造就者,随时撤退补更。西学堂开办一年之后,刘铭传亲自加以考察,见学生所习语言文字,成效可观,甚为满意。于是又增加学生十余名,加聘洋教习一员,并计划学习图算、测量、制造等学科,为台湾培养机器制造、煤矿铁路等方面的专门技术人才。②

对于西学堂的开支,洋教习二员,月支修膳洋币三百五十元,汉教习二员,月各支修膳洋币五十元,共合库银三百二十四两。诸生由附生考入者月给银八两,由文童考入者月给银五两七钱,幼童月给银三两八钱。其学生座具及随时应用外洋图籍等项,据实开支,约计修膏杂费,年需银七千余两。③ 光绪十七年,根据刘铭传原先的规划,修建西学堂书院,以供学生住宿。④

光绪十八年,由于台湾省经费异常支绌,巡抚邵友濂以西学堂岁费巨款,实觉不赀。对合同届满的洋教习不再续聘,与中国教习分别咨遣。其在堂学生西学已经入门者,拨归机器、电报各局学习;其质业不甚相近者,遣令回籍,别图生计。并奏请将西学堂暂行裁撤,以资撙节。⑤

---

① 刘铭传.台设西学堂招选生徒延聘西师立案折(光绪十四年六月初四日)[M]//刘壮肃公奏议.台湾文献丛刊第 27 种.台北:台湾银行,1958:297-298.连横在《台湾通史》卷11 教育志称为光绪十六年设西学堂,时间有误。

② 刘铭传.台设西学堂招选生徒延聘西师立案折(光绪十四年六月初四日)[M]//刘壮肃公奏议.台湾文献丛刊第 27 种.台北:台湾银行,1958:297-298.

③ 刘铭传.台设西学堂招选生徒延聘西师立案折(光绪十四年六月初四日)[M]//刘壮肃公奏议.台湾文献丛刊第 27 种.台北:台湾银行,1958:297-298.

④ 陈衍.台湾通纪[M].台湾文献丛刊第 120 种.台北:台湾银行,1961:240.

⑤ 邵友濂.台湾西学堂经费支绌学生学业精邃者寥寥请暂行裁撤[G]//中国第一历史档案馆,海峡两岸出版交流中心.明清宫藏台湾档案汇编:第 221 册.北京:九州出版社,2009:97.

刘铭传主持台湾省政六年期间,任劳任怨,全力以赴,在人力物力财力不足,各方掣肘的情况之下,克服困难重重,推动台湾近代化建设,成就虽不理想,然已颇有可观,短短数年之间,台湾就成为中国最先进的省份之一。可以说,沈葆桢是台湾近代化建设的创始人,丁日昌承先启后,继之而起。刘铭传则是台湾近代化的实干家和集大成者,贡献尤大。历史学家连横称其是"大有勋劳于国家者","其功业,足与台湾不朽",[1]诚非过誉之辞。

——————————

　　① 连横.台湾通史[M].北京:商务印书馆,1983:645.

第十章　反对日本占领台湾的斗争

　　1894 年，日本利用东学党起义出兵朝鲜，并对中国海陆军发动突然袭击，挑起蓄谋已久的对华战争，史称"甲午战争"。中国仓促应战，在海陆战场上连遭败绩，北洋水师全军覆没。1895 年 4 月，日本强迫中国签订了《马关条约》，除了巨额赔款等之外，还强行割让台湾、澎湖及辽东半岛等给日本。割地条款引起中国人民的强烈愤慨，全国朝野上下掀起了声势浩大的反割台斗争。《马关条约》批准互换之后，以丘逢甲为首的台湾士绅决定自主保台，于 5 月 25 日成立"台湾民主国"，推巡抚唐景崧为总统，并致电清廷表示"台湾绅民，义不臣倭，愿为岛国，永戴圣清"。5 月 29 日，日军在台湾东北的澳底登陆，6 月 4 日，唐景崧逃往沪尾，匆匆内渡，"台湾民主国"溃亡。日军占领了台北后继续南下，台湾军民在新竹、台中、彰化、嘉义、台南等地展开了殊死的武装抗日斗争，给日军以很大打击。最后虽因力量悬殊而失败，但台湾军民用自己的鲜血和生命显示了中国人民保卫国家领土主权完整的坚强意志和浩然正气，在中国历史上写下了光辉的一页。

第一节　甲午战争与《马关条约》

一、甲午战争的爆发与日本对台湾的图谋

　　1874 年"牡丹社"事件后，日本并未放弃占领台湾的野心。1884 年法国海军进攻基隆、淡水期间，日本海军曾亲临观战，并拜访占领基隆的法国海军司令孤拔。1894 年，朝鲜东学道农民起义，中国和日本派兵入朝帮助平乱。但平乱后，日本拒绝退兵，进而于 1895 年 7 月 25 日突然袭击丰岛

附近的中国"高升"号运兵船,引发甲午中日战争。7 月 28 日,日本陆军向驻扎朝鲜的清军发起攻击。8 月 1 日,中日两国同时正式宣战,并派援军奔赴朝鲜。

战争爆发后,清军统帅叶志超既不主动进攻汉城的日军,又不择险据守,将部队收缩于平壤城内外,坐待日军完成对平壤的战略包围。9 月 14 日,日军兵分四路,对平壤发动进攻,老将左宝贵力战身亡。叶志超弃城而逃,渡过鸭绿江,退入中国境内。9 月 16 日,中日海军在黄海遭遇,双方鏖战 5 个多小时,北洋水师损失惨重,邓世昌等将领壮烈殉国。随后,李鸿章令北洋水师退守威海卫,放弃了黄海制海权。日军则发动了对中国本土的进攻。连下辽东半岛的九连城、凤凰城、岫岩、旅顺、大连等地,兵临山海关。

1894 年 10 月,日军从两路攻入辽东,对清军形成包围之势。清廷上层主和派抬头,寻求列强调停。11 月 3 日,恭亲王奕䜣在总理衙门会见英、美、德、法、俄五国公使,称中国愿以承认朝鲜独立及赔偿军费为条件,与日议和,请各国调停。[①] 五国中唯有美国表示愿意出面调停。11 月 6 日,美国驻日公使谭恩照会日本外交大臣陆奥宗光,表达美国调停中日战争之意愿。陆奥认为此时媾和时机尚未成熟,中国国内主战言论仍高涨,必须对中国进行"更沉重的打击"[②],"使清国产生更为恐惧的心理"[③],才能逼迫中国接受苛刻的议和条件。一番深思熟虑后,日本决定暂时不予明确回复,表示若美国愿意居中转递消息,将"深愿倚赖美国政府的厚谊"。[④]随后,清廷托美驻华公使田贝向日本提出前述拟定的媾和条件。[⑤] 但是,承认朝鲜独立和赔偿军费显然不能满足日本的野心。早在 1894 年 10 月初,日本外务大臣所草拟的最早的三套媾和方案,已把割占土地视为基本要求:"甲案:一、中国承认朝鲜独立,不干涉朝鲜内政;割让旅顺口及大连

① 总署为请美英俄德法各使调停中日战事致杨儒等电[M]//戚其章.中日战争:第 1 册.北京:中华书局,1989:486.

② 陆奥宗光.蹇蹇录[M].北京:商务印书馆,1963:111.

③ 藤村道生.日清战争[M].上海:上海译文出版社,1981:128.

④ 陆奥宗光.蹇蹇录[M].北京:商务印书馆,1963:112.

⑤ 在美国转递信息前,日本已先从德、俄等处获知清廷的具体条件.陆奥宗光.蹇蹇录[M].北京:商务印书馆,1963:103.

湾于日本,作为永久保证;二、中国赔偿日本军费;三、中国以其与欧洲各国所缔结的现行条约为基础,与日本缔结新条约,并在履行上述条件以前,中国应予日本政府充分担保。乙案:一、由列强担保朝鲜独立;二、中国将台湾全岛割让于日本;其他条款与甲案相同。丙案:在日本政府宣布停战条件以前,先要问明中国政府的意向如何。"① 不过,当时日本军事上虽处优势,战事毕竟尚未蔓延至中国,提出割占远离战场的台湾并不符实际,日本总理大臣伊藤博文也未把台湾视为必得的条件。

11 月 27 日,日本递交美国驻日公使一份备忘录,拒绝了中国的和议条件,并称中国若有诚意和谈,"可任命具备正当资格之全权委员,日本政府当于两国全权委员会商时,宣布日本政府之停战条件"。② 与此同时,日本提出"干预作战"政策,即根据即将展开的媾和谈判重新调整战略部署,扩大对清廷的军事压力,以期最大限度掠取侵略权益,这其中就包含争取割占台湾。

不过日本内部对未来的军事行动产生了分歧。日本军方多主张进行冬季作战,乘胜攻入山海关,进军直隶,以威胁清廷权力核心地域。但这遭到内阁总理伊藤博文的反对,他认为若进攻直隶,战线过长,补给不易,难度太大。同时,还容易招致列强的干涉。因此,1894 年 12 月 4 日,伊藤在"应进攻威海卫并攻略台湾之方略"中,建议日军一方面"宜渡海进攻威海卫",一方面"须与此同时夺取台湾"。这一兼具外交考虑的策略,显示伊藤对东亚局势的清醒认识,其意在避免引起列强的干涉,同时也迎合朝野的议论,尽可能扩充其侵略权益。③ 日军大本营接受了伊藤的建议,日军作战行动因之做了调整。1895 年 1 月 20 日,日军在山东半岛的荣成湾登陆,大举进攻威海卫。2 月,日军攻陷威海卫,北洋水师覆灭。

二、日本攻占澎湖与割台条件的成熟

在澎湖陷入战争前后,中日两国间的媾和谈判已正式拉开,而媾和条

① 陆奥宗光.蹇蹇录[M].北京:商务印书馆,1963:106.
② 陆奥宗光.蹇蹇录[M].北京:商务印书馆,1963:113.
③ 藤村道生.日清战争[M].上海:上海译文出版社,1981:128-130;伊藤博文.机密日清战争(摘译)[M]//戚其章.中日战争:第 7 册.北京:中华书局,1996:128.

件之争,主要在于割地问题。为了赶在达成协议以前"获得南进的基地",造成占领台澎的既成事实,增加谈判筹码。① 日军攻占威海卫后,加紧着手实行南进台湾的战略。1895 年 2 月,日本在广岛组织由海陆军联合构成的"南征军",由海军中将伊东祐亨率领,陆军混成支队则由步兵大佐比志岛义辉任队长。"南征军"征调了包括联合舰队主力巡洋舰松岛、严岛、桥立、千代田、吉野、浪速、高千穗、秋津州八艘军舰,以及水雷艇、运输舰、补给舰、医疗船等各类舰只,总兵力约 1 万人,其中陆军 5400 人(包括佣役军夫 2400 余人)。3 月 15 日,"南征军"从九州佐世保港起航,20 号下午抵澎湖群岛南端的将军澳屿。

清廷深悉日本人的野心,已加强台澎的防务。甲午战前,澎湖的守军仅三营,兵员约 1500 人。战争开始后,清廷考虑到澎湖守备空虚,从湖南、广东、福建以及台湾等地增派援兵,澎湖驻军增至十三营,包括步兵十二营、炮兵一营、水雷一队,兵员总数有 6000 余人。清军的防守重心布置在圆顶半岛沿岸,主力阵地置于大城一带。

早在 3 月 6 日,日军间谍曾利用法国军舰掩护,到澎湖天妃澳刺探港路,并登岸侦查清军防务。守军将领周振邦疏于防范,反倒设宴款待,使得日军轻易获得澎湖的详细军情。并以此制订周密的作战计划,决定把登陆地点设在清军守备空虚的里正角湾。②

日军本计划于 3 月 21 日发动进攻,是日旗舰"吉野"号碰暗礁搁浅,次日风浪过大,日军迟至 23 日才正式发动对澎湖的攻击。当日,伊东祐亨命令高千穗、浪速、秋津州三舰率先朝澎湖进发,松岛、桥立、严岛三舰运输舰等随后。9 时 20 分,日舰升起"开战"旗。大城北炮台的清军发觉日军动向后,守将熊国昌即令开炮轰击,"先后中倭船二艘,将沈未沈之际,被其余倭船拖带而去"。③ 日浪速、高千穗、秋津州三舰朝炮台排炮猛轰,双方展开激烈炮战。11 时 30 分,日舰在里正角集中,运输舰驶近海岸,日军登陆部队在炮火掩护下,在里正角西侧良文港陆续登岸。大城北炮台的清军见

① 藤村道生.日清战争[M].上海:上海译文出版社,1981:139.

② 攻台战纪[M].许佩贤,译.台北:远流事业出版股份有限公司,1995:76-78.

③ 署台湾巡抚唐景崧奏查明澎湖失守情形折[M]//中国史学会.中日战争:第 4 册.上海:上海人民出版社,上海书店出版社,2000:104-105.

此,转向良文港轰击,但遭到日本军舰集中火力打击,炮台"暂时衰歇,逐渐静了下来"。① 到下午 2 时许,日军混成支队已全部登陆,并占领良文港。清军炮台守军虽仅有宏字营一哨,仍坚持炮击到 2 时 30 分左右。

良文港一带守卫空虚,日军得以顺利登陆,而后迅速抢占西北的高地。据高地以西约 2000 米的大武山是通向大城北炮台及马公城的必经之路。日军分兵两路向太武山进攻。镇守太武山的清军督带林福喜率队迎战,"奋勇直前,血战至晚",伤亡六七十人,终力战不敌败走,退往大城北社西方高地,日军占领太武山。②

澎湖总兵周振邦与候补知府朱上泮闻知日军占领太武山,约定翌日三更各派一营偷袭日营。23 日夜,朱上泮夜宿太武山炮台,但周振邦援兵不至。朱上泮遂于 24 日凌晨 5 时独自率右营三哨,东进袭营。又令前后营各两哨随后接应。前队行至西溪,与前来攻击炮台的日军前锋遭遇。此时天色微明,炮台高地浓雾弥漫,视野模糊,日军利用低洼地形潜伏侧击,清军猝不及防,守备宋承进、把总陈喜清等 6 人当即阵亡。负责接应的四哨清军及时赶到,"大呼陷阵",稳住阵脚,与日军展开近战,清军作战英勇,双方几乎到了肉搏的距离。③ 日军紧急把作为后备队的第六、第七中队投入战斗,清军伤亡大半,余下部队被逼后退,凭借村落边缘的墙壁继续抵抗。日军乘胜分两路攻向大城北炮台及附近的高地。5 时 50 分,日军炮队与舰炮的掩护下,冒着渔翁岛西屿炮台的炮火,正面猛攻炮台。炮台仅剩少量守军坚守,朱上泮亲自督战,忽被炮火击中,倒地昏迷,后被部下救走。都司朱朝贵、参将朱荣昌、守备孙殿勋、千总罗得标等阵亡。清军寡不敌众,败退乌崁社,部分退至圆顶半岛,多数则退往马公城。

6 时 30 分,日军完全占领大城北炮台。接着,日军立即组织部队进逼马公城。此时,前来援助大城北炮台的周振邦在途中见到清军败退,丧失斗志,即由鼎湾转至中墩岛撤走。上午 11 时左右,日军到达马公城下,开始攻城。西屿炮台仍全力轰击日军,支援作战。但马公城守军见主帅逃

---

① 攻台战纪[M].许佩贤,译.台北:远流事业出版股份有限公司,1995:80.

② 署台湾巡抚唐景崧奏查明澎湖失守情形折[M]//中国史学会.中日战争:第 4 册.上海:上海人民出版社,上海书店出版社,2000:105;攻台战纪[M].许佩贤,译.台北:远流事业出版股份有限公司,1995:82.

③ 攻台战纪[M].许佩贤,译.台北:远流事业出版股份有限公司,1995:84.

走,军心动摇,大部分都已退走,剩清军督带林福喜集合余部,"独力鏖战时久,力竭兵单,遂致挫败"。[1] 至12时,马公城已被日军攻陷。

在进攻马公城的同时,日军海军陆战队奉命追击退往圆顶半岛的清军,并切断圆顶半岛与澎湖列岛的联系,逼迫半岛上的守军放弃抵抗。[2] 25日深夜1时,镇守圆顶半岛的郭润馨遣使投降。下午1时,渔翁岛守将刘忠樑等见大势已去,毁坏西屿炮台后逃散。澎湖群岛至此落入日军手中。

进攻威海卫和占领澎湖群岛是日本"干预作战"策略的重要环节,为在最终媾和中提出割占土地创造条件,即"所谓歼灭北洋舰队,控制台湾,以造成有利的和谈条件,并获得割取台湾的'根基'"。[3] 随着战局的发展,尤其是"干预作战"策略的完成,日本割占台澎的条件日趋成熟。

日本最终提出割占台湾,与列强的态度也有密切关系。中日战争直接牵涉到列强在华及远东的利益,也正因此,中日媾和过程中,列强扮演了重要的角色。其中,英、俄在华利益最大,态度也最积极。英国主要关心在华的商业利益,担心受到战争影响。1894年10月初,英国曾提议德、法、俄美共同干涉中日战争。之后,英国从各方情报逐渐了解到日本的意图,对日本割占台湾采取默认的态度。俄国关心其在东北与朝鲜的利益,明确反对日本割占大陆领土,但"对合并台湾不表示异议"。[4] 甚至表示愿意劝说中国依日本要求,派遣有割地、赔款等权力的"全权使臣"赴日谈判。德法等国对台湾虽有野心,但了解日本占有台湾的意图后,并不表异议,甚至认为日本割占台湾已不可避免。而这种态度,自然坚定了日本割台的决心。1895年2月17日,陆奥宗光在俄国表示不反对割占台湾后,致电驻俄公使说:"现今形势之下,日本国不能从要求割让金州半岛及台湾后退一

① 署台湾巡抚唐景崧奏查明澎湖失守情形折[M]//中国史学会.中日战争:第4册.上海:上海人民出版社,上海书店出版社,2000:105.
② 日清战争实记选译[M]//戚其章.中日战争:第8册.北京:中华书局,1994:476.
③ 藤村道生.日清战争[M].上海:上海译文出版社,1981:130.
④ 日本外交文书选译(下)[M]//戚其章.中日战争:第10册.北京:中华书局,1995:59-60.

步。"①这成为日本领土要求的基调。

三、《马关条约》与台湾的割让

中日媾和之初，日本便抱定割地、赔款作为和议条件。为保证贪欲得到满足，日本决定在中国没有接受割地条件之前，不予正式谈判。为了达成目的，日本一面加强军事打击，一面拖延正式谈判。陆奥宗光就直白地说："据我之见，即使谈判开始后，也不实行停战。如果中国迫切希望停战，则要待我们提出的有利的三个条件得到保证以后方可答应。"②所谓三个条件，即承认朝鲜独立、割让土地和赔款。在外交上，日本一面刺探列强对其媾和条件的态度，一面又不愿提前泄露具体要求，避免招致列强的干涉。

正式谈判前，清廷急于了解日本的媾和条件，在尚未接到日本是否同意媾和的回复时，李鸿章认为日本"方志得气盛，若遽由我特派大臣往商，转虑为彼轻视"，建议采取折中的方式，选派洋员先行赴日，探听其媾和条件。③ 清廷采纳这一建议。11 月 19 日，李鸿章派天津海关税务司德国人德璀琳赴日，携带李鸿章的照会求见伊藤博文。日方则以这一照会并非国书，且德璀琳并非中国人，拒绝了德璀琳的来访，清廷只得召回德璀琳。接着，清廷按照日本要求，于 1895 年 1 月底，派尚书衔总理衙门大臣户部侍郎张荫桓、兵部右侍郎署湖南巡抚邵友濂作为"全权代表"赴日议和。但日本又以"全权不足"为托词，拒绝与张、邵谈判，并暗示清廷必须派"有力者"如奕䜣或李鸿章作为谈判代表。④ 张、邵赴日前后，日军加紧实施"干预作战"计划，1895 年 2 月，日军攻陷威海卫，北洋水师全军覆没，清廷已丧失继续作战的信心，"时事如此，战和皆无可恃"⑤，不得已依日本要求派李鸿

---

① 日本外交文书选译(下)[M]//戚其章.中日战争:第 10 册.北京:中华书局,1995:60.

② 日本外交文书选译(上)[M]//戚其章.中日战争:第 9 册.北京:中华书局,1994:478.

③ 姚锡光.东方兵事纪略[M]//中国史学会.中日战争:第 1 册.上海:上海人民出版社,上海书店出版社,2000:79.

④ 陆奥宗光.蹇蹇录[M].北京:商务印书馆,1963:126.

⑤ 翁同龢.翁文恭公日记(乙未正月十六日)[M]//中国史学会.中日战争:第 4 册.上海:上海人民出版社,上海书店出版社,2000:535.

章作为全权代表出使日本。

日本方面,经过数月的战争,日军同样已是强弩之末,"国内的海陆军备不仅几成空虚,而且去年以来经过长期战斗的舰队以及人员、军需等均告疲劳缺乏"①,难以再发动更大规模的进攻。且军事上既已取得决定性胜利,割地要求也成公开的秘密,继续隐瞒媾和条件反倒容易引起列强的猜忌与干涉,日本决定诱使中国尽快再派出使臣媾和,"速行停止战争,恢复和平,以改变列强的视听"。于是日本在占领刘公岛当日,即 2 月 17 日,底气十足地要求中国:"非有割地之全权大臣不必来日。"次日,日本确认清廷未接到新的要求前已先行指派李鸿章使日。2 月 19 日,日本又专电要求必须"保证"李鸿章是按照"本月 17 日日本政府电示之条件"派遣的"全权大臣"。②

面对咄咄逼人的日本,清廷左右为难。而割地事关重大,慈禧和光绪都迟迟不敢下决定。2 月 22 日,李鸿章到京请训,先奏称"割地之说不敢担承,假如占地索银,亦殊难措,户部恐无此银",后又表示"割地不可行,议不成则归耳",态度甚坚决。③ 李鸿章其实深知此番媾和,非割地难成,这样表态,无非是不愿担负割地的罪名。该日廷议割地问题时,枢臣发生激烈争执。军机大臣孙毓汶、徐用仪力言唯有割地始能和议,"必欲以割地为了局"。而翁同龢则强调"偿胜于割",希望以赔款代替割地。双方力争不下,数日未决。24 日,李鸿章遍访英、德、俄等国驻京公使,请求出面帮忙抵制日本的割地要求,但遭到拒绝。④ 德使正告,"若不迁都,势必割地"。⑤ 25 日,廷议,李鸿章、奕䜣认为日本野心极大,"注意尤在割地",然事机紧

　① 陆奥宗光.蹇蹇录[M].北京:商务印书馆,1963:158.

　② 陆奥宗光.蹇蹇录[M].北京:商务印书馆,1963:129-130.

　③ 翁同龢.翁文恭公日记(乙未正月二十八日)[M]//中国史学会.中日战争:第 4 册.上海:上海人民出版社,上海书店出版社,2000:538.

　④ 英国外交文件(下)[M]//戚其章.中日战争:第 11 册.北京:中华书局,1996:797-799.

　⑤ 翁同龢.翁文恭公日记(乙未正月三十日)[M]//中国史学会.中日战争:第 4 册.上海:上海人民出版社,上海书店出版社,2000:539.

迫,"非此不能开议"。① 翁同龢虽不认同,却也无可奈何。割地之议基本确定。3月2日,奕䜣传光绪面谕,正式予李鸿章以"商让土地之权"。② 李鸿章随后上奏,谈论让地原则:"惟形势则有要散,论方域则有广狭;有暂可商让者,即有碍难允许者。臣必当斟酌轻重,力与辩争。"③ 而李鸿章折中所谓"散地",即台湾。当夜,李鸿章与翁同龢长谈,议及割地问题,翁同龢言"台湾万无议及之理"。④ 但同日,慈禧密召李鸿章议事,已允"以辽东或台湾予之,如不肯则两处均予"。⑤ 次日,奕䜣、奕劻等王公大臣联名会奏,确认让地之权应以"宗社为重,边徼为轻"为原则(实际上就等于默许割让台湾),并命李鸿章即日启程。⑥

3月14日晨,李鸿章携其子参议李经方,以及参赞罗丰禄、马建忠、伍廷芳,美国顾问科士达等人共135人,自天津搭乘德国商轮"公义"号赴日谈判。3月19日晨,抵日本马关。自3月20日至4月17日,以李鸿章为首的中国代表在春帆楼与日本代表伊藤博文、陆奥宗光等人举行了七次会谈。首日谈判时,双方互换敕书。中方要求正式媾和谈判以前,先议定停战问题,并宣布英文备忘录,伊藤博文答应明日回复。21日下午举行第二次谈判,伊藤提出停战条件,内容包括由日军占领大沽、天津、山海关,并解除该地的中国军队武装;天津、山海关间的铁路归日本军官管辖;停战期间的军费由中国承担等。如此极端苛刻的条件,李鸿章无法接受,再三肯商,伊藤拒不松口。日方故意提出严苛的条件,意在让李鸿章知难而退,接受不停战而议和。双方往复争辩,未达成共识。最后,约定李鸿章三日后答

---

① 北洋大臣李鸿章奏为遵旨奉使日本议和预筹商谈方略折[M]//戚其章. 中日战争:第2册. 北京:中华书局,1989:458-459.

② 北洋大臣李鸿章奏为遵旨奉使日本议和预筹商谈方略折[M]//戚其章. 中日战争:第2册. 北京:中华书局,1989:459.

③ 北洋大臣李鸿章奏为遵旨奉使日本议和预筹商谈方略折[M]//戚其章. 中日战争:第2册. 北京:中华书局,1989:459.

④ 翁同龢. 翁文恭公日记(乙未二月初六日)[M]//中国史学会. 中日战争:第4册. 上海:上海人民出版社,上海书店出版社,2000:540.

⑤ 汪委员来电[M]//张之洞. 张之洞全集:第8册. 石家庄:河北人民出版社,1998:6127-6128.

⑥ 恭亲王奕䜣等奏为传谕李鸿章予以让地之权令其与日定议折[M]//戚其章. 中日战争:第2册. 北京:中华书局,1989:164.

复是否撤回停战要求。清廷获知停战条件后,只得令李鸿章先谈和约条款。24 日,双方举行第三次会谈。李鸿章表示放弃停战要求。双方决定 25 日上午进行正式和议谈判。会谈中,伊藤突然透露日本正派兵往攻台湾,李鸿章震惊之余马上追问:日方不愿停战,是否因向台湾用兵之故?伊藤矢口否认。但实际上日军已于前一日发动对澎湖的进攻,且进展顺利。李鸿章警告,若日本攻占台湾,将会招致英国干涉。伊藤则称此事与英无关。会谈结束后,李鸿章在返回住所途中遭日本浪人行刺受伤,震惊内外朝野,各国舆论哗然。日本政府狼狈不堪,既担心李鸿章因之回国,中断谈判,又深恐招致列强干涉,逼迫日本让步。于是,日方一面由日皇派侍医为李鸿章诊治,皇后亲制绷带,并派护士照料,一面表示愿意无条件停战,以延续谈判。28 日,陆奥宗光亲至李鸿章住所提出停战协议草案。李鸿章欣然同意继续谈判,并对停战条款作了修改,但"将休战范围扩大到南征军即台湾诸岛"的要求没有被接受。不过对李鸿章来说,能够实现停战,已感到满意,没有再强争。3 月 30 日,双方签订了《中日停战协定》六款。表面上,这一停战协议是在日本处于各方压力情况下被迫签订的,实际上日本却巧妙利用这一停战达到自己的目的,尤其范围仅限于奉天、直隶、山东等地,台澎未在其中,这等于是为日本割占台湾预留条件;而限定停战期为 3 周,则不啻逼迫中国必须在期限内满足日本的要求。

1895 年 4 月 1 日,中日双方举行第四次谈判。陆奥宗光向李经方出示了和约底稿,提出包括承认朝鲜独立、割地、赔款、通商在内等 11 款条件,要求割占盛京省南部地方、台湾全岛及其附属诸岛屿及澎湖列岛,并限 4 日内答复。即日下午李鸿章将和议底稿电告清廷,特别指出"查日本所索兵费过甚,无论中国万不能从,纵使一时勉行应允,必至公私交困,所有拟办善后事宜,势必无力筹办。且奉天为满洲腹地,中国亦万不能让",日本若不取消割占"奉天南边各地",并大量删减赔款,"和局必不能成","唯有苦战到底"。同时,李鸿章仍把希望寄托于列强干涉,他接受科士达的建议,请总署将割地、赔款等项透露给英、俄、法等国公使,通商要求则保密,防止列强趁机要求权益均沾。但这些密电当时已被日方解读,陆奥即刻针对性地展开反列强干涉的外交活动。李鸿章在电文中,未提及台湾、澎湖亦是"万不能让"的地区,①日方知晓李鸿章更加重视盛京南部地区,这就增加未来反对台湾割让的难度。

4月3日,清廷接李鸿章电后,见日方索求条件之苛刻,"殆难就范",紧急商讨对策。光绪意在"速成",但又难以接受日本的割地要求。李鸿章在电文中,表露了弃台澎保奉天的意向,清廷虽然已做了最坏的打算,但割地事大,不敢轻允。枢机大臣为此发生激烈争议,翁同龢力陈台湾不可弃,与世铎、奕劻龃龉,奕䜣主交廷议而持之不坚,接连两日,议无所决。② 李鸿章等不到清廷正式复电,只得在期限规定最后一天(4月5日),经清廷许可后,自行提出一份长篇说帖,除认同朝鲜独立外,对割地、赔偿军费、通商权利等项加以辩驳。③ 这一份说帖在割地问题上,仅强调"奉天南边割地太广,日后万难相安",并未述及台澎,说明此时李鸿章仍按出京时预备的方案,希望以默认割让台湾来保住奉天南部地区。④ 陆奥宗光对于李鸿章的笼统回复很不满意,担心这样会拖延谈判进程。6日,日本照会李鸿章,要求依照草案条款,"对全部或每条允诺与否"予以明确答复接受,若有修改意见,也必须逐一说明,并以"约文之体裁"⑤陆奥的回复让李鸿章预感到单割让台澎恐难以满足日方的贪欲,当日,李鸿章电告清廷:停战期临近结束,请求尽早指示,"若欲和议速成,赔款恐须过一万万,让地恐不止台澎"⑥。

日本的议和条件传回国内,当即引起愤怒的声讨,不少官员上书要求拒割土地。此时澎湖已陷落,停战范围又不含台澎,国人更加担心台澎将落入日本,反割台舆论的兴起,这让清廷更难下决心按前议弃台。8日,清

---

① 李鸿章.寄译署[M]//李鸿章全集(三):电稿三.上海:上海人民出版社,1987:478.

② 翁同龢.翁文恭公日记[M]//中国史学会.中日战争:第4册.上海:上海人民出版社,上海书店出版社,2000:546-547.

③ 李鸿章.寄译署[M]//李鸿章全集(三):电稿三.上海:上海人民出版社,1987:483;陆奥宗光.蹇蹇录[M].北京:商务印书馆,1963:142-145.

④ 译署来电[M]//李鸿章全集(三):电稿三.上海:上海人民出版社,1987:485.

⑤ 陆奥宗光.蹇蹇录[M].北京:商务印书馆,1963:146.

⑥ 李鸿章.寄译署[M]//李鸿章全集(三):电稿三.上海:上海人民出版社,1987:483.

廷接到李鸿章的报告后,质问李鸿章为何在说帖中仅谈奉天南边割地太广,而未叙及如何争辩台澎。且李鸿章称"让地恐不止台澎",似割让台澎已成定案,更让人怀疑李鸿章在抗拒割台问题上过于消极:"究竟说帖数千言中及面晤伊藤等时,曾否辩论及此?电语殊觉简略。"为此,清廷特别强调:"南北两地,朝廷视为并重,非至万不得已,极尽驳论而不能得,何忍轻言割弃。"该日,慈禧也放言"两地皆不可弃,即撤使再战亦不恤也"①。但既无再战之决心,割地已成必然。在同日的电报中,清廷又指示李鸿章:"即如割地一端,奉省乃陪都重地,密迩京师,根本所关,岂宜轻让;台湾则兵争所未及之地,人心所系,又何忍辄弃资敌。既不能概行拒绝,亦应权其利害轻重,就该大臣之意决定取舍。"②后又言:"先将让地应以一处为断,赔款应以万万为断,与之竭力申说。"③实际上,再次把让地之权交与李鸿章。李鸿章回电则表示:"鸿断不敢轻允割弃,已于另备节略中驳论及此……旨饬让地以一处为断,极是正论,自应如此立言,不知将来能否办到。"李鸿章还提出,在割地问题上,尽量以日军实际占领的情况为依据,"敌所已据处,争回一分是一分,其所未据处,丝毫断不放松也。"④

但清廷弃边地保陪都只是一厢情愿的想法。同日,日本又邀新任全权大臣李经方至行馆会谈,李经方要求对赔款与割地两项再做磋商。伊藤断然拒绝:"赔款数额虽可略减,但决不能做大量削减;割地则奉天、台湾皆须割让。"并危言恫吓:"希中国使臣能深切考虑现在两国之间的形势,即日本为战胜者、中国为战败者之事实。前者由于中国请和,日本应允,始有今日之议和,若不幸此次谈判破裂,则我一声令下,将有六七十艘运输船只搭载增派之大军,舳舻相接,陆续开往战地,如此北京的安危亦有不忍言者。如再进一步言之,谈判一旦破裂,中国全权大臣离开此地,能否再安然出入北京城门,恐亦不能保证。"⑤李鸿章获知伊藤博文的强硬态度后,"再四筹

①　翁同龢.翁文恭公日记[M]//中国史学会.中日战争:第4册.上海:上海人民出版社,上海书店出版社,2000:547.

②　译署来电[M]//李鸿章全集(三):电稿三.上海:上海人民出版社,1987:484.

③　译署来电[M]//李鸿章全集(三):电稿三.上海:上海人民出版社,1987:485.

④　复译署[M]//李鸿章全集(三):电稿三.上海:上海人民出版社,1987:486.

⑤　陆奥宗光.蹇蹇录[M].北京:商务印书馆,1963:147.

思，时迫事急"，决定不待清廷回复，于次日将和议修正案提交日本，其中的割地条款改为：一为奉天省南边四厅州县地方，包括安东县、宽甸县、凤凰厅、岫岩州；二为澎湖列岛。[①] 同时，电告总理衙门做好对日本的反应的最坏打算，"倘彼犹不足意，始终坚执，届时能否允添？乞预密示。否则只有罢议而归"，"停战展期已绝望，请饬各将帅及时整备为要"。[②] 这一修正案的提出其实说明李鸿章已意识到前与清廷谋划的"宗社为重，边徼为轻"策略已失败，遂按现日军占领范围，提出允让地区。李鸿章的行动早为日方所侦知。一旦李鸿章罢议而归，战事又起，这并非日方所愿意看到的。日皇即认为，万一谈判决裂，即使在北京订城下之盟，"难免要受外国之干涉，最后割据领土也将成为泡影"。[③] 于是，日本决定做出让步。

4月10日下午，中日双方进行第五次谈判。李鸿章伤势已愈，亲自参加了会谈。日方提出修正案，对和议条件做出些许让步，其割地的范围和赔款的数量虽有所减少，台湾全岛及澎湖列岛仍依前案。伊藤博文同时强横表示："但问允不允而已，无可再商。"[④]李鸿章据理力争，希望日方放弃割占营口和台湾两地。当时辩论情形如下：

> 李云：台湾全岛，日兵尚未侵犯，何故强让？伊云：此系彼此定约商让之事，不论兵力到否。李云：我不肯让，又将如何？伊云：如所让之地，必须兵力所到之地，我兵若深入山东各省，将如之何？李云：此日本新创办法。兵力所已到者西国从未全据，日本如此，岂不贻笑西国？伊云：中国吉林、黑龙江一带，何以让与俄国？李云：此非因战而让者。伊云：台湾亦然。此理更说得去。李云：中国前让与俄人之地，实系瓯脱，荒寒实甚，人烟稀少。台湾则已立行省，人烟稠密，不能比

---

① 陆奥宗光.蹇蹇录[M].北京：商务印书馆，1963：148.

② 李鸿章.寄译署[M]//李鸿章全集（三）：电稿三.上海：上海人民出版社，1987：488.

③ 信夫清三郎.日本外交史：上册[M].天津社会科学院日本问题研究所，译.北京：商务印书馆，1980：281.此时日本还受到来自列强的压力。俄国等列强了解日本的媾和条件后，对日本施加压力，让日本担心会遭到列强的干涉。戚其章.甲午战争国际关系史[M].北京：人民出版社，1994：383-392.

④ 寄译署[M]//李鸿章全集（三）：电稿三.上海：上海人民出版社，1987：495.

也。伊云:尺土皆王家之地,无分荒凉与繁盛。①

当日谈判最后,李鸿章仍做努力,再言"营口还请退出,台湾不必提及"。伊藤则再次以武力威吓:"广岛有六十余只运船停泊,计有二万吨运载,今日已有数船出口,兵粮齐备。"并限三日答复。② 此后数日,李鸿章仍想争取日方进一步放松条件,但遭伊藤博文一再拒绝,称 4 月 10 日所提出之条件为最后条件,"无可再行商让"。③ 清廷还提出"许日以矿利,而土地人民仍归我有"或"允其割台之半,以近澎台南之地与之,台北与中国相对,仍归中国"等方案,均被伊藤博文所拒。④ 14 日,伊藤博文再度威胁中断谈判,重新开战。李鸿章请示总理衙门,"事关重大,若照允,则京师可保,否则,不堪设想"⑤。4 月 15 日,总理衙门连复两电谕李鸿章定约:"十八日所谕各节,原冀争得一分有一分之益,如竟无可商改,即遵前旨与之定约。"⑥

4 月 15 日,中日举行第六次会谈。李鸿章仍试图争取日方在台湾和营口等问题上做让步。但伊藤已截获清廷允约的情报,寸步不让。最后,在 17 日的第七次会谈时,李鸿章与日本全权代表签订了空前丧权辱国的《马关条约》,其第二款第二、三项及第五款为割台条款,内容为:

> 第二款,中国将管理下开地方之权,并将该地方所有堡垒军器工厂及一切属公物件,永远让与日本:
>
> 二、台湾全岛及所有附属各岛屿;
>
> 三、澎湖列岛,即英国格林尼次东经 119 起至 120 止,及北纬 23 至 24 之间诸岛屿。
>
> 第五款,本约批准互换之后,限二年之内,日本准中国让与地方人民愿迁居让与地方之外者,任其变卖所有产业,退去界外;但限期满之

---

① 蔡尔康.中东战纪本末[M]//中国史学会.中日战争:第 5 册.上海:上海人民出版社,上海书店出版社,2000:413.

② 蔡尔康.中东战纪本末[M]//中国史学会.中日战争:第 5 册.上海:上海人民出版社,上海书店出版社,2000:414.

③ 陆奥宗光.蹇蹇录[M].北京:商务印书馆,1963:152.

④ 译署来电[M]//李鸿章全集(三).电稿三.上海:上海人民出版社,1987:490,494;寄译署[M]//李鸿章全集(三):电稿三.上海:上海人民出版社,1987:497.

⑤ 寄译署[M]//李鸿章全集(三):电稿三.上海:上海人民出版社,1987:497.

⑥ 寄译署[M]//李鸿章全集(三):电稿三.上海:上海人民出版社,1987:498.

后尚未迁徙者，酌宜视为日本臣民。

又台湾一省，应于本约批准互换后，两国立即各派大员至台湾，即于本约批准互换后两个月内交接清楚。

第二节　反对割让台湾的斗争

马关谈判清政府被迫割让包括辽东半岛、台澎等地的大片土地，赔偿巨额军费。消息震惊全国，举国上下，群情激愤，士民纷纷上书，请求拒日割地，一场规模空前的反对割地求和的舆论运动迅速掀起。在尚未正式批约之前，清政府、地方大员和台湾绅民都在设法阻止割台。

一、朝野上下的反割台呼声

1894 年 10 月间，中日开始和议谈判的接触，有关日本觊觎台湾的消息便不胫而走，引起国人的警惕。11 月 14 日，负责南洋防务的两江总督兼南洋大臣张之洞未雨绸缪，致电李鸿章，询问日本索台传闻的真伪，强调绝不可割台。他主要从台湾的物产之丰、战略地位之重来立论，代表了时人对割台问题的基本认识。他指出，台湾物产富饶，战略地位极其重要，若割让给日本，如虎之傅翼，则不论水师运船，自北至南，皆为日本所挟制，中国将永无安枕，更无自强之日。[①] 次年 2 月，李鸿章进京请训之际，清廷中枢讨论授予李鸿章让地之权，确立"宗社为重，边徼为轻"的原则，割台之说更是甚嚣尘上。张之洞一面指示署台湾巡抚唐景崧奏请拒日割台，一面亲自电奏不可割台。2 月 28 日，张之洞奏称："查台湾极关紧要，逼近闽浙，若为敌踞，南洋永远事事掣肘。且虽在海外，实为精华，地广物蕃，公家进款每年二百余万，商民所入数十倍于此，未开之利更不待言。"张之洞还提出把台湾抵押给英国，允许英国在台开矿一二十年，换取英国保护台湾。[②]

---

　　①　张之洞.致天津李中堂[M]//张之洞.张之洞全集:第7册.石家庄:河北人民出版社,1998:5846.

　　②　署南洋大臣张之洞来电[M]//中国史学会.中日战争:第3册.上海:上海人民出版社,上海书店出版社,2000:482-483.

3月2日,唐景崧电奏道:"台湾逼近闽粤江浙,为南洋第一要害,然我控之为要,敌据之为害。欲固南洋,必先保台,台若不保,南洋永远不能安枕。且治台者,倘能稍假便宜,略宽文法,不惜资本,广利源,实属可富可强之地——外人所以垂涎也。近日海外纷传,倭必攻台。又闻将开和议,倭必索台。明知谣传无据,朝廷亦断不肯许人,无如台民惊愤,浮议哗然,深恐视台如汉之视珠厓者,百端谕解,莫释群疑。微臣职在守土,倭如攻台,战事死生以之;倭如索台,和款非能预议,而一岛关南洋全局,唯有沥陈利害,上备先事之运筹,下慰愚民之惶恐。"①

此时,不少知晓谈判内情的京官,上书抗言,请朝廷坚拒割地。3月3日,翰林院编修黄绍箕、丁立钧、徐世昌等八人,联署上奏,认为不可迁就日人巨额赔款的要求,尤其不可割地,一旦割地,不但永无自强之日,抑且旦夕"无苟安之时"。当时人们注意到日人对台湾、奉天两地的企图。② 黄邵箕等人特别就从形势、规制、物产、民情等方面,条陈割台万不可行:"倭人所垂涎者,台湾也。台湾……论形势,则我先朝所经营,以屏南服;论规制,则我皇上所增廓,以控重瀛;论物产,则赋税有逾于边省;论民情,则输将几埒于常供:何罪何辜,而论为异域?"③3月10日,丁立钧等人再度联名上书,反对割地求和,称割地之例一开,列强见而竞起,寻机挑衅,坐辟封疆,"一举而弃一省,窃恐二十三省之地不足供封长蛇之荐食"④。

马关谈判时刻牵动国人,台民尤为紧张。当停战条件公布,闻知停战范围不包括台澎。台民既惊且愤,担心日军将全力攻台,纷纷请唐景崧代奏,表拒割台:"谓北停战,台独不停,是任倭以全力攻台,台民何辜,致遭歧视! 向臣林绅维源环问,谓战则俱战,停则俱停,众口怨咨,一时军、民、工、

① 署台湾巡抚唐景崧来电[M]//中国史学会.中日战争:第3册.上海:上海人民出版社,上海书店出版社,2000:488.
② 吏书尚书麟书代奏编修丁立钧等时务重要宜战不宜和呈文折[M]//戚其章.中日战争:第2册.北京:中华书局,1989:486.
③ 翰林院代奏编修黄绍箕等条陈折[M]//中国史学会.中日战争:第3册.上海:上海人民出版社,上海书店出版社,2000:489-490.
④ 吏书尚书麟书代奏编修丁立钧等时务重要宜战不宜和呈文折[M]//戚其章.中日战争:第2册.北京:中华书局,1989:486.

商无不失望,义勇尤哗。"①台民为义愤所激,万众一心,声言与日本"誓不两立"。②4月14日,唐景崧再电"赔兵费、通商则可,与土地则不可"。③京官们则以为停战不及台澎,与先前确定的"以散地易要地"策略有关,担心朝廷有弃台之意,再度申言台不可弃。4月6日,翰林院侍读学士文廷式上奏,要求朝廷严令李鸿章,争取全面停战,不可中日人攻台之计。他指出南北地位皆重,台湾关系江浙闽广得失,不可视为"散地"。④4月8日,江南道监察御史张仲炘亦上书,指出台湾地大物博,财富甲于天下,乃中国富强之资,且战略地位极重,一旦落入日人之手,后患无穷。他请求光绪皇帝严厉驳斥割台之议,并电饬李鸿章与日人订约,"将南北一律停战,以免台民涂炭之忧,以饵中国无穷之患"⑤。

日本正式提出割地要求后,京官上书拒和更是络绎不绝。4月15日,翰林院编修丁立钧等人,联名上书,对条约的内容表示极度的失望:"战而亡者,不过数城之地,今议和之所弃者,且数倍于兹矣……战而费者不过数千万之款,今议和之所损者又数倍于兹矣。"这样的条约,"失国体,失人心,堕军实,长寇志"。他们进而提出撤换使臣,速筹军饷,重振军威,博采洋员条陈,坚定以战求和的决心等六条建议。⑥同日,吏科掌印给事中余联沅上奏:"无台湾则闽浙渐失其屏蔽,无辽东则京师撤其藩篱",割地即无以立国。他注意到台湾之民义愤激烈,请唐抚代奏拒割台,指出这更见人心固

① 台湾唐维卿中丞电奏稿[M]//中国史学会.中日战争:第6册.上海:上海人民出版社,上海书店出版社,2000:381.

② 台湾署抚唐来电[M]//李鸿章全集(三):电稿三.上海:上海人民出版社,1987:483.

③ 台湾唐维卿中丞电奏稿[M]//中国史学会.中日战争:第4册.上海:上海人民出版社,上海书店出版社,2000:383.

④ 翰林院侍读学士文廷式奏倭攻台湾请饬使臣据理争论折[M]//中国史学会.中日战争:第3册.上海:上海人民出版社,上海书店出版社,2000:577-578.

⑤ 江南道监察御史张仲炘请饬全权大臣勿以台湾许倭折[M]//中国史学会.中日战争:第3册.上海:上海人民出版社,上海书店出版社,2000:582.

⑥ 翰林院编修丁立钧等条陈时事折[M]//中国史学会.中日战争:第3册.上海:上海人民出版社,上海书店出版社,2000:595-596.

结，"宜抚之而不宜失之"①。4月16日，吏科给事中褚成博上折亦称，台湾所关不仅台地一隅，台民誓死固守，不肯服属岛夷，朝廷若不迎合台民之望，置之度外，不予保全，"恐四海生灵，从兹解体。民心一去，国谁与守？"②同日，江西监察御史王鹏运更警告，若割台予日，将引发列强瓜分，"日朘月削，披枝伤心，不出十余年，恐欲为小朝廷而不可得"。③ 据统计，自李鸿章进京请训到《马关条约》签订，上书谏阻割台的官员有30余人20余件次。④ 这些上书使得清廷在割地问题上更加犹豫不决，不敢轻易接受。但清廷既已无再战之心，在日人的威胁下，接受了屈辱条款。

在台湾，割台的消息立刻引发了一场民众请愿运动。割台当日，唐景崧得到张之洞通知，忙去电清廷确认，并请借助英、俄保辽、台。清廷回电，称为保京师，不得已割台，而且"台无接济，一拂其请，彼必全力进攻，徒损生灵，终归沦陷"，令唐景崧开导台民，"勿违旨意"，"免滋事端，致碍大局"。⑤ 该电用词生硬，"并无一语抚恤"，经唐景崧转谕，台民大失所望，"哭声震天"。⑥ 台北民众鸣锣罢市，聚集于抚署，向唐母与唐景崧哭诉，请其固守台湾，设法保台。⑦ 同时，电告台南、台中绅士，迅速形成全台的抗争运动。台民通过各种途径，向清廷表达拒和割台的决心和要求。唐景崧

---

① 吏科掌印给事中余联沅请勿允许倭奴奢款并速定大计力筹远谋折[M]//中国史学会. 中日战争：第3册. 上海：上海人民出版社，上海书店出版社，2000：599.

② 吏科给事中褚成博请严拒割地议和折[M]//中国史学会. 中日战争：第3册. 上海：上海人民出版社，上海书店出版社，2000：603.

③ 御史王鹏运奏和约要挟太甚流弊太深请回宸断折[M]//戚其章. 中日战争：第3册. 北京：中华书局，1991：64.

④ 陈孔立. 台湾历史纲要[M]. 北京：九州出版社，2006：168.

⑤ 电署台抚唐景崧保卫京师重于保台希开导民人勿违旨意[M]//戚其章. 中日战争：第3册. 北京：中华书局，1991：70. 该电以往未收入其他文献汇刊，学者都凭俞明震撰《台湾八日记》所附《台湾唐维卿中丞电奏稿》的节录，查对两文，唐景崧所述与原电基本一致。此电用词生硬，对台民刺激颇大，后来台湾绅民、举人的电奏，不少是对该电的批驳，详后。

⑥ 台湾唐维卿中丞电奏稿[M]//中国史学会. 中日战争：第6册. 上海：上海人民出版社，上海书店出版社，2000：385.

⑦ 台湾唐维卿中丞电奏稿[M]//中国史学会. 中日战争：第6册. 上海：上海人民出版社，上海书店出版社，2000：387.

频繁电奏,时常一日数电,在所有的电奏中,唐景崧是最多的。① 签订条约次日,即 4 月 18 日,丘逢甲领衔全台绅民电奏,表示誓与台共存亡:"臣等桑梓之地,义与存亡,愿与抚臣誓死守御。设战而不胜,请俟臣等死后再言割地。"②绅民向唐景崧递交血书,表明"誓不服倭"的决心:"割亦死,拒亦死,宁先死于'乱民'手,不愿死于倭人手!"要求朝廷将删除割地条款,否则朝廷失人心,"何以治天下!"③台湾绅民首领俞明震、丘逢甲电告翁同龢,"字字血泪"。④ 唐景崧除了为台民代奏,还与闽浙、两江、山东等地的督抚一道,上奏朝廷,展期再议和约条款。⑤

此时正值会试之期,在北京应试的各省举人,听闻马关和议的噩耗,纷纷到都察院联名上书,呼吁拒约再战,发起著名的"公车上书"。其间,台籍的官员叶题雁和举人们的上书,率先被都察院代奏,4 月 25 日当日便被呈递慈禧,成为"公车上书"的先声。⑥ 折中表示:"今者闻朝廷割弃台地以与倭人,数千百万生灵皆北向恸哭,闾巷妇孺莫不欲食倭人之肉,各怀一不共戴天之仇,谁肯甘心降敌? 纵使倭人胁以兵力,而全台赤子誓不与倭人俱生。势必强勉支持,至矢亡援绝数千百万生灵尽归糜烂而后已。"⑦该折还就清廷对割台问题的解释做了反驳。清廷开导台民的谕旨中,称为保京师,不得已舍台,且若拒日要求,日必攻台,残害台民,而割台后,台民还可内迁,劝全台绅民"勿得逞忿一时,致罹惨害"。⑧ 叶题雁等人则指出:"或谓朝廷不忍台民罹于锋镝,为此不得已之举。然倭人仇视吾民,此后必遭

① 茅海建."公车上书"考证补(一)[J].近代史研究,2005(3):16.
② 署台湾巡抚唐景崧奏丘逢甲率全台绅民誓与台共存亡电[M]//戚其章.中日战争:第 3 册.北京:中华书局,1991:74.
③ 台湾唐维卿中丞电奏稿[M]//中国史学会.中日战争:第 6 册.上海:上海人民出版社,上海书店出版社,2000:388.
④ 翁同龢.翁文恭公日记[M]//中国史学会.中日战争:第 4 册.上海:上海人民出版社,上海书店出版社,2000:549.
⑤ 茅海建."公车上书"考证补(一)[J].近代史研究,2005(3):14.
⑥ 茅海建."公车上书"考证补(一)[J].近代史研究,2005(3):11.
⑦ 户部主事叶题雁等呈文[M]//中国史学会.中日战争:第 4 册.上海:上海人民出版社,上海书店出版社,2000:27.
⑧ 电署台抚唐景崧保卫京师重于保台希开导民人勿违旨意[M]//戚其章.中日战争:第 3 册.北京:中华书局,1991:70.

荼毒。与其生为降虏，不如死为义民。或又谓徙民内地尚可生全。然祖宗坟墓，岂忍舍之而去？田园庐舍，谁能挈之而奔？纵使子身内渡，而数千里户口又将何地以处之？此台民所以万死不愿一生者也。"他们还警告，地无轻重之分，若弃台民于倭寇之手，则"天下人心必将瓦解，此后谁肯为皇上出力乎！大局必有不可问者，不止京畿已也"①。

　　台湾绅民民气激昂，引起朝议纷纭。各省举人目睹"台湾举人垂涕而请命，莫不哀之"。②《申报》注意到："乃台人共怀愤激，不甘让于倭人，东省人民不闻有伏阙上书，显陈利害，岂朝廷待民之心有厚薄耶？抑人民之气节有不同耶？"③浙江举人钱汝雯等也奏道："现闻台湾之民罢市聚哭，群情汹汹，不肯附倭。彼之所谓乱民，我之所谓义士也。澎湖之陷，绅民死事惨烈。今能不畏凶威，虽奉朝命，仍与之抗，可谓大义炳于寰区，方将旌之以徇于国，岂可抑勒之，束缚之，驱而纳诸水火之中乎？"④在轰轰烈烈的拒和谏诤运动中，官员、举人上书反对割台的理由，除了台地的战略地位重要、资源丰厚等，更强调台民忠义，割台恐将失去民心。礼科给事中丁立瀛等奏言："台湾之民，闻有此议，人情汹汹，愤不可遏。若果弃之，是失民心也。民心一失，何可复收？"⑤他们批驳为保京师而割台的主张。侍郎会章奏言："京师与台湾孰重？与金、复、海、盖孰重？割之所以保京师也。夫京师重而台湾、金、复、海、盖皆轻，此言诚是也。但恐此端一启，各国生心，假使再有兵端……驯至版图尽弃，而独留京师一隅之地，其足以立国乎？"⑥兵部主事方家澍等人则直言，空言主战或主和实际无补于事，关键在于清

---

　　①　户部主事叶题雁等呈文[M]//中国史学会.中日战争：第4册.上海：上海人民出版社，上海书店出版社，2000：27.

　　②　康南海自编年谱[M]//中国史学会.戊戌变法：第4册.上海：上海人民出版社，上海书店出版社，2000：130.

　　③　论割地轻重[N].申报，1895-05-09.

　　④　浙江举人钱汝雯等为和议要挟太甚应联合各国责倭有违公法呈文[M]//戚其章.中日战争：第3册.北京：中华书局，1991：237.

　　⑤　礼科给事中丁立瀛等奏为倭人索求太甚条约应交廷臣集议毋堕其计折[M]//戚其章.中日战争：第3册.北京：中华书局，1991：94.

　　⑥　侍郎会章奏为和议将成请饬廷臣会议以广谘谋而防后患折[M]//戚其章.中日战争：第3册.北京：中华书局，1991：121.

廷是否下定决心迁都再战:"窥见今日之局,主战者徒争空名,主和者亦贾实祸。盖不迁都而战,是为孤注一掷;不迁都而和,是为鸩脯充饥。"他们指出,朝廷急于和议,是为避免京城陷于倭寇之手,但此番和议条件,为"中国开辟以来所未闻,五大洲各国所未有",危害更大,眼下明智之举,唯有以定策迁都诏示天下,使倭寇无从要挟,可惜王公大臣不敢直言迁都再战。他们还就儒家思想中"春秋之义,天子无出"的观点做了解释,认为"无出者,天下之大,随天子所往,无所谓出也",故而迁都再战并不违背礼制。①

在万众声讨中,不少人还认为,战而失地或可接受,不战而弃地,则万难接受。工部主事喻兆藩等人便奏称:"台湾现未失守,非金、复、海、盖所可同。"②文廷式则奏言:"夫战而失地,出于势之无可如何,百姓虽死亦无所怨。若朝廷隐弃之而不言,奸臣巧割之而不恤,四方之人,谁不解体,不独各国环起之可虑。"③梁启超等人奏称:"今辽边失守,我师败衄未能恢复,无可如何。若台湾全岛为东南门户,连地千里,山海峻险,其硝黄、樟脑、材木、米粟及煤铁、五金之矿,饶绝海外,西人计之,以为整顿可得五万万。其人民千余万众,自圣祖仁皇帝开辟以来,涵濡煦覆,沐浴圣化,近二十年,升为行省,锄启山林,教化番众,上劳庙谟,下縻巨帑,亦既渐有条理,炳焉与内地同风;岂可未闻败失,遽甘弃捐?远闻台民闻有弃台之说,莫不痛心号踊,回首面内,悲怨大呼,谓黔首千万,莫非赤子,何忍一旦弃之夷狄?此诚天下所悲悯者也。皇上为之父母,闻其呼号,其忍终弃数千万无辜之赤子乎?"要求朝廷"严饬李鸿章订正和约,勿割台湾"④。他们在割台问题上观点,与台民不愿拱手弃台的决心是一致的。不仅如此,民间报章

---

① 兵部主事方家澍等呈文[M]//中国史学会.中日战争:第4册.上海:上海人民出版社,上海书店出版社,2000:60.需要指出的是,方家澍等人虽主张"迁都再战",却又认为,若倭寇愿意放弃已占领的辽东之地,可以考虑以台湾交换,说明他们主战的决心并不十分坚强。

② 左都御史裕德等奏喻兆藩等以议和条款必须权衡据呈代递折[M]//戚其章.中日战争:第3册.北京:中华书局,1991:142.

③ 翰林院侍读学士文廷式奏倭攻台湾请饬使臣据理争论折[M]//中国史学会.中日战争:第3册.上海:上海人民出版社,上海书店出版社,2000:578.

④ 广东举人梁启超等呈文[M]//中国史学会.中日战争:第4册.上海:上海人民出版社,上海书店出版社,2000:39-40.

舆论也因台民的义愤哀号而转变态度。当时最影响最大的中文报纸《申报》曾一度为清廷割让台湾辩解,但听到台民的抗争后,意识到割地问题所牵涉的不仅仅是台湾一地的战略地位问题,更重要的是生活在土地上人民的感情:"诚以割地一事,不独失土,抑且失财失民为害最钜。"①而所谓轻重缓急之事,其实自在人心:"在草野人民何知轻重,然其心之所发,若有不约而同者,然后知轻重之故,自在人心,不必远而求者也。"②

从3月13日到5月15日,来自官员、举人的上奏、代奏或电奏的次数达到154次,加入的人数超过2464人次,给统治者造成很大的压力。③清廷给李鸿章电旨:"连日纷纷章奏,谓台不可弃,几于万口交腾……台民誓不从倭,百方呼吁,将来交接,万难措手。"④光绪帝谈到台民意欲死守台湾时,叹言"台割则天下人心皆去,朕何以为天下主?"⑤

二、清廷和台湾官民争取外援的努力

举国一致的呼声让清廷割地问题上更加迟疑不决。清廷决策中枢为是否批约争论不休。翁同龢力言台不可弃,恐失天下人心,与孙毓汶、徐用仪等往复辩驳,"声彻户外","至于攘袂"⑥。但是,无论清廷中枢,还是封疆大吏,都无废约再战的决心,而是寄望于列强的干涉。在尚未正式批约之际,清廷和台湾抚绅为争取外援,保住台湾做最后的外交努力。

最早提出援外力保台建议的是两江总督张之洞。当时列强中英国在台湾的势力最大,利益最密切。在台的英商担心日本侵台将危及利益,也

---

① 论和约之弊以割地为最重[N].申报,1895-05-18.

② 论割地轻重[N].申报,1895-05-09;陈忠纯.报刊舆论与乙未反割台斗争研究——以《申报》为中心[J].台湾研究集刊,2011(2):45-53.

③ 茅海建."公车上书"考证补(一)[J].近代史研究,2005(3):16.

④ 军机处电寄李鸿章谕旨[M]//中国史学会.中日战争:第4册.上海:上海人民出版社,上海书店出版社,2000:31.

⑤ 翁同龢.翁文恭公日记(乙未三月二十九日)[M]//中国史学会.中日战争:第4册.上海:上海人民出版社,上海书店出版社,2000:550.

⑥ 翁同龢.翁文恭公日记[M]//中国史学会.中日战争:第4册.上海:上海人民出版社,上海书店出版社,2000:556.

要求英政府出面保台。① 因此,被张之洞视为外援的首选。在李鸿章赴日谈判之前,张之洞便提出"押台保台"的建议,主张以台湾作抵押,向英国借款两三千万,并允其在台湾开矿,借以让英国出面保台。② 这一建议得到清廷的重视,并向时任海关总税务司英人赫德探询英国的意向,赫德表示各国均守局外,势不能行。③ 但清廷并未就此放弃,电问张之洞是否有确实办法。张之洞见援外保台的主张得到肯定,随即分别于 3 月 7 日、8 日电询驻英、俄公使龚照瑗、许景澄,请其向所在国商议,以保台为条件,借款数千万,并许其在台开矿。他还提出,如果两国愿"以兵威胁和",令倭寇速罢兵,"不索割地、不索重费",中国全局受益,则"即许以他项利益,或径询英（俄）另有何欲",只要无伤根本,无碍大局,"似皆可商"。④ 可见,在张之洞的构想中,援外不仅是为了保台,还希望扭转整个中日和议的态势。

但实际上,张之洞等人的想法过于乐观了。英、俄等国政府关心的是在华的商业利益以及日本对中国大陆的领土要求,对于台湾则不甚措意。俄国甚至早已于 1895 年 2 月 14 日向日本暗示不反对日本占领台湾。⑤ 因此,许、龚两使不久便回电说俄、英两国无意插手中日和议。龚照瑗还提到,英国表示如果有公司愿意出面租借台湾,"英可不阻"。⑥ 但当张之洞

---

① 英国外交文件下·郎福德关于台湾的备忘录[M]//戚其章.中日战争:第 11 册.北京:中华书局,1996:520-524.该文强调台湾对于英国有着重要的战略地位,对其在东方的利益"至关重要",不可轻易让给日本。上海的英商业表示了对日本在中国南部沿海占有基地的担心。英国政府为此专门让情报局和海军部分析台湾的地位问题,但后者表示台湾价值不大。(戚其章.中日战争:第 3 册[M].北京:中华书局,1991:529-530,677-678,720.)

② 署南洋大臣张之洞来电[M]//中国史学会.中日战争:第 3 册.上海:上海人民出版社,上海书店出版社,2000:482-483.

③ 电谕署南洋大臣张之洞以台湾作抵借用洋款事著详复[M]//戚其章.中日战争:第 2 册.北京:中华书局,1989:474.

④ 张之洞.致轮墩龚钦差[M]//张之洞.张之洞全集:第 8 册.石家庄:河北人民出版社,1998:6137;张之洞.致俄京许钦差[M]//张之洞.张之洞全集:第 8 册.石家庄:河北人民出版社,1998:6142-6143.

⑤ 日本外交文书·试探俄国政府之态度[M]//戚其章.中日战争:第 10 册.北京:中华书局,1995:59.

⑥ 龚钦差来电[M]//张之洞.张之洞全集:第 8 册.石家庄:河北人民出版社,1998:6138.

令其与英相关公司联系,却无回音。不过,清廷和张之洞都未停止请求英国出面干涉中日和议的努力。龚照瑗屡次地向英国提出抵押台湾的建议,均遭到婉拒。①

马关条约割台消息传出后,唐景崧迭次电奏,援外保台。4月17日,唐景崧奏询割台虚实时,提出与英、俄结盟,并许以赔倭之款换其保辽、台。② 4月19日,再奏:"与其径割与倭,不如与英、俄密商,许以重利,较可从容办理。"③4月22日,唐景崧又提出可仿照浙江舟山、朝鲜巨文岛之例,与英国等列强订约,保全台湾,以及中国的权利和体面。④

与此同时,张之洞与唐景崧主动与在台湾的英国等国外交官员联系保台事宜。受张之洞派遣的姚文栋到台湾,并于4月17日、18日拜访在台英国代领事金璋,表示张之洞与唐景崧意欲与英国成立"中英联盟",共同抵御日本,并愿意签订一份条约,通过给英国某些特别利益换取英国对台湾的保护。⑤ 4月20日,唐景崧特别请金璋到府衙,与丘逢甲为首的当地士绅会面,台湾士绅当面请求英国保护台湾的土地和居民,提出金、煤、硫、樟脑及茶制品税金由英国征收,人口、土地税、疆土及其管理权仍属中国。⑥

在北京,总理衙门诸位大臣仍不断地请求英国干涉,强调阻止割台对

① 英国外交文件下·金伯利致欧格纳函[M]//戚其章.中日战争:第11册.北京:中华书局,1996:692-693.

② 台湾唐维卿中丞电奏稿[M]//中国史学会.中日战争:第6册.上海:上海人民出版社,上海书店出版社,2000:384.

③ 台湾唐维卿中丞电奏稿[M]//中国史学会.中日战争:第6册.上海:上海人民出版社,上海书店出版社,2000:385.

④ 台湾唐维卿中丞电奏稿[M]//中国史学会.中日战争:第6册.上海:上海人民出版社,上海书店出版社,2000:387.

⑤ 英国外交文件下·金璋致欧格纳函[M]//戚其章.中日战争:第11册.北京:中华书局,1996:955-958;欧格纳外交报告[M]//戚其章.中日战争:第6册.北京:中华书局,1993:684-685.

⑥ 唐景崧在给清廷的电奏中称,金璋与台湾士绅的会面是偶遇,而从金璋的报告中可以得知,这场会面其实是唐景崧有意安排的。在这之前(4月19日),台湾士绅曾开会决定向英国求援。英国外交文件下·金璋致欧格纳函[M]//戚其章.中日战争:第11册.北京:中华书局,1996:958-960;欧格纳外交报告[M]//戚其章.中日战争:第6册.北京:中华书局,1993:685.

于英国的利益。4月20日,徐用仪再度提醒英国公使欧格纳,日本割占台湾将会影响英国在台利益,且台民已表示誓死不服从日人统治,若台湾因此发生动乱,清廷将无法保证英人的安全。但英国一如既往地推托,不愿出面保台。① 4月28日,奕䜣等人拜访英公使欧格纳时,再提台希望英国民保护之事。② 不过,在俄国的鼓动下,俄、德、法三国决定联合出面,逼迫日本放弃对大陆的领土要求。4月23日,三国于正式对日提出备忘录,要求放弃辽东地区。

在三国干涉问题上,英国袖手旁观,甚至想从和约中分得商业利益,扶日拒俄的意图表露无遗,这让张之洞等人颇为失望:"英人袖手,实欲倭强,借倭拒俄,非持盈保泰也。"③此时,张之洞的亲信王之春出使俄国,途中暂留巴黎,访问法外交部,被告知"法、俄已电倭劝减,英独松劲,且对龚使危词唬迫,意在值百抽二,利益均沾,私议显然中英最好,可为寒心"。④ 4月20日,王之春向张之洞报告了这一信息,同时指出在割台问题上,可借鉴普法战争之例,割地需经当地人民同意:根据国际公法,"凡勒占邻土,必视百姓从违",而割地之民,"两籍相参,财产皆民自主"。⑤ 接到王之春的电报后,张之洞即刻转奏清廷,同时让王之春再赴法外交部,探问是否愿意帮助阻止割台。⑥ 王之春很快回电,俄国反对日本占领辽东,法国则有意阻

---

① 英国外交文件下·欧格纳致金伯利函[M]//戚其章.中日战争:第11册.北京:中华书局,1996:949-950.

② 欧格纳外交报告[M]//戚其章.中日战争:第6册.北京:中华书局,1993:694.

③ 张之洞.致台湾唐抚台[M]//张之洞.张之洞全集:第8册.石家庄:河北人民出版社,1998:6322.

④ 王钦差来电[M]//张之洞.张之洞全集:第8册.石家庄:河北人民出版社,1998:6302.

⑤ 王钦差来电[M]//张之洞.张之洞全集:第8册.石家庄:河北人民出版社,1998:6302.此电王之春发电日期署"敬"日,即18日或19日发出,张之洞4月20日收到,当日便将此电转奏.致总署[M]//张之洞.张之洞全集:第3册.石家庄:河北人民出版社,1998:2059.

⑥ 张之洞.致巴黎王钦差[M]//张之洞.张之洞全集:第8册.石家庄:河北人民出版社,1998:6301.

止日本割占台湾,要求清廷暂缓批约。^① 张之洞为此向清廷请旨,称法国既然有心干涉,"愿阻倭割台",实乃"难得机会",可由王之春到法外部商谈拒割台事宜。^②

这期间,张之洞等人的援外保台思路还发生了一个微妙的变化,他们意识到以台民的名义要求保台,似较容易让列强接受。^③ 王之春提出援用公法保台后,唐景崧即电请张之洞会同刘、宋等疆臣,请各国公使要求其政府据公法处理,他也强调"台本未失,今民又不服倭,皆公法所可争者"。^④ 张之洞也认为中国援用公法和普法战争之例,"听台湾民自便",但他不愿越俎代庖,带头出面和外国公使接洽,指出此事须由清廷出面,"由总署主持,疆臣不能擅许"。^⑤ 4 月 22 日,张之洞再电唐景崧,清廷宣称割台后,台若不从,"于中无涉",因之,台湾可以"保民"为名"自立",自谋"自保"之策,请求英国庇护,"守口聘英将,巡海乞英船,土匪自缚",则事当有济。^⑥ 而之前唐景崧与张之洞商议后,于 21 日电奏清廷,称"公法有均势一条,又众民不服者,其约可废"。^⑦ 清廷也认为若能照此办理,"较可便民",便令李鸿章与日方商议。^⑧ 日本以境内不允外人置产为由,拒绝这一要求。^⑨ 但

---

① 王钦差来电[M]//张之洞.张之洞全集:第 8 册.石家庄:河北人民出版社,1998:6328.

② 致总署[M]//张之洞.张之洞全集:第 3 册.石家庄:河北人民出版社,1998:2062.

③ 张之洞.致台湾唐抚台[M]//张之洞.张之洞全集:第 8 册.石家庄:河北人民出版社,1998:6322.

④ 唐抚台来电[M]//张之洞.张之洞全集:第 8 册.石家庄:河北人民出版社,1998:6295.唐景崧此电署"有"日,即 19 日或 20 日。此电的接收时间晚于王之春的电报,就发电报的时间看,也应晚于王之春的电报。而王与唐之间也有过电报来往。就此,唐景崧的公法保台思想很可能出自王之春。

⑤ 张之洞.致台北唐抚台[M]//张之洞.张之洞全集:第 8 册.石家庄:河北人民出版社,1998:6295.

⑥ 张之洞.致台湾唐抚台[M]//张之洞.张之洞全集:第 8 册.石家庄:河北人民出版社,1998:6298-6299.

⑦ 台抚唐景崧致军务处请废约再战并商各使决断速罢前议电[M]//王彦威,王亮.清季外交史料:第 4 册.台北:文海出版社有限公司,1985:1922.

⑧ 军机处拟发给刘坤一王文昭宋庆裕禄依克唐阿长顺电信[M]//中国史学会.中日战争:第 3 册.上海:上海人民出版社,上海书店出版社,2000:608.

⑨ 复译署[M]//李鸿章全集(三):电稿三.上海:上海人民出版社,1987:507.

清廷仍要求李鸿章妥筹"安置台民之法",以免"万口交腾,人心解体"。①

在援引公法之说争取法援时,台民的活动也呼应了张之洞等人的外交努力。台湾的绅民听说三国出面干涉,以为抵制割台有望,"欢声雷动,安堵如恒"。②他们于4月27日进呈血书:"万民誓不服倭,割亦死,拒亦死,宁先死于'乱民'手,不愿死于倭人手!现闻各国阻缓换约,皇太后、皇后及众廷臣倘不乘此将割地一条删除,则是安心弃我台民。台民已矣,朝廷失人心,何以治天下!查公法第二百八十六章有云:'割地须问居民能顺从与否。'又云:'民必顺从,方得视为易主'等语。务求废约,请诸国公议,派兵轮相助;并求皇上一言以慰众志,而遏乱萌。迫切万分,呼号待命。"③但次日清廷电告,"俄、法、德阻倭占华地,而台不在列"。④台民大失所望,情绪更加激动,"攻抚署、戕中军,劫官吏、留军火",有失控之势。⑤台湾民众抗拒割台的言论和行动成为主要依据,并在事实上逐渐成为援外保台的主力。4月29日,王之春电称,法国表示,假如以台湾民变为理由,或可出面抵制割台,因而建议张之洞与唐景崧等人,"从民变着想当有权衡"。⑥张之洞从唐景崧的电报了解到,此时台湾"民变其势已成",若由此要求干涉,"正合西例","且措词最得体",有望说服列强出面干涉,请求清廷一面迅速与各国公使商议,一面命令许、龚两使迅与俄、德、英商议,令王使与法商议,"或有转机"。⑦张之洞同时也转电唐景崧,建议其从"民变着想",电奏

---

① 电谕大学士李鸿章著与伊藤通信将台民之产业按西例办理[M]//戚其章.中日战争:第3册.北京:中华书局,1991:97.

② 台湾唐维卿中丞电奏稿[M]//中国史学会.中日战争:第6册.上海:上海人民出版社,上海书店出版社,2000:387.

③ 台湾唐维卿中丞电奏稿[M]//中国史学会.中日战争:第6册.上海:上海人民出版社,上海书店出版社,2000:388.

④ 唐抚台来电[M]//张之洞.张之洞全集:第8册.石家庄:河北人民出版社,1998:6317-6218.

⑤ 张之洞.致台北唐抚台[M]//张之洞.张之洞全集:第8册.石家庄:河北人民出版社,1998:6317.英国驻台代领事金璋也报告了台北的乱象。英国外交文件下·金璋致欧格纳函[M]//戚其章.中日战争:第11册.北京:中华书局,1996:960-961.

⑥ 王钦差来电[M]//张之洞.张之洞全集:第8册.石家庄:河北人民出版社,1998:6328.

⑦ 张之洞.致总署[M]//张之洞.张之洞全集:第3册.石家庄:河北人民出版社,1998:2062-2063.

朝廷,一面电王、龚、许诸使代为设法,一面请英、法保台,若英仍拒绝,则"当求法保护"。一旦法、俄愿意保台,英或将被迫出力。不过"情甘归法,决不归倭"一类语,"只可出自台民"。① 5 月 1 日,清廷下旨让张之洞转电王之春,正式令其速与法国外交部"切实商办",希望法国肯以武力胁迫日本放弃割台。②

与此同时,驻英兼驻法公使龚照瑗也通知唐景崧,"法有保台、澎不让倭意",将派兵轮赴台护商,并与之商议机宜,"务祈推诚待之"。③ 他同时电奏清廷:"现台湾吃紧,法已派人护商,先遣员晤台抚面商机宜。有兵登岸,请电台抚晓谕地方勿惊疑。"④5 月 3 日,王之春也转同一消息,称法国已调兵轮赴基隆、沪尾,让唐景崧到时与法舰舰长商议具体办法。同时,法国正联系西班牙一道与日本交涉。⑤ 5 月 6 日,王之春再电,建议唐景崧"仍以激变情形设法,则法可着手"。⑥ 法将保台的消息令唐景崧与台民为之振奋:"只望法肯出兵轮来台,台即可固守接济。可与法商,并愿结法另创东南洋世界,一切阻挠不惧也。"⑦当日,唐景崧即向台民布告称俄、法、德三国已出面干预,阻止中日条约实现,西方列强舰队不久即可到达台湾

① 张之洞.致台湾唐抚台[M]//张之洞.张之洞全集:第 8 册.石家庄:河北人民出版社,1998:6322.

② 张之洞.致巴黎王钦差[M]//张之洞.张之洞全集:第 8 册.石家庄:河北人民出版社,1998:6327-6328.

③ 四月初七日发台湾抚台唐[M]//戚其章.中日战争:第 6 册.北京:中华书局,1993:599.

④ 四月初八日发北京总署[M]//戚其章.中日战争:第 6 册.北京:中华书局,1993:600.

⑤ 王钦差来电[M]//张之洞.张之洞全集:第 8 册.石家庄:河北人民出版社,1998:6328.另,西班牙之所以关心割台之事,是出于担心日本据台会对菲律宾不利。西班牙向英国提出干涉割台,遭拒绝后,转向与法国商讨相关事宜。英国外交文件下·金伯利致伍尔夫函[M]//戚其章.中日战争:第 11 册.北京:中华书局,1996:882-883.

⑥ 王钦差来电[M]//张之洞.张之洞全集:第 8 册.石家庄:河北人民出版社,1998:6342.

⑦ 唐抚台来电[M]//张之洞.张之洞全集:第 8 册.石家庄:河北人民出版社,1998:6345.

巡视并保护商业。①

　　然而,俄、德、法三国建议清廷暂缓批约,却不愿做出正式的承诺。英国则明确不支持清廷展期批约。② 没有切实有力的外援,又无迁都再战的决心,无奈之下,光绪帝于 5 月 2 日批准条约。而日本迫于三国军事干涉的威胁,在英国的劝导下,于 5 月 5 日宣布放弃辽东领土。③ 但中日两国仍于 5 月 8 日在烟台按期换约。

　　三国干涉以辽东问题为目的,在台湾问题上,仅要求保证台湾海峡的航行自由。日本据台对俄、德两国并无利益冲突,俄国早已同意日本占领台湾,德国也不希望法国拓展在台湾的利益,④告知日本应向法、西表示"决心占领台湾及澎湖"。⑤ 英国则与日本沆瀣一气,明确表示支持日本割占台湾。⑥ 对法国来说,仅和西班牙联合干涉台湾问题,是远远不够的,于是在保台问题上退缩了。5 月 11 日,法国驻华公使施阿兰告知总理衙门,原先担心日本不肯让步,故决定派兵赴台,但既然日本放弃辽东地区,中国也已将台湾割予日本,就不当再有其他要求,以防引起争端。不过,施阿兰还表示,"倘日后台湾出有别情形,法国或另有打算,亦未可知"⑦。同时,法国外交部拒绝接见王之春,并以王在巴黎活动事易引起猜疑,要求清廷

---

　　① 英国外交文件下·唐景崧文告[M]//戚其章.中日战争:第 11 册.北京:中华书局,1996:1034.

　　② 英国外交文件下·欧格纳致金伯利电[M]//戚其章.中日战争:第 11 册.北京:中华书局,1996:839.

　　③ 日本外交文书·关于通告三国公使日本接受三国政府劝告之训令[M]//戚其章.中日战争:第 10 册.北京:中华书局,1995:172.

　　④ 德国干涉还辽事件·外交大臣马沙尔男爵致驻伦敦大使哈慈菲尔德伯爵[M]//中国史学会.中日战争:第 7 册.上海:上海人民出版社,上海书店出版社,2000:375-376.

　　⑤ 日本外交文书·驻德国青木公使致陆奥外务大臣电[M]//戚其章.中日战争:第 10 册.北京:中华书局,1995:187.有学者认为,三国干涉不含割台问题,是出于德国的反对.林子候.台湾涉外关系史[M].台北:三民书局股份有限公司,1978:550.

　　⑥ 英国在劝说日本放弃对大陆的领土要求时,提到:"日本能得到台湾和澎湖就已经很不错了。"日本对此表示感谢。英国外交文件下·马来特致金伯利函[M]//戚其章.中日战争:第 11 册.北京:中华书局,1996:859-860.

　　⑦ 总理各国事务衙门与法使问答节略[M]//中国史学会.中日战争:第 4 册.上海:上海人民出版社,上海书店出版社,2000:108-109.

撤其回国。王之春见求援无望,只得回国。①

　　法援既绝,唐景崧电请清廷向俄、德求援。清廷令李鸿章让德璀琳询问德方意向,仍遭拒绝。而俄本无意保台。② 德国针对台湾宣布"据为岛国",公开抵制割台一事,还警告清廷,若"阴令台民叛拒倭人,显系违约",日本以此"兴兵构怨",中国再败,则将会招致更大的损失。③ 清廷不得已推托拒日割台乃台民不服的自发行为,并非有意主使。此后,为避免引起日本的不满,清廷基本停止援外保台的努力,拒日割台的重担落在台民身上。

第三节　"台湾民主国"

　　在废除割台条款无望后,台民不愿意束手待毙,而清廷在保台问题上的消极态度,促使他们诉诸自立保台。马关条约初签,便有人担心清廷保台意志不坚,透过张之洞建议唐景崧,既然清廷向日方表示,若台民抵制割台,则与清廷无关,台湾应考虑寻求自保,以"保民"的名义,"庇英自立"。④ 随着局势的演变,这一提议最终被付诸实施。

一、"台湾民主国"的成立

　　4 月 28 日,当收到"三国干涉,台不在列"的消息后,台民情绪激动,台北局势顿时紧张。4 月 29 日,唐景崧连电张之洞,第一次提出以"台民自主"为名,请列强出面保护,同时希望张之洞能援助军火和饷银:"台恐无转机,崧必为民劫留。台民自主,可请各国保护,或许以利益为租界,台存则

---

　　① 署南洋大臣张之洞来电[M]//中国史学会.中日战争:第 4 册.上海:上海人民出版社,上海书店出版社,2000:119.

　　② 许使寄译署[M]//李鸿章全集(三):电稿三.上海:上海人民出版社,1987:545-546.

　　③ 李鸿章.寄译署[M]//李鸿章全集(三):电稿三.上海:上海人民出版社,1987:549.

　　④ 张之洞.致台湾唐抚台[M]//张之洞.张之洞全集:第 8 册.石家庄:河北人民出版社,1998:6298-6299.

可借债,随后自另有办法。惟强寇即来,恐办不及。和议成则江南撤防,能济以军火并饷百万否?"他相信只要台湾自主,"坚持数月,必有解纷者"。① 唐景崧还表示,不管法舰是否到台,台民都绝不让台。② 张之洞则指示唐景崧,应与林朝栋、林维源等士绅领袖合计,设法稳定局势,再图保台之法。③ 5月6日,唐景崧宣谕台民,和谈仍有希望,不过士绅已经决定全力保台,若和谈不成,他将以台湾巡抚的身份,领导台民同心协力抗敌。④

5月初,台民开始组织抗日义军,并推举丘逢甲为首领,准备一旦阻止割台失败,即奋起自卫。⑤ 待朝廷正式批约,法援绝望,5月15日,台湾官绅发布"自主保台"的公告,援引公法"让地为绅士不允,其约遂废"之例,宣布拒绝让台,称"愿人人战死而失台,决不愿拱手而让台"。公告号召内地及海外华人到台相助,并以台湾的矿产、土地等作为条件,请求各国出面"以台湾归还中国"。⑥

同时,丘逢甲等人以全台绅民的名义电奏清廷及各省大吏,表白"自主保台"乃出于"恋戴皇清"的心迹:"台湾属倭,万姓不服,迭请唐抚院代奏台民下情,而事难挽回,如赤子之失父母,悲惨曷极!伏查台湾为朝廷弃地,百姓无依,唯有死守,据为岛国,遥戴皇灵,为南洋屏蔽。唯须有人统率,众议坚留唐抚,暂仍理台事,并请刘镇永福镇守台南。一面恳请各国,查照割地绅民不服公法,从公剖断。台湾应作何处置,再送唐抚入京、刘镇回任。

---

① 唐抚台来电[M]//张之洞.张之洞全集:第8册.石家庄:河北人民出版社,1998:6323.

② 唐抚台来电[M]//张之洞.张之洞全集:第8册.石家庄:河北人民出版社,1998:6361.

③ 张之洞.致台北唐抚台[M]//张之洞.张之洞全集:第8册.石家庄:河北人民出版社,1998:6321.

④ 英国外交文件下·唐景崧文告[M]//戚其章.中日战争:第11册.北京:中华书局,1996:1034.

⑤ 英国外交文件下·金璋致欧格纳函[M]//戚其章.中日战争:第11册.北京:中华书局,1996:1033.

⑥ 蔡尔康等.朝警记十二·台湾自主文牍[M]//中国史学会.中日战争:第1册.上海:上海人民出版社,上海书店出版社,2000:202-204.

台民此举无非恋戴皇清,图固守以待转机。情急万紧,伏乞代奏。"①

丘逢甲等人已决定成立"民主国",并准备推举唐景崧为总统。② 他们计划先行宣布"自主",而后具体步骤次第进行。③ 唐景崧虽同意留下领导抗日,但对接受"总统"一职却有顾忌,担心"事太奇创,未奉朝命,似不可为",为此,他请张之洞代奏,希望得到清廷的默许,"得朝廷赐一便宜从事、准改立名目、不加责问之密据"④。张之洞虽不反对,但也不愿代奏,他认为唐景崧可立为"总统",不过清廷担心日本抗议,不会公开支持,要求唐景崧自行上奏。⑤ 同时,他鼓励唐景崧,台民合力战守,足可取胜。各国见台湾能自立,"当有转机"。望其坚守三个月,待所购军械运抵,日方或愿意接受以赔款赎台的要求。再押台与列强,即可借款赎台。⑥

台湾绅民发起自主保台运动之时,日本担心夜长梦多,任命桦山资纪为首任台湾总督,率舰队前往接收台湾。5 月 16 日,清廷接到台民自主的电报后,曾以"台民汹汹,势难交割"为由,敦促庆常再与法外部接洽,望其"再申护台前议",但仍遭拒绝。⑦ 日方也再度拒绝李鸿章以台湾地区变乱,重新考虑割台一事的要求。⑧ 德国则出面质询李鸿章,称其"阴令台民拒倭人,显系违约,倭必兴兵构怨,势极危险",并威胁:"若再战败,必将重

① 署南洋大臣张之洞来电[M]//中国史学会.中日战争:第 4 册.上海:上海人民出版社,上海书店出版社,2000:118.
② 就成立"民主国"的问题,5 月 17 日,唐景崧电告张之洞:"然当事者谓台必自主,后与中日断绝,请外援方肯来。但民主之国亦须有人主持。"这透露台湾自主与成立民主国,都是"当事者"所决定的,即丘逢甲为首的台湾士绅。
③ 唐抚台来电[M]//张之洞.张之洞全集:第 8 册.石家庄:河北人民出版社,1998:6377.
④ 唐抚台来电[M]//张之洞.张之洞全集:第 8 册.石家庄:河北人民出版社,1998:6377.
⑤ 张之洞.致台北唐抚台[M]//张之洞.张之洞全集:第 8 册.石家庄:河北人民出版社,1998:6382.
⑥ 张之洞.致台北唐抚台[M]//张之洞.张之洞全集:第 8 册.石家庄:河北人民出版社,1998:6387.
⑦ 军机处电寄庆常谕旨[M]//中国史学会.中日战争:第 4 册.上海:上海人民出版社,上海书店出版社,2000:119.
⑧ 大学士李鸿章来电一[M]//中国史学会.中日战争:第 4 册.上海:上海人民出版社,上海书店出版社,2000:122.

议和约,视马关前约为更甚。"①迫于日本的压力,清廷表示无拒绝交割台湾之意,并于5月18日派李经方赴台办理交割台湾。② 5月20日,又下旨令唐景崧及文武官员开缺内渡。③

清廷的做法激起台民的愤怒,5月22日,唐景崧电告张之洞,台民听闻李经方将赴台与日本办理交割手续,"变在旦夕"。④ 恰此时,法国"保汤""保佩"两舰于5月20日到台,⑤陈季同往晤,称法确有护台之意,但现困于兵力不足,还未做决定。5月21日,法舰长德而尼拜访唐景崧时表示:"为中国争回土地则难,为台湾保民则易,必须台自立,有自主之权,法即派全权来台定约。与总署商办,断难望成。"⑥言下之意,仍主张台先自主,才能出面保台。

法舰的到来促成了"台湾民主国"的成立。5月21日,台北绅民台北筹防局集众会议,推举唐景崧为总统。⑦ 5月23日,台湾绅民发表文告,宣布将于25日建立民主国。⑧

5月25日,民主国正式成立,年号"永清",寓永远隶属清廷之意。台民举行了隆重的呈印典礼,当日绅民数千人聚集在巡抚衙门前,将国旗、国

① 大学士李鸿章来电一[M]//中国史学会.中日战争:第4册.上海:上海人民出版社,上海书店出版社,2000:123.

② 军机处电寄李经方谕旨[M]//中国史学会.中日战争:第4册.上海:上海人民出版社,上海书店出版社,2000:122.

③ 军机处电寄唐景崧谕旨[M]//中国史学会.中日战争:第4册.上海:上海人民出版社,上海书店出版社,2000:127.

④ 唐抚台来电[M]//张之洞.张之洞全集:第8册.石家庄:河北人民出版社,1998:6391.

⑤ 一说是5月19日,存疑,该日电的日期代码应是"有",而唐景崧此电的代码则是"宥",即20日。另,淡水事务司马士的报告也称法舰是在20日抵达。(中国近代经济史资料丛刊编辑委员会.中国海关与中日战争[M].北京:中华书局,1983:227.)

⑥ 唐抚台来电[M]//张之洞.张之洞全集:第8册.石家庄:河北人民出版社,1998:6388.

⑦ 吴德功.让台记[M]//戚其章.中日战争:第12册.北京:中华书局,1996:64.关于"台湾民主国"首倡者,学界有不同说法。本书采用陈季同首倡一说,而整个台湾自立抗日运动,则始自《马关条约》签订后,各方互动造成,不能简单归于某个人或群体的意见或努力。

⑧ Albrecht Wirth.台湾之历史[M]//台湾银行经济研究室.台湾经济史六集.台北:台湾银行,1979:69-70.

玺及"'台湾民主国'总统之印"呈给唐景崧。国旗仿清朝青龙旗样式,蓝地黄虎,龙在天,虎在地,以示尊卑;虎首内向,尾高首下,以示臣服于清。唐景崧"朝服出,望阙九叩首,旋北面受任,大哭而入"①。即府署为总统府,改台湾藩司衙门为内部衙门,俞明震为内务大臣;改筹防局为外务大臣,陈季同为外务大臣;设军务衙门,李秉瑞为军务大臣。对内,诸大臣则称"督办"。其余府县,则仍照旧治事。绅民还据民主国的模式,设立议院,公推林维源为议长,但林维源拒不受任,仅推举数名议员。台湾军务帮办刘永福被推举为大将军,丘逢甲仍任义军统领。

同日,唐景崧致电总署:"台民闻割台后望有转机,未敢妄动,今已绝望,公议自立为民主之国……伏思倭人不日到台,台民必拒,若炮台仍用黄旗开仗,恐为倭人借口,牵涉中国。不得已允暂视事,将旗发给各炮台暂换,印暂收存,专为交涉各国之用。一面布告外国,并商结外援。嗣后'台湾总统'均由民举,遵奉正朔,遥作屏藩。俟事稍定臣能脱身,即奔赴宫门席藁请罪。"②另还电请各省援助:"惟乞悯而助之。"③

对于台湾成立民主国,清廷既未赞同,也未斥责。5月27日,李鸿章电奏,认为不应奉唐景崧为总统,担心日本质问。④ 5月31日,清廷电张之洞与唐景崧,对唐景崧对内仍用旧衔与关防,表示不妥,令其即日回朝。⑤ 6月2日,清廷正式下令,台民据为岛国,"已无从过问",而英、德责问清廷运械入台,故令张之洞等人禁运军械入台。⑥

台湾成立民主国一事,也没能得到列强的认同,他们普遍认为这只是

① 江山渊撰.丘逢甲传[M]//中国史学会.中日战争:第6册.上海:上海人民出版社,上海书店出版社,2000:400.

② 唐抚台致总署电[M]//张之洞.张之洞全集:第8册.石家庄:河北人民出版社,1998:6411.此电未请张之洞代奏,而是直奏.

③ 唐抚台来电[M]//张之洞.张之洞全集:第8册.石家庄:河北人民出版社,1998:6410-6411.

④ 大学士李鸿章来电[M]//中国史学会.中日战争:第4册.上海:上海人民出版社,上海书店出版社,2000:140-141.

⑤ 张之洞.致台北唐抚台[M]//张之洞.张之洞全集:第8册.石家庄:河北人民出版社,1998:6420.

⑥ 军机处电寄张之洞等谕旨[M]//中国史学会.中日战争:第4册.上海:上海人民出版社,上海书店出版社,2000:148.

台民为了争取外援的行为,并非真的了解"民主国"的意涵,德国甚至认为台湾建立民主国的想法"十分可笑"。①

二、台湾的交割

"台湾民主国"的成立,并没有阻止台湾的交割。5月30日,李经方乘坐德国商轮"公义"号从上海出发,6月1日,抵达淡水,后驶往基隆,准备与日方代表会面。台民闻知李经方将赴台交割,愤怒异常。由于李鸿章与李经方父子乃马关和议的中方代表,台民视之为割台的祸首,恨之入骨。此番李经方被派往交割台湾,更成眼中钉。唐景崧电告:"李经方来台交割,台民愤极,定中奇祸。"②陈季同也电告李鸿章,李经方此行凶多吉少:"伯行千万勿来,或请收回成命,或请另派他人。"③李经方屡次以病请辞,但清廷不允,无奈只能前行。为了避免遭到台民迫害,李经方与随行的科士达决定不登岸,而在海上完成交接手续。

6月2日,李经方与桦山资纪举行三次会面。此时日军已发动进攻,桦山资纪要求攻占台北后,再行交接仪式。但李经方急于完成交接,坚持当日便结束谈判。李经方的做法正中日方下怀,日方表面虽推托台民变乱,不宜即行交接,其实担心由于台民的抗议,交割台湾可能会有变故,故希望尽早交接,以免有失。待第二次谈判时,双方便约定交接程序,下午2时,日方公使水野遵与李经方拟定了交割文书。晚上10时,李经芳与桦山资纪正式签订交割文书,匆匆完成交割手续,台湾主权正式落入日本手中。④

---

① 英国外交文件下·戈塞林致金伯利函[M]//戚其章.中日战争:第11册.北京:中华书局,1996:938.

② 唐抚台来电[M]//张之洞.张之洞全集:第8册.石家庄:河北人民出版社,1998:6391.

③ 寄李经方[M]//李鸿章全集(三):电稿三.上海:上海人民出版社,1987:556-557.

④ 寄译署[M]//李鸿章全集(三):电稿三.上海:上海人民出版社,1987:572-575.李鸿章此处是转李经方的电文,桦山资纪是否要求攻占台北后再行交接仪式,仍存疑,其他材料大多表明桦山之前已同意在岛外交接。台湾总督府警务局.台湾抗日运动史(一)[M].张北,等,译.台北:海峡学术出版社,2000:62-72;科士达外交会议录[M]//中国史学会.中日战争:第7册.上海:上海人民出版社,上海书店出版社,2000:485-486.

三、台湾北部的抗战与"台湾民主国"的溃亡

台湾建省后,清政府对台湾战略地位的重视程度有了提高,加强了防御设施。全台以台北为中心,总共建有炮台12处,台北7处,分别是基隆4处,沪尾2处,狮球岭1处,台南5处,分别是安平3处,打狗1处,旗后1处。[①] 甲午战争爆发后,台湾屡次增兵,福建水师提督杨岐珍、南澳镇总兵刘永福等将先后率部抵台。唐景崧另奏请丘逢甲等人组织义军,张之洞等积极援助粮饷,台湾的防卫力量更为厚实。据统计,割台时,岛内守军有100余营,按每营360名计,兵员有3.3万余人。[②] 其中有杨岐珍所部10营,刘永福所部粤勇6营,廖得胜、余致廷所部湘勇2营,綦高会新募湘勇4营,林朝栋土勇4营,李本清所部7营,杨汝翼湘勇4营,胡友胜粤勇3营,吴光亮所部6营,吴国华粤勇2营,杨永年粤勇3营,黄翼德粤勇9营,丘逢甲义军10营,胡连胜、陈国柱、陈柱波、包干臣共募4营等。但"民主国"成立之后,清政府下令所有官员内渡,杨岐珍、台南镇总兵万国本率所部精锐内渡,台防力量大损,台北地区仅剩绍良及土勇四营,防备空虚。三貂岭、澳底诸处无兵可防。

台湾正式交割之前,先期抵达台湾的日军,侦知台湾已成立"民主国",和平接收已不可能,决定武力强行夺台。[③] 侵台日军由桦山资纪亲率的总督府直属部队6700余人和北白川能久亲王指挥的近卫师团14500余人组成,两支部队各自搭乘运兵船,在琉球中城湾会合后,于1895年5月29日抵达基隆外海。在此之前,日军先遣舰队于5月25日到台北外海,沿淡水、基隆、三貂湾一带侦察,发现淡水、基隆等地炮台密集,兵力雄厚,守备严密,士气高昂,淡水港港口淤浅,不利舰船靠岸,难以攻取,而三貂湾附近的澳底水深地阔,防守空虚,时值西南季风,适于登陆作战。日军决定以澳底作为登陆地点。[④] 与此同时,唐景崧也发觉澳底可能成为日军攻击目

①　姚锡光.东方兵事纪略[M]//中国史学会.中日战争:第1册.上海:上海人民出版社,上海书店出版社,2000:90.

②　黄秀政.台湾割让与乙未抗日运动[M].台北:台湾商务印书馆,1992:138.

③　攻台战纪[M].许佩贤,译.台北:远流事业出版股份有限公司,1995:106.

④　攻台战纪[M].许佩贤,译.台北:远流事业出版股份有限公司,1995:106-197.

标,令提督曾喜昭率领连胜军驻防。[①]

　　5月29日下午2:50,日军近卫师团开始在三貂岭附近的澳底登陆,由于风浪较大,日军登岸困难,进展很慢。但守军忙于求救,未能及时派兵拦截,失去歼敌良机。[②] 日军上岸后,迅速朝附近的旧社进发,驻守此地的曾喜昭部,接战即溃。日军轻易便占领澳底及盐寮仔山,当夜,又攻下顶双溪,直扑三貂岭。三貂岭处淡水、宜兰两县交通咽喉,也是通往瑞芳、基隆的要塞,地势险要,易守难攻。唐景崧获知日军从澳底登岸,急令吴国华率广勇赴守三貂岭,派营官胡连胜率部援助基隆,调陈国柱、陈柱波、包干臣等人往前敌助战。31日,日军在三貂岭西北麓附近的小楚坑遭到吴国华部的伏击,日军被迫撤退,吴国华率部紧追不舍。此时包干臣率部赶到,见日军已退,令人割取日军军官首级,拔队回撤邀功。吴国华听闻包干臣抢夺首级,意图冒领军功,怒而回追,导致三貂岭不守。[③] 为了避免因各军互不相属,再起内讧,唐景崧派内务大臣俞明震赴前敌督战。6月1日,为了收复三貂岭,唐景崧责令吴国华、杨连珍、李文忠分三路进攻。[④] 部署甫定,便传来日军进攻九芬与瑞芳的消息。九芬近海,守军兵力单薄,遭日舰火炮协攻,很快失陷,营官宋忠发阵亡,哨官战死三人,营官孙战彪重伤。同日[⑤],日军顺势继续进攻瑞芳。俞明震得知九芬失守,大惊,急率亲兵赴瑞芳督战。瑞芳四面皆山,形如锅底。双方各据东西高山,俞明震依托刘燕炮队在西山高地与日军对阵,战斗伊始,俞明震迫令吴国华率部进夺九苟桥,但吴军遭袭溃败,其余各军随之逃散,日军乘胜攻近瑞芳前街。此时刘燕的炮队发挥了作用,日军遭受炮击后被迫后退。当夜大雨,俞明震率

----

　　① 台湾总督府警务局.台湾抗日运动史(一)[M].张北,等,译.台北:海峡学术出版社,2000:87-88.

　　② 澳底守将发觉日军将登陆,飞书求救,却未做坚决抵抗。台湾总督府警务局.台湾抗日运动史(一)[M].张北,等,译.台北:海峡学术出版社,2000:96.

　　③ 俞明震.台湾八日记[M]//中国史学会.中日战争:第6册.上海:上海人民出版社,上海书店出版社,2000:374.

　　④ 俞明震.台湾八日记[M]//中国史学会.中日战争:第6册.上海:上海人民出版社,上海书店出版社,2000:374-375.另:黄秀政似误将5月31日与6月1日两日战事混成一事,而接下来九芬一战,应在6月1日,而非5月31日。黄秀政.台湾割让与乙未抗日运动[M].台北:台湾商务印书馆,1992:154-156.

　　⑤ 进攻瑞芳的时间,日方记为6月2日,中方则记为6月1日。

部随炮队退至龙潭埔,竖大旗召集溃兵,稳住阵脚。6 月 2 日晨,张兆连冒雨率护卫营助阵,吴国华、胡连胜部也来会合。清军重整旗鼓,张兆连身先士卒,预备与日军决战。日军经前日一战,决定首先袭击清军炮阵。① 战斗开始后,日军第一中队潜行突袭清军炮兵阵地,得手后全力向清军进攻。清军前锋受挫,张兆连被围受伤,吴国华所部疲困不能接应,俞明震急令陈得胜、曾喜照等率部救援。后张兆连赖亲兵救助,从溪水中潜行得脱,陈得胜战死,曾喜照受伤后至庚子寮投奔李文忠部,瑞芳陷落。俞明震败回台北,清军此役战死一百余名。

　　在日军攻陷瑞芳的当日,中日双方在基隆外海举行了交接仪式。次日,即 6 月 3 日,日军海陆并进,猛攻基隆。基隆港外的日军舰队对基隆炮台进行炮击,牵制港口的清军。陆路的日军本计划单线攻击,但前锋的中队在龙潭埔西附近走错路线,遂将错就错,改成左右两路,左路沿基隆河右岸前进,右路向北突进。清军则再度由俞明震率亲兵在一线督战,日军突至,将俞明震与刘燕炮队围困。清军死伤惨重,俞明震亦受伤,被救至社寮,后随各军退至狮球岭。日军自北向南逼至基隆街市,清军且战且退,逐渐聚于狮球岭。狮球岭是基隆最后的要塞,横断基隆通往台北的铁路,是进入台北的要冲。日军进攻狮球岭一度受阻。但清军却发生内讧,台勇与广勇因误会互攻,日军趁机抢登山顶,清军退往台北。不过,仍有少数清军士兵坚守基隆,6 月 4 日,两名清军士兵引爆了日军的弹药储存点,炸死几十名日军。②

　　狮球岭失陷前,俞明震先行回台北,与士绅一道请唐景崧调林朝栋驻守狮球岭,并将基隆电报局移至狮球岭后的八堵,并请其亲自到八堵驻守,但遭到拒绝。此时台北城风传狮球岭已经失守,城内大乱。次日,俞明震再度与方越亭、熊瑞图一道力劝唐景崧退守新竹,唐景崧没有回应。俞明震见事不可为,便回驻所收拾行李,逃离台北。当日,唐景崧也乔装潜行,

---

　　① 台湾总督府警务局.台湾抗日运动史(一)[M].张北,等,译.台北:海峡学术出版社,2000:97.

　　② 日清战争实记选译[M]//戚其章.中日战争:第 8 册.北京:中华书局,1994:506-507.

奔往淡水,6日搭乘德国轮船逃回厦门。[①]

　　唐景崧逃离台北后,民主国群龙无首,台北城一片大乱,兵工厂被抢光,火药库被炸,暴徒与败兵到处烧杀抢劫。6月5日,台北士绅为求自保,召开会议,请日军入城弹压,他们认为此时只有日军才能稳住局面。艋舺杂货店"瑞昌成"行号店主辜显荣自告奋勇,孤身出面请日军入城。此时日军尚在水返脚附近踯躅不前,他们听了辜显荣的话后将信将疑,后又有三名外国人代表请日军进城[②],日军才派人到台北城附近侦查,确定清军已逃离台北。6月7日,日军进入台北城,10日又占领沪尾要塞。6月11日,驻守大嵙崁的总兵余清胜主动降倭。[③]

　　占领台北后,日军便着手建立殖民统治机构。6月6日,桦山资纪率混合支队从基隆登陆。当日,桦山资纪便迫不及待地在台北县设立基隆支厅,建立陆海军根据地。[④] 17日,桦山资纪在台北宣布建立殖民统治政权,并以此日为"始政日"。

第四节　台湾军民的武装抗日

一、刘永福与台湾中南部抗战的延续

　　在"台湾民主国"溃败之后,唐景崧、丘逢甲[⑤]、林朝栋等民主国领袖相

---

　　①　James W. Davidson. 台湾之过去与现在[M]. 蔡启恒,译. 台湾研究丛刊第 107 种.台北:台湾银行,1972:214-216.

　　②　James W. Davidson. 台湾之过去与现在[M]. 蔡启恒,译. 台湾研究丛刊第 107 种.台北:台湾银行,1972:214.

　　③　日清战争实记选译[M]//戚其章. 中日战争:第 8 册. 北京:中华书局,1994:511-513;日军侵略台湾档案[M]//戚其章. 中日战争:第 12 册. 北京:中华书局,1996:200-201.洪弃父、王国璠、黄秀政等人有关大嵙崁战斗的叙述,与日方材料不符,存疑:中方材料把大嵙崁一战看成日军侦察新竹的一个部分,日方材料则是由于驻扎大嵙崁的余清胜主动投降,于侦察新竹的同日(6月12日)派兵到大嵙崁调查,其间并无大的冲突。

　　④　台湾总督府警务局. 台湾抗日运动史(一)[M]. 张北,等,译. 台北:海峡学术出版社,2000:105.

　　⑤　李祖基. 论丘逢甲乙未抗日保台之若干问题[M]//李祖基. 台湾历史研究. 台北:海峡学术出版社,2008:387-399.

继内渡,镇守台南的抗法名将刘永福及其率领的黑旗军,吴汤兴、姜绍祖、徐骧等所领导的义军成为抗日保台的中坚,抗日的中心随之移至台南。①

1895年6月28日,台南各界数千人在台南关帝庙集会,商讨抗日大计,共推刘永福继任"台湾民主国"大总统。刘永福拒绝了"总统"的名号,但表示愿意率领台民抗战到底。7月2日,刘永福率部自凤山县的旗后移驻台南,仍以"帮办台湾防务南澳镇总兵"名义,召集台南绅民开会,决定召开议会,设于府学,以举人许献琛为议长,廪生谢鹏翀、陈凤昌等为议员。郎中陈鸣锵为筹防局长,共讨抗日大局。

刘永福以台南为中心,重新布防台湾的抗日力量。台南内地防务,其子成良统"福"字军各营守旗后大坪山炮台;提督陈罗统领翊安军及黄金龙军驻四草海口;台湾镇标中军游击李英统镇海军和道标卫队、柏正才、吴锦州军守白沙墩海口;周明标、张占魁守喜树庄海口;都司柯壬贵镇守安平海口。副将袁锡中统镇海后军守后山埔南诸路;台湾城守参将吴世添仍驻守台湾府城。除了黑旗军,还包括增生吴汤兴所率领的新竹义军、林得谦率领的十八堡义军、兵部主事许南英的台南团练营、生员李清泉、谢鹏翀的五段团练等。②

台北失陷后,大部分军需饷械均落入敌手。刘永福拒接总统印时,便强调此时筹措军饷乃是第一紧要之事。③ 刘永福发布告示,表示抗战到底的决心,同时希望台民抛却异见,戮力同心,积极助饷:"照得倭寇要盟,全台竟割,此诚亘古变异,为人所不忍闻、所不忍见,更何怪我台民发指眦裂,誓与土地共存亡,抗不奉诏,而为自主之国。本帮办则以越南为鉴,迄今思之,无日不抚膺痛哭,追悔无穷。不料防守台民,未尝建树,离奇百变,意见两端,何以天无厌乱之心,而使民遭非常之劫! 自问年将六十,万死不辞。独不思苍生无罪,行将夏变为夷乎! 嗟乎! 积忿同深,自可挽回造化;厚德载福,谅能默转气机。愿合众志成城,制梃胜敌,在我坚心似石。弃职以

---

① 黄秀政.台湾割让与乙未抗日运动[M].台北:台湾商务印书馆,1992:196.

② 姚锡光.东方兵事纪略[M]//中国史学会.中日战争:第1册.上海:上海人民出版社,上海书店出版社,2000:99.

③ 黄海安.刘永福历史章[M]//中国史学会.中日战争:第1册.上海:上海人民出版社,上海书店出版社,2000:409.

为,所有旗后、凤、恒地方,业经布置,倭如有志,任往试之。刻顺舆情,移往南郡。查安平海口天险生成,此外要隘多可补其罅漏,惟军民共守,气味最贵相投;淮楚同仇,援助岂容稍异! 本帮办亦犹人也,无尺寸长,有忠义气,任劳任怨,无诈无虞。短愿人攻,将弁不妨面告;事如未洽,绅民急宜指陈。切莫以颇有虚声,便为足恃;更莫因稍尊官制,遇事推崇。从此有济时艰,庶可稍舒众望。若因力微畏怯,语不由衷,在上天断不佑予;若因饷绌吝筹,颇为挠阻,本帮办亦难恕尔。总之,如何战事,一担肩膺;凡有军需,绅民力任。誓师慷慨,定能上感天神;惨淡经营,何难徐销倭焰。合应剀切晓谕,为此示仰军民人等,须知同心戮力,自可转危为安;达变通权,无用专拘小节。不以斯言为河汉,仰各遵而无违。”①

　　当时台湾富民多已内渡,或潜匿不出,筹款寥寥,无济于事。刘永福虽截流海关、盐局、厘局各项收入,每月所得不过四五万两,而仅台南一处每月即需饷十一二万两,缺口极大。② 为了缓解军饷紧张,刘永福曾专设官银票局发行官银票,每票1～5元,共发行25万元左右。开始民众尚能接受银票,随着战事和财政恶化,后来无人肯用。③ 台南抗日政府还曾设置安全公司,发行股票(即公债)。④ 除了银票、公债,刘永福还委托英人麦嘉林在安平海关设置官邮政局,发行“官信票”(又名“士单纸”,即邮票),充作征饷的途径之一。⑤ 刘永福还曾多次派人向大陆各省督抚求援,但清政府为避嫌,下令断绝对台的接济。除了福建督抚少量接济外,均遭拒绝。张之洞屡次拒绝刘永福的请援,告其“万勿指望”⑥。军需饷械的极度匮乏,

　　① 蔡尔康等编.朝警记十二·台湾自主文牍[M]//中国史学会.中日战争:第1册.上海:上海人民出版社,上海书店出版社,2000:204-205.
　　② 易顺鼎.盾墨拾余(选录)·魂南记[M]//中国史学会.中日战争:第1册.上海:上海人民出版社,上海书店出版社,2000:141.
　　③ 黄海安.刘永福历史章[M]//中国史学会.中日战争:第4册.上海:上海人民出版社,上海书店出版社,2000:410.
　　④ 黄秀政.台湾割让与乙未抗日运动[M].台北:台湾商务印书馆,1992:200.
　　⑤ 吴质卿.台湾战争记[M]//戚其章.中日战争:第12册.北京:中华书局,1996:118-119;姚锡光.东方兵事纪略[M]//中国史学会.中日战争:第1册.上海:上海人民出版社,上海书店出版社,2000:100.
　　⑥ 张之洞.致福州边制台[M]//张之洞.张之洞全集:第8册.石家庄:河北人民出版社,1998:6577.

严重限制了台湾的抗日运动,但刘永福适时而起取代唐景崧统领台湾的抗日运动,鼓舞了台民的抗日热情。[①]

二、义军与新竹地区的抗战

日本侵略者于 6 月 17 日举行"始政"仪式,之前已派日军越过淡水河,向新竹推进。新竹原本并无防营驻扎,防务空虚。台北陷落前,林朝栋所部傅德升、谢天德北上驰援,抵达新竹。义军吴汤兴、姜绍祖、胡嘉猷、徐骧、邱国霖等部,以及前台湾镇总兵吴光亮 1 个营,提督首茂林和傅宏禧各二营,亦汇集新竹,"是日不期而会者万人,遍山漫野"。[②] 6 月 11 日,众人公推义民统领吴汤兴为首领,祭旗誓师,准备北上收复台北。众人立约法数章,以鼓为号,协同作战,并约接济粮食费用。次日,吴汤兴发布公告,号召民众奋起抗敌。[③] 13 日,吴汤兴率军自大湖口出发。[④]

前此一日,台北的日军预备南下。为摸清新竹的情况,派出一个中队沿铁路前往侦察,沿途强征台民为夫役搬运辎重。14 日,日军途经崩坡时,获知新竹有不少清军活动,便让担任后援的另一中队进驻中坜待命。为进一步了解清军动向,河村参谋带了十来人留在崩坡继续侦察,独自行进。他们在杨梅坜遭到北上义军的围击,待突围至大湖口火车站与侦察中队汇合,发现后路已经被义军截断。此时,大湖口已成抗日义军的前哨据点,也是日军进入新竹的必经之地。徐骧、吴汤兴、姜绍祖率部自东、西两面对进犯大湖口的日军发起攻击,一时枪声大作,"弹如雨下",日军几度突围未果,直至 16 日才成功脱困,回到头亭溪与后援汇合,又退至中坜待命。[⑤]

日军根据侦察中队的报告,认为义军正在集结,决定迅速占领新竹,以

---

① James W. Davidson. 台湾之过去与现在[M]. 蔡启恒,译. 台湾研究丛刊第 107 种. 台北:台湾银行,1972:214.

② 吴德功. 让台记[M]//戚其章. 中日战争:第 12 册. 北京:中华书局,1996:72.

③ 王国璠. 台湾抗日史(甲篇)[M]. 台北:台北市文献委员会,1981:272.

④ 洪弃父. 台湾战记[M]//中国史学会. 中日战争:第 6 册. 上海:上海人民出版社,上海书店出版社,2000:337.

⑤ 洪弃父. 台湾战记[M]//中国史学会. 中日战争:第 6 册. 上海:上海人民出版社,上海书店出版社,2000:337.

瓦解台民的抗日信心。① 6月19日,日军派出步兵第2联队第1大队及第8中队、骑兵1小队、炮兵1中队,以及装备先进的第4机关炮队编成一个支队,1000余人,由第2联队队长坂井大佐指挥,从台北向新竹出发,途中又收编了第1大队本部及第1、第4中队。21日晨,日军抵达杨梅坜附近,遭到小股义军的伏击。义军利用有利地形,射击日军的骑兵小队。日军分兵作战,试图夹击义军。义军渐不支,被迫撤离。日军逼近大湖口时,沿路义军依靠房屋与树木掩护,顽强抵抗。日军虽调来炮兵增援,仍无法奏效,只好放弃进攻。22日,日军留下第2中队担任警戒,其余部队继续向新竹挺进。当日,日军击退枋寮社、安溪社的义军,11时30分攻到新竹城外,新竹县知县王国瑞、游击廖榕盛未战先逃,居民闭城待援。日军派工兵打开城门,占领新竹城。②

新竹城虽然陷落,周边的义军仍然坚持抗敌,除了苗栗、大湖口等处抗日义军重要据点,新竹至台北的交通线也还在义军控制之中,桃仔园以西至新竹之间的联系一度陷于断绝状态。③ 义军不时在新竹城附近骚扰日军,他们破坏铁道,割断电线,袭击哨岗,并伺机反攻新竹城,给日军造成很大的威胁。④ 6月23日,300多名义军从东西南三面突袭中坜兵站,激战4个半小时。日军惊叹,自中日开战以来,虽在大陆设过不少兵站,但从未遭受如此猛烈的攻击,⑤足见抗日义军抗敌之决心与勇气。6月24日,日军一个骑兵小队在侦察途中,再遭义军攻击,小队长和一名士兵被打死。接着,义军又巧妙地避开日军的反扑,这种避重就轻的游击战术,令日军十分头痛。6月25日,为了扫荡新竹附近的义军,日军坂井大佐命令步兵第一中队携带两门机关炮清剿枋寮社附近的义军,遭到顽强的抵抗,未达到目的,此刻又传来新竹前哨遭到数百名义军攻击的讯息,不得已班师回援。

① 台湾总督府警务局.台湾抗日运动史(一)[M].张北,等,译.台北:海峡学术出版社,2000:115.

② 王国璠.台湾抗日史(甲篇)[M].台北:台北市文献委员会,1981:271.

③ 日清战争实记选译[M]//戚其章.中日战争:第8册.北京:中华书局,1994:524-529.

④ 日清战争实记选译[M]//戚其章.中日战争:第8册.北京:中华书局,1994:524-525.

⑤ 日清战争实记选译[M]//戚其章.中日战争:第8册.北京:中华书局,1994:527.

如此反复遭到袭击,日军疲于应付。当听说义军以龙潭坡为据点,正准备大举进攻桃仔园街,驻守头亭溪的第3中队主动撤回中坜,收缩防线,同时向台北求援。

义军的英勇顽强大出日人意料,"其彪悍者,与闻一炮声而逃跑之清军相比,不可同日而语"。[①]接到中坜方面的警报,近卫师团长赶忙在23、24日命令第一联队第1、6中队前去增援。不过台北成内外传言义军将攻打台北,给日军很大的压力,难以分出更多兵力支援新竹。24日,桦山资纪勉强从驻守基隆的比志岛混合支队分出一部分交给近卫师团。26日,近卫师团长命令三木少佐统一指挥新竹沿线的日军,力图肃清义军的反抗。三木少佐经过侦察,认为驻扎在中坜东南安平镇的胡嘉猷部是义军主力,便于6月28日率部大举强攻安平。义军依靠坚固的房屋顽强抵抗,日军虽动用了火攻等各种手段,都无法占领安平,被迫撤回中坜。7月1日,日军再度出击,此番配备了炮兵、工兵,沿路烧毁附近民宅,围困义军。胡嘉猷率军沉着应战拼死抵抗,坚守一日。临近黄昏,日军死伤30余人,仍未能攻下安平,不得已撤回中坜。[②]胡嘉猷则因水井被毁,义军饮水困难,决定趁夜突围,撤至龙潭陂,弃守安平。[③]7月6日,日军第三次进攻安平,但在那里除了找到失踪士兵的尸体,已然成空城,气急败坏的日军焚毁了安平镇泄愤。

与此同时,吴汤兴也在筹划大规模的反攻,鉴于日军装备优良,他认为必须集中各路义军的力量,才能与之抗衡。台湾府知府黎景嵩也召集了台湾、彰化、云林、苗栗四县官绅组织的"新楚军",由副将杨载云统领,与吴汤兴所率义军配合作战。经过周密的安排,7月9日夜,[④]在吴汤兴的指挥下,抗日军兵分三路,自头份进攻新竹城:新楚军傅德星、陈澄波分攻东、西门,吴汤兴攻南门,杨载云继后策应,姜绍祖、徐骧跟进。日军也听到新竹即将受到袭击的传言,派兵出城侦察。10日晨,双方在新竹东南的十八尖

---

① 日清战争实记选译[M]//戚其章.中日战争:第8册.北京:中华书局,1994:533.
② 台湾总督府警务局.台湾抗日运动史(一)[M].张北,等,译.台北:海峡学术出版社,2000:119.
③ 胡嘉猷传[M]//戚其章.中日战争:第12册.北京:中华书局,1996:476.
④ 一说是7月8日夜,综合中日材料,笔者认为应是9日夜发动反攻。

山遭遇,吴汤兴率队迎击,杨载云、傅德星分两翼夹攻,日军不敌后退。[①] 义军占领了十八尖山及虎头山一带高地,炮击新竹城。日军凭借火力优势,出城迎击。双方激战半日,义军渐渐不支,被迫撤退。陈澄波、徐骧的进攻也分别受阻。午后,姜绍祖率百余人突袭新竹车站,被日军三面包围,苦战未果,战死50余人,其余被俘。姜绍祖被俘后,寻隙逃出。[②]

义军第二次反攻新竹失败后,仍以新竹东南的尖笔山为根据地,坚持在新竹地区活动。他们在赤崁头至香山坑南面高地一带修筑工事,加紧备战。[③] 中日双方小规模冲突不断。7月25日午夜,吴汤兴、杨载云率千余名义军再度对新竹前哨发起猛烈冲击,从三面包围日军。战斗一直持续到上午8时,"长达三千余米的战线上,枪声、炮声一度非常激烈"。[④] 日军凭借优势炮火,又一次击退了义军。这样的战斗,一直持续到8月上旬。义军的失败,除了兵力分散、武器落后以及缺乏统一指挥外,内部不合也是重要原因。

几番激烈交锋后,桦山资纪深感到台民抗日实力不可轻视,为了稳定台北局势,决定重新布置作战路线,放弃从海上直接进攻台南的计划,改从陆路南进。[⑤] 他将派往台南的增援部队调回台北,与近卫师团会合,加上混合旅团,组成一支强大的力量。同时,向日军大本营请求支援。7月3日,桦山资纪命令近卫师团先行扫荡台北、新竹附近的抵抗力量,消除南进的后顾之忧。当时在龙潭坡附近活动的胡嘉猷部成为日军的首要目标。山根少将、坊城少佐、今田大尉分别率领三支部队,分三路向龙潭坡进发,力图打通前往苗栗的道路。

7月12日,坊城大队沿大嵙崁溪两岸行进,经枋桥街到三角涌宿营。

① 王国璠.台湾抗日史(甲篇)[M].台北:台北市文献委员会,1981:274.
② 日清战争实记选译[M]//戚其章.中日战争:第8册.北京:中华书局,1994:548.
③ 台湾总督府警务局.台湾抗日运动史(一)[M].张北,等,译.台北:海峡学术出版社,2000:123.
④ 日清战争实记选译[M]//戚其章.中日战争:第8册.北京:中华书局,1994:549.
⑤ 日军侵略台湾档案[M]//戚其章.中日战争:第12册.北京:中华书局,1996:213-214.另:当时台南的英国侨民要求日军尽快南下保护,日本政府迫于压力,要求华山资纪按原计划先攻取台南,桦山则坚持暂时放弃攻打安平、打狗,他还强调,当时南部天气恶劣,风浪较大,不利登陆作战。

今田大尉率领的第7中队跟随大队出发,经海山口、树林庄到二甲九庄露营。次日凌晨,500余名义军从四面包围今田中队,猛烈射击。今田中队仓皇应战,直到黄昏才寻机朝桃仔园方向突围,前往龙潭坡与山根支队会合。13日,坊城大队在自三角涌至大料崁的山谷当中,遭到江国辉、廖运藩、李光飚、吕建邦、简玉和等大料崁义军的截击;三角涌义军也在苏力、苏俊、陈小坤的率领下攻击日军后卫;黄晓潭、郑西风、刘大容等人出乌涂窟攻击日军背部,附近义军也纷纷前来助阵,总计义军不下5000余人。[①] 坊城大队腹背受敌,进退维谷,陷入苦战。激战三昼夜,粮饷用尽,陷于绝境。直到山根支队占领大料崁,义军南移,才得以侥幸解困。与此同时,另一支日军运粮护卫队在三角涌附近被歼灭。[②]

14日,山根少将亲率支队主力进犯龙潭坡,用炮火摧毁了义军的阵地,胡嘉猷战死。[③] 接着,于16日大举进攻大料崁,江国辉、吕建邦、简玉和等首领率军回师应战。日军坚壁清野,烧毁民宅,使义军失去有利的屏障,难以抵挡日军的进攻。此时,听到己方炮火声音的坊城大队也全力往大料崁方向突围,[④]义军前后受敌,处境更加艰难。此战江国辉被俘,吕建邦负伤,义军终被冲散。[⑤] 大料崁落入敌手。

日军付出十分惨重的代价才占领大料崁、三角涌,这迫使桦山资纪与北白川能久决定分二期实施更彻底的"扫攘计划",进行全面的焦土政策。7月17日,桦山资纪下达扫荡命令,根据山根支队的报告,判断义军主力应在三角涌一带,决定先集中兵力扫荡台北、基隆之间铁路线以南大料崁河孟地区。近卫师团组建山根、内藤、松原三个支队,专门负责扫荡任务。7月22日,山根支队从大料崁向三角涌出发,在炮队的掩护下从四面围剿

———————————

① 王国璠.台湾抗日史(甲篇)[M].台北:台北市文献委员会,1981:279.

② 台湾总督府警务局.台湾抗日运动史(一)[M].张北,等,译.台北:海峡学术出版社,2000:126-128.

③ 日清战争实记选译[M]//戚其章.中日战争:第8册.北京:中华书局,1994:537-538.一说胡嘉猷并未战死,而是潜回广东原籍.胡嘉猷传[M]//戚其章.中日战争:第12册.北京:中华书局,1996:476.

④ 台湾总督府警务局.台湾抗日运动史(一)[M].张北,等,译.台北:海峡学术出版社,2000:131.

⑤ 王国璠.台湾抗日史(甲篇)[M].台北:台北市文献委员会,1981:280.

三角涌地区的义军,沿途放火烧毁村落、市街,大肆屠杀无辜乡民。在优势敌人面前,元气大损的义军虽有零星抵抗,未能给日军造成很大的障碍。24日,山根支队返回大嵙崁。山根支队进犯三角涌的当天,内藤支队从大嵙崁左岸出发,在打类坑附近高地遭到义军的抵抗,双方相持一日。23日,日军增援火炮抵达,同时受到见山根支队占领三角涌的鼓舞,士气大振,冲入义军阵地占领高地。接着向海山口方向前进,沿途焚毁民宅千余间。松原支队亦于22日自台北出发,沿大嵙崁溪右岸搜索前进,烧毁村落,任意杀害乡民。23日,占领土城庄后,当地即成废墟。日军此番扫荡,屠杀上千乡民,烧毁民屋数千间,三角涌附近数里内不见人烟。①

接着,近卫师团发动第二期扫荡,派内滕、山根两个支队对铜锣圈庄、杨梅坜、龙潭坡、牛栏河、新埔、大湖口等义军活动频繁地区进行扫荡。7月29日,内滕支队从桃仔园街铁路线以北地区到达中坜,途中未遇义军,日军认为该地区已被肃清,停止扫荡。而山根支队则先后对龙潭坡西面高地、铜锣圈庄、咸菜硼、新埔街、大湖口的义军发起攻击,义军虽一如既往地进行顽强抵抗,无奈实力悬殊,逐一溃败。日军基本肃清了台北至新竹一线的义军反抗。义军退至尖笔山一带据守险要。

三、台中之役

日军巩固台北至新竹一线的占领后,准备南侵。在此期间,日军大本营增援的混成第4旅团抵达台湾,日军实力得到加强。7月29日,为了指挥方便,近卫师团长能久亲王将司令部启程南下,31日抵达新竹。② 8月5日,能久下令从新竹往南进军,攻打尖笔山。

尖笔山地处新竹、苗栗之间,海拔842米,是新竹东南横山山脉最高峰。山路崎岖,地势严峻,是苗栗地区北部防御的唯一据点。此时,参与新竹抗战的各路抗日队伍退守尖笔山及其附近的枕头山、鸡卵面,包括吴汤兴、徐骧、傅德星、邱国霖、张兆麟、陈超亮、黄景云、陈澄波、林学院及新楚

---

① 台湾总督府警务局.台湾抗日运动史(一)[M].张北,等,译.台北:海峡学术出版社,2000:142.

② 日清战争实记选译[M]//戚其章.中日战争:第8册.北京:中华书局,1994:559.

军杨载云、李惟义等 11 支队伍,总兵力 7800 余人。①

8 月 6 日,山根支队自新埔出发,逆九芎林河往上,向树杞林进发。路过水尾庄时,遇到林学院部袭击,林部稍作抵抗便撤退。7 日,山根支队进逼水仙岭,陈澄波率部迎击,日军受阻,后增派炮兵助战,并从右翼冲锋,用了 3 个多小时才攻克水仙岭。②

夜间,日军朝枕头山与鸡卵面进军,这里是义军在新竹与尖笔山之间的重要阵地。吃过义军苦头的近卫师团慎重估计了所需兵力,集合了山根支队、内藤支队及川村支队做预备队。8 日,日军发动正式进攻,川村预备队率先攻入枕头山,徐骧率队应战。日军用机关炮轰击,步兵跟进,徐骧部节节败退。左路的内藤支队亦朝鸡卵面发起攻击,一边炮击一边前进,所到之处,把村寨烧光,火焰冲天。负责防御的吴汤兴不能支,被迫往尖笔山退却。③

9 日,三路日军抵达尖笔峰脚下,准备三路合击,日军还调来两艘军舰支援陆军的进攻。川村率队从左右两翼攻山,山根支队则绕尖笔山夺取头份街。上午 5 时,山根支队进攻头份街,新楚军将领李惟义、杨载云率部迎战。李惟义甫战即逃,杨载云力战而死,义军士气受了很大影响,其他士兵溃逃。山根支队占领头份后,故伎重演,将头份全部烧光,变成一片焦土。④ 与此同时,川村与内藤两个联队开始进攻尖笔山,附近海域游弋的吉野、秋津洲两舰发炮掩护。⑤ 守军徐骧、吴汤兴部见势难挡,放弃阵地撤退,尖笔山落入日军之手。

新竹失陷后,苗栗成为义军在北部抗日的最后据点。但义军统领吴汤兴与苗栗知县李烇不和,军心离散。⑥ 杨载云牺牲后,新楚军的士气低落,

---

① 王国璠.台湾抗日史(甲篇)[M].台北:台北市文献委员会,1981:284-258.有关抗日力量人数,有不同说法,陈汉光即认为有 3000 人左右。(陈汉光.抗日战争史[M].台北:海峡学术出版社,2000:91.)

② 日清战争实记选译[M]//戚其章.中日战争:第 8 册.北京:中华书局,1994:571-572.

③ 陈汉光.抗日战争史[M].台北:海峡学术出版社,2000:91-92.

④ 日清战争实记选译[M]//戚其章.中日战争:第 8 册.北京:中华书局,1994:573.

⑤ 日清战争实记选译[M]//戚其章.中日战争:第 8 册.北京:中华书局,1994:567.

⑥ 吴德功.让台记[M]//戚其章.中日战争:第 12 册.北京:中华书局,1996:80.

连连战败,实力大损。台湾府知府黎景崧在新竹面临日军进攻时,主动向刘永福请援。刘永福令黑旗前敌正统领吴彭年带屯兵营、旱雷营、七星营往援。[①] 7 月 19 日,吴彭年抵达彰化。8 月 6 日,应苗栗绅民请求,吴彭年移驻苗栗。[②] 吴彭年带兵至苗栗后,整顿队伍。因兵力不足,吴彭年令徐骧再募土勇,但尚未成军,日军已经逼近。

8 月 13 日,日军进入后垄及其东面山地,能久亲王下令进攻苗栗。日军仍分三路进攻:山根支队为左翼,从头份街向乱龟山前进,川村支队为前卫,向后垄方向进军,其余为本队和预备队,相继出发。川村支队徒步涉过中港溪,到达后垄。日军用马车拖机关炮,猛烈开火,“一刻钟放数十响,出口即破裂开花,流星飞打”,占据高地的义军见此斗志全无,迅速溃退。[③] 吴彭年亲自督军力战,黑旗军管带亲兵袁锡清、帮带林鸿贵身先士卒。双方在苗栗东畔大山血战,日军望见西北高地有一大堡垒,十数面旗帜飘扬,声势颇大,且陆续有援兵抵达。[④] 日军集中炮火猛烈轰击,趁浓雾、硝烟掩护,突袭堡垒。双方展开兵刃近战,林鸿贵被杀,袁锡清中炮身亡。李惟义、徐学仁指挥七星队掩护吴彭年及屯兵、旱雷两营伤兵退回苗栗街,后又退守大甲。[⑤] 是日,山根支队也迫近乱龟山,义军陈超亮、黄景云在山仔坑驻守,临敌即溃。当日,苗栗知县李烇奔逃梧栖,后带印内渡福州。吴汤兴、徐骧等则退往彰化。苗栗随之成空城。14 日,日军兵不血刃,占领了苗栗。

四、新楚军与彰化地区的抗战

彰化县城是台湾府治的暂设地,居全台中心,固守可以控制南北,乃敌所必争,我所必重之地。[⑥] “台湾民主国”成立后,时任台湾府知府孙传衮

① 吴德功.让台记[M]//戚其章.中日战争:第 12 册.北京:中华书局,1996:81.
② 吴德功.让台记[M]//戚其章.中日战争:第 12 册.北京:中华书局,1996:82.
③ 吴德功.让台记[M]//戚其章.中日战争:第 12 册.北京:中华书局,1996:84.
④ 台湾总督府警务局.台湾抗日运动史(一)[M].张北,等,译.台北:海峡学术出版社,2000:149.
⑤ 吴德功.让台记[M]//戚其章.中日战争:第 12 册.北京:中华书局,1996:84.
⑥ 思痛子.台海思痛录[M]//戚其章.中日战争:第 12 册.北京:中华书局,1996:110.

内渡,唐景崧令候补同知黎景嵩代之,同时令林朝栋、杨汝翼率部驻守彰化,由黎景嵩任中路营务处兼统各军,并就地募勇,防守台湾中路。待台北弃守,林朝栋、杨汝翼先后内渡,黎景嵩独撑危局。他饬令副将杨载云募杨汝翼所弃湘勇及其他勇营 2000 余人,驻守头份街;又命梁翙募土勇 1000 人为游击之师,驻守新港、苗栗一带;派罗树勋、廖世英分领屯防驻府城八卦山,并筑炮台于八卦山巅,将城南巨炮移置于此。附近苗栗、新竹各处乡绅也自备饷需募勇成军,黎景嵩又令台湾、苗栗、云林三县知县就地募勇。如此共募勇近 7000 人,成 14 营。黎景嵩遂按湘、楚营制、营规制定章程,名之为"新楚军"。[①] 黎景嵩令副将杨载云率军自头份出击新竹,与吴汤兴等一道抵抗日军南下,暂时稳住了台中地区的局势。

但彰化粮饷严重不济,而台南自顾不暇,难以接济。[②] 黎景嵩电请张之洞援助饷械,遭拒。[③] 此时黎景嵩积欠新楚军饷银 2 万余元,乡绅不愿捐饷,所收钱粮只有一二成,难以为继。[④] 待头份与苗栗已临险境,败兵向黎景嵩索饷,黎景嵩无可支给,只得将新楚军托付黑旗军将领吴彭年统帅。吴彭年同样无法解决粮饷问题,只能靠当地民众蒸饭到营,"供给三餐",勉强维持。[⑤]

日军攻陷苗栗后,继续南下。8 月 21 日,日军渡过大甲溪,分左右两个纵队。左纵队由中冈大佐带领,前往台中;右纵队沿海岸线潮大肚溪前进。25 日,左纵队途经头家厝时,遭到林大春所率国姓会数百人袭击,义军凭靠竹围与日军对峙。日军数次冲击皆被击退。吴彭年闻报,派新楚军

---

① 思痛子.台海思痛录[M]//戚其章.中日战争:第 12 册.北京:中华书局,1996:111.

② 吴德功.让台记[M]//戚其章.中日战争:第 12 册.北京:中华书局,1996:80.《让台记》与《台海思痛录》都有张之洞牌易顺鼎赴台南查军情的材料,《台海思痛录》甚至有言张之洞让易顺鼎带 15 万饷银两济困之说,查易顺鼎《魂南记》则无此说。

③ 黎景嵩.黎守来电[M]//张之洞.张之洞全集:第 8 册.石家庄:河北人民出版社,1998:6543;张之洞.致福州边制台[M]//张之洞.张之洞全集:第 8 册.石家庄:河北人民出版社,1998:6542.

④ 吴德功.让台记[M]//戚其章.中日战争:第 12 册.北京:中华书局,1996:84-85.

⑤ 吴德功.吴统领彭年传[M]//戚其章.中日战争:第 12 册.北京:中华书局,1996:449.

郑以金带队往援，义军士气更旺。日军久攻不下，几次增援斗都没能击退义军。26 日，日军增援了两个步兵中队，一个炮兵中队，在炮队的掩护下发起冲锋，才占领义军阵地，逼近台中。此役日军战死 6 人，包括一名中尉。① 日军右纵队与近卫师团总部则于 25 日抵达大肚溪，兵临彰化城。彰化城易攻难守，附近只有八卦山一带适于固守。义军在八卦山构筑了坚固炮台，并沿大肚溪南岸设置防御工事，与日军隔岸对峙。彰化一役事关全局，刘永福尤为重视，命吴彭年死守彰化，同时派王得标、刘得胜、孔宪盈、李士炳、沈福山率旱雷、七星全队 4 营增援。② 27 日，黑旗援军在鹿港登陆，同日，云林县罗汝泽所募简义、简大肚、张祐等人也赶到彰化。一时间黑旗军与义军在吴彭年的率领下，云集彰化一带。

8 月 26 日，能久亲王带人在大肚溪沿岸侦查八卦山的义军阵地，被守将沈福山发觉，开炮轰击。能久不及躲避，与山根、绪方皆被弹片击中。③ 8 月 27 日，能久亲王下达向八卦山进攻的命令。当天夜里，日军偷渡大肚溪成功。接着，日军分三路对八卦山发起进攻：负责牵制的右翼川村部队由大肚溪而进，与黑棋七星队战于中寮、茄苓脚；担任主攻的山根部队由蜡沙坑、柴梳金暗袭八卦山后，黑旗军及徐骧、吴汤兴部与之大战。经过两个小时激战，日军从三面围住八卦山，终攻破义军阵地。此时，黑旗兵仍在中寮、茄苓脚等处坚持战斗，吴彭年亲自在市仔桥头督战，见山上竖日旗，勒马由南坛巷上山，中弹坠马而死。日军顺势攻入彰化城，李士炳、沈福山、吴汤兴皆战死于东门外。黎景嵩、罗树勋等逃亡。是役，军民战死四五百人。④ 日军占据彰化，旋即又占领鹿港，未遇激烈的抵抗。⑤ 黑旗军与黎景嵩等人在彰化失陷后退往北斗街，日军尾随而至，黎景嵩、罗树勋、罗汝泽

---

①　台湾总督府警务局.台湾抗日运动史（一）[M].张北，等，译.台北：海峡学术出版社，2000：154-155.

②　吴德功.让台记[M]//戚其章.中日战争：第 12 册.北京：中华书局，1996：86-87.

③　王国璠.台湾抗日史（甲篇）[M].台北：台北市文献委员会，1981：305.日方资料虽提能久被炮击事，但未说被击中.日清战争实记选译[M]//戚其章.中日战争：第 8 册.北京：中华书局，1994：591.

④　吴德功.让台记[M]//戚其章.中日战争：第 12 册.北京：中华书局，1996：87-88.

⑤　台湾总督府警务局.台湾抗日运动史（一）[M].张北，等，译.台北：海峡学术出版社，2000：161.

等人匆忙内渡,王德标携带台南济饷械,退入云林县等处。^①

9月1日,日军侦知抗日军退往云林,于是涩谷中佐、千田各自率队追击至他里雾及斗六街(云林县治在地),2日先后抵达大莆林。日军沿路均未遇到激烈抵抗,认为没有必要继续前进,准备回他里雾。但日军在大莆林恣意妄为,蹂躏妇女,激起民众愤慨。义军简义与族人原本准备放弃抵抗,自此举义旗,与黑旗军王德标部、义军徐骧一道,讨伐日军。^② 9月3日,正当日军放松警惕时,突遭简精华所率义军截击,日军措手不及,被围困于大莆林。涩谷命西村中队向他里雾退却,恢复与后方的联系。但此时他里雾也遭到袭击,西村中队只能绕道回北斗街,在刺桐巷与南下的曾我中队会合。当夜,两支日军冒雨夜袭他里雾,占领他里雾。而刘永福获知王德标部与简义所率义军等合击日军,派杨泗洪、朱乃昌增援大莆林。^③ 9月6日,黑旗军与义军一同反攻大莆林,为了增强火力,义军还从嘉义调来山炮,猛击日军。激战中,杨泗洪不幸阵亡。^④ 弹尽粮绝的涩谷大队被迫退往他里雾,与西村、曾我中队会合后,于9日退回北斗。^⑤

五、黑旗军与台南地区的抗战

大莆林一战后,日军在彰化滞留近一个月。此时,日军面临更为严重的疫病威胁。彰化是台湾瘴气最严重的地区,时值盛夏,易于疫病流行。日军饱受恶性疟疾的困扰,到了9月下旬,真正健康的士兵不过1/5,单在八卦山就有140多名士兵病亡。山根、中冈、绪方等人也相继病死,日军战

---

① 吴德功.让台记[M]//戚其章.中日战争:第12册.北京:中华书局,1996:90.

② 吴德功.让台记[M]//戚其章.中日战争:第12册.北京:中华书局,1996:90.

③ 洪弃父.台湾战记[M]//中国史学会.中日战争:第6册.上海:上海人民出版社,上海书店出版社,2000:344.

④ 洪弃父.台湾战记[M]//中国史学会.中日战争:第6册.上海:上海人民出版社,上海书店出版社,2000:344.另有一种说法,认为杨泗洪阵亡于10月初的大莆林之战.吴德功.让台记[M]//戚其章.中日战争:第12册.北京:中华书局,1989:93-94.

⑤ 日清战争实记选译[M]//戚其章.中日战争:第8册.北京:中华书局,1994:600-603.

斗力受到很大影响。[①] 同时,随着战局的扩大,日军的粮食给养也渐成问题。[②] 抗敌联军的顽强抵抗,让日军不敢轻易南下,担心近卫师团孤军深入,陷入重围。[③] 而日军大本营则提出等到 9 月下旬西南季风停止,趁抗日联军饷械匮乏,陷于困顿的时机,从台南登陆,海陆并进,南北夹击,一举击溃台南抗日政府。这种情况下,日军不得不暂缓南下,等待援军,并进行休整。

抗日联军形势并不比日军乐观,虽取得云林之战的胜利,"各处日军多退,云林地无敌踪"[④],局势有所回挽,但元气已伤。刘永福几度向大陆发电或派人请援,均遭张之洞拒绝,闽督、将军虽"月月接济",但数目有限。[⑤] 抗日联军饷械匮乏,无力组织有力反击,与日军沿北斗溪[⑥]一线对峙。[⑦]

日本为了尽快占领台湾全岛,从本土派出了第 2、4 师团的预备队,又从辽东半岛抽调了半个师团,再配备臼炮队、工兵队、要塞炮兵队、宪兵队等增援台湾。这样,侵台日军包括武装警察总共达到 9 万余人,[⑧]不管在装备或人数均大大优于抗日联军。同时,大本营改组了台湾总督府,强化军事机构,使之近似军队司令部。大本营专门设置台湾副总督一职,由高岛鞆之助陆军中将担任,统一指挥南进各部队。9 月 12 日,高岛抵达台北,不久正式成立"南进军司令部"。他对作战计划做了修改,命令近卫师团在 10 月 5、6 日前到嘉义附近集结,掩护混成旅团与第 2 师团在布袋口

---

① 台湾总督府警务局.台湾抗日运动史(一)[M].张北,等,译.台北:海峡学术出版社,2000:166.

② 台湾总督府警务局.台湾抗日运动史(一)[M].张北,等,译.台北:海峡学术出版社,2000:150-152.

③ 台湾总督府警务局.台湾抗日运动史(一)[M].张北,等,译.台北:海峡学术出版社,2000:168.

④ 洪弃父.台湾战记[M]//中国史学会.中日战争:第 6 册.上海:上海人民出版社,上海书店出版社,2000:344.

⑤ 刘永福.刘镇来电[M]//张之洞.张之洞全集:第 8 册.石家庄:河北人民出版社,1998:6583-6584.

⑥ 北斗溪与西螺溪均是浊水溪(现名)的一部分.攻台战纪[M].许佩贤,译.台北:远流事业股份有限公司,1995:268-269.

⑦ 中文材料有记录 9 月 23—25 日,刘永福曾组织一次对彰化反攻,但日文材料未提及.

⑧ 陈汉光.抗日战争史[M].台北:海峡学术出版社,2000:103.

登陆,后者再分别从北、东两面攻击台南。①

　　10月3日,近卫师团朝嘉义进发。日军分成前卫、右翼、左翼和本队四支部队,分别由川村、坂井、内藤以及能久亲王率领,先后渡过北斗溪。接着,分三路向北斗溪以南方向进攻。5日,担任前卫的川村支队渡河后,迅速朝树仔脚集结。途经西螺溪时,遭到黑旗军王德标部的阻击。王德标在左岸设防,修筑掩体,阻止日军过河。日军企图绕行进攻,黑旗军冲出掩体追击。日军用炮轰击,逼迫黑棋军撤退。日军趁机从正面突击,冲至树仔脚庄南面。黑旗军稳住阵脚,从两面包抄日军左翼。但日军主力赶到,黑旗军难以抵挡,退往斗六街。川村支队在树仔脚集结后,进扎莿桐港。6日,右翼坂井支队越过树仔脚,进攻西螺街,义军廖三聘及黄荣邦部在西螺街抵抗,激战数小时,日军采取火攻才占领西螺街。②

　　莿桐港失陷后,王德标、林义河等人在他里雾、大莆林等地节节抵抗,付出巨大伤亡仍未能阻止日军前进。日军右翼支队穿过西螺街,攻入土库,追击义军至番仔庄。土库义军的作战经验虽不如大莿坎的同胞,但充分发挥家屋防御战的特点,即使被围,内起大火,仍坚持顽强抵抗,令日军极为头痛。③ 左翼内藤支队在牛湾庄及斗六街一带,遭到萧三发、徐骧、简成功、简义等部的抵抗,黑旗军与义军依托坚固堡垒阻止日军前进,战斗激烈程度,是中日开战以来"所不多见"。④ 日军占领斗六街后,抗日联军各部撤至大莆林。8日,川村支队自他里雾分三路进攻大莆林,义军固守观音亭等处,与日军展开一个小时的肉搏战。日军无法得手,后靠火攻才逼退义军。此战萧三发、黄荣邦均战死。⑤ 近卫师团各支队在付出较大伤亡后,于8日分别抵达打猫街、番仔街、达山仑仔庄,本队则进驻三叠溪附近至大莆林之间。

---

① 台湾总督府警务局.台湾抗日运动史(一)[M].张北,等,译.台北:海峡学术出版社,2000:167-168.

② 陈汉光.抗日战争史[M].台北:海峡学术出版社,2000:108-109.

③ 日清战争实记选译[M]//戚其章.中日战争:第8册.北京:中华书局,1994:617-618.

④ 日清战争实记选译[M]//戚其章.中日战争:第8册.北京:中华书局,1994:613.

⑤ 洪弃父.台湾战记[M]//中国史学会.中日战争:第6册.上海:上海人民出版社,上海书店出版社,2000:345.

第十章　反对日本占领台湾的斗争

371

10月9日，日军开始进攻嘉义城。嘉义城据台南府仅17公里，是通往台南的最后屏障。东南、北面均为平原，南有北掌溪、北有牛稠溪，河狭水浅，甚难扼守。① 日军分三路，从北、东、西三门同时强攻嘉义城。日军首先用重炮轰击嘉义城的炮兵阵地，破坏了城墙，接着在炮火的掩护下，日军强行登墙。② 此时嘉义城守军有守备王德标、知县孙育万、武举人刘步升、义军首领简氏父子、生员杨锡九、营官冯练芳等部，死守力战。③ 然而日军炮火凶猛，刘步升、杨锡九、冯练芳等人中弹身亡。中午11:45左右，西门先被攻破，随后北门、东门也被破，嘉义城被攻陷。此战抗日联军由于城门被围，无处可退，死伤较多。日军一个小时内发炮183发，战斗激烈程度可见一斑。④

日军占领嘉义后，兵分两路，前卫部队继续追击撤退的抗日联军，向台南挺进；右翼支队则被派往盐水港，以按计划掩护混成第四旅团在布袋口附近登陆。右翼支队10日从嘉义出发，次日占领盐水港，守军谭少宗部被炮火驱散。混成旅团则已于10日自傍晚澎湖出发，当日在布袋口登陆。黑旗军营官侯西庚所部据内田庄西端抵抗，也被日舰炮火击溃。⑤

混成旅团登陆后，分两路进攻：一路占领杜仔头庄，一路往盐水港方向前进。11日，混成旅团先头部队在盐水港与近卫师团会合。之后，混成旅团继续朝盐水港西面进军，侵犯铁线桥。但义军四处抵抗，延缓了日军的进军。19日，混成旅团在贞爱亲王指挥下，分兵进攻曾文溪和萧垄。曾文溪乃黑旗军北面防御要地，但守将刘光明不战而逃。日军顺势攻入东势宅庄与文溪庄，徐骧、柏正材、王德标等率义军迎战，徐骧、柏正材不幸中弹身亡。进攻萧垄的日军遭到沈征芳、林昆冈率部抵抗，林昆冈父子不幸遇难。

增援台湾的第2师团也于10日下午从澎湖马公港出发，次日到达枋寮海域，并迅速从番仔仑附近登陆。当地无黑旗军驻守，日军顺利占领登

① 陈汉光.抗日战争史[M].台北:海峡学术出版社,2000:111.
② 台湾总督府警务局.台湾抗日运动史(一)[M].张北,等,译.台北:海峡学术出版社,2000:186-187.
③ 陈汉光.抗日战争史[M].台北:海峡学术出版社,2000:111.
④ 陈汉光.抗日战争史[M].台北:海峡学术出版社,2000:111.
⑤ 陈汉光.抗日战争史[M].台北:海峡学术出版社,2000:112.

陆附近地带,并向茄冬脚进发。茄冬脚是东港与枋寮的中枢,战略地位十分重要,日军若不占领茄该地,则进不能入东港,退不能守枋寮。① 双方在该地展开激烈的争夺。义民首领萧光明率部抵抗,连妇女也参加了战斗。吴光志率林边义民团前来援助。进攻茄冬脚的日军第三中队被抗日联军的包围,陷入进退两难的困境,直到日军援兵赶到才得以脱困,并占领茄冬脚,但日军已付出了惨重代价。②

12 日,日军向东港进军。守军吴光忠部听说茄冬脚失守,不战而逃。日军继续沿东溪行进至头沟水庄时,遭到近千名义军的围攻,日军经过苦战才退回宿营地。③ 16 日,日军占领凤山城。在附近海上待命的日军舰队,见第 2 师团占领凤山,遂于 15 日上午炮击打狗,摧毁了沿岸炮台,接着派遣陆战队上岸,先于第 2 师团占领打狗。

日军混成旅团与第 2 师团先后登陆成功后,台南刘永福陷于日军三面围攻的境地,处境更为艰难,不得已向日军求和,要求日军厚待百姓,宽刑省法;同时,厚待其兵勇,照会中国派船载其内渡。④ 桦山资纪与高岛鞆之助则要求刘永福"诚意求降",遭到刘永福拒绝。后高岛要求刘永福赴驻安平港日舰吉野号会商,刘永福终不敢赴约。待打狗与麻豆庄陷落,台南震动。10 月 14 日,刘永福搭乘德舰内渡厦门,途中逃脱日舰追击。

19 日,日军第 2 师团受命开始朝台南前进。20 日,击溃少量义军后,占领二层行庄。当日下午,来自台南的英国传教士代表台南市民,告知刘永福已离开台南,要求日军尽快入城。第 2 师团随后由台南城小南门进入台南城。17 日,日军舰队又驶往安平海域警戒。21 日,日军海军陆战队在四鲲鯓庄登陆,占领安平。22 日,南进军司令官南岛进入台南。27 日,桦山资纪宣布"台湾全岛已全部平定"。⑤

---

① 台湾总督府警务局.台湾抗日运动史(一)[M].张北,等,译.台北:海峡学术出版社,2000:201-202.

② 日清战争实记选译[M]//戚其章.中日战争:第 8 册.北京:中华书局,1994:629.

③ 台湾总督府警务局.台湾抗日运动史(一)[M].张北,等,译.台北:海峡学术出版社,2000:205-206.

④ 陈汉光.抗日战争史[M].台北:海峡学术出版社,2000:120.

⑤ 虞和平,谢放.中国近代通史:第 3 卷.南京:江苏人民出版社,2007:430.

结　语

　　晚清台湾历史虽然仅有短短的 50 余年，其内涵却是十分丰富的，而社会转型、抗击外来侵略和近代化建设则是我们了解、考察和研究晚清台湾历史三条主要线索。

　　清代前期台湾是典型的移民社会，其社会特征与大陆母体相比，存在许多明显的差异，然而，随着土地的开发，人口的繁衍，经济的发展以及时间的推移，到了清代后期，即 19 世纪五六十年代，台湾移民社会已开始出现质的变化。首先是人口结构的变化，人口以移民的后裔为主，新移民在人口中所占的比例不大，人口的增长转变为以自然增长为主，人口的性别比例与年龄结构趋于正常。移民社会中常见的无业游民的人数大大地减少了。其次，居民祖籍分类意识渐渐淡化乃至消除，对现居地的认同感则有所增强，其标志为超祖籍的祭祀圈的出现和以开台祖为祭祀对象的血缘宗族的产生。再次，地方的政经制度日臻完善，文化教育水平与大陆内地趋于一致。士绅阶层开始形成，并取代了垦首等豪强之士成为晚清台湾地方社会的领导阶层，社会也趋于稳定，同治初年戴潮春起义之后，未再发生重大动乱。这一切标志着台湾已由原来的移民社会转变为定居社会。

　　第二次鸦片战争以后，淡水、打狗等口岸被迫开放，对外通商，外国商业资本开始进入台湾，台湾的对外贸易迅速发展。外商凭借其雄厚的资本以及种种特权，不仅垄断了台湾的糖、茶叶、樟脑和鸦片等主要商品的进出口贸易，还控制了台湾与大陆之间的沿岸贸易（又称转口贸易），夺走了原来由郊商经营的台湾与大陆之间贸易的大部分生意，使郊商的活动备受压制和打击，日趋没落。洋货的大量倾销和土货输出的快速增长，使台湾逐渐沦为西方列强廉价工业品的倾销地和原料农产品的掠夺市场。台湾与大陆之间原来商品交换的互补关系遭到破坏，清代前期由台湾接济大陆米食，而大陆向台湾提供日用手工业品的传统的经济联系被打断了。晚清台湾对外贸易中,鸦片的进口值占全部洋货进口总值的三分之二强,鸦片的大量倾销不仅毒害了广大劳动人民的身心健康,还掠走了巨额的财富。农产品商品化程度的提高,导致商业高利贷活动的猖獗。外贸带来的财富大部分以商业利润和高利贷利息的形式落入外商洋行和高利贷者的腰包,广大劳动者不仅难以从外贸的发展中获得相应的好处,反而身受西方商业资本和高利贷的双重剥削,生活贫困不堪,台湾社会经济半殖民地化的程度加深了。晚清台湾外贸的发展和工矿产业的兴起引起台湾社会阶级关系的变化,主要是买办阶层的出现和产业无产阶级队伍的产生。此外对外贸易的发展还引起台湾市镇结构的变化和岛上经济重心之北移。

继第一次鸦片战争时英国舰队进攻台湾后,晚清又发生了多起列强侵扰的事件,如"罗发"号事件、英德商人占垦大南澳以及樟脑战争等,中国的领土主权受到不同程度侵犯。1874 年又发生了日本出兵侵台的"牡丹社"事件,此事对中国朝野震动极大。事后,清廷上下展开了关于海防问题的大讨论,就加强海防建设一事达成了共识,并对台湾的战略地位有了新的认识,治台政策由消极转为积极。沈葆桢以办理日军侵台的善后事宜为契机,破旧立新,开启了台湾近代化建设的序幕。其一,奏准废除限制内地人民渡台及禁止民人私入"番"界的旧禁,实行开山抚"番",招徕移民,开垦台湾东部内山。其二,调整行政区划,增设府县,建议将福建巡抚移驻台湾,主持台政大局。其三,倡建大陆与台湾间的电报线,以通消息。创办官煤厂,用机器开采基隆煤矿。其四,加强军备,修筑新式炮台,起造火药局、军装局,整顿台湾营务,加强操练,巩固海防。

丁日昌是循例冬春驻台的第一位福建巡抚,承先启后,继之而起,在推行开山抚"番"、移民实边等既定政策的基础上,又提出兴办铁路、矿务,设立电报线等近代化建设的总体计划,并得到总理衙门及沈葆桢、李鸿章等的大力支持。虽因经费短缺,一时无法全部实施,但其描绘的蓝图,为台湾近代化建设奠定了基础。

1885 年中法战争结束之后,清廷采纳左宗棠等人的建议正式宣布台湾建省。首任巡抚刘铭传不失时机,全力经营,开创了台湾近代化建设的新局面。第一,对台湾郡县进行添改裁撤,重新设定行政区划。全省下辖三府十一县三厅一直隶州,划界分守,奠定了以后台湾地方行政区划的基础。第二,整顿营伍,汰弱留强,改用洋枪,聘请外国教习,加强训练。在台北设团练总局,各府、县、厅设分局,分段自卫,维持治安。重建、改建澎湖、基隆、沪尾、旗后和安平等各海口要地炮台,购买阿姆斯顿新式后膛钢炮及沉雷、碰雷等,配置其中。在台北创设军械机器局,制造枪炮子弹。第三,在台北、台南各设清赋总局,清查全台田赋,并整顿茶税、盐税、樟脑硫黄税、洋商子口税等,全省年财政收入增到银 200 多万两,为台湾地方的近代化建设提供了物质基础。第四,注重交通通信等基础设施的建设。1887年开始修筑自基隆至台南的铁路,1891 年基隆至台北段通车,1893 年台北至新竹段建成,全线共 106.7 公里,奠定了台湾纵贯铁路的基础。并参照沈葆桢及丁日昌的原定计划,架设电报线,陆路自基隆、沪尾合至台北,再延伸至台南。水路两条,一自沪尾至福州川石,一自安平至澎湖,于 1888年全部竣工,大大改善了台岛内外的通信条件。同时,还裁撤旧有驿站,仿西方国家之例创立新式邮政制度,发行邮票。第五,创办新式企业,较重要的有煤务局、脑黄总局、招商局、煤油局等等。同时积极推动市政建设,在台北建大路,行马车,装设电灯,引自来水等,数年之内,台北已成为一个市容整洁、颇具规模的近代化都市。第六,引进近代教育,培养科技人才。1886 年架设电报线时,即创办电报学堂,培养技术人员。1887 年,又在台北大稻埕创办西式学堂,聘请英国及丹麦人教授英法语文、地理、历史、算术、物理、化学、测量、绘图、制造等科。早晚则由汉教习督课国文。当时全国设有公立新式学堂的省份寥寥无几,而台湾则为其中之一。

从沈葆桢开始到刘铭传任上,经过近 20 年的建设,台湾近代化的成效蔚然可观,一跃成为当时全国最先进的省份之一。

台湾人民素有反对外来侵略的光荣传统,晚清台湾的历史也是一部台湾军民反抗外来侵略的历史。道光二十年(1840),英国以林则徐禁烟为借口,发动了侵华战争。战争期间,英军派出舰队数次侵扰台湾。台湾军民在姚莹、达洪阿等地方官员的指挥下,团结一致,防守得宜,击沉击伤来犯的英舰多艘,并俘获英军多名,给予英国侵略者以沉重打击。在大陆战场中国军队屡战屡败的情形之下,台湾军民取得的胜利是第一次鸦片战争中难得的也是唯一的亮点。

1884 年爆发了中法战争,法国采取"据地为质"的策略,准备占领台湾,作为与中国谈判的筹码。清廷派淮军名将刘铭传赴台督办防务。法国舰队在发动突然袭击重创福建水师之后,转向台湾,进攻基隆。刘铭传为保卫台北,采取"撤基援沪"的策略,转移主力,在沪尾与法军展开一场攻防大战。清军利用地形掩护,采取"待敌薄我而后战"的战术,与登陆的法军进行肉搏战,民军张李成部也配合清军英勇参战,杀死杀伤法军多名,击退了法军的进攻,取得了战役的胜利。法军虽然占领基隆,但在台湾军民顽强的防守之下,无法继续前进,只好宣布对台湾实行封锁。大陆各地则采取各种措施,设法突破法军的海上封锁,向台湾运送部队和饷械。台湾绅民或是募勇参战,或是捐资助战,有力地挫败了法军占夺台湾的计划。

1894 年,日本利用东学党起义出兵朝鲜,并对中国军队发动突然袭击,挑起甲午战争。清政府仓促应战,在海陆战场上连遭败绩,北洋水师全军覆没。1895 年 4 月,日本强迫中国签订了《马关条约》,除了巨额赔款等等之外,还强行割让台湾、澎湖及辽东半岛。割地条款引起中国人民的强烈愤慨,全国朝野上下掀起了声势浩大的反割台斗争。丘逢甲等台湾士绅刺血上书,表示"桑梓之地,义与存亡",坚决要求取消割地条款。在京应试的台湾举人和台籍官员也到都察院请愿,表示台地军民必能舍生忘死,为国效力,要求坚持抗敌,绝不能割台予敌。《马关条约》批准互换之后,以丘逢甲为首的台湾士绅决定自主保台,于 5 月 25 日成立"台湾民主国",推巡抚唐景崧为总统,并致电清廷表示"台湾绅民,义不臣倭,愿为岛国,永戴圣清"。5 月 29 日,日军在台湾东北的澳底登陆,6 月 4 日,"台湾民主国"溃亡。日军占领了台北后继续南下,台湾军民凭借着满腔的义愤和血肉之躯在新竹、苗栗、彰化、嘉义、台南等地与日军展开了殊死的斗争,给日军以很大打击,日军山根少将、白北川宫能久亲王相继受伤毙命。但因敌我力量悬殊,义军统领杨载云、吴彭年、徐骧、吴汤兴等先后阵亡,坚守台南的刘永福也因孤军无援不得不退回大陆。反抗日本占领的武装斗争最后虽然失败,但台湾军民用自己的鲜血和生命显示了中国人民保卫国家领土主权完整的坚强意志和浩然正气,在中国历史上写下了光辉的一页。

参考文献

中国史学会.洋务运动[M].上海:上海人民出版社,1961.

中国史学会.中法战争[M].上海:上海人民出版社,上海书店出版社,2000.

中国史学会.中日战争[M].上海:上海人民出版社,上海书店出版社,2000.

中国史学会.戊戌变法[M].上海:上海人民出版社,上海书店出版社,2000.

戚其章.中日战争[M].北京:中华书局,1989.

毛泽东.毛泽东选集[M].北京:人民出版社,1991.

中国第一历史档案馆,海峡两岸出版交流中心.明清宫藏台湾档案汇编[G].北京:九州出版社,2009.

台湾史料集成编辑委员会.明清台湾档案汇编[G].台北:远流出版事业股份有限公司,2008.

张伟仁.明清档案:第71册[M].台北:"中央研究院"历史语言研究所,1987.

筹办夷务始末选辑[M].台湾文献丛刊第203种.台北:台湾大通书局,1987.

《中国旧海关史料》编辑委员会.中国旧海关史料(1859—1948)[M].北京:京华出版社,2001.

"中央研究院"近代史研究所.教务教案档[M].台北:"中央研究院"近代史研究所,1974.

"中央研究院"近代史研究所.中法越南交涉档[M].台北:"中央研究院"近代史研究所,1983.

清高宗实录选辑[M].台湾文献丛刊第186种.台北:台湾大通书

局,1984.

清宣宗实录选辑[M].台湾文献丛刊第 188 种.台北:台湾大通书局,1964.

清穆宗实录选辑[M].台湾文献丛刊第 190 种.台北:台湾银行,1963.

清德宗实录选辑[M].台湾文献丛刊第 193 种.台北:台湾银行,1964.

"中央研究院"近代史研究所.四国新档:英国档[M].台北:"中央研究院"近代史研究所,1986.

台北"故宫博物院".宫中档乾隆朝奏折:第 22 辑[M].台北:"故宫博物院",1982.

道咸同光四朝奏议选辑[M].台湾文献丛刊第 288 种.台北:台湾银行,1971.

诸家.清经世文编选录[M].台湾文献丛刊第 229 种.台北:台湾银行,1966.

王元稚.甲戌公牍钞存[M].台湾文献丛刊第 39 种.台北:台湾银行,1959.

庄金德.清代台湾教育史料汇编[M].台中:台湾省文献委员会,1973.

朱寿朋.光绪朝东华录:第 2 册[M].北京:中华书局,1958.

洪安全.清宫洋务始末台湾史料[M].台北:台北"故宫博物院",1999.

朱寿朋.光绪朝东华续录选辑[M].台湾文献丛刊第 277 种.台北:台湾银行,1969.

齐思和,等.筹办夷务始末(道光朝)[M].北京:中华书局,1964.

清会典台湾事例[M].台湾文献丛刊第 226 种.台北:台湾银行,1966.

夏献纶.台湾舆图[M].台湾文献丛刊第 45 种.台北:台湾大通书局,1987.

清季台湾洋务史料[M].台湾文献丛刊第 278 种.台北:台湾银行,1969.

台案汇录庚集[M].台湾文献丛刊第 200 种.台北:台湾大通书局,1987.

平台纪事本末[M].台湾文献丛刊第 16 种.台北:台湾大通书局,1987.

同治甲戌日兵侵台始末[M].台湾文献丛刊第 38 种.台北:台湾银

行,1959.

清季外交史料选辑[M].台湾文献丛刊第 198 种.台北:台湾银行,1969.

王彦威,王亮.清季外交史料:第 4 册[M].台北:文海出版社有限公司,1985.

清光绪朝中日交涉史料选辑[M].台湾文献丛刊第 210 种.台北:台湾银行,1965.

张侠,杨志本,罗澍伟,王苏波,张利民.清末海军史料[M].北京:海洋出版社,1982.

王铁崖.中外旧约章汇编[M].北京:生活·读书·新知三联书店,1957.

台湾私法物权编[M].台湾文献丛刊第 150 种.台北:台湾银行,1963.

台湾私法商事编[M].台湾文献丛刊第 91 种.南投:台湾省文献委员会,1984.

孙毓棠.中国近代工业史资料:第 1 辑[M].北京:科学出版社,1957.

李文治.中国近代农业史资料:第 1 辑[M].北京:生活·读书·新知三联书店,1957.

中国近代经济史资料丛刊编辑委员会.中国海关与中法战争[M].北京:中华书局,1983.

姚贤镐.中国近代对外贸易史资料(1840—1895):第 1 册[M].北京:中华书局,1962.

法军侵台档[M].台湾文献丛刊第 192 种.台北:台湾银行,1964.

台湾总督府警务局.台湾抗日运动史[M].张北,等,译.台北:海峡学术出版社,2000.

Commercial Reports from Her Majesty's Consuls in China, Tamsuy[R]. 1863—1885.

Commercial Reports from Her Majesty's Consuls in China, Takow[R]. 1864—1885.

Reports on trade at the Treaty Ports in China, Published by order of the general of Customs, Takow[R]. 1867—1888.

Diplomatic and Consular Reports on Trade and Finance, China,

Tainan，Tamsui［R］. 1886—1894.

James W. Davidson. The Island of "Formosa"，Past and Present［M］. Yokohama：Japan Gazette Press，1903.

Returns Relative to Trade with China, Taiwan, Tamsui［R］. 1872—1876.

Statistics of Trade at the Port of Tamsui［R］. 1863—1872.

Statistics of Trade at the Port of Takow［R］. 1863—1872.

W. W. Myers. On the cultivation and manufacture of raw sugar in South"Formosa"，and on foreign relations with the trade therein［R］. 1890

施琅.靖海纪事［M］.王铎全，校注.福州：福建人民出版社，1983.

蓝鼎元.鹿洲全集［M］.蒋炳钊，王钿，点校.厦门：厦门大学出版社，1995.

姚莹.中复堂选集［M］.台湾文献丛刊第 83 种.台北：台湾大通书局，1984.

姚莹.东溟奏稿［M］.台湾文献丛刊第 49 种.台北：台湾大通书局，1984.

徐宗幹.斯未信斋文编［M］.台湾文献丛刊第 87 种.台北：台湾银行，1960.

丁曰健.治台必告录［M］.台湾文献丛刊第 17 种.台北：台湾大通书局，1984.

左宗棠.左文襄公奏牍［M］.台湾文献丛刊第 88 种.台北：台湾银行，1960.

沈葆桢.沈文肃公牍［M］.林海权，整理点校.福州：福建人民出版社，2008.

沈葆桢.福建台湾奏折［M］.台湾文献丛刊第 29 种.台北：台湾银行，1959.

丁日昌.丁禹生政书［M］.范海泉，刘治安，点校.香港：出版者不详，1987.

丁日昌.抚吴公牍［M］.石印本.上海：南洋官书局，1909（清宣统元年）.

张之洞.张之洞全集［M］.石家庄：河北人民出版社，1998.

李鸿章.李文忠公选集[M].台北:台湾大通书局,1987.

李鸿章.李鸿章全集[M].上海:上海人民出版社,1985.

刘铭传.刘壮肃公奏议[M].台湾文献丛刊第 27 种.台北:台湾银行,1958.

刘铭传.刘铭传抚台前后档案[M].台湾文献丛刊第 276 种.台北:台湾银行,1969.

刘璈.巡台退思录[M].台湾文献丛刊第 21 种.台北:台湾银行,1958.

魏源.魏源集[M].北京:中华书局,1976.

蒋毓英.台湾府志[M].陈碧笙,校注.厦门:厦门大学出版社,1985.

陈培桂.淡水厅志[M].台湾文献丛刊第 172 种.台北:台湾大通书局,1963.

尹士俍.台湾志略[M].李祖基,点校.北京:九州出版社,2003.

周钟瑄.诸罗县志[M].台湾文献丛刊第 141 种.台北:台湾银行,1968.

台湾银行经济研究室.淡水厅筑城案卷[M].台湾文献丛刊第 171 种.台北:台湾银行,1963.

蔡振丰.苑里志[M].台湾文献丛刊第 48 种.台北:台湾银行,1959.

林百中,林学源.树杞林志[M].台湾文献丛刊第 63 种.台北:台湾银行,1960.

周玺.彰化县志[M].台湾文献丛刊第 156 种.台北:台湾银行,1962.

胡传.台东州采访册[M].台湾文献丛刊第 81 种.台北:台湾大通书局,1984.

陈淑均.噶玛兰厅志[M].台湾文献丛刊第 160 种.台北:台湾大通书局,1984.

屠继善.恒春县志[M].台湾文献丛刊第 75 种.台北:台湾大通书局,1984.

福建通志台湾府[M].台湾文献丛刊第 84 种.台北:台湾银行,1960.

唐赞衮.台阳见闻录[M].台湾文献丛刊第 30 种.台北:台湾大通书局,1958.

温吉.台湾番政志[M].南投:台湾省文献委员会,1999.

陈衍.台湾通纪[M].台湾文献丛刊第 120 种.台北:台湾银行,1961.

台湾省文献委员会.台湾省通志:卷2　人民志·人口篇[M].台北:台湾省文献委员会,1972.

台湾省文献委员会.台湾省通志:卷3　政事志·外事篇[M].台北:台湾省文献委员会,1971.

吴子光.台湾纪事[M].台湾文献丛刊第36种.台北:台湾银行,1959.

蒋师辙.台游日记[M].台湾文献丛刊第6种.台北:台湾大通书局,1987.

蓝鼎元.平台纪略[M].台湾文献丛刊第14种.台北:台湾银行,1958.

林豪.东瀛纪事[M].台湾文献丛刊第8种.台北:台湾银行,1957.

台案汇录丙集[M].台湾文献丛刊第176种.台北:台湾银行,1963.

台湾文献馆.处蕃提要[M].黄得峰,王学新,译.南投:台湾文献馆,2005.

罗大春.台湾海防并开山日记[M].台湾文献丛刊第308种.南投:台湾省文献委员会,1977.

清季申报台湾纪事辑录[M].台湾文献丛刊第247种.台北:台湾大通书局,1984.

毕麒麟.老台湾[M].吴明远,译.台湾研究丛刊第60种.台北:台湾银行,1959.

陶德.北台封锁记[M].台北:原民文化事业有限公司,2002.

爱德华·豪士(Edward H. House).征台纪事:武士刀下的牡丹花[M].陈政三,译.台北:原民文化事业有限公司,2003.

李仙得.台湾番事物产与商务[M].台湾文献丛刊第46种.台北:台湾大通书局,1987.

陆奥宗光.蹇蹇录[M].北京:商务印书馆,1963.

藤村道生.日清战争[M].上海:上海译文出版社,1981.

攻台战纪[M].许佩贤,译.台北:远流事业出版股份有限公司,1995.

台湾银行经济研究室.台湾经济史初集[M].台湾研究丛刊第25种.台北:台湾银行,1954.

费正清.剑桥中国晚清史[M].北京:中国社会科学出版社,1993.

信夫清三郎.日本外交史[M].天津社会科学院日本问题研究所,译.北京:商务印书馆,1980.

E. Garnot.法军侵台始末[M].黎烈文,译.台湾研究丛刊第 73 种.台北:台湾银行,1960.

蔡美彪,等.中国通史:第 11 册[M].北京:人民出版社,2007.

黄嘉谟.美国与台湾——一七八四至一八九五[M].台北:"中央研究院"近代史研究所,1979.

泰勒·丹涅特.美国人在东亚[M].姚曾廙,译.北京:商务印书馆,1959.

连横.台湾通史[M].北京:商务印书馆,1983.

班思德.最近百年中国对外贸易史[M].海关总税务司统计科,1931.

陈碧笙.台湾地方史[M].北京:中国社会科学出版社,1982.

莱特.中国关税沿革史[M].姚曾廙,译.北京:生活·读书·新知三联书店,1958.

陈孔立.清代台湾移民社会研究[M].北京:九州出版社,2003.

庄英章.林圯埔——一个台湾市镇的社会经济发展史[M].台北:"中央研究院"民族学研究所,1977.

台湾省文献委员会.台湾史迹源流[M].台北:台湾省文献委员会,1984.

陈其南.台湾的传统中国社会[M].允晨丛刊第 10 种.台北:允晨文化实业股份有限公司,1987.

李国祁.中国现代化的区域研究——闽浙台地区(1860-1916)[M].台北:"中央研究院"近代史研究所,1982.

薛光前,朱建民.近代的台湾[M].台北:正中书局,1977.

郭廷以.台湾史事概说[M].台北:正中书局,1969.

伊能嘉矩.台湾文化志[M].台湾省文献委员会,编译.台中:台湾省文献委员会,1991.

中国社会科学院台湾史研究中心.割让与回归——台湾光复六十周年暨海峡两岸关系学术研讨会论文集[C].北京:台海出版社,2008.

聂宝璋.中国买办资产阶级的发生[M].北京:中国社会科学出版社,1979.

陈辉燎.越南人民抗法八十年史:第 1 卷[M].范宏科,吕谷,译.北京:三联书店,1973.

郑师渠.中国近代史[M].北京:北京师范大学出版社,1994.

廖宗麟.中法战争史[M].天津:天津古籍出版社,2002.

张振鹍.中法战争[M].中国近代史资料丛刊续编.北京:中华书局,1995.

黄振南.中法战争管窥[M].北京:中国文史出版社,2005.

邵循正.中法越南关系始末[M].石家庄:河北教育出版社,2000.

李祖基.近代台湾地方对外贸易[M].南昌:江西人民出版社,1986.

李国祁.中国早期的铁路经营[M].台北:"中央研究院"近代史研究所,1976.

戚其章.甲午战争国际关系史[M].北京:人民出版社,1994.

陈孔立.台湾历史纲要[M].北京:九州出版社,2006.

黄秀政.台湾割让与乙未抗日运动[M].台北:台湾商务印书馆,1992.

李祖基.台湾历史研究[M].台北:海峡学术出版社,2008.

王国璠.台湾抗日史(甲篇)[M].台北:台北市文献委员会,1981.

虞和平,谢放.中国近代通史:第3卷[M].南京:江苏人民出版社,2007.

西·甫·里默.中国对外贸易[M].卿汝楫,译.北京:生活·读书·新知三联书店,1958.

蔡渊絜.清代台湾的社会领导阶层(1864—1895)[D].台北:台湾师范大学,1980.

James W. Davidson.台湾之过去与现在[M].蔡启恒,译.台湾研究丛刊第107种.台北:台湾银行,1972.

H. B. Morse. The Trade and Administration of China[M]. 3rd ed, Shanghai:Kelly and Walsh,Limited,1921.

P. H. S. Montgomery. 1882—1891年台湾台南海关报告书[J].台湾银行季刊,1957,9(1).

H. B. Morse. 1882—1891年台湾淡水海关报告书[J].台湾银行季刊,1957,9(1).

徐方幹.台湾茶史掇要[J].大陆杂志,1954,8(3).

庄司万太郎.1874年日本出师台湾时Le Gendre将军之活跃[J].台湾银行季刊,1959,10(3).

廖汉臣.樟脑纠纷事件的真相[J].台湾文献,1966(3).

王世庆.民间信仰在不同祖籍移民的乡村之历史[J].台湾文献,1972,23(3).

施振民.祭祀圈与社会组织——彰化平原聚落发展模式的探讨[J]."中央研究院"民族学研究所集刊,1973(36).

林美容.由祭祀圈到信仰圈[C]//张炎宪.中国海洋发展史论文集:第三辑."中央研究院"三民主义研究所,1988.

许嘉明.彰化平原福佬客的地域组织[J]."中央研究院"民族学研究所集刊,1973(36).

庄英章.台湾汉人宗族发展的若干问题——寺庙宗祠与竹山的垦殖型态[J]."中央研究院"民族学研究所集刊,1973(36).

梁华璜.甲午战争前日本并吞台湾的酝酿及其动机[J].台湾文献,1975,26(2).

林子候.牡丹社之役及其影响[J].台湾文献,1976,27(3).

林满红.晚清台湾茶、糖、樟脑业的产销组织[J].台湾银行季刊,1977,28(3).

李国祁.清代台湾社会的转型[J].中华学报,1978,5(2).

温振华.台北高姓——一个台湾宗族组织形成之研究[J].台湾风物,1980,30(4).

蔡渊絜.清代台湾社会上升流动的两个个案[J].台湾风物,1980,30(2).

李伯祥,蔡永贵,鲍正廷.关于十九世纪三十年代鸦片进口和白银外流的数量[J].历史研究,1980(5).

庄英章,陈运栋.清代头份的宗族与社会发展史[J].历史学报,1982.

黄富三.清代台湾外商之研究——美利士洋行(上)[J].台湾风物,1982,33(4).

黄富三.清代台湾外商之研究——美利士洋行(下)[J].台湾风物,1982,34(1).

周宗贤.清末基督教宣教师对台湾医疗的贡献[J].台湾文献,1984(3).

陈丰祥.甲午战前的日本大陆政策[J].历史学报,1985(13).

陈在正.1874—1875 年清政府关于海防问题的大讨论与对台湾地位的新认识[J].台湾研究集刊,1986(1).

林美容.彰化妈祖的信仰圈[J]."中央研究院"民族学研究所集刊,1989(68).

洪丽完.清代台中地方福客关系初探——兼以清水平原三山国王庙之兴衰为例[J].台湾文献,1990,41(2).

陈进传.宜兰地区家庙祠堂初探[J].宜兰文献杂志,1994(8).

杨彦杰.清末台湾东部山地的开发[J].台湾研究集刊,1996(2).

李祖基.论清代移民台湾之政策——兼评《中国移民史》之"台湾的移民垦殖"[J].历史研究,2001(3).

李祖基.论清代政府的治台政策[J].台湾研究,2001(3).

林呈蓉.1874 年日本的"征台之役"——以从军纪录为中心[J].台湾风物,2003,53(1).

中国第一历史档案馆.光绪年间台湾修建铁路史料[J].历史档案,2005(1).

茅海建."公车上书"考证补(一)[J].近代史研究,2005(3).

陈忠纯.报刊舆论与乙未反割台斗争研究——以《申报》为中心[J].台湾研究集刊,2011(2).

沪滨居士.论台地宜兴商务文[N].万国公报,1983-01.